船舶企业设备两级保养指导手册

徐 平 主编

哈尔滨工程大学出版社

Harbin Engineering University Press

内 容 简 介

本书涵盖了金属切削设备、锻压设备、起重运输设备、焊接切割设备、动力机械设备、电气设备、涂装设备、木工铸造设备、专用设备、节能环保设备十大类设备的一、二级保养内容和要求。本书将两级保养主要内容与程序、保养过程中隐患和异常现象排除，以及保养精度与性能等要求进行了比较具体的规范，将有助于各类设备在一级保养项目完成的基础上，使润滑部位清洗更彻底，保养精度和性能更完备，保障设备无漏油、漏水、漏气、漏电现象，声响、震动、压力、温升等相关指数达标，确保设备安全运行。

本书适合船舶行业的各企业使用，也适合其他使用这几类设备的企业使用。

图书在版编目(CIP)数据

船舶企业设备两级保养指导手册/徐平主编. —哈尔滨：哈尔滨工程大学出版社，2022.1
ISBN 978 – 7 – 5661 – 3399 – 1

Ⅰ. ①船… Ⅱ. ①徐… Ⅲ. ①造船工业 – 工业企业管理 – 设备管理 – 中国 – 手册 Ⅳ. ①F426.474 – 62

中国版本图书馆 CIP 数据核字(2022)第 012646 号

船舶企业设备两级保养指导手册
CHUANBO QIYE SHEBEI LIANGJI BAOYANG ZHIDAO SHOUCE

选题策划	薛 力 雷 霞
责任编辑	雷 霞 唐欢欢
封面设计	赵延平

出版发行	哈尔滨工程大学出版社
社 址	哈尔滨市南岗区南通大街 145 号
邮政编码	150001
发行电话	0451 – 82519328
传 真	0451 – 82519699
经 销	新华书店
印 刷	哈尔滨市石桥印务有限公司
开 本	787 mm × 1 092 mm 1/16
印 张	47
字 数	1 170 千字
版 次	2022 年 1 月第 1 版
印 次	2022 年 1 月第 1 次印刷
定 价	298.00 元

http://www.hrbeupress.com
E-mail：heupress@ hrbeu.edu.cn

谨以此书献给中国共产党成立 100 周年

《船舶企业设备两级保养指导手册》
编辑委员会

编 制 说 明

为进一步提升船舶企业设备管理水平,适应船舶装备制造业高质量发展,助力海洋强国建设,上海市设备管理协会船舶工作委员会组织设备管理专家和企业专业技术管理人员编制了《船舶企业设备两级保养指导手册》(简称《指导手册》)。本《指导手册》的编制参照了原中国船舶工业总公司《设备一、二级保养手册》(1982 年出版,上海船舶工业公司 1985年再版,中国船舶工业总公司 1994 年再版)和"船舶工业设备分类目录"(1987 年),主要包括金属切削设备、锻压设备、起重运输设备、焊接切割设备、动力机械设备、电气设备、涂装设备、木工铸造设备、专用设备、节能环保设备等十大类设备的一、二级保养内容和要求。

几项说明:

一、设备一、二级保养的含义、目的和范围

1. 一级保养

按保养周期,以操作者为主,维修人员配合,在规定的保养时间内,按机型规定的保养内容和要求,对设备进行一次保养,称为一级保养。

主要目的:

(1)使操作者逐步熟悉设备的结构、性能,掌握设备管理"三好、四会"要求,真正执行凭操作证上机独立操作设备的规定。

(2)减少设备的磨损,延长使用寿命。

(3)消除设备隐患,排除一般故障,使设备处于正常的技术状态。

(4)使设备达到整齐、清洁、润滑、安全四项要求。

主要范围:

(1)根据设备使用情况,进行部分零部件的拆卸、清洗。

(2)对设备的部分配合间隙进行适当的调整。

(3)除去设备表面黄袍、油污。

(4)检查、调整润滑油路,保持油路畅通,无泄漏。

(5)清扫电器箱、电动机,电器装置固定整齐,安全防护装置牢靠。

(6)清洗附件、冷却装置。

2. 二级保养

按保养周期,以维修人员为主,操作者参加,在规定的保养时间内,按机型规定的保养内容和要求,对设备进行一次保养,称为二级保养。

主要目的:

(1)进一步使操作者掌握设备管理"三好、四会"要求。

(2)延长大修理周期与使用年限。

（3）保养后达到设备完好标准，提高和巩固设备完好率。

（4）为确保生产任务的顺利进行，提供必要的物质条件。

主要范围：

（1）根据设备使用情况，进行部分或全部解体检查、清洗。

（2）各传动箱、液压箱、冷却箱清洗换油，油质、油量应符合要求，保证正常润滑。

（3）修复或更换易损件，并给下一次二级保养或大修理做好修前资料准备。

（4）检修电器箱，修整线路，清洗电动机。

（5）检查、调整、修复精度，校正水平，做好记录。

二、设备一、二级保养的验收和其他说明

设备进行一、二级保养前，应根据本《指导手册》所列的各类机型设备的内容和要求，按照设备的技术状况，确定具体项目实施。保养后应严格执行验收鉴定，完善验证手续（设备进行一级保养后，由维修人员验收；设备进行二级保养后，由机械员、设备员或检验员验收）。

金属切削机床的设备二级保养内容和标准中的精度检验项目，可根据所附主要精度检测记录单进行，并将二者作为凭证，验收后必须存档备查。

大型设备的二级保养可采取分段分期的方法进行，保养周期和保养工时可自行制订。

设备一级保养内容中所写"内外清洁"，系指包括电动机罩壳、风叶及电器箱的外表和内壁均应进行擦拭。设备二级保养内容中所写"检修电动机"，系指在必要时打开电动机端盖检查（发现有问题时方予进行），一般情况下擦拭干净，补充或更换部分油脂即可。

在进行设备一级保养时，应执行全部保养内容和要求；在进行设备二级保养时，必须同时或事前执行一级保养的全部保养内容和要求。

在进行设备一、二级保养前，首先必须切断电源，确保安全。

在二级保养内容与要求中，对已磨损的关键零部件以修复为主，若需更换关键零部件则尽可能考虑在设备项修或大修理中进行。

本《指导手册》所编制的设备均系普通常用机型，尚未列入的机型可参照本《指导手册》同类机型的一、二级保养内容和要求进行。有的设备二级保养内容和要求相对简单，可参照一级保养内容和要求。有的设备二级保养专业性很强，需要设备供方协助。这两种情况下的二级保养内容和要求不再列出。特殊机型的保养内容和要求，各企事业单位可自行制订。特别需要指出的是，随着生产设备的升级换代，即使同一类型设备，也要注意规格及使用环境的差异，各企业应结合自身生产实际需要，编制使用更加适合本企业的设备两级保养指导手册。

编　者

2021 年 7 月

目　录

一、金属切削设备

二、锻压设备

三、起重运输设备

六、电气设备

七、涂装设备

八、木工铸造设备

九、专用设备

十、节能环保设备

一、金属切削设备

设备一级保养内容和要求

设备名称:普通车床　　　　　　　　　　　　设备编号:_____

保养人员:_____　　　　　　　保养日期:_____

序号	项目	细则	标准	工具	记录	签名	备注
1	电气	电箱、电机外观保养	无油污、覆盖物等;接地可靠	清洁工具			
		检查接地是否可靠					
2	手柄、手轮等	手柄、手轮等外观保养	无油污,清洁	清洁工具			
3	机床外观	擦拭机床外表面、罩盖及附件	内外清洁,无锈蚀,无黄袍,无毛刺	清洁工具			
		擦拭丝杆、光杆、操作杆、齿条等,去除毛刺					
4	主轴箱、刀架、溜板及导轨	检查主轴系统运行是否正常,变速是否准确可靠	内外清洁,无锈蚀,无黄袍,无毛刺,检查各部件间隙,做好记录	清洁工具、螺丝刀、扳手等			
		检查主轴锥孔、导轨面等毛刺情况					
		拆洗中小溜板、丝杆、螺母、刀架及塞铁,并调整间隙					
		拆洗尾架顶针套,检查毛刺					
5	润滑与冷却	清洁油线、油毡和过滤器等	油路畅通,油窗清晰,油量到位,管路畅通,无泄漏	清洁工具、疏通工具、螺丝刀、扳手等			
		清洁冷却泵、冷却箱及过滤器					
6	机床周边	清理机床周边铁屑、油垢等垃圾	周围无铁屑等垃圾,地面清洁	清洁工具			
7	清洁接水盘	清洁冷却液接水盘	接水盘清洁	清洁工具			
8	补充项						

设备二级保养(机械)内容和要求

设备名称：普通车床　　　　　　　　　　　　设备编号：＿＿＿＿＿＿＿

保养人员：＿＿＿＿＿＿＿　　　　　　　　　　保养日期：＿＿＿＿＿＿＿

序号	项目	细则	标准	工具	记录	签名	备注
1	工作场地	清扫工作场地,用红白旗隔离工作区域,做好防护措施	达到安全标准	红白旗、清洁工具			
2	操作手柄、开关	检查、调整各操作手柄	准确可靠,开关正常	螺丝刀、扳手等			
3	挂轮、轴套	检查挂轮、轴套	无间隙,无松动	清洁工具			
4	传动机构	检查、调整各传动零部件,及时更换易损件	部件完整,动作正常	油枪、螺丝刀、扳手等			
5	导轨面、尾架	清洁表面,去除毛刺,修复伤痕,调整间隙,清理车床上的垃圾	无异物,无油污,无毛刺,间隙正常	油石、螺丝刀、扳手、清洁工具等			
6	床头箱、尾架主轴	检查机械结构运转情况	运转正常,无松动	螺丝刀、扳手、内六角扳手等			
7	床头箱滤器	取出滤器,清洁滤油铜丝网	清洁,滤油正常	螺丝刀、扳手等			
8	润滑系统	更换润滑油,确保油泵、分油器工作正常,刮屑板完整	油路畅通,油窗清晰,无泄漏,润滑良好	螺丝刀、扳手等			
9	冷却系统	清洁冷却水箱、过滤网,更换冷却液	冷却液清洁、畅通,配比符合要求	清洁工具			
10	三角皮带、皮带轮	检查三角皮带、皮带轮,调节张紧力	三角皮带张紧合适、无裂纹,皮带轮运转正常	螺丝刀、扳手等			
11	机械精度	按照精度检测记录单检查,调整精度,间隙合理	各项精度达到技术要求	螺丝刀、扳手、内六角扳手、角尺、精度检测工具			参考国标/部标或出厂标准

设备二级保养(电气)内容和要求

设备名称：普通车床　　　　　　　　　　　设备编号：＿＿＿＿＿＿＿＿

保养人员：＿＿＿＿＿＿＿＿　　　　　　　保养日期：＿＿＿＿＿＿＿＿

序号	项目	细则	标准	工具	记录	签名	备注
1	设备断电	机器断电	设备电压为"0"，有警示牌	万用表			
		悬挂警示牌					
2	电机	对防水等级在IP44以下(含IP44)电机检查绝缘	绝缘电阻：≥3.8 MΩ，绝缘良好；≥1.5 MΩ，绝缘可用；≥0.38 MΩ，绝缘堪用；<0.38 MΩ，绝缘不良。绝缘不良的，处理或更新	兆欧表			断开电机回路再进行测量
		对防水等级在IP44以上电机(不含伺服电机)抽取检查绝缘					
		对防水等级在IP67以上(含IP67)电机不需要检查绝缘					
		对电机冷却回路(含冷却风扇)进行保养	无油污、覆盖物等；更换进风口滤网，冷却回路畅通	清洁工具			
		对有炭刷的直流电机进行保养(有直流电机机床做此项)	滑环无积炭，无打火痕迹，无明显磨损；炭刷磨损不超过2/3(否则更换)	目测，螺丝刀等			
3	设备上电	机床上电，设备系统启动	输出电压稳定	万用表			
		摘取警示牌	警示牌复位				
4	设备调整	电气传感器调整	机床动作正常，反馈信号正常	万用表等			根据设备反应精度，结合机械选择调整
		各类电气控制元件调整	动作正常，反馈信号正常				
5	安全装置	按安全操作规范检查设备安全保护装置	工作正常，安全有效	目测			

附:《普通车床主要精度检测记录单》

普通车床主要精度检测记录单

设备编号		型号		规格	
复杂系数		制造厂		出厂日期	
设备等级		使用单位		检查日期	

序号	检验项目	图示	允差/mm	实测/mm
1	溜板移动在垂直平面内的不直度		0.015/1000 0.03/全长	
2	溜板移动时的倾斜		0.03/1000 0.05/全长	
3	主轴锥孔中心线的径向跳动		(a)0.02 (b)0.04	
4	溜板移动对主轴中心线的不平行度		(a)0.08/500 (b)0.03/500	

表（续）

序号	检验项目	图示	允差/mm	实测/mm
5	主轴轴向窜动		0.02	
6	主轴轴肩支承面的跳动		(a)0.03 (b)0.03	
7	主轴定心轴径的径向跳动		0.02	

检验结论与意见：

参加检验单位（人员）：

备注

设备一级保养内容和要求

设备名称：仪表车床　　　　　　　　　　　设备编号：＿＿＿＿＿＿＿＿

保养人员：＿＿＿＿＿＿＿＿　　　　　　　保养日期：＿＿＿＿＿＿＿＿

序号	项目	细则	标准	工具	记录	签名	备注
1	电气	电箱、电机外观保养	无油污、覆盖物等；接地可靠	清洁工具			
		检查接地是否可靠					
2	手柄、手轮等	手柄、手轮等外观保养	无油污,清洁	清洁工具			
3	机床外观	擦拭机床外表面、罩盖及附件	内外清洁,无锈蚀,无黄袍,无毛刺	清洁工具			
		擦拭丝杆、光杆、操作杆、齿条等,去除毛刺					
4	主轴箱、刀架、溜板及导轨	检查主轴系统运行是否正常,变速是否准确可靠	内外清洁,无锈蚀,无黄袍,无毛刺,检查各部件间隙,做好记录	清洁工具、螺丝刀、扳手等			
		检查主轴锥孔、导轨面等毛刺情况					
		拆洗中小溜板、丝杆、螺母、刀架及塞铁,并调整间隙					
		拆洗尾架顶针套,检查毛刺					
5	润滑与冷却	清洁油线、油毡和过滤器等	油路畅通,油窗清晰,油量到位,管路畅通,无泄漏	清洁工具、疏通工具、螺丝刀、扳手等			
		清洁冷却泵、冷却箱及过滤器					
6	机床周边	清理机床周边铁屑、油垢等垃圾	周围无铁屑等垃圾,地面清洁	清洁工具			
7	接水盘	清洁冷却液接水盘	接水盘清洁	清洁工具			
8	补充项						

设备二级保养(机械)内容和要求

设备名称：仪表车床   设备编号：＿＿＿＿＿＿＿＿

保养人员：＿＿＿＿＿＿＿＿   保养日期：＿＿＿＿＿＿＿＿

序号	项目	细则	标准	工具	记录	签名	备注
1	工作场地	清扫工作场地,用红白旗隔离工作区域,做好防护措施	达到安全标准	红白旗、清洁工具			
2	操作手柄、开关	检查、调整各操作手柄	准确可靠,开关正常	螺丝刀、扳手等			
3	挂轮、轴套	检查挂轮、轴套	无间隙,无松动	清洁工具			
4	传动机构	检查、调整各传动零部件,及时更换易损件	部件完整,动作正常	油枪、螺丝刀、扳手等			
5	导轨面、尾架	清洁表面,去除毛刺,修复伤痕,调整间隙,清理车床上的垃圾	无异物,无油污,无毛刺,间隙正常	油石、螺丝刀、扳手、清洁工具等			
6	床头箱、尾架主轴	检查机械结构运转情况	运转正常,无松动	螺丝刀、扳手、内六角扳手等			
7	床头箱滤器	取出滤器,清洁滤油铜丝网	清洁,滤油正常	螺丝刀、扳手等			
8	润滑系统	更换润滑油,确保油泵、分油器工作正常,刮屑板完整	油路畅通,油窗清晰,无泄漏,各点润滑正常	螺丝刀、扳手等			
9	冷却系统	清洁冷却水箱、过滤网,更换冷却液	冷却液清洁、畅通,配比符合要求	清洁工具			
10	三角皮带、皮带轮	确保三角皮带张紧合适、无裂纹,皮带轮运转正常	三角皮带张紧合适、无裂纹,皮带轮运转正常	螺丝刀、扳手等			
11	机械精度	按照精度检测记录单检查,调整精度,间隙合理	各项精度达到技术要求	螺丝刀、扳手、内六角扳手、角尺、精度检测工具			参考国标/部标或出厂标准

设备二级保养(电气)内容和要求

设备名称：仪表车床　　　　　　　　　　　　　　设备编号：＿＿＿＿＿＿＿＿

保养人员：＿＿＿＿＿＿＿＿　　　　　　　　　　保养日期：＿＿＿＿＿＿＿＿

序号	项目	细则	标准	工具	记录	签名	备注
1	设备断电	机器断电	设备电压为"0"，有警示牌	万用表			
		悬挂警示牌					
2	电机	对防水等级在 IP44 以下(含 IP44)电机检查绝缘	绝缘电阻： ≥3.8 MΩ,绝缘良好； ≥1.5 MΩ,绝缘可用； ≥0.38 MΩ,绝缘堪用； <0.38 MΩ,绝缘不良。 绝缘不良的,处理或更新	兆欧表			断开电机回路再进行测量
		对防水等级在 IP44 以上电机(不含伺服电机)抽取检查绝缘					
		对防水等级在 IP67 以上(含 IP67)电机不需要检查绝缘					
		检查电机冷却回路(含冷却风扇)，更换进风口滤网	无油污、覆盖物等；冷却回路畅通	清洁工具			
		对有炭刷的直流电机进行保养(有直流电机机床做此项)	滑环无积炭,无打火痕迹,无明显磨损(否则修复)；炭刷磨损不超过 2/3(否则更换)	目测,螺丝刀等			
3	设备上电	机床上电,设备系统启动	启动正常	万用表			
		摘取警示牌	警示牌复位				
4	设备调整	电气传感器调整	机床动作正常,反馈信号正常	万用表等			根据设备反应精度,结合机械选择调整
		各类电气控制元件调整	动作正常,反馈信号正常				
5	安全装置	按安全操作规范检查设备安全保护装置	工作正常,安全有效	目测			

注：主要精度检测记录单同《普通车床主要精度检测记录单》。

设备一级保养内容和要求

设备名称：六角车床　　　　　　　　　　　　　设备编号：＿＿＿＿＿＿＿＿

保养人员：＿＿＿＿＿＿＿＿　　　　　　　　　保养日期：＿＿＿＿＿＿＿＿

序号	项目	细则	标准	工具	记录	签名	备注
1	电气	电箱、电机外观保养	无油污、覆盖物等；接地可靠	清洁工具			
		检查接地是否可靠					
2	手柄、手轮等	手柄、手轮等外观保养	无油污,清洁	清洁工具			
3	机床外观	擦拭机床外表面、罩盖及附件	内外清洁,无锈蚀,无黄袍,无毛刺	清洁工具			
		擦拭丝杆、光杆、操作杆、齿条等,去除毛刺					
4	主轴箱、刀架、溜板及导轨	检查主轴系统运行是否正常,变速是否准确可靠	内外清洁,无锈蚀,无黄袍,无毛刺,检查各部件间隙做好记录	清洁工具、螺丝刀、扳手等			
		检查主轴锥孔、导轨面等毛刺情况					
		拆洗中小溜板、丝杆、螺母、刀架及塞铁,并调整间隙					
		拆洗尾架顶针套,检查毛刺					
5	润滑与冷却	清洁油线、油毡和过滤器等	油路畅通,油窗清晰,油量到位,管路畅通,无泄漏	清洁工具、疏通工具、螺丝刀、扳手等			
		清洁冷却泵、冷却箱及过滤器					
6	机床周边	清理机床周边铁屑、油垢等垃圾	周围无铁屑等垃圾,地面清洁	清洁工具			
7	接水盘	清洁冷却液接水盘	接水盘清洁	清洁工具			
8	补充项						

设备二级保养(机械)内容和要求

设备名称:六角车床　　　　　　　　　　　　　设备编号:＿＿＿＿＿＿＿＿

保养人员:＿＿＿＿＿＿＿＿　　　　　　　　　保养日期:＿＿＿＿＿＿＿＿

序号	项目	细则	标准	工具	记录	签名	备注
1	工作场地	清扫场地,用红白旗隔离工作区域,做好防护措施	达到安全标准	红白旗、清洁工具			
2	操作手柄、开关	检查、调整各操作手柄	准确可靠,开关正常	螺丝刀、扳手等			
3	挂轮、轴套	检查挂轮、轴套	无间隙、松动	清洁工具			
4	各传动机构	调整各传动零部件,及时更换易损件	部件完整,动作正常	油枪、螺丝刀、扳手等			
5	导轨面、尾架	清洁表面,去除毛刺,修复伤痕,调整间隙,清理车床上的垃圾	无异物,无油污,无毛刺,间隙正常	油石、螺丝刀、扳手、清洁工具等			
6	床头箱、尾架主轴	检查机械结构运转情况	运转正常,无松动	螺丝刀、扳手、内六角扳手等			
7	床头箱滤器	取出滤器,清洁滤油铜丝网	清洁,滤油正常	螺丝刀、扳手等			
8	润滑系统	更换润滑油,确保油泵、分油器工作正常,刮屑板完整	油路畅通,油窗清晰,无泄漏,各点润滑正常	螺丝刀、扳手等			
9	冷却系统	清洁冷却水箱、过滤网,更换冷却液	冷却液清洁、畅通,配比符合要求	清洁工具			
10	三角皮带、皮带轮	检查三角皮带、皮带轮	三角皮带张紧合适,无裂纹,皮带轮运转正常	螺丝刀、扳手等			
11	机械精度	按照精度检测记录单检查,调整精度,间隙合理	各项精度达到技术要求	螺丝刀、扳手、内六角扳手、角尺、精度检测工具			参考国标/部标或出厂标准

设备二级保养(电气)内容和要求

设备名称:六角车床 　　　　　　　　　　　　设备编号:_____

保养人员:_____ 　　　　　　　保养日期:_____

序号	项目	细则	标准	工具	记录	签名	备注
1	设备断电	机器断电	设备电压为"0",有警示牌	万用表			
		悬挂警示牌					
2	电机	对防水等级在 IP44 以下(含 IP44)电机检查绝缘	绝缘电阻: ≥3.8 MΩ,绝缘良好; ≥1.5 MΩ,绝缘可用; ≥0.38 MΩ,绝缘堪用; <0.38 MΩ,绝缘不良。 绝缘不良的,处理或更新	兆欧表			断开电机回路再进行测量
		对防水等级在 IP44 以上电机(不含伺服电机)抽取检查绝缘					
		对防水等级在 IP67 以上(含 IP67)电机不需要检查绝缘					
		检查电机冷却回路(含冷却风扇),更换进风口滤网	无油污、覆盖物等;保证冷却回路畅通	清洁工具			
		对有炭刷的直流电机进行保养(有直流电机机床做此项)	滑环无积炭,无打火痕迹,无明显磨损;炭刷磨损不超过2/3(否则更换)	目测,螺丝刀等			
3	设备上电	机床上电,设备系统启动	启动正常	万用表			
		摘取警示牌	警示牌复位				
4	设备调整	电气传感器调整	机床动作正常,反馈信号正常	万用表等			根据保养前设备反应精度,结合实际调整
		各类电气控制元件调整	动作正常,反馈信号正常				
5	安全装置	按系统安全操作规范检查设备的安全保护装置	工作正常,安全有效	目测			

注:主要精度检测记录单同《普通车床主要精度检测记录单》。

设备一级保养内容和要求

设备名称：曲轴车床　　　　　　　　　　　设备编号：_____

保养人员：_____　　　　　　　保养日期：_____

序号	项目	细则	标准	工具	记录	签名	备注
1	电气	电箱、电机外观保养	无油污、覆盖物等；接地可靠	清洁工具			
		检查接地是否可靠					
2	手柄、手轮	手柄、手轮等外观保养	无油污,保持清洁	清洁工具			
3	机床外观	擦拭机床外表面、罩盖及附件	内外清洁,无锈蚀,无黄袍,无毛刺	清洁工具			
		擦拭丝杆、光杆、操作杆、齿条等,去除毛刺					
4	主轴箱、刀架、溜板及导轨	检查主轴系统运行是否正常,变速是否准确可靠	内外清洁,无锈蚀,无黄袍,无毛刺,检查各部件间隙,做好记录	清洁工具、螺丝刀、扳手等			
		检查主轴锥孔、导轨面等毛刺情况					
		拆洗中小溜板、丝杆、螺母、刀架及塞铁,并调整间隙					
		拆洗尾架顶针套,检查毛刺					
5	润滑与冷却	清洁油线、油毡和过滤器等	油路畅通,油窗清晰,油量到位,管路畅通,无泄漏	清洁工具、疏通工具、螺丝刀、扳手等			
		清洁冷却泵,冷却箱及过滤器					
6	机床周边	清理机床周边铁屑、油垢等垃圾	周围无铁屑等垃圾,地面清洁	清洁工具			
7	接水盘	清洁冷却液接水盘	接水盘清洁	清洁工具			
8	补充项						

设备二级保养(机械)内容和要求

设备名称:曲轴车床   设备编号:_____

保养人员:_____   保养日期:_____

序号	项目	细则	标准	工具	记录	签名	备注
1	工作场地	清扫场地,用红白旗隔离工作区域,做好防护措施	达到安全标准	红白旗、清洁工具			
2	操作手柄、开关	检查、调整各操作手柄	准确可靠,开关正常	螺丝刀、扳手等			
3	挂轮、轴套	检查挂轮、轴套	无间隙、松动	清洁工具			
4	各传动机构	调整各传动零部件,及时更换易损件	部件完整,动作正常	油枪、螺丝刀、扳手等			
5	导轨面、尾架	清洁表面,去除毛刺,修复伤痕,调整间隙,清理车床上的垃圾	无异物,无油污,无毛刺,间隙正常	油石、螺丝刀、扳手、清洁工具等			
6	床头箱、尾架主轴	检查机械结构运转情况	运转正常,无松动	螺丝刀、扳手、内六角扳手等			
7	床头箱滤器	取出滤器,清洁滤油铜丝网	清洁,滤油正常	螺丝刀、扳手等			
8	润滑系统	更换润滑油,确保油泵、分油器工作正常,刮屑板完整	油路畅通,油窗清晰,无泄漏,各点润滑正常	螺丝刀、扳手等			
9	冷却系统	清洁冷却水箱、过滤网,更换冷却液	冷却液清洁、畅通,配比符合要求	清洁工具			
10	三角皮带、皮带轮	检查三角皮带、皮带轮	三角皮带张紧合适、无裂纹,皮带轮运转正常	螺丝刀、扳手等			
11	机械精度	按照精度检测记录单检查,调整精度,间隙合理	各项精度达到技术要求	螺丝刀、扳手、内六角扳手、角尺、精度检测工具			参考国标/部标或出厂精度标准

设备二级保养(电气)内容和要求

设备名称:曲轴车床　　　　　　　　　　　　　设备编号:＿＿＿＿＿＿＿＿

保养人员:＿＿＿＿＿＿＿＿　　　　　　　　　　保养日期:＿＿＿＿＿＿＿＿

序号	项目	细则	标准	工具	记录	签名	备注
1	设备断电	机器断电	设备电压为"0",有警示牌	万用表			
		悬挂警示牌					
2	电机	对防水等级在 IP44 以下(含 IP44)电机检查绝缘	绝缘电阻: ≥3.8 MΩ,绝缘良好; ≥1.5 MΩ,绝缘可用; ≥0.38 MΩ,绝缘堪用; <0.38 MΩ,绝缘不良。 绝缘不良的,处理或更新	兆欧表			断开电机回路再进行测量
		对防水等级在 IP44 以上电机(不含伺服电机)抽取检查绝缘					
		对防水等级在 IP67 以上(含 IP67)电机不需要检查绝缘					
		检查电机冷却回路(含冷却风扇),更换进风口滤网	无油污、覆盖物等;保证冷却回路畅通	清洁工具			
		对有炭刷的直流电机进行保养(有直流电机机床做此项)	滑环无积炭,无打火痕迹,无明显磨损;炭刷磨损不超过2/3(否则更换)	目测,螺丝刀等			
3	设备上电	机床上电,设备系统启动	启动正常	万用表			
		摘取警示牌	警示牌复位				
4	设备调整	电气传感器调整	机床动作正常,反馈信号正常	万用表等			根据保养前设备反应精度,结合实际调整
		各类电气控制元件调整	动作正常,反馈信号正常				
5	安全装置	按系统安全操作规范检查设备的安全保护装置	工作正常,安全有效	目测			

注:主要精度检测记录单同《普通车床主要精度检测记录单》。

设备一级保养内容和要求

设备名称:凸轮轴车床 　　　　　　　　　　　设备编号:＿＿＿＿＿＿＿＿

保养人员:＿＿＿＿＿＿＿＿ 　　　　　　　　保养日期:＿＿＿＿＿＿＿＿

序号	项目	细则	标准	工具	记录	签名	备注
1	电气	电箱、电机外观保养	无油污、覆盖物等;接地可靠	清洁工具			
		检查接地是否可靠					
2	手柄、手轮	手柄、手轮等外观保养	无油污,清洁	清洁工具			
3	机床外观	擦拭机床外表面、罩盖及附件	内外清洁,无锈蚀,无黄袍,无毛刺	清洁工具			
		擦拭丝杆、光杆、操作杆、齿条等,去除毛刺					
4	主轴箱、刀架、溜板及导轨	检查主轴系统运行是否正常,变速是否准确可靠	内外清洁,无锈蚀,无黄袍,无毛刺,检查各部件间隙,做好记录	清洁工具、螺丝刀、扳手等			
		检查主轴锥孔、导轨面等毛刺情况					
		拆洗中小溜板、丝杆、螺母、刀架及塞铁,并调整间隙					
		拆洗尾架顶针套,检查毛刺					
5	润滑与冷却	清洁油线、油毡和过滤器等	油路畅通,油窗清晰,油量到位,管路畅通,无泄漏	清洁工具、疏通工具、螺丝刀、扳手等			
		清洁冷却泵、冷却箱及过滤器					
6	机床周边	清理机床周边铁屑、油垢等垃圾	周围无铁屑等垃圾,地面清洁	清洁工具			
7	接水盘	清洁冷却液接水盘	接水盘清洁	清洁工具			
8	补充项						

设备二级保养(机械)内容和要求

设备名称:凸轮轴车床 设备编号:_____

保养人员:_____ 保养日期:_____

序号	项目	细则	标准	工具	记录	签名	备注
1	工作场地	清扫场地,用红白旗隔离工作区域,做好防护措施	达到安全标准	红白旗、清洁工具			
2	操作手柄、开关	检查、调整各操作手柄	准确可靠,开关正常	螺丝刀、扳手等			
3	挂轮、轴套	检查挂轮、轴套	无间隙、松动	清洁工具			
4	各传动机构	调整各传动零部件,及时更换易损件	部件完整,动作正常	油枪、螺丝刀、扳手等			
5	导轨面、尾架	清洁表面,去除毛刺,修复伤痕,调整间隙,清理车床上的垃圾	无异物,无油污,无毛刺,间隙正常	油石、螺丝刀、扳手、清洁工具等			
6	床头箱、尾架主轴	检查机械结构运转情况	运转正常,无松动	螺丝刀、扳手、内六角扳手等			
7	床头箱滤器	取出滤器,清洁滤油铜丝网	清洁,滤油正常	螺丝刀、扳手等			
8	润滑系统	更换润滑油,确保油泵、分油器工作正常,刮屑板完整	油路畅通,油窗清晰,无泄漏,各点润滑正常	螺丝刀、扳手等			
9	冷却系统	清洁冷却水箱、过滤网,更换冷却液	冷却液清洁、畅通,配比符合要求	清洁工具			
10	三角皮带、皮带轮	检查三角皮带、皮带轮	三角皮带张紧合适、无裂纹,皮带轮运转正常	螺丝刀、扳手等			
11	机械精度	按照精度检测记录单检查,调整精度,间隙合理	各项精度达到技术要求	螺丝刀、扳手、内六角扳手、角尺、精度检测工具			参考国标/部标或出厂精度标准

设备二级保养(电气)内容和要求

设备名称:凸轮轴车床 　　　　　　　　　　设备编号:＿＿＿＿＿＿＿＿

保养人员:＿＿＿＿＿＿＿　　　　　　　　　保养日期:＿＿＿＿＿＿＿

序号	项目	细则	标准	工具	记录	签名	备注
1	设备断电	机器断电	设备电压为"0",有警示牌	万用表			
		悬挂警示牌					
2	电机	对防水等级在 IP44 以下(含 IP44)电机检查绝缘	绝缘电阻: ≥3.8 MΩ,绝缘良好; ≥1.5 MΩ,绝缘可用; ≥0.38 MΩ,绝缘堪用; <0.38 MΩ,绝缘不良。 绝缘不良的,处理或更新	兆欧表			断开电机回路再进行测量
		对防水等级在 IP44 以上电机(不含伺服电机)抽取检查绝缘					
		对防水等级在 IP67 以上(含 IP67)电机不需要检查绝缘					
		检查电机冷却回路(含冷却风扇),更换进风口滤网	无油污、覆盖物等;保证冷却回路畅通	清洁工具			
		对有炭刷的直流电机进行保养(有直流电机机床做此项)	滑环无积炭,无打火痕迹,无明显磨损;炭刷磨损不超过2/3(否则更换)	目测,螺丝刀等			
3	设备上电	机床上电,设备系统启动	启动正常	万用表			
		摘取警示牌	警示牌复位				
4	设备调整	电气传感器调整	机床动作正常,反馈信号正常	万用表等			根据保养前设备反应精度,结合实际调整
		各类电气控制元件调整	动作正常,反馈信号正常				
5	安全装置	按系统安全操作规范检查设备的安全保护装置	工作正常,安全有效	目测			

注:主要精度检测记录单同《普通车床主要精度检测记录单》。

设备一级保养内容和要求

设备名称:单轴自动车床　　　　　　　　　　设备编号:＿＿＿＿＿＿＿＿

保养人员:＿＿＿＿＿＿＿＿　　　　　　　　　保养日期:＿＿＿＿＿＿＿＿

序号	项目	细则	标准	工具	记录	签名	备注
1	电气	电箱、电机外观保养	无油污、覆盖物等;接地可靠	清洁工具			
		检查接地是否可靠					
2	手柄、手轮	手柄、手轮等外观保养	无油污,清洁	清洁工具			
3	机床外观	擦拭机床外表面、罩盖及附件	内外清洁,无锈蚀,无黄袍,无毛刺	清洁工具			
		擦拭丝杆、光杆、操作杆、齿条等,去除毛刺					
4	主轴箱、刀架、溜板及导轨	检查主轴系统运行是否正常,变速是否准确可靠	内外清洁,无锈蚀,无黄袍,无毛刺,检查各部件间隙,做好记录	清洁工具、螺丝刀、扳手等			
		检查主轴锥孔、导轨面等毛刺情况					
		拆洗中小溜板、丝杆、螺母、刀架及塞铁,并调整间隙					
		拆洗尾架顶针套,检查毛刺					
5	润滑与冷却	清洁油线、油毡和过滤器等	油路畅通,油窗清晰,油量到位,管路畅通,无泄漏	清洁工具、疏通工具、螺丝刀、扳手等			
		清洁冷却泵、冷却箱及过滤器					
6	机床周边	清理机床周边铁屑、油垢等垃圾	周围无铁屑等垃圾,地面清洁	清洁工具			
7	接水盘	清洁冷却液接水盘	接水盘清洁	清洁工具			
8	补充项						

设备二级保养（机械）内容和要求

设备名称:单轴自动车床　　　　　　　　　　　设备编号:＿＿＿＿＿＿＿＿

保养人员:＿＿＿＿＿＿＿＿　　　　　　　　　保养日期:＿＿＿＿＿＿＿＿

序号	项目	细则	标准	工具	记录	签名	备注
1	工作场地	清扫场地,用红白旗隔离工作区域,做好防护措施	达到安全标准	红白旗、清洁工具			
2	操作手柄、开关	检查、调整各操作手柄	准确可靠,开关正常	螺丝刀、扳手等			
3	挂轮、轴套	检查挂轮、轴套	无间隙、松动	清洁工具			
4	各传动机构	调整各传动零部件,及时更换易损件	部件完整,动作正常	油枪、螺丝刀、扳手等			
5	导轨面、尾架	清洁表面,去除毛刺,修复伤痕,调整间隙,清理床身垃圾	无异物,无油污,无毛刺,间隙正常	油石、螺丝刀、扳手、清洁工具等			
6	床头箱、尾架主轴	检查机械结构运转情况	运转正常,无松动	螺丝刀、扳手、内六角扳手等			
7	床头箱滤器	取出滤器,清洁滤油铜丝网	清洁,滤油正常	螺丝刀、扳手等			
8	润滑系统	更换润滑油,确保油泵、分油器工作正常,刮屑板完整	油路畅通,油窗清晰,无泄漏,各点润滑正常	螺丝刀、扳手等			
9	冷却系统	清洁冷却水箱、过滤网,更换冷却液	冷却液清洁、畅通,配比符合要求	目测			
10	三角皮带、皮带轮	检查三角皮带、皮带轮	三角皮带张紧合适、无裂纹,皮带轮运转正常	目测			
11	机械精度	按照精度检测记录单检查,调整精度,间隙合理	各项精度达到技术要求	精度检测工具			参考国标/部标或出厂精度标准

设备二级保养(电气)内容和要求

设备名称:单轴自动车床   设备编号:＿＿＿＿＿＿＿＿

保养人员:＿＿＿＿＿＿＿＿   保养日期:＿＿＿＿＿＿＿＿

序号	项目	细则	标准	工具	记录	签名	备注
1	设备断电	机器断电	设备电压为"0",有警示牌	万用表			
		悬挂警示牌					
2	电机	对防水等级在 IP44 以下(含 IP44)电机检查绝缘	绝缘电阻: ≥3.8 MΩ,绝缘良好; ≥1.5 MΩ,绝缘可用; ≥0.38 MΩ,绝缘堪用; <0.38 MΩ,绝缘不良。 绝缘不良的,处理或更新	兆欧表			断开电机回路再进行测量
		对防水等级在 IP44 以上电机(不含伺服电机)抽取检查绝缘					
		对防水等级在 IP67 以上(含 IP67)电机不需要检查绝缘					
		检查电机冷却回路(含冷却风扇),更换进风口滤网	无油污、覆盖物等;保证冷却回路畅通	清洁工具			
		对有炭刷的直流电机进行保养(有直流电机机床做此项)	滑环无积炭,无打火痕迹,无明显磨损;炭刷磨损不超过2/3(否则更换)	目测,螺丝刀等			
3	设备上电	机床上电,设备系统启动	启动正常	万用表			
		摘取警示牌	警示牌复位				
4	设备调整	电气传感器调整	机床动作正常,反馈信号正常	万用表等			根据保养前设备反应精度,结合实际调整
		各类电气控制元件调整	动作正常,反馈信号正常				
5	安全装置	按系统安全操作规范检查设备的安全保护装置	工作正常,安全有效	目测			

注:主要精度检测记录单同《普通车床主要精度检测记录单》。

设备一级保养内容和要求

设备名称:多轴自动（多刀半自动）车床　　　　　　　　　设备编号:＿＿＿＿＿＿＿＿

保养人员:＿＿＿＿＿＿＿＿　　　　　　　　　　　　　　保养日期:＿＿＿＿＿＿＿＿

序号	项目	细则	标准	工具	记录	签名	备注
1	电气	电箱、电机外观保养	无油污、覆盖物等;接地可靠	清洁工具			
		检查接地是否可靠					
2	手柄、手轮	手柄、手轮等外观保养	无油污,保持清洁	清洁工具			
3	机床外观	擦拭机床外表面、罩盖及附件	内外清洁,无锈蚀,无黄袍,无毛刺	清洁工具			
		擦拭丝杆、光杆、操作杆、齿条等,去除毛刺					
4	主轴箱、刀架、溜板及导轨	检查主轴系统运行是否正常,变速是否准确可靠	内外清洁,无锈蚀,无黄袍,无毛刺,检查各部件间隙,做好记录	清洁工具、螺丝刀、扳手等			
		检查主轴锥孔、导轨面等毛刺情况					
		拆洗中小溜板、丝杆、螺母、刀架及塞铁,并调整间隙					
		拆洗尾架顶针套,检查毛刺					
5	润滑与冷却	清洁油线、油毡和过滤器等	油路畅通,油窗清晰,油量到位,管路畅通,无泄漏	清洁工具、疏通工具、螺丝刀、扳手等			
		清洁冷却泵、冷却箱及过滤器					
6	机床周边	清理机床周边铁屑、油垢等垃圾	周围无铁屑等垃圾,地面清洁	清洁工具			
7	接水盘	清洁冷却液接水盘	接水盘清洁	清洁工具			
8	补充项						

设备二级保养（机械）内容和要求

设备名称:多轴自动(多刀半自动)车床　　　　　　　　　设备编号:＿＿＿＿＿＿＿＿

保养人员:＿＿＿＿＿＿＿＿＿　　　　　　　　　　　　保养日期:＿＿＿＿＿＿＿＿

序号	项目	细则	标准	工具	记录	签名	备注
1	工作场地	清扫工作场地,用红白旗隔离工作区域,做好防护措施	达到安全标准	红白旗、清洁工具			
2	操作手柄、开关	检查、调整各操作手柄	准确可靠,开关正常	螺丝刀、扳手等			
3	挂轮、轴套	检查挂轮、轴套	无间隙、松动	清洁工具			
4	各传动机构	调整各传动零部件,及时更换易损件	部件完整,动作正常	油枪、螺丝刀、扳手等			
5	导轨面、尾架	清洁表面,去除毛刺,修复伤痕,调整间隙,清理车床上垃圾	无异物,无油污,无毛刺,间隙正常	油石、螺丝刀、扳手、清洁工具等			
6	床头箱、尾架主轴	检查机械结构运转情况	运转正常,无松动	螺丝刀、扳手、内六角扳手等			
7	床头箱滤器	取出滤器,清洁滤油铜丝网	清洁,滤油正常	螺丝刀、扳手等			
8	润滑系统	更换润滑油,确保油泵、分油器工作正常,刮屑板完整	油路畅通,油窗清晰,无泄漏,各点润滑正常	螺丝刀、扳手等			
9	冷却系统	清洁冷却水箱、过滤网,更换冷却液	冷却液清洁、畅通,配比符合要求	清洁工具			
10	三角皮带、皮带轮	检查三角皮带、皮带轮,调节张紧力	三角皮带张紧合适、无裂纹,皮带轮运转正常	螺丝刀、扳手等			
11	检查、调整、修复精度	按照精度检测记录单检查,调整精度,间隙合理	各项精度达到技术要求	螺丝刀、扳手、内六角扳手、角尺、精度检测工具			参考国标/部标或出厂精度标准

设备二级保养（电气）内容和要求

设备名称:多轴自动（多刀半自动）车床   设备编号:＿＿＿＿＿＿＿＿

保养人员:＿＿＿＿＿＿＿＿   保养日期:＿＿＿＿＿＿＿＿

序号	项目	细则	标准	工具	记录	签名	备注
1	设备断电	机器断电 悬挂警示牌	设备电压为"0",有警示牌	万用表			
2	电机	对防水等级在IP44以下（含IP44）电机检查绝缘	绝缘电阻: ≥3.8 MΩ,绝缘良好; ≥1.5 MΩ,绝缘可用; ≥0.38 MΩ,绝缘堪用; <0.38 MΩ,绝缘不良。 绝缘不良的,处理或更新	兆欧表			断开电机回路再进行测量
		对防水等级在IP44以上电机（不含伺服电机）抽取检查绝缘					
		对防水等级在IP67以上（含IP67）电机不需要检查绝缘					
		检查电机冷却回路（含冷却风扇）,更换进风口滤网	无油污、覆盖物等;保证冷却回路畅通	清洁工具			
		对有炭刷的直流电机进行保养（有直流电机机床做此项）	滑环无积炭,无打火痕迹,无明显磨损;炭刷磨损不超过2/3（否则更换）	目测,螺丝刀等			
3	设备上电	机床上电,设备系统启动	启动正常	万用表			
		摘取警示牌	警示牌复位				
4	设备调整	电气传感器调整	机床动作正常,反馈信号正常	万用表等			根据保养前设备反应精度,结合实际调整
		各类电气控制元件调整	动作正常,反馈信号正常				
5	安全装置	按系统安全操作规范检查设备的安全保护装置	工作正常,安全有效	目测			

注:主要精度检测记录单同《普通车床主要精度检测记录单》。

设备一级保养内容和要求

设备名称:立式车床
保养人员:＿＿＿＿＿＿＿＿＿

设备编号:＿＿＿＿＿＿＿＿＿
保养日期:＿＿＿＿＿＿＿＿＿

序号	项目	细则	标准	工具	记录	签名	备注
1	电气	电箱外观保养	无油污、覆盖物等	清洁工具			
		电箱空调滤器清扫及制冷效果检查	滤器清洁,无堵塞现象;制冷效果良好				
2	操纵箱	操纵箱外观保养	无油污、覆盖物等	清洁工具			
3	手持单元	各类手持单元外观保养	外观(包含线)清洁,无油污等	清洁工具			
4	外表面、罩壳、附件头等	擦拭机床外表面、机床罩壳、附件头等	内外清洁,无油污、覆盖物等	清洁工具			
5	工作平台T形槽清洁	清除工作平台T形槽内的铁屑及表面油污	台面清洁	清洁工具			
		清理台面上冷却水滤网铁屑、垃圾等					
6	油箱油液	更换新的油液或用滤油器过滤油液	油液清洁,有一定黏度	滤油器			
7	主轴箱、刀架、溜板及导轨	检查主轴系统运行	运行正常,变速准确可靠。内外清洁,无锈蚀,无黄袍,无毛刺,有检查记录	清洁工具、螺丝刀、扳手等			
		检查主轴锥孔、导轨面等毛刺情况					
		拆洗中小溜板、丝杆、螺母、刀架及塞铁,调整间隙					
		拆洗尾架顶针套					
8	润滑与冷却	清洁油线、油毡和过滤器等	油路畅通,油窗清晰,油量到位,管路畅通,无泄漏	清洁工具、疏通工具、螺丝刀、扳手等			
		清洁冷却泵、冷却箱及过滤器					
9	机床周边清理	清理机床周边铁屑、油垢等垃圾	周围无铁屑等垃圾,地面清洁	清洁工具			
10	接水盘	清洁冷却液接水盘	接水盘清洁	清洁工具			
11	补充项						

设备二级保养(机械)内容和要求

设备名称:立式车床　　　　　　　　　　　　设备编号:_____

保养人员:_____　　　　　　　　保养日期:_____

序号	项目	细则	标准	工具	记录	签名	备注
1	工作场地	清扫工作场地,用红白旗隔离工作区域,做好防护措施	达到安全标准	红白旗、清扫工具			
2	安全防护装置	检查扶梯等安全防护装置	安全牢固	目测			
3	主要精度	按照精度检测记录单检测	如实记录	螺丝刀、扳手、内六角扳手、角尺、精度检测工具	见精度检测记录单		参考国标/部标或出厂精度标准
4	机床精度	调整滑枕间隙,对机床超差项目进行调整恢复	间隙合适,各项精度达到技术要求		见精度检测记录单		
5	羊毛毡	更换羊毛毡	无遗漏,平整、合适	剪刀等工具			
6	机床外观	开机运行,观察各部位有无漏油	运行正常,无漏油	目测			
7	主马达皮带	检查、调整主马达皮带,必要时更换	张紧力合适,主马达皮带无磨损、无裂纹	目测			
8	润滑管路系统、滤芯、液压系统	检查润滑管路系统各装置,各润滑系统油路畅通到位,更换或清洁滤芯,按照压力表上的刻度进行检查、调整,使之在规定范围内	各系统装置完整无损,各点润滑正常,润滑压力合适	目测			
9	泵、阀及各传动机构	检查泵、各传动机构和阀动作是否灵敏;运行机床,移动机床各轴,观察是否存在异声,及时更换损坏零部件	运转灵敏、可靠,无异声	耳听、目测			

设备二级保养(电气)内容和要求

设备名称:立式车床 　　　　　　　　　　　　　　设备编号:＿＿＿＿＿＿＿＿

保养人员:＿＿＿＿＿＿＿＿ 　　　　　　　　　　保养日期:＿＿＿＿＿＿＿＿

序号	项目	细则	标准	工具	记录	签名	备注
1	设备断电	机器断电	设备电压为"0",有警示牌	万用表			
		悬挂警示牌					
2	电机	对防水等级在 IP44 以下(含 IP44)电机检查绝缘	绝缘电阻: ≥3.8 MΩ,绝缘良好; ≥1.5 MΩ,绝缘可用; ≥0.38 MΩ,绝缘堪用; <0.38 MΩ,绝缘不良。 绝缘不良的,处理或更新	兆欧表			断开电机回路再进行测量
		对防水等级在 IP44 以上电机(不含伺服电机)抽取检查绝缘					
		对防水等级在 IP67 以上(含 IP67)电机不需要检查绝缘					
		检查电机冷却回路(含冷却风扇),更换进风口滤网	无油污、覆盖物等;保证冷却回路畅通	清洁工具			
		对有炭刷的直流电机进行保养(有直流电机机床做此项)	滑环无积炭,无打火痕迹,无明显磨损(否则修复);炭刷磨损不超过2/3(否则更换)	目测,螺丝刀等			
3	设备上电	机床上电,设备系统启动	启动正常	万用表			
		摘取警示牌	警示牌复位				
4	设备调整	电气传感器调整	机床动作正常,反馈信号正常	万用表等			根据保养前设备反应精度结合机械选择调整
		各类电气控制元件调整	动作正常,反馈信号正常				
5	安全装置	按系统安全操作规范检查设备安全保护装置	工作正常,安全有效	目测			

附:《立式车床主要精度检测记录单》

立式车床主要精度检测记录单

设备编号		型号		规格	
复杂系数		制造厂		出厂日期	
设备等级		使用单位		检查日期	

序号	检验项目	图示	最大切削直径/m	允差/mm 标准级	降低级	实测/mm
1	工作台面的端面跳动		小于等于 1.0	0.024	0.036	
			小于等于 1.6	0.03	0.048	
			小于等于 2.5	0.048	0.072	
			小于等于 4.0	0.06	0.096	
			小于等于 6.3	0.072	0.12	
			小于等于 10	0.096	0.145	
			大于 10	0.12	0.18	
2	工作台面的径向跳动		小于等于 1.0	0.024	0.036	
			小于等于 1.6	0.03	0.048	
			小于等于 2.5	0.048	0.072	
			小于等于 4.0	0.06	0.096	
			小于等于 6.3	0.072	0.12	
			小于等于 10	0.096	0.145	
			大于 10	0.12	0.18	

表(续)

序号	检验项目	图示	最大切削直径/m	允差/mm 标准级	允差/mm 降低级	实测/mm
3	横梁移动时的倾斜	(a) (b) (a) (b)	在横梁每米行程上			
				0.036/1000	0.048/1000	
			在横梁全部行程上			
			小于等于 1.0	0.024/1000	0.036/1000	
			小于等于 1.6	0.03/1000	0.048/1000	
			小于等于 2.5	0.048/1000	0.072/1000	
			小于等于 4.0	0.06/1000	0.096/1000	
			小于等于 6.3	0.072/1000	0.12/1000	
			小于等于 10	0.096/1000	0.145/1000	
			大于 10	0.12/1000	0.18/1000	
4	A. 上刀架水平移动对底座导轨的不平行度 B. 上刀架水平移动的不平行度		在上刀架每米行程上			
				0.036/1000	0.048/1000	
			在工作台半径上			
			小于等于 1.0	0.024/1000	0.036/1000	
			小于等于 1.6	0.03/1000	0.048/1000	
			小于等于 2.5	0.048/1000	0.072/1000	
			小于等于 4.0	0.06/1000	0.096/1000	
			小于等于 6.3	0.072/1000	0.12/1000	
			小于等于 10	0.096/1000	0.145/1000	
			大于 10	0.12/1000	0.18/1000	

检验结论与意见：

参加检验单位(人员)：

备注

设备一级保养内容和要求

设备名称:铲齿车床　　　　　　　　　　　设备编号:＿＿＿＿＿＿＿＿

保养人员:＿＿＿＿＿＿＿＿　　　　　　　　保养日期:＿＿＿＿＿＿＿＿

序号	项目	细则	标准	工具	记录	签名	备注
1	电气	电箱、电机外观保养	无油污、覆盖物等;接地可靠	清洁工具			
		检查接地是否可靠					
2	手柄、手轮	手柄、手轮等外观保养	无油污,保持清洁	清洁工具			
3	机床外观	擦拭机床外表面、罩盖及附件	内外清洁,无锈蚀,无黄袍,无毛刺	清洁工具			
		擦拭丝杆、光杆、操作杆、齿条等,去除毛刺					
4	主轴箱、刀架、溜板及导轨	检查主轴系统运行是否正常,变速是否准确可靠	内外清洁,无锈蚀,无黄袍,无毛刺,检查各部件间隙,做好记录	清洁工具、螺丝刀、扳手等			
		检查主轴锥孔、导轨面等毛刺情况					
		拆洗中小溜板、丝杆、螺母、刀架及塞铁,并调整间隙					
		拆洗尾架顶针套,检查毛刺					
5	润滑与冷却	清洁油线、油毡和过滤器等	油路畅通,油窗清晰,油量到位,管路畅通,无泄漏	清洁工具、疏通工具、螺丝刀、扳手等			
		清洁冷却泵、冷却箱及过滤器					
6	机床周边	清理机床周边铁屑、油垢等垃圾	周围无铁屑等垃圾,地面清洁	清洁工具			
7	接水盘	清洁冷却液接水盘	接水盘清洁	清洁工具			
8	补充项						

设备二级保养(机械)内容和要求

设备名称:铲齿车床　　　　　　　　　　　　　设备编号:＿＿＿＿＿＿＿＿

保养人员:＿＿＿＿＿＿＿＿　　　　　　　　　　保养日期:＿＿＿＿＿＿＿＿

序号	项目	细则	标准	工具	记录	签名	备注
1	工作场地	清扫工作场地,用红白旗隔离工作区域,做好防护措施	达到安全标准	红白旗、清洁工具			
2	操作手柄、开关	检查、调整各操作手柄	准确可靠,开关正常	螺丝刀、扳手等			
3	挂轮、轴套	检查挂轮、轴套	无间隙、松动	清洁工具			
4	各传动机构	调整各传动零部件,更换易损件	部件完整,动作正常	油枪、螺丝刀、扳手等			
5	导轨面、尾架	清洁表面,去除毛刺,修复伤痕,调整间隙,清理床身垃圾	无异物,无油污,无毛刺,间隙正常	油石、螺丝刀、扳手、清洁工具等			
6	床头箱、尾架主轴	检查机械结构运转情况	运转正常,无松动	螺丝刀、扳手、内六角扳手等			
7	床头箱滤器	取出滤器,清洁滤油铜丝网	清洁,滤油正常	螺丝刀、扳手等			
8	润滑系统	更换润滑油,确保油泵、分油器工作正常,刮屑板完整	油路畅通,油窗清晰,无泄漏	螺丝刀、扳手等			
9	冷却系统	清洁冷却水箱、过滤网,更换冷却液	冷却液清洁、畅通,配比符合要求	清洁工具			
10	三角皮带、皮带轮	检查三角皮带、皮带轮,调节张紧力	三角皮带张紧合适,无裂纹,皮带轮运转正常	螺丝刀、扳手等			
11	机械精度	按照精度检测记录单检查,调整精度,间隙合理	各项精度达到技术要求	螺丝刀、扳手、内六角扳手、角尺、精度检测工具			参考国标/部标或出厂精度标准

设备二级保养(电气)内容和要求

设备名称:铲齿车床   设备编号:＿＿＿＿＿＿＿＿

保养人员:＿＿＿＿＿＿＿＿   保养日期:＿＿＿＿＿＿＿＿

序号	项目	细则	标准	工具	记录	签名	备注
1	设备断电	机器断电	设备电压为"0",有警示牌	万用表			
		悬挂警示牌					
2	电机	对防水等级在IP44以下(含IP44)电机检查绝缘	绝缘电阻: ≥3.8 MΩ,绝缘良好; ≥1.5 MΩ,绝缘可用; ≥0.38 MΩ,绝缘堪用; <0.38 MΩ,绝缘不良。 绝缘不良的,处理或更新	兆欧表			断开电机回路再进行测量
		对防水等级在IP44以上电机(不含伺服电机)抽取检查绝缘					
		对防水等级在IP67以上(含IP67)电机不需要检查绝缘					
		检查电机冷却回路(含冷却风扇),更换进风口滤网	无油污、覆盖物等;保证冷却回路畅通	清洁工具			
		对有炭刷的直流电机进行保养(有直流电机机床做此项)	滑环无积炭,无打火痕迹,无明显磨损;炭刷磨损不超过2/3(否则更换)	目测,螺丝刀等			
3	设备上电	机床上电,设备系统启动	启动正常	万用表			
		摘取警示牌	警示牌复位				
4	设备调整	电气传感器调整	机床动作正常,反馈信号正常	万用表等			根据保养前设备反应精度,结合实际调整
		各类电气控制元件调整	动作正常,反馈信号正常				
5	安全装置	按系统安全操作规范检查设备的安全保护装置	工作正常,安全有效	目测			

注:主要精度检测记录单同《普通车床主要精度检测记录单》。

设备一级保养内容和要求

设备名称:端面车床   设备编号:＿＿＿＿＿＿＿＿＿

保养人员:＿＿＿＿＿＿＿＿＿   保养日期:＿＿＿＿＿＿＿＿＿

序号	项目	细则	标准	工具	记录	签名	备注
1	电气	电箱、电机外观保养	无油污、覆盖物等;接地可靠	清洁工具			
		检查接地					
2	手柄、手轮等	手柄、手轮等外观保养	无油污,清洁	清洁工具			
3	机床外观	擦拭机床外表面、罩盖及附件	内外清洁,无锈蚀,无黄袍,无毛刺	清洁工具			
		擦拭丝杆、光杆、操作杆、齿条等,去除毛刺					
4	主轴箱、刀架、溜板及导轨	检查主轴系统运行是否正常,变速是否准确可靠	内外清洁,无锈蚀,无黄袍,无毛刺,检查各部件间隙,做好记录	清洁工具、螺丝刀、扳手等			
		检查主轴锥孔、导轨面等毛刺情况					
		拆洗中小溜板、丝杆、螺母、刀架及塞铁,并调整间隙					
		拆洗尾架顶针套,检查毛刺					
5	润滑与冷却	清洁油线、油毡和过滤器等	油路畅通,油窗清晰,油量到位,管路畅通,无泄漏	清洁工具、疏通工具、螺丝刀、扳手等			
		清洁冷却泵、冷却箱及过滤器					
6	机床周边	清理机床周边铁屑、油垢等垃圾	周围无铁屑等垃圾,地面清洁	清洁工具			
7	接水盘	清洁冷却液接水盘	接水盘清洁	清洁工具			
8	补充项						

设备二级保养(机械)内容和要求

设备名称:端面车床   设备编号:_____

保养人员:_____   保养日期:_____

序号	项目	细则	标准	工具	记录	签名	备注
1	工作场地	清扫工作场地,用红白旗隔离工作区域,做好防护措施	达到安全标准	红白旗、清洁工具			
2	操作手柄、开关	检查、调整各操作手柄	准确可靠,开关正常	螺丝刀、扳手等			
3	挂轮、轴套	检查挂轮、轴套	无间隙、松动	清洁工具			
4	各传动机构	调整各传动零部件,及时更换易损件	部件完整,动作正常	油枪、螺丝刀、扳手等			
5	导轨面、尾架	清洁表面,去除毛刺,修复伤痕;调整间隙;清理车床上的垃圾	无异物,无油污,无毛刺,间隙正常	油石、螺丝刀、扳手、清洁工具等			
6	床头箱、尾架主轴	检查机械结构运转情况	运转正常,无松动	螺丝刀、扳手、内六角扳手等			
7	床头箱滤器	取出滤器,清洁滤油铜丝网	清洁,滤油正常	螺丝刀、扳手等			
8	润滑系统	更换润滑油,确保油泵、分油器工作正常;刮屑板完整	油路畅通,油窗清晰,无泄漏,各点润滑正常	螺丝刀、扳手等			
9	冷却系统	清洁冷却水箱、过滤网,更换冷却液	冷却液清洁、畅通,配比符合要求	清洁工具			
10	三角皮带、皮带轮	检查三角皮带、皮带轮,调节张紧力	三角皮带张紧合适,无裂纹,皮带轮运转正常	螺丝刀、扳手等			
11	机械精度	按照精度检测记录单检查,调整精度,间隙合理	各项精度达到技术要求	螺丝刀、扳手、内六角扳手、角尺、精度检测工具			参考国标/部标或出厂精度标准

设备二级保养(电气)内容和要求

设备名称:端面车床   设备编号:_____

保养人员:_____   保养日期:_____

序号	项目	细则	标准	工具	记录	签名	备注
1	设备断电	机器断电	设备电压为"0",有警示牌	万用表			
		悬挂警示牌					
2	电机	对防水等级在IP44以下(含IP44)电机检查绝缘	绝缘电阻: ≥3.8 MΩ,绝缘良好; ≥1.5 MΩ,绝缘可用; ≥0.38 MΩ,绝缘堪用; <0.38 MΩ,绝缘不良。 绝缘不良的,处理或更新	兆欧表			断开电机回路再进行测量
		对防水等级在IP44以上电机(不含伺服电机)抽取检查绝缘					
		对防水等级在IP67以上(含IP67)电机不需要检查绝缘					
		检查电机冷却回路(含冷却风扇),更换进风口滤网	无油污、覆盖物等;保证冷却回路畅通	清洁工具			
		对有炭刷的直流电机进行保养(有直流电机机床做此项)	滑环无积炭,无打火痕迹,无明显磨损;炭刷磨损不超过2/3(否则更换)	目测,螺丝刀等			
3	设备上电	机床上电,设备系统启动	启动正常	万用表			
		摘取警示牌	警示牌复位				
4	设备调整	电气传感器调整	机床动作正常,反馈信号正常	万用表等			根据保养前设备反应精度,结合实际调整
		各类电气控制元件调整	动作正常,反馈信号正常				
5	安全装置	按系统安全操作规范检查设备的安全保护装置	工作正常,安全有效	目测			

注:主要精度检测记录单同《普通车床主要精度检测记录单》。

设备一级保养内容和要求

设备名称:落地车床　　　　　　　　　　设备编号:＿＿＿＿＿＿＿＿

保养人员:＿＿＿＿＿＿＿＿　　　　　　　保养日期:＿＿＿＿＿＿＿＿

序号	项目	细则	标准	工具	记录	签名	备注
1	液压系统	外观保养	液压马达、阀件、管路等无油污、覆盖物	清洁工具			
		滤网清扫	滤网清洁,无堵塞				
2	电箱	电箱外观保养	无油污、覆盖物等	清洁工具			
3	操作箱	操作箱外观保养	外箱、按钮、屏幕无油污、覆盖物等	清洁工具			
4	机床表面、罩壳、附件、油箱	擦拭机床外表、床身罩壳、附件、油箱表面等	无油污、覆盖物等	清洁工具			
5	工作平台T形槽	清洁工作平台T形槽内的铁屑及表面油污	无油污、铁屑	清洁工具			
6	机床周边	机床周围铁屑清扫	周边无铁屑覆盖	扫帚、铁铲			

设备二级保养(机械)内容和要求

设备名称:落地车床　　　　　　　　　　　　　设备编号:_____

保养人员:_____　　　　　　　　　保养日期:_____

序号	项目	细则	标准	工具	记录	签名	备注
1	工作场地	整理、清扫工作场地,用红白旗隔离工作区域,做好各项安全防护措施	达到安全标准	红白旗、清扫工具			
2	机床罩壳等机械附件	检查机床罩壳等机械附件是否牢固	牢固可靠	目测			
3	床头箱、溜板箱及刀架	确保油箱滤网无覆盖物及堵塞,油泵运转正常	清洁,润滑正常	扳手、内六角扳手等			
4	常用附件	确保附件润滑顺畅	各点润滑正常	油枪、扳手等			
5	工作台导轨	导轨面检测、修复、注油	无伤痕,无毛刺,润滑有效	油枪、刮刀等			
6	机床尾架	确保尾架加油、润滑畅通	各点润滑正常	油枪等			
7	机械精度	按照精度检测记录单检查、调整精度,间隙合理	各项精度达到技术要求	螺丝刀、扳手、内六角扳手、角尺、精度检测工具			参考相关国标/部标或出厂精度标准

设备二级保养(电气)内容和要求

设备名称:落地车床　　　　　　　　　　设备编号:＿＿＿＿＿＿＿＿

保养人员:＿＿＿＿＿＿＿＿　　　　　　　保养日期:＿＿＿＿＿＿＿＿

序号	项目	细则	标准	工具	记录	签名	备注
1	设备断电	机器断电	设备电压为"0",有警示牌	万用表			
		悬挂警示牌					
2	电机	电机检查绝缘	绝缘电阻:≥3.8 MΩ,绝缘良好。绝缘不良的,处理或更新	兆欧表			断开电机回路再进行测量
		对电机冷却风扇进行保养	无油污、覆盖物等;更换进风口滤网				
3	电箱、操纵箱	电箱、操纵箱内部清洁保养	内部清洁、整齐,无杂物	吸尘器、刷子等			
		电箱、操纵箱内接插件接触检查	接触良好	万用表			
		电箱、操纵箱内主回路接线端子紧固检查	接触良好、紧固	螺丝刀			
4	设备上电	机床上电,设备系统启动	启动正常	万用表			
		摘取警示牌	警示牌复位				
5	设备调整	各类电气控制元件的调整	机床动作正常,反馈信号正常	万用表等			根据机床二级保养前设备反应精度,结合机械选择调整
		机床外围辅助设备检查、调整	正常工作				
		机床各类参数调整(反向间隙、定位、速度等)	机床运动正常,平稳,定位准确	机械精度检测工具			
6	安全装置	按系统安全操作规范对设备的安全保护装置进行检查	工作正常,安全有效				

注:主要精度检测记录单同《普通车床主要精度检测记录单》。

设备一级保养内容和要求

设备名称：卧式(立式、万能)铣床　　　　　　　设备编号：_____

保养人员：_____　　　　　　　　保养日期：_____

序号	项目	细则	标准	工具	记录	签名	备注
1	电气	电箱、电机外观保养	无油污、覆盖物等；接地可靠	清洁工具			
		检查接地是否可靠					
2	手柄、手轮等	手柄、手轮等外观保养	无油污,清洁	清洁工具			
3	机床外观	擦拭机床外表面、罩盖及附件	内外清洁,无锈蚀,无黄袍,无毛刺	清洁工具			
		擦拭丝杆、光杆、操作杆、齿条等,去除毛刺					
4	传动与工作台	拆卸上工作台,擦拭导轨面,去毛刺	内外清洁,无锈蚀,无黄袍,无毛刺,检查各部件间隙,做好记录	清洁工具、螺丝刀、扳手等			
		检查主轴锥孔毛刺情况					
		清洁丝杆、螺母塞铁,调整间隙					
5	润滑与冷却	清洁油线、油毡、过滤器等	油路畅通,油窗清晰,油量到位,管路畅通,无泄漏,各压力正常	清洁工具、疏通工具、螺丝刀、扳手等			
		补充油液					
		清洁冷却泵、冷却箱					
6	机床周边	清理机床周边铁屑、油垢等垃圾	周围无铁屑等垃圾,地面清洁	清洁工具			
7	接水盘	清洁冷却液接水盘	接水盘清洁	清洁工具			
8	补充项						

设备二级保养(机械)内容和要求

设备名称:卧式(立式、万能)铣床　　　　　　　　设备编号:_____

保养人员:_____　　　　　　　　　　保养日期:_____

序号	项目	细则	标准	工具	记录	签名	备注
1	工作场地	整理、清扫工作场地,用红白旗隔离工作区域,做好各项安全防护措施	达到安全标准	红白旗、清扫工具			
2	各传动零件	检查、调整各传动零件	变速可靠	目测			
3	压板、塞铁	检查、调整压板和塞铁间隙	间隙正常	扳手等			
4	润滑油液	清洁油箱,更换润滑油,调整润滑系统,排除泄漏,保证润滑装置完整畅通	各点润滑正常	扳手、清洁工具等			
5	各操纵手柄	检查、调整各操纵手柄,保证动作准确可靠	准确可靠,开关正常	内六角扳手等			
6	工作台、托板及导轨	拆洗、检查工作台、导轨面,整修伤痕,调整间隙。检查、调整各零部件,修整或更换磨损零件	各工作面无异物,无油污,无毛刺,间隙正常	拆卸工具			
7	机械精度	照精度检测记录单检查,调整精度,间隙合理	各项精度达到技术要求	螺丝刀、扳手、内六角扳手、角尺、精度检测工具			参考国标/部标或出厂精度标准

设备二级保养(电气)内容和要求

设备名称:卧式(立式、万能)铣床　　　　　　　　设备编号:＿＿＿＿＿＿＿

保养人员:＿＿＿＿＿＿＿＿　　　　　　　　　　　保养日期:＿＿＿＿＿＿＿

序号	项目	细则	标准	工具	记录	签名	备注
1	设备断电	机器断电	设备电压为"0",有警示牌	万用表			
		悬挂警示牌					
2	电机	对防水等级在 IP44 以下(含 IP44)电机检查绝缘	绝缘电阻: ≥3.8 MΩ,绝缘良好; ≥1.5 MΩ,绝缘可用; ≥0.38 MΩ,绝缘堪用; <0.38 MΩ,绝缘不良。 绝缘不良的,处理或更新	兆欧表			断开电机回路再进行测量
		对防水等级在 IP44 以上电机(不含伺服电机)抽取检查绝缘					
		对防水等级在 IP67 以上(含 IP67)电机不需要检查绝缘					
		检查电机冷却回路(含冷却风扇),更换进风口滤网	无油污、覆盖物等;冷却回路畅通	清洁工具			
		对有炭刷的直流电机进行保养(有直流电机机床做此项)	滑环无积炭,无打火痕迹,无明显磨损(否则修复);炭刷磨损不超过 2/3(否则更换)	目测、螺丝刀等			
3	设备上电	机床上电,设备系统启动	启动正常	万用表			
		摘取警示牌	警示牌复位				
4	设备调整	电气传感器调整	机床动作正常,反馈信号正常	万用表等			根据设备反应精度结合机械选择调整
		各类电气控制元件调整	动作正常,反馈信号正常				
5	安全装置	按安全操作规范检查设备的安全保护装置	工作正常,安全有效	目测			

附1:《立式铣床主要精度检测记录单》

立式铣床主要精度检测记录单

设备编号		型号		规格	
复杂系数		制造厂		出厂日期	
设备等级		使用单位		检查日期	

序号	检验项目	图示	允差/mm	实测/mm
1	工作台面的平行度	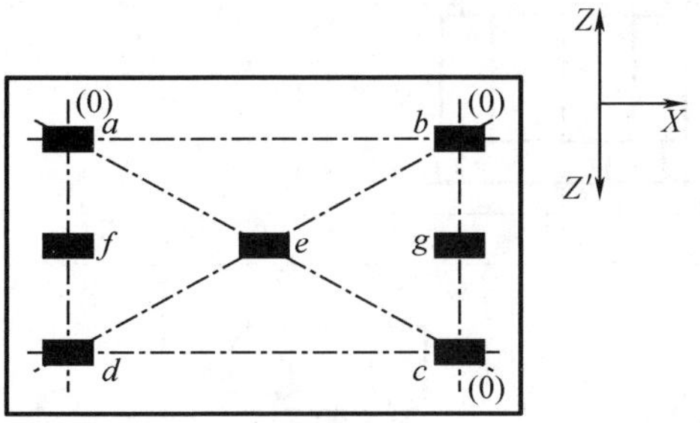	在任意1000测量长度上为0.04；在任意300测量长度上为0.02	
2	工作台纵向和横向移动的不垂直度	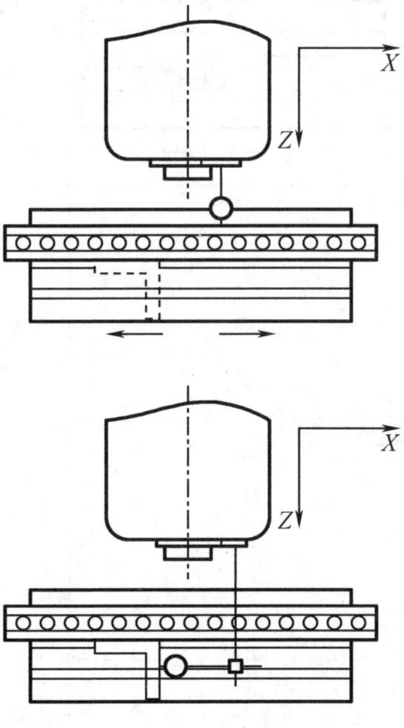	在全行程上为0.06/1000	
3	工作台纵向移动对工作台面的不平行度	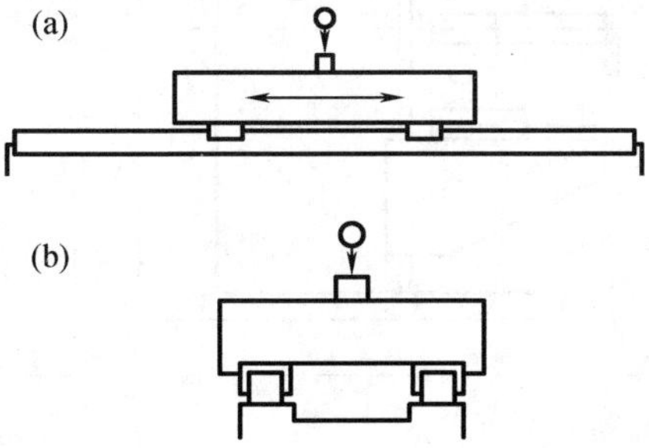	(a)015/300 (b)015/300	

表(续1)

序号	检验项目	图示	允差/mm	实测/mm
4	工作台横向移动对工作台面的不平行度	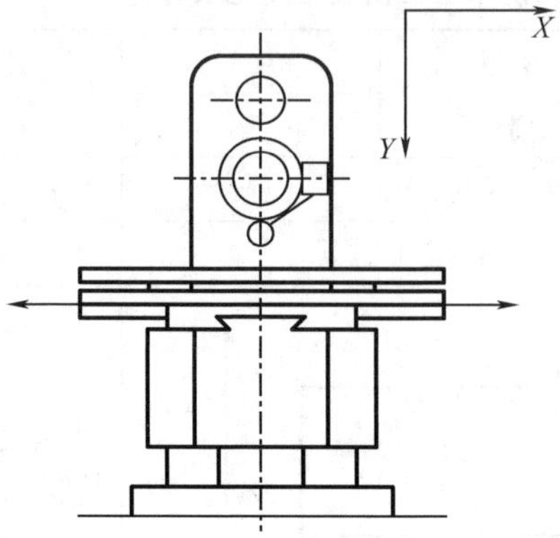	0.02/300	
5	工作台中央T形槽侧面对工作台纵向移动不平行度	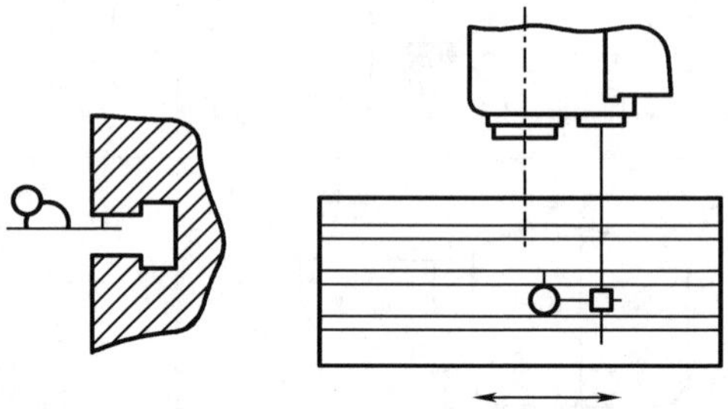	0.02/300	
6	主轴轴向窜动	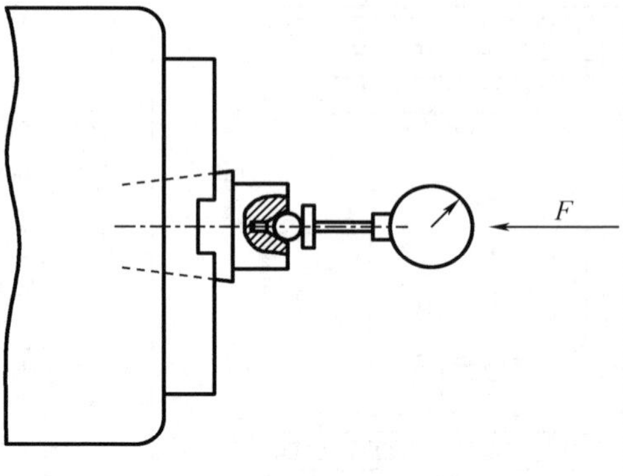	0.01	
7	主轴锥孔中心线的轴向跳动	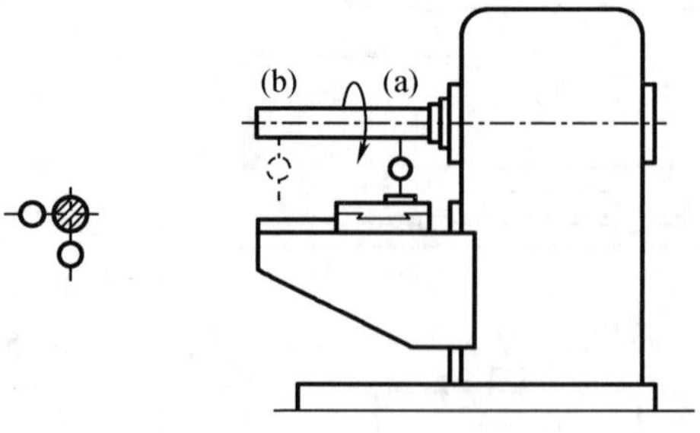	(a)0.01/300 (b)0.02/300	

表（续2）

序号	检验项目	图示	允差/mm	实测/mm
8	主轴回转中心线对工作台面的垂直度	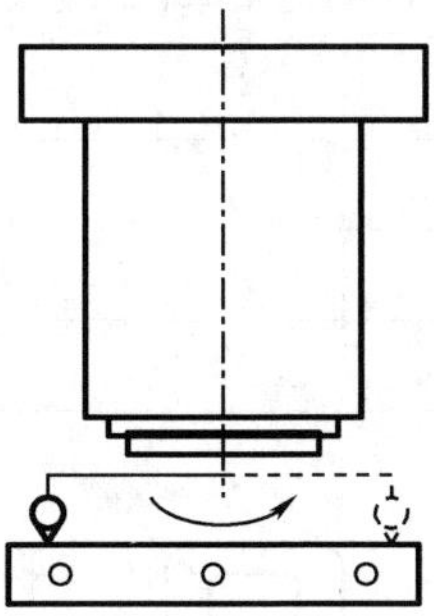	0.02/300	

检验结论与意见：

参加检验单位（人员）：

备注

附2:《镗铣床主要精度检测记录单》(二级保养)

镗铣床主要精度检测记录单(二级保养)

设备编号		型号		规格	
复杂系数		制造厂		出厂日期	
设备等级		使用单位		检查日期	

序号	检验项目	图示	允差/mm	实测/mm
1	床身导轨在垂直平面内的直线度	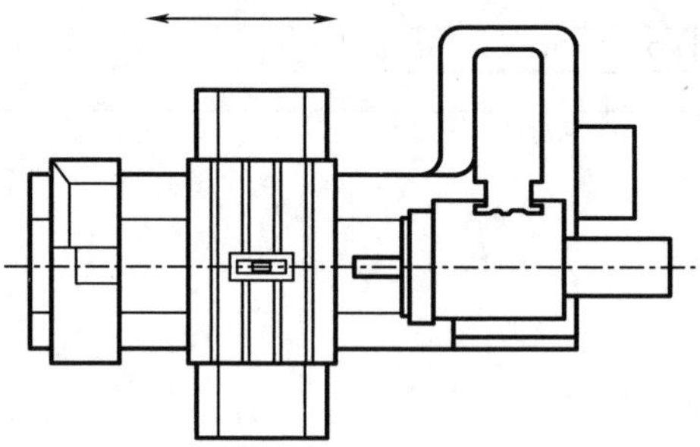	0.006/300 0.030/全长	
2	床身导轨在垂直平面内的平行度	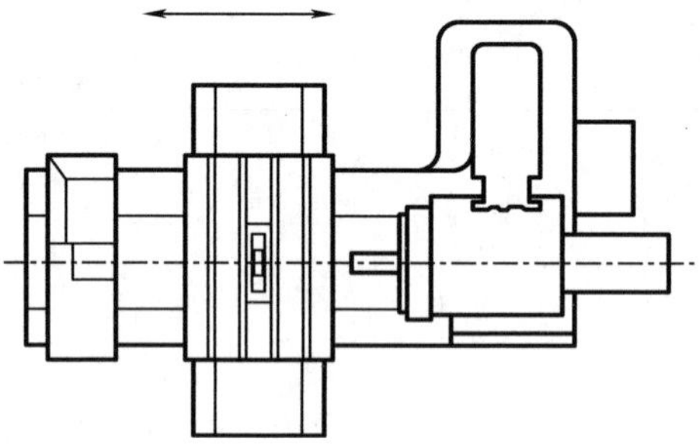	0.020/1000	
3	滑座导轨在垂直平面内的平行度	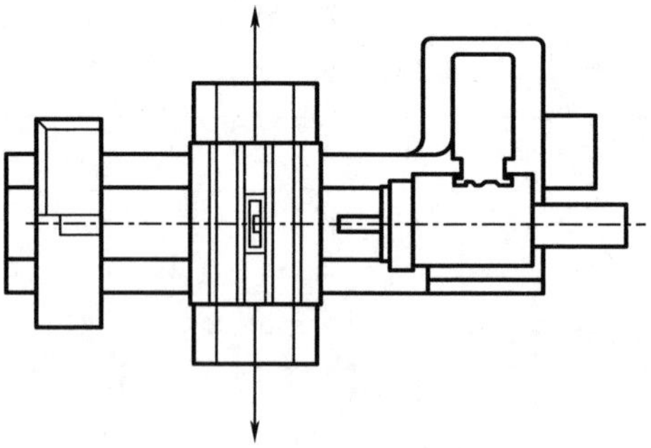	0.020/1000	

表(续1)

序号	检验项目	图示	允差/mm	实测/mm
4	工作台横向移动对纵向移动的垂直度	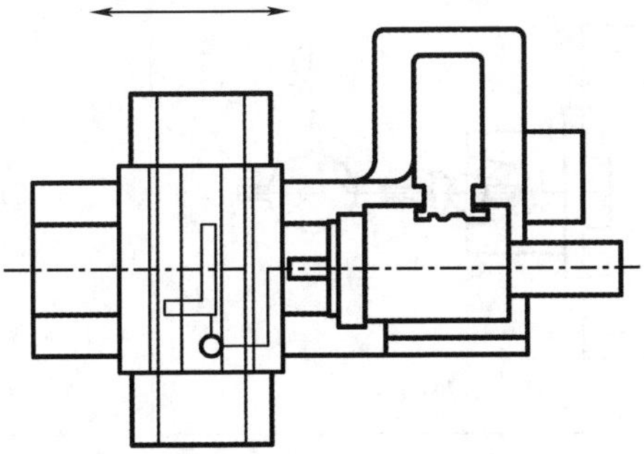 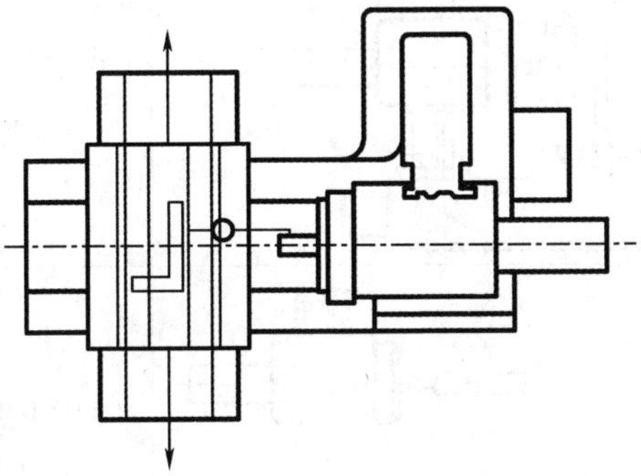	0.040/1000	
5	工作台移动对工作台面的平行度	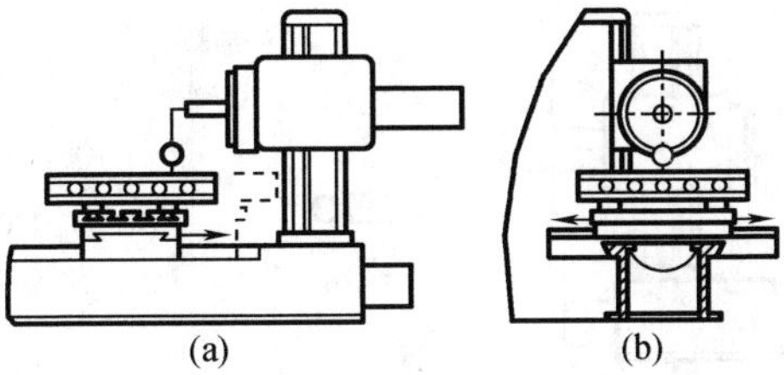 (a) (b)	(a)0.015/300 0.050/全长 (b)0.040/1000	
6	镗轴的径向跳动	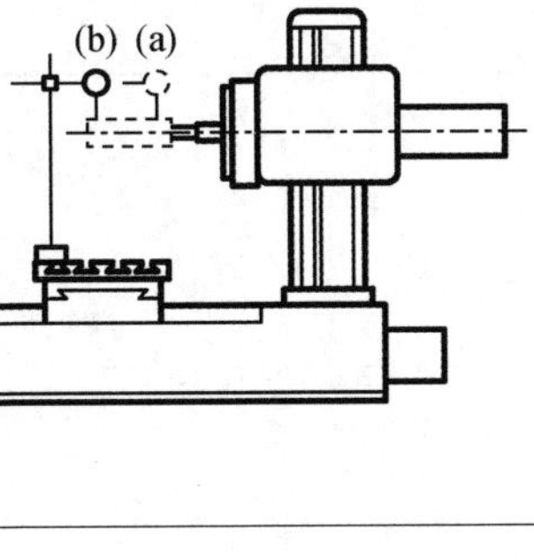  (b)(a)	(a)0.010 (b)0.020	

表(续2)

序号	检验项目	图示	允差/mm	实测/mm
7	镗轴的轴向窜动		0.010	
8	镗轴轴线对前立柱导轨的垂直度		0.030/1000 α≤90°	
9	工作台移动对镗轴轴线的平行度		(a)0.030/500 (b)0.030/500	
10	主轴箱垂直移动对工作台面的垂直度		(a)0.020/500 (b)0.020/500	

检验结论与意见:	
参加检验单位: （人员）	
备注	

设备一级保养内容和要求

设备名称:工具铣床   设备编号:_____

保养人员:_____   保养日期:_____

序号	项目	细则	标准	工具	记录	签名	备注
1	电气	电箱电机外观保养	无油污、覆盖物等;接地可靠	清洁工具			
		检查接地是否可靠					
2	手柄、手轮等	手柄、手轮等外观保养	无油污,清洁	清洁工具			
3	机床外观	擦拭机床外表面、罩盖及附件	内外清洁,无锈蚀,无黄袍,无毛刺	清洁工具			
		擦拭丝杆、光杆、操作杆、齿条等,去除毛刺					
4	传动与工作台	拆卸上工作台,擦拭导轨面,去毛刺	内外清洁,无锈蚀,无黄袍,无毛刺,检查各部件间隙,做好记录	清洁工具、螺丝刀、扳手等			
		检查主轴锥孔毛刺情况					
		清洁丝杆、螺母塞铁,并调整间隙					
5	润滑与冷却	清洁油线、油毡、过滤器等	油路畅通,油窗清晰,油量到位,管路畅通,无泄漏,各压力正常	清洁工具、疏通工具、螺丝刀、扳手等			
		补充油液					
		清洁冷却泵、冷却箱					
6	机床周边清理	清理机床周边铁屑、油垢等垃圾	周围无铁屑等垃圾,地面清洁	清洁工具			
7	清洁接水盘	清洁冷却液接水盘	接水盘清洁	清洁工具			
8	补充项						

设备二级保养(机械)内容和要求

设备名称:工具铣床 　　　　　　　　　　　　　设备编号:＿＿＿＿＿＿＿

保养人员:＿＿＿＿＿＿＿＿　　　　　　　　　　保养日期:＿＿＿＿＿＿＿

序号	项目	细则	标准	工具	记录	签名	备注
1	工作场地	整理、清扫工作场地,用红白旗隔离工作区域,做好各项安全防护措施	达到安全标准	红白旗、清扫工具			
2	各传动零件	检查、调整各传动零件	变速可靠	目测			
3	压板塞铁	检查、调整压板塞铁间隙	间隙正常	扳手等			
4	润滑油液	清洁油箱,更换润滑油,调整润滑系统,排除泄漏,保证润滑装置完整畅通	各点润滑正常	扳手、清洁工具等			
5	各操纵手柄	检查、调整各操纵手柄,保证动作准确可靠	准确可靠,开关正常	内六角扳手等			
6	工作台、托板及导轨	拆洗、检查工作台、导轨面,整修伤痕,调整间隙。检查、调整各零部件,修整或更换磨损零件	各工作面无异物,无油污,无毛刺,间隙正常	拆卸工具			
7	机械精度	按照精度检测记录单检查,调整精度,间隙合理	各项精度达到技术要求	螺丝刀、扳手、内六角扳手、角尺、精度检测工具			参考相关国标/部标或出厂精度标准

设备二级保养(电气)内容和要求

设备名称:工具铣床　　　　　　　　　　　　　　　设备编号:＿＿＿＿＿＿＿＿＿

保养人员:＿＿＿＿＿＿＿＿＿　　　　　　　　　　　保养日期:＿＿＿＿＿＿＿＿＿

序号	项目	细则	标准	工具	记录	签名	备注
1	设备断电	机器断电 悬挂警示牌	设备电压为"0",有警示牌	万用表			
2	电机	对防水等级在 IP44 以下(含 IP44)电机检查绝缘	绝缘电阻: ≥3.8 MΩ,绝缘良好; ≥1.5 MΩ,绝缘可用; ≥0.38 MΩ,绝缘堪用; <0.38 MΩ,绝缘不良。 绝缘不良的,处理或更新	兆欧表			断开电机回路再进行测量
		对防水等级在 IP44 以上电机(不含伺服电机)抽取检查绝缘					
		对防水等级在 IP67 以上(含 IP67)电机不需要检查绝缘					
		检查电机冷却回路(含冷却风扇),更换进风口滤网	无油污、覆盖物等;保证冷却回路畅通	清洁工具			
		对有炭刷的直流电机进行保养(有直流电机机床做此项)	滑环无积炭,无打火痕迹,无明显磨损(否则修复);炭刷磨损不超过2/3(否则更换)	目测,螺丝刀等			
3	设备上电	机床上电,设备系统启动	启动正常	万用表			
		摘取警示牌	警示牌复位				
4	设备调整	电气传感器调整	机床动作正常,反馈信号正常	万用表等			根据保养前设备反应精度,结合机械选择调整
		各类电气控制元件调整	动作正常,反馈信号正常				
5	安全装置	按系统安全操作规范对设备的安全保护装置进行检查	工作正常,安全有效	目测			

注:主要精度检测记录单同《立式铣床主要精度检测记录单》。

设备一级保养内容和要求

设备名称:龙门铣床

设备编号:＿＿＿＿＿＿＿＿＿

保养人员:＿＿＿＿＿＿＿＿＿

保养日期:＿＿＿＿＿＿＿＿＿

序号	项目	细则	标准	工具	记录	签名	备注
1	油冷机	油冷机滤网清扫	滤网清洁,无堵塞	清洁工具			
		制冷效果检查	制冷效果良好	目测			
2	电箱	电箱外观保养	无油污、覆盖物等	清洁工具			
		电箱空调滤器清扫及制冷效果检查	滤器清洁,无堵塞现象,制冷效果良好				
3	操纵箱	操纵箱外观保养	外箱、按钮、屏幕无油污、覆盖物等	清洁工具			
4	手持单元	各类手持单元外观保养	外观(包含线)清洁无油污等	清洁工具			
5	机床表面、罩壳、附件、油箱	擦拭机床外表面、床身罩壳、附件、油箱表面等	无油污、覆盖物等	清洁工具			
6	主轴系统	检测主轴系统运转是否正常,检查锥孔清洁度	运转无异响,锥孔无毛刺	清洁工具			
7	床身、立柱及横梁	清洁及检查工作台及导轨面;清洁立柱、横梁、丝杆等部位	运转无异响,表面无毛刺	清洁工具			
8	液压及润滑	清洁油箱、过滤器等,检查相关液位	油箱液位正常,过滤器不堵塞	清洁工具			
9	工作平台T形槽	清除工作平台T形槽内的铁屑及表面油污	冷却水回水畅通	清洁工具			
10	机床周边	床身周围铁屑清扫	周边无铁屑覆盖	扫帚、铁铲			
11	地基回水槽	回水槽铁屑清理	地基回水槽回水畅通	清洁工具			
12	补充项						

设备二级保养(机械)内容和要求

设备名称:龙门铣床   设备编号:_____

保养人员:_____   保养日期:_____

序号	项目	细则	标准	工具	记录	签名	备注
1	工作场地	清扫工作场地,用红白旗隔离工作区域,做好安全防护措施	达到安全标准	红白旗、清扫工具			
2	安全扶梯等	检查机床安全扶梯、踏步、罩壳等	牢固、安全可靠	目测			
3	床身回油槽	清洁、疏通回油	回油畅通	清扫工具			
4	油箱滤网(篮)	确保无覆盖物及堵塞	清洁,过滤有效	扳手、内六角扳手等			
5	切削液回水箱滤袋	清洁、疏通回水	回水畅通	滤袋、扳手等			
6	常用附件	常用附件注油	润滑有效	油枪、扳手等			
7	附件小车导轨	附件小车导轨油注口注油	润滑良好				
8	排屑器反刮板	确保排屑器反刮板无断舌	反刮板功能有效	铁钩等			
9	排屑器	打开排屑器积屑窗口清理	无积屑	扳手、铁钩等			
10	排屑器回水槽	清理回水槽卡屑,检查回水情况	回水槽无卡屑,回水顺畅	扳手、铁钩等			
11	滑枕拦油板	拦油板拆除清洁	清洁、无积屑	内六角扳手、细钢丝、螺丝刀等			
12	铣轴端回油管路	用细钢丝疏通或压缩空气反吹回油管	回油管路清洁				
13	静压油箱滤器	更换静压油箱滤器	滤器清洁,油品过滤有效	滤器、内六角扳手等			
14	光栅尺空气滤器	清洁或更换光栅尺空气滤器	过滤压缩空气,空气干燥清洁				
15	机械精度	按照精度检测记录单检查,调整精度,间隙合理	各项精度达到技术要求	紧固和精度检测工具			参考国标/部标等

设备二级保养(电气)内容和要求

设备名称:龙门铣床   设备编号:＿＿＿＿＿＿＿＿

保养人员:＿＿＿＿＿＿＿＿   保养日期:＿＿＿＿＿＿＿＿

序号	项目	细则	标准	工具	记录	签名	备注
1	设备断电	机器断电	设备电压为"0",有警示牌	万用表			数控设备PLC设备
		稳压电源输出端断电					
		悬挂警示牌					
2	电机	对防水等级在IP44以下(含IP44)电机检查绝缘	绝缘电阻:≥3.8 MΩ,绝缘良好;≥1.5 MΩ,绝缘可用;≥0.38 MΩ,绝缘堪用;<0.38 MΩ,绝缘不良。绝缘不良的,处理或更新	兆欧表			断开电机回路再进行测量
		对防水等级在IP44以上电机(不含伺服电机)抽取检查绝缘					
		对防水等级在IP67以上(含IP67)电机不需要检查绝缘					
		检查电机冷却回路(含冷却风扇),更换进风口滤网	无油污、覆盖物等;保证冷却回路畅通	清洁工具			
		对有炭刷的直流电机进行保养(有直流电机机床做此项)	滑环无积炭,无打火痕迹,无明显磨损(否则修复);炭刷磨损不超过2/3(否则更换)	目测,螺丝刀等			
		对测速电机进行保养					
3	电箱、操纵箱、手持单元	电箱、操纵箱内部清洁保养。手持单元外部清洁保养	清洁、整齐、无杂物	吸尘器、刷子等			
		手持单元、电箱、操纵箱内接插件接触检查	接触良好	万用表			
		电箱、操纵箱内主回路接线端子紧固检查	接触良好、紧固	螺丝刀			

表(续)

序号	项目	细则	标准	工具	记录	签名	备注
4	稳压电源	外观、按钮功能保养	外观清洁,按钮工作正常	目测,手动			
		检查手动、自动功能切换是否有效	手动、自动功能之间正常切换	手动			
		检查稳压电源输出电压是否正常	输出电压稳定,保持380 V	万用表			
		变压器的炭刷保养	炭刷磨损不超过2/3(否则更换)	目测			
		稳压电源内部清洁保养	内部清洁、整齐,无杂物	目测			
5	油冷机、机箱空调	油冷机、机箱空调滤网清扫	清洁、整齐,无杂物	吸尘器、刷子等			
		油冷机、机箱空调制冷效果检查	制冷效果良好	目测			
6	设备上电	稳压电源输出端上电	输出电压稳定,保持380 V	万用表			
		机床上电,设备系统启动	启动正常	目测			
		摘取警示牌	警示牌复位	目测			
7	设备调整	调整机床电气传感器	机床动作正常,反馈信号正常	万用表等			根据机床二级保养前设备反应的精度,结合机械选择调整
		调整电气控制元件	机床动作正常,反馈信号正常				
		检查机床外围辅助设备(油冷机等)	正常工作	目测			
		检测手持单元功能	正常工作	目测			
		调整机床各类参数(反向间隙、定位、速度等)	机床运动正常,平稳、定位准确	机械精度检测工具			
8	安全装置	按系统安全操作规范对设备的安全保护装置进行检查	工作正常,安全有效	目测			

附:《龙门铣床主要精度检测记录单》

龙门铣床主要精度检测记录单

设备编号		型号		规格	
复杂系数		制造厂		出厂日期	
设备等级		使用单位		检查日期	

序号	检验项目	图示	允差/mm	实测/mm
1	工作台移动在垂直平面内和横向内的直线度		(a)0.020/1000 0.080/全长 (b)0.030	
2	横梁移动时对基准面的垂直度		(a)0.020/500 (b)0.020/500	
3	垂直铣头横向移动对工作台的平行度		0.020/1000 0.050/全长	
4	垂直镗铣头主轴套(滑枕)移动对基准面的垂直度		(a)0.020/500 (b)0.020/500	

表(续)

序号	检验项目	图示	允差/mm	实测/mm
5	垂直铣头横向移动对工作台移动的垂直度		0.030/1000	
6	垂直铣头(镗铣头)主轴旋转轴线对基准面的垂直度		0.020/500	
7	主轴孔的径向跳动		(a)0.010 (b)0.020	

检验结论与意见：

参加检验单位(人员)：

备注

设备一级保养内容和要求

设备名称:花键轴铣床　　　　　　　　　　　　　　　设备编号:＿＿＿＿＿＿＿＿

保养人员:＿＿＿＿＿＿＿＿　　　　　　　　　　　　　保养日期:＿＿＿＿＿＿＿＿

序号	项目	细则	标准	工具	记录	签名	备注
1	油冷机	油冷机滤网清扫	滤网清洁,无堵塞	清洁工具			
		油冷机制冷效果检查	制冷效果良好				
2	电箱	电箱外观保养	无油污、覆盖物等	清洁工具			
		电箱空调滤器清扫及制冷效果检查	滤器清洁,无堵塞现象;制冷效果良好	清洁工具			
3	操纵箱	操纵箱外观保养	外箱、按钮、屏幕无油污、覆盖物等	清洁工具			
4	手持单元	各类手持单元外观保养	外观(包含线)清洁、无油污等	清洁工具			
5	机床表面、罩壳、附件、油箱	擦拭机床外表面、床身罩壳、附件、油箱表面等	无油污、覆盖物等	清洁工具			
6	主轴系统	检测主轴系统运转是否正常,检查锥孔清洁度	运转无异响,锥孔无毛刺	清洁工具			
7	床身、立柱及横梁	清洁及检查工作台及导轨面;清洁立柱、横梁、丝杆等部位	运转无异响,表面无毛刺	清洁工具			
8	液压及润滑	清洁油箱、过滤器等,检查相关液位	油箱液位正常,过滤器不堵塞	清洁工具			
9	工作平台T形槽	清除工作平台T形槽内的铁屑及表面油污	冷却水回水畅通	清洁工具			
10	机床周边	床身周围铁屑清扫	周边无铁屑覆盖	扫帚,铁铲			
11	地基回水槽铁屑清理	回水槽铁屑清理	地基回水槽回水畅通	清洁工具			
12	补充项						

设备二级保养(机械)内容和要求

设备名称:花键轴铣床 　　　　　　　　　　　设备编号:_____

保养人员:_____ 　　　　　　　保养日期:_____

序号	项目	细则	标准	工具	记录	签名	备注
1	工作场地	清扫工作场地,用红白旗隔离工作区域,做好安全防护措施	达到安全标准	红白旗、清扫工具			
2	安全扶梯等	检查机床安全扶梯、踏步、罩壳等	牢固、安全可靠	目测			
3	床身回油槽	检查回油工况	回油畅通	清扫工具			
4	油箱滤网(篮)	检查有无覆盖物及堵塞	清洁,过滤有效	扳手、内六角扳手等			
5	切削液回水箱滤袋	检查滤袋工况	回水畅通	滤袋、扳手等			
6	常用附件	常用附件注油,确保附件旋转润滑顺畅	润滑有效	油枪、扳手等			
7	附件小车导轨	附件小车导轨油注口注油	润滑有效	油枪			
8	排屑器反刮板	排屑器反刮板检修	排屑器反刮板无断舌,功能有效	铁钩等			
9	排屑器	打开排屑器积屑窗口清理	无积屑	扳手、铁钩等			
10	排屑器回水槽	排屑器回水槽清洁	回水槽无卡屑,回水顺畅	扳手、铁钩等			
11	滑枕拦油板	拦油板拆除清洁	拦油板清洁,无积屑	内六角扳手、细钢丝、螺丝刀等			
12	铣轴端回油管路	用细钢丝疏通或压缩空气反吹回油管	回油管路清洁				
13	静压油箱滤器	清洁或更换静压油箱滤器	滤器清洁、油品过滤有效	滤器、内六角扳手等			
14	光栅尺空气滤器	清洁或更换光栅尺空气滤器	过滤压缩空气干燥清洁				
15	机械精度	按照精度检测记录单检查,调整精度,间隙合理	各项精度达到技术要求	紧固和精度检测工具			参考相关标准

设备二级保养（电气）内容和要求

设备名称：花键轴铣床　　　　　　　　　　　　　　设备编号：＿＿＿＿＿＿＿＿＿

保养人员：＿＿＿＿＿＿＿　　　　　　　　　　　　保养日期：＿＿＿＿＿＿＿＿＿

序号	项目	细则	标准	工具	记录	签名	备注
1	设备断电	机器断电	设备电压为"0"，有警示牌	万用表			数控设备PLC设备
		稳压电源输出端断电					
		悬挂警示牌					
2	电机	对防水等级在 IP44 以下（含 IP44）电机检查绝缘	绝缘电阻： ≥3.8 MΩ，绝缘良好； ≥1.5 MΩ，绝缘可用； ≥0.38 MΩ，绝缘堪用； <0.38 MΩ，绝缘不良。 绝缘不良的，处理或更新	兆欧表			断开电机回路再进行测量
		对防水等级在 IP44 以上电机（不含伺服电机）抽取检查绝缘					
		对防水等级在 IP67 以上（含 IP67）电机不需要检查绝缘					
		对电机冷却回路（含冷却风扇）进行保养，更换进风口滤网	无油污、覆盖物等；冷却回路畅通	清洁工具			
		对有炭刷的直流电机进行保养（有直流电机机床做此项）	滑环无积炭，无打火痕迹，无明显磨损（否则修复）；炭刷磨损不超过 2/3（否则更换）	目测，螺丝刀等			
		对测速电机进行保养					
3	电箱、操纵箱、手持单元	电箱、操纵箱内部清洁保养，手持单元外部清洁保养	清洁、整齐，无杂物	吸尘器、刷子等			
		手持单元、电箱、操纵箱内接插件接触检查	接触良好	万用表			
		电箱、操纵箱内主回路接线端子紧固检查	接触良好、紧固	螺丝刀			

表(续)

序号	项目	细则	标准	工具	记录	签名	备注
4	稳压电源	外观、按钮功能保养	外观清洁,按钮工作正常				
		检查手动、自动功能切换是否有效	手动、自动功能之间正常切换				
		检查稳压电源输出电压是否正常	输出电压稳定,保持380 V	万用表			
		变压器的炭刷保养	炭刷磨损不超过2/3(否则更换)				
		稳压电源内部清洁保养	内部清洁、整齐,无杂物				
5	油冷机、机箱空调	油冷机、机箱空调滤网清扫	清洁、整齐,无杂物	吸尘器、刷子等			
		油冷机、机箱空调制冷效果检查	制冷效果良好				
6	设备上电	稳压电源输出端上电	输出电压稳定,保持380 V	万用表			
		机床上电,设备系统启动	启动正常				
		摘取警示牌	警示牌复位				
7	设备调整	机床电气传感器调整	机床动作正常,反馈信号正常	万用表等			根据机床二级保养前设备反应的精度,结合机械选择调整
		各类电气控制元件的调整	机床动作正常,反馈信号正常				
		机床外围辅助设备检查、调整(油冷机等)	正常工作				
		各类手持单元功能检测	正常工作				
		机床各类参数调整(反向间隙、定位、速度等)	机床运动正常,平稳、定位准确	机械精度检测工具			
8	安全装置	按系统安全操作规范对设备的安全保护装置进行检查	工作正常,安全有效	目测			

注:主要精度检测记录单同《立式铣床主要精度检测记录单》。

设备一级保养内容和要求

设备名称：龙门刨床 设备编号：＿＿＿＿＿＿＿＿

保养人员：＿＿＿＿＿＿＿＿ 保养日期：＿＿＿＿＿＿＿＿

序号	项目	细则	标准	工具	记录	签名	备注
1	油冷机	油冷机滤网清扫	滤网清洁,无堵塞	清洁工具			
		油冷机制冷效果检查	制冷效果良好				
2	电箱	电箱外观保养	无油污、覆盖物等	清洁工具			
		电箱空调滤器清扫及制冷效果检查	滤器清洁,无堵塞现象,制冷效果良好				
3	操纵箱	操纵箱外观保养	外箱、按钮、屏幕无油污、覆盖物等	清洁工具			
4	手持单元	各类手持单元外观保养	外观(包含线)清洁、无油污等	清洁工具			
5	机床表面、罩壳、附件、油箱	擦拭机床外表面、床身罩壳、附件、油箱表面等	无油污、覆盖物等	清洁工具			
6	主轴系统	检测主轴系统运转是否正常,检查锥孔清洁度	运转无异响,锥孔无毛刺	清洁工具			
7	床身、立柱及横梁	清洁、检查工作台及导轨面;清洁立柱、横梁、丝杆等部位	运转无异响,表面无毛刺	清洁工具			
8	液压及润滑	清洁油箱、过滤器等,检查相关液位	油箱液位正常,过滤器不堵塞	清洁工具			
9	工作平台T形槽	清除工作平台T形槽内的铁屑及表面油污	冷却水回水畅通	清洁工具			
10	机床周边	床身周围铁屑清扫	周边无铁屑覆盖	扫帚、铁铲			
11	地基回水槽	回水槽铁屑清理	地基回水槽回水畅通	清洁工具			
12	补充项						

设备二级保养(机械)内容和要求

设备名称:龙门刨床 设备编号:＿＿＿＿＿＿＿＿

保养人员:＿＿＿＿＿＿＿＿ 保养日期:＿＿＿＿＿＿＿＿

序号	项目	细则	标准	工具	记录	签名	备注
1	工作场地	整理、清扫工作场地,用红白旗隔离工作区域,做好各项安全防护措施	达到安全标准	红白旗、清扫工具			
2	安全扶梯等	检查机床安全扶梯、踏步、罩壳等	牢固、安全可靠	目测			
3	床身	回油槽清洁	回油畅通	清扫工具			
4	油箱	油箱滤网(篮)清洁或更换	无覆盖物及堵塞,回油畅通	扳手、内六角扳手等			
5	切削液回水箱	滤袋更换	回水畅通	滤袋、扳手等			
6	常用附件	注油	润滑畅通,运转平稳	油枪、扳手等			
7	附件小车	导轨油注口注油	润滑畅通,运转平稳				
8	排屑器	反刮板检修	反刮板无断舌	铁钩等			
9	排屑器	打开积屑窗口清理	无积屑	扳手、铁钩等			
10	排屑器	回水槽清洁	无卡屑,回水顺畅				
11	滑枕、铣轴端回油管路	滑枕拦油板拆除清洁;铣轴端回油管路清洁	拦油板无积屑;用细钢丝疏通回油管路管口或压缩空气反吹回油管	内六角扳手、细钢丝、螺丝刀			
12	静压油箱	清洁或更换静压油箱滤器	过滤可靠、有效	滤器、内六角扳手等			
13	机械精度	按照精度检测记录单检查,调整精度,间隙合理	各项精度达到技术要求	精度检测工具			参考国标/部标或出厂精度标准

设备二级保养（电气）内容和要求

设备名称：龙门刨床　　　　　　　　　　　　　设备编号：_____

保养人员：_____　　　　　　　　　保养日期：_____

序号	项目	细则	标准	工具	记录	签名	备注
1	设备断电	机器断电	设备电压为"0"，有警示牌	万用表			数控设备、PLC设备
		稳压电源输出端断电					
		悬挂警示牌					
2	电机	对防水等级在IP44以下（含IP44）电机检查绝缘	绝缘电阻：≥3.8 MΩ，绝缘良好；≥1.5 MΩ，绝缘可用；≥0.38 MΩ，绝缘堪用；<0.38 MΩ，绝缘不良。绝缘不良的，处理或更新	兆欧表			断开电机回路再进行测量
		对防水等级在IP44以上电机（不含伺服电机）抽取检查绝缘					
		对防水等级在IP67以上（含IP67）电机不需要检查绝缘					
		对电机冷却回路（含冷却风扇）进行保养，更换进风口滤网	无油污、覆盖物等；冷却回路畅通	清洁工具			
		对有炭刷的直流电机进行保养（有直流电机机床做此项）	滑环无积炭，无打火痕迹，无明显磨损（否则修复）；炭刷磨损不超过2/3（否则更换）	目测，螺丝刀等			
		对测速电机进行保养					
3	电箱、操纵箱、手持单元	电箱、操纵箱内部和手持单元外部清洁	清洁、整齐，无杂物	吸尘器、刷子等			
		手持单元、电箱、操纵箱内接插件接触检查	接触良好	万用表			
		电箱、操纵箱内主回路接线端子紧固检查	接触良好、紧固	螺丝刀			

表(续)

序号	项目	细则	标准	工具	记录	签名	备注
4	稳压电源	外观、按钮功能保养	外观清洁,按钮工作正常				
		检查手动、自动功能切换是否有效	手动、自动功能之间正常切换				
		检查稳压电源输出电压是否在正常范围内	输出电压稳定,保持380 V	万用表			
		变压器的炭刷保养	炭刷磨损不超过2/3(否则更换)				
		稳压电源内部清洁保养	内部清洁、整齐,无杂物				
5	油冷机、机箱空调	油冷机、机箱空调滤网清扫	清洁、整齐,无杂物	吸尘器、刷子等			
		油冷机、机箱空调制冷效果检查	制冷效果良好				
6	设备上电	稳压电源输出端上电	输出电压稳定,保持380 V	万用表			
		机床上电,设备系统启动	启动正常				
		摘取警示牌	警示牌复位				
7	设备调整	机床电气传感器调整	机床动作正常,反馈信号正常	万用表等			根据机床二级保养前设备反应的精度,结合机械选择调整
		各类电气控制元件调整	机床动作正常,反馈信号正常				
		机床外围辅助设备检查、调整(油冷机等)	正常工作				
		各类手持单元功能检测	正常工作				
		机床各类参数调整(反向间隙、定位、速度等)	机床运动正常、平稳,定位准确	机械精度检测工具			
8	安全装置	按系统安全操作规范对设备的安全保护装置进行检查	工作正常,安全有效	目测			

注:主要精度检测记录单同《龙门铣主要精度检测记录单》。

设备一级保养内容和要求

设备名称:牛头刨床　　　　　　　　　　　　　　设备编号:＿＿＿＿＿＿＿＿＿

保养人员:＿＿＿＿＿＿＿＿＿　　　　　　　　　　保养日期:＿＿＿＿＿＿＿＿＿

序号	项目	细则	标准	工具	记录	签名	备注
1	油冷机	油冷机滤网清扫	滤网清洁,无堵塞	清洁工具			
		油冷机制冷效果检查	制冷效果良好				
2	电箱	电箱外观保养	无油污、覆盖物等	清洁工具			
		电箱空调滤器清扫及制冷效果检查	滤器清洁,无堵塞,制冷效果良好	清洁工具			
3	操纵箱	操纵箱外观保养	外箱、按钮、屏幕无油污、覆盖物等	清洁工具			
4	手持单元	各类手持单元外观保养	外观(包含线)清洁、无油污等	清洁工具			
5	机床表面、罩壳、附件、油箱	擦拭机床外表面、床身罩壳、附件、油箱表面等	无油污、覆盖物等	清洁工具			
6	工作平台T形槽	清除工作平台T形槽内的铁屑及表面油污	冷却水回水畅通	清洁工具			
7	机床周边	床身周围铁屑清扫	周边无铁屑覆盖	扫帚、铁铲			
8	补充项						

设备二级保养(机械)内容和要求

设备名称:牛头刨床   设备编号:_____

保养人员:_____   保养日期:_____

序号	项目	细则	标准	工具	记录	签名	备注
1	工作场地	整理、清扫工作场地,用红白旗隔离工作区域,做好各项安全防护措施	达到安全标准	红白旗、清扫工具			
2	机床安全扶梯、踏步、罩壳等	检查机床安全扶梯、踏步、罩壳等是否牢固	牢固、安全可靠	目测			
3	床身	回油槽清洁	回油畅通	清扫工具			
4	油箱	油箱滤网(篮)清洁或更换	无覆盖物及堵塞,回油畅通	扳手、内六角扳手等			
5	切削液回水箱	滤袋更换	回水畅通	滤袋、扳手等			
6	机械精度	按照精度检测记录单检查,调整精度,间隙合理	各项精度达到技术要求	精度检测工具			参考国标/部标或出厂精度标准

设备二级保养(电气)内容和要求

设备名称:牛头刨床   设备编号:_____

保养人员:_____   保养日期:_____

序号	项目	细则	标准	工具	记录	签名	备注
1	设备断电	机器断电 稳压电源输出端断电 悬挂警示牌	设备电压为"0",有警示牌	万用表			数控设备 PLC 设备
2	电机	对防水等级在 IP44 以下(含 IP44)电机检查绝缘	绝缘电阻: ≥3.8 MΩ,绝缘良好; ≥1.5 MΩ,绝缘可用; ≥0.38 MΩ,绝缘堪用; <0.38 MΩ,绝缘不良。 绝缘不良的,处理或更新	兆欧表			断开电机回路再进行测量
		对防水等级在 IP44 以上电机(不含伺服电机)抽取检查绝缘					
		对防水等级在 IP67 以上(含 IP67)电机不需要检查绝缘					
		对电机冷却回路(含冷却风扇)进行保养,更换进风口滤网	无油污、覆盖物等;冷却回路畅通	清洁工具			
		对有炭刷的直流电机进行保养(有直流电机机床做此项)	滑环无积炭,无打火痕迹,无明显磨损(否则修复);炭刷磨损不超过2/3(否则更换)	目测,螺丝刀等			
		对测速电机进行保养					
3	电箱、操纵箱、手持单元	电箱、操纵箱内部清洁保养,手持单元外部清洁保养	清洁、整齐,无杂物	吸尘器、刷子等			
		手持单元、电箱、操纵箱内接插件接触检查	接触良好	万用表			
		电箱、操纵箱内主回路接线端子紧固检查	接触良好、紧固	螺丝刀			

表(续)

序号	项目	细则	标准	工具	记录	签名	备注
4	设备上电	稳压电源输出端上电	输出电压稳定,保持380 V	万用表			
		机床上电,设备系统启动	启动正常				
		摘取警示牌	警示牌复位				
5	设备调整	机床电气传感器调整	机床动作正常,反馈信号正常	万用表等			根据机床二级保养前设备反应的精度,结合机械选择调整
		各类电气控制元件的调整	机床动作正常,反馈信号正常				
		机床外围辅助设备检查、调整(油冷机等)	正常工作	目测			
		各类手持单元功能检测	正常工作	目测			
		机床各类参数调整(反向间隙、定位、速度等)	机床运动正常,平稳,定位准确	机械精度检测工具			
6	安全装置	按系统安全操作规范对设备的安全保护装置进行检查	工作正常,安全有效	目测			

设备一级保养内容和要求

设备名称:刨边机 设备编号:_____

保养人员:_____ 保养日期:_____

序号	项目	细则	标准	工具	记录	签名	备注
1	电气	电箱、电机外观保养	无油污、覆盖物等	清洁工具			
		检查接地是否可靠	接地可靠				
2	手柄、手轮等	手柄、手轮等外观保养	无油污,保持清洁	清洁工具			
3	机床外观	擦拭机床外表面、罩盖及附件	内外清洁,无锈蚀,无黄袍,无毛刺	清洁工具			
4	床身、刀架、进料机构	拆洗刀架溜板、检查导板面	无毛刺,检查各部件间隙,做好记录	清洁工具、螺丝刀、扳手等			
		清洁丝杆、螺母塞铁,调整间隙					
		检查进料机构工作是否正常					
5	润滑与冷却	清洁油线、油毡和过滤器等	油路畅通,油窗清晰,油量到位,管路畅通,无泄漏	清洁工具、疏通工具、螺丝刀、扳手等			
		清洁冷却泵、冷却箱及过滤器					
6	机床周边	清理机床周边铁屑、油垢等垃圾	周围无铁屑等垃圾,地面清洁	清洁工具			
7	接水盘	清洁冷却液接水盘	接水盘清洁	清洁工具			
8	补充项						

设备二级保养(机械)内容和要求

设备名称:刨边机   设备编号:_____

保养人员:_____   保养日期:_____

序号	项目	细则	标准	工具	记录	签名	备注
1	工作场地	清扫工作场地,用红白旗隔离工作区域,做好各项安全防护措施	达到安全标准	红白旗、清扫工具			
2	安全防护装置	检查扶梯等安全防护装置	牢固、安全、可靠	目测			
3	机床主要精度	对机床主要精度进行预检测,以备恢复精度时参考	见精度检测记录单	精度检测工具			
4	滑枕、塞铁等	调整滑枕间隙,对机床超差项目进行调整恢复	见精度检测记录单	精度检测工具			
5	润滑部件	更换羊毛毡	润滑良好	羊毛毡			
6	液压、润滑部件	运行机床,观察各部位有无明显漏油	无漏油情况	目测			
7	主马达皮带	检查、调整主马达皮带,必要时更换	皮带张力可靠,无裂纹	目测			
8	润滑管路系统、液压系统	润滑管路系统各装置完整无损,油路畅通到位,清洁或更换滤芯,按照压力表上的刻度进行检查、调整,使之在规定范围内	润滑畅通,压力正常	目测,压力表			
9	泵及各传动机构	运行机床,移动机床各轴,观察是否存在异响,更换损坏零部件,检查泵及各传动机构是否正常,有无异响,阀动作是否灵敏	运转正常、平顺	耳听、目测			

设备二级保养(电气)内容和要求

设备名称:刨边机 　　　　　　　　　　　　　　　设备编号:_____

保养人员:_____ 　　　　　　　　　　保养日期:_____

序号	项目	细则	标准	工具	记录	签名	备注
1	设备断电	机器断电	设备电压为"0",有警示牌	万用表			
		悬挂警示牌					
2	电机	对防水等级在 IP44 以下(含 IP44)电机检查绝缘	绝缘电阻: ≥3.8 MΩ,绝缘良好; ≥1.5 MΩ,绝缘可用; ≥0.38 MΩ,绝缘堪用; <0.38 MΩ,绝缘不良。 绝缘不良的,处理或更新	兆欧表			断开电机回路再进行测量
		抽取检查防水等级在 IP44 以上电机(不含伺服电机)绝缘					
		对防水等级在 IP67 以上(含 IP67)电机不需要检查绝缘					
		检查电机冷却回路(含冷却风扇),更换进风口滤网	无油污、覆盖物等;冷却回路畅通	清洁工具			
		对有炭刷的直流电机进行保养(有直流电机机床做此项)	滑环无积炭,无打火痕迹,无明显磨损(否则修复);炭刷磨损不超过 2/3(否则更换)	目测,螺丝刀等			
		对测速电机进行保养					
3	电箱、操纵箱、手持单元	电箱、操纵箱内部清洁保养,手持单元外部清洁保养	清洁、整齐,无杂物	吸尘器、刷子等			
		手持单元、电箱、操纵箱内接插件接触检查	接触良好	万用表			
		电箱、操纵箱内主回路接线端子紧固检查	接触良好、紧固	螺丝刀			

表(续)

序号	项目	细则	标准	工具	记录	签名	备注
4	设备上电	机床上电,设备系统启动	正常启动				
		摘取警示牌	警示牌复位				
5	设备调整	机床电气传感器调整	机床动作正常,反馈信号正常	万用表等			根据机床二级保养前设备反应的精度,结合机械选择调整
		各类电气控制元件调整	机床动作正常,反馈信号正常				
		机床外围辅助设备检查、调整(油冷机等)	正常工作	目测			
		各类手持单元功能检测	正常工作	目测			
		机床各类参数调整(反向间隙、定位、速度等)	机床运动正常、平稳,定位准确	机械精度检测工具			
6	安全装置	按系统安全操作规范对设备的安全保护装置进行检查	工作正常,安全有效	目测			

设备一级保养内容和要求

设备名称:滚齿机　　　　　　　　　　　　　　　　设备编号:_____

保养人员:_____　　　　　　　　　　　保养日期:_____

序号	项目	细则	标准	工具	记录	签名	备注
1	电箱	电箱外观保养	无油污、覆盖物等	清洁工具			
		电箱空调滤器清扫及制冷效果检查	滤器清洁,无堵塞,制冷效果良好				
2	操纵箱	操纵箱外观保养	无油污、覆盖物等				
3	手持单元	手持单元外观保养	清洁、无油污等				
4	机床表面	擦拭机床外表面、床身罩壳、附件、油箱表面等	无油污、覆盖物等				
5	工作平台T形槽	清除工作平台T形槽内铁屑及表面油污	台面清洁				
		清理台面上冷却水滤网铁屑、垃圾等	台面清洁				
6	油箱	更换新的油液或过滤清洁油液	油液清洁,有一定黏度	滤油器			
7	主轴箱、刀架、溜板及导轨	检查主轴系统运行情况、变速情况	内外清洁,无锈蚀,无黄袍,无毛刺;检查各部件间隙,做好记录	清洁工具、疏通工具、螺丝刀、扳手等			
		检查主轴锥孔、导轨面等毛刺情况					
		拆洗溜板、丝杆、螺母、刀架及塞铁,并调整间隙					
		拆洗尾架顶针套,检查毛刺					
8	润滑与冷却	清洁油线、油毡和过滤器等	油路畅通,油窗清晰,油量到位,管路畅通,无泄漏				
		清洁冷却泵、冷却箱及过滤器					
9	机床周边	清理机床周边铁屑、油垢等垃圾	周围无铁屑等垃圾,地面清洁	清洁工具			
10	接水盘	清洁冷却液接水盘	接水盘清洁				
11	补充项						

设备二级保养(机械)内容和要求

设备名称:滚齿机   设备编号:_____

保养人员:_____   保养日期:_____

序号	项目	细则	标准	工具	记录	签名	备注
1	工作场地	清扫工作场地,用红白旗隔离工作区域,做好安全防护措施	达到安全标准	红白旗、清扫工具			
2	安全扶梯等	检查机床安全扶梯、踏步、罩壳等	牢固、安全可靠	扳手等			
3	床身	将罩壳拉开,对床身轨道进行清洁处理	表面清洁	内六角扳手、清洁工具			
4	水箱	切削液水箱清洁	清洁,无异物,无污染物				
5	机床精度调整	对照精度检测记录单,对超差项做出调整	各项精度达到技术要求	螺丝刀、扳手、内六角扳手、角尺、百分表等			参考国标/部标或出厂精度标准
6	油水分离器	调整油水分离器的撇油器刮油板位置	使撇油器刮油板刮油泥更充分	扳手、清洁工具			
7	机械手	机床精度调整后,刀具库换刀测试	换刀正常	内六角扳手等			
8	刀库	清洁刀套内卡销	刀套内卡销无油	清洁工具			
9	钢丝绳	检查平衡轮钢丝绳	无断丝等情况	内六角扳手、扳手等			
10	冷却液	检查冷却液管路	管路畅通,无泄漏	扳手等			
11	油箱	更换液压油箱滤芯	过滤有效				
12	排屑链	检查排屑链运转,尤其是直筒排屑位置	运转正常,无卡顿	内六角扳手、扳手等			
13	油冷机	检查油冷机内蒸馏水是否需补充	油冷机功能正常				

设备二级保养(电气)内容和要求

设备名称:滚齿机　　　　　　　　　　　　　设备编号:＿＿＿＿＿＿＿＿

保养人员:＿＿＿＿＿＿＿＿　　　　　　　　保养日期:＿＿＿＿＿＿＿＿

序号	项目	细则	标准	工具	记录	签名	备注
1	设备断电	机器断电	设备电压为"0",有警示牌	万用表			数控设备 PLC设备
		稳压电源输出端断电					
		悬挂警示牌					
2	电机	对防水等级在 IP44 以下(含 IP44)电机检查绝缘	绝缘电阻:≥3.8 MΩ,绝缘良好; ≥1.5 MΩ,绝缘可用; ≥0.38 MΩ,绝缘堪用; <0.38 MΩ,绝缘不良。绝缘不良的,处理或更新	兆欧表			断开电机回路再进行测量
		对防水等级在 IP44 以上电机(不含伺服电机)抽取检查绝缘					
		对防水等级在 IP67 以上(含 IP67)电机不需要检查绝缘					
		对电机冷却回路(含冷却风扇)进行保养,更换进风口滤网	无油污、覆盖物等;冷却回路畅通	清洁工具			
		对有炭刷的直流电机进行保养(有直流电机机床做此项)	滑环无积炭,无打火痕迹,无明显磨损(否则修复);炭刷磨损不超过2/3(否则更换)	目测,螺丝刀等			
		对测速电机进行保养					
3	电箱、操纵箱、手持单元	电箱、操纵箱内部清洁保养,手持单元外部清洁保养	清洁、整齐,无杂物	吸尘器、刷子等			
		手持单元、电箱、操纵箱内接插件接触检查	接触良好	万用表			
		电箱、操纵箱内主回路接线端子紧固检查	接触良好、紧固	螺丝刀			

表（续）

序号	项目	细则	标准	工具	记录	签名	备注
4	稳压电源	外观、按钮功能保养	外观清洁，按钮工作正常	清洁工具			
		检查手动、自动功能切换是否有效	手动、自动功能之间正常切换	目测，万用表			
		检查稳压电源输出电压是否在正常范围内	输出电压稳定，保持380 V	万用表			
		变压器的炭刷保养	炭刷磨损不超过2/3（否则更换）	清洁工具			
		稳压电源内部清洁保养	内部清洁、整齐，无杂物	清洁工具			
5	油冷机、机箱空调	油冷机、机箱空调滤网清扫	清洁、整齐，无杂物	吸尘器、刷子等			
		油冷机、机箱空调制冷效果检查	制冷效果良好	目测，万用表			
6	设备上电	稳压电源输出端上电	输出电压稳定，保持380 V	万用表			
		机床上电，设备系统启动	启动正常	目测			
		摘取警示牌	警示牌复位				
7	设备调整	机床电气传感器调整	机床动作正常，反馈信号正常	万用表等			根据机床二级保养前设备反应的精度，结合机械选择调整
		各类电气控制元件调整	机床动作正常，反馈信号正常				
		机床外围辅助设备检查、调整（油冷机等）	正常工作	清洁工具			
		各类手持单元功能检测	正常工作	目测，万用表			
		机床各类参数调整（反向间隙、定位、速度等）	机床运动正常、平稳，定位准确	机械精度检测工具			
8	安全装置	按系统安全操作规范对设备的安全保护装置进行检查	工作正常，安全有效	目测			

附:《滚齿机主要精度检测记录单》

滚齿机主要精度检测记录单

设备编号		型号		规格	
复杂系数		制造厂		出厂日期	
设备等级		使用单位		检查日期	

序号	检验项目	图示	允差/mm	实测/mm
1	工作台面的不平度	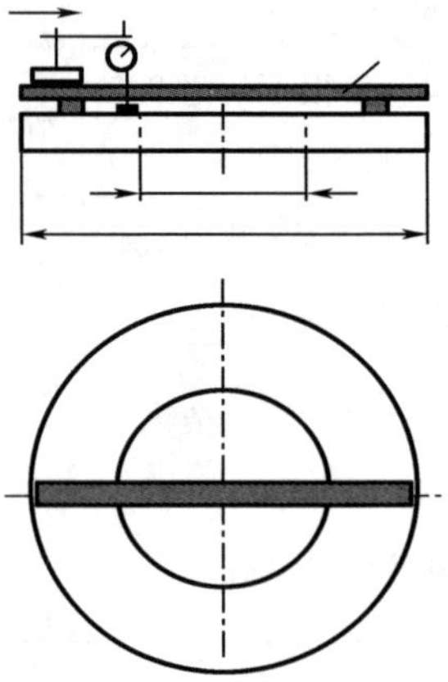	0.02/1000 每米 +0.01 最大允差0.05	
2	工作台面的端面跳动	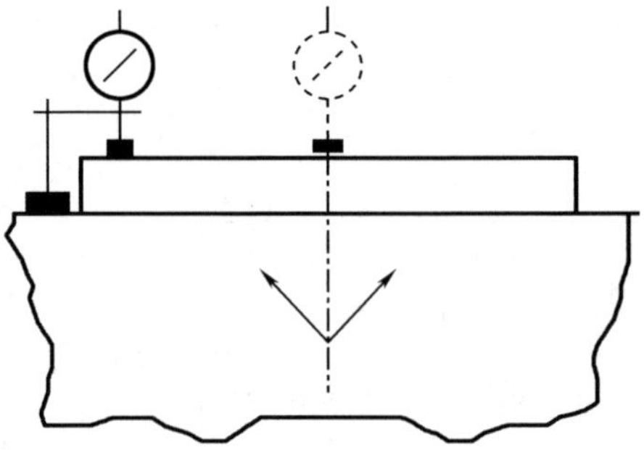	0.02	
3	工作台轴心线的径向跳动	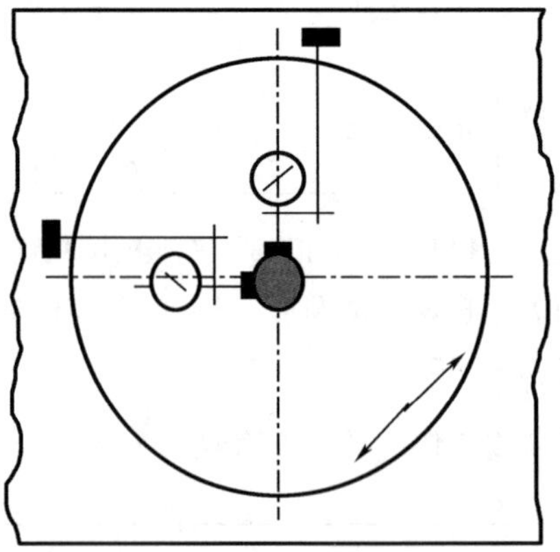	0.03	

表(续)

序号	检验项目	图示	允差/mm	实测/mm
4	刀架垂直运动对工作台轴心线的不平行度		(a)0.015/300 (b)0.01/300	

检验结论与意见:

参加检验单位(人员):

备注

设备一级保养内容和要求

设备名称:螺旋伞齿轮机床　　　　　　　　　　　设备编号:＿＿＿＿＿＿＿＿＿

保养人员:＿＿＿＿＿＿＿＿　　　　　　　　　　保养日期:＿＿＿＿＿＿＿＿＿

序号	项目	细则	标准	工具	记录	签名	备注
1	电箱	电箱外观保养	无油污、覆盖物等	清洁工具			
		电箱空调滤器清扫及制冷效果检查	滤器清洁,无堵塞,制冷效果良好				
2	操纵箱	操纵箱外观保养	无油污、覆盖物等				
3	手持单元	手持单元外观保养	清洁、无油污等				
4	机床表面	擦拭机床外表面、床身罩壳、附件、油箱表面等	无油污、覆盖物等				
5	工作平台T形槽	清除工作平台T形槽内铁屑及表面油污	台面清洁				
		清理台面上冷却水滤网铁屑、垃圾等	台面清洁				
6	油箱	更换新的油液或过滤清洁油液	油液清洁,有一定黏度	滤油器			
7	主轴箱、刀架、溜板及导轨	检查主轴系统运行情况、变速情况	内外清洁,无锈蚀,无黄袍,无毛刺;检查各部件间隙,做好记录	清洁工具、疏通工具、螺丝刀、扳手等			
		检查主轴锥孔、导轨面等毛刺情况					
		拆洗溜板、丝杆、螺母、刀架及塞铁,并调整间隙					
		拆洗尾架顶针套,检查毛刺					
8	润滑与冷却	清洁油线、油毡、冷却泵、冷却箱及过滤器等	油路畅通,油窗清晰,油量到位,管路畅通,无泄漏				
9	机床周边	清理机床周边铁屑、油垢等垃圾	周围无铁屑等垃圾,地面清洁	清洁工具			
10	接水盘	清洁冷却液接水盘	接水盘清洁				
11	补充项						

设备二级保养(机械)内容和要求

设备名称:螺旋伞齿轮机床　　　　　　　　设备编号:＿＿＿＿＿＿＿

保养人员:＿＿＿＿＿＿＿　　　　　　　　　保养日期:＿＿＿＿＿＿＿

序号	项目	细则	标准	工具	记录	签名	备注
1	工作场地	清扫工作场地,用红白旗隔离工作区域,做好安全防护措施	达到安全标准	红白旗、清扫工具			
2	安全扶梯等	检查机床安全扶梯、踏步、罩壳等	牢固、安全可靠	扳手等			
3	床身	将罩壳拉开,清洁床身轨道	表面清洁	内六角扳手、清洁工具等			
4	水箱	切削液水箱清洁	无异物,无污染物				
5	机械精度	对照精度检测记录单,对超差项做出调整	各项精度达到技术要求	扳手等			根据精度检测记录单,参考相关标准
6	油水分离器	调整油水分离器的撇油器刮油板	使撇油器刮油板刮油泥更充分	扳手、清洁工具等			
7	刀具库	机床精度调整后,刀具库换刀测试,确保换刀正常	换刀正常	内六角扳手等			
8	刀库	清洁刀库、刀套内卡销	刀套内卡销无油	清洁工具			
9	钢丝绳	检查平衡轮钢丝绳	无断丝等	内六角扳手、扳手等			
10	冷却液	检查冷却液管路	管路畅通,无泄漏	扳手等			
11	油箱	更换液压油箱滤芯	过滤有效	内六角扳手、扳手等			
12	排屑链	检查排屑链,尤其是直筒排屑位置	运转正常,无卡顿	内六角扳手、扳手等			
13	油冷机	检查油冷机内蒸馏水是否需补充	功能正常	内六角扳手、扳手等			

设备二级保养(电气)内容和要求

设备名称:螺旋伞齿轮机床　　　　　　　　　　设备编号:_____

保养人员:_____　　　　　　　　　保养日期:_____

序号	项目	细则	标准	工具	记录	签名	备注
1	设备断电	机器断电	设备电压为"0",有警示牌	万用表			数控设备PLC设备
		稳压电源输出端断电					
		悬挂警示牌					
2	电机	对防水等级在IP44以下(含IP44)电机检查绝缘	绝缘电阻: ≥3.8 MΩ,绝缘良好; ≥1.5 MΩ,绝缘可用; ≥0.38 MΩ,绝缘堪用; <0.38 MΩ,绝缘不良。 绝缘不良的,处理或更新	兆欧表			断开电机回路再进行测量
		对防水等级在IP44以上电机(不含伺服电机)抽取检查绝缘					
		对防水等级在IP67以上(含IP67)电机不需要检查绝缘					
		对电机冷却回路(含冷却风扇)进行保养,更换进风口滤网	无油污、覆盖物等;冷却回路畅通	清洁工具			
		对有炭刷的直流电机进行保养(有直流电机机床做此项)	滑环无积炭,无打火痕迹,无明显磨损(否则修复);炭刷磨损不超过2/3(否则更换)	目测,螺丝刀等			
		对测速电机进行保养					
3	电箱、操纵箱、手持单元	电箱、操纵箱内部清洁保养,手持单元外部清洁保养	清洁、整齐,无杂物	吸尘器、刷子等			
		手持单元、电箱、操纵箱内接插件接触检查	接触良好	万用表			
		电箱、操纵箱内主回路接线端子紧固检查	接触良好、紧固	螺丝刀			

表（续）

序号	项目	细则	标准	工具	记录	签名	备注
4	稳压电源	外观、按钮功能保养	外观清洁,按钮工作正常	目测,万用表			
		检查手动、自动功能切换是否有效	手动、自动功能之间正常切换	目测			
		检查稳压电源输出电压是否在正常范围内	输出电压稳定,保持380 V	万用表			
		变压器的炭刷保养	炭刷磨损不超过2/3（否则更换）	清洁工具			
		稳压电源内部清洁保养	内部清洁,整齐,无杂物	清洁工具			
5	油冷机、机箱空调	油冷机、机箱空调滤网清扫	清洁,整齐,无杂物	吸尘器、刷子等			
		油冷机、机箱空调制冷效果检查	制冷效果良好	目测			
6	设备上电	稳压电源输出端上电	输出电压稳定,保持380 V	万用表			
		机床上电,设备系统启动	启动正常	目测			
		摘取警示牌	警示牌复位				
7	设备调整	机床电气传感器调整	机床动作正常,反馈信号正常	万用表等			根据机床二级保养前设备反应的精度,结合机械选择调整
		各类电气控制元件调整	机床动作正常,反馈信号正常				
		机床外围辅助设备检查、调整(油冷机等)	正常工作	目测			
		各类手持单元功能检测	正常工作	目测			
		机床各类参数调整(反向间隙、定位、速度等)	机床运动正常、平稳,定位准确	机械精度检测工具			
8	安全装置	按系统安全操作规范对设备的安全保护装置进行检查	工作正常,安全有效	目测			

注:主要精度检测记录单同《滚齿机主要精度检测记录单》。

设备一级保养内容和要求

设备名称:插床
                            设备编号:_____

保养人员:_____
                保养日期:_____

序号	项目	细则	标准	工具	记录	签名	备注
1	机床外观	擦拭机床外表面、罩盖及附件	无油污、覆盖物等	清洁工具			
2	工作台	拆卸工作台,擦拭导轨	无油污、垃圾等	清洁工具			
3	电机电气箱	擦拭电动机及电器箱	内外清洁	清洁工具			
4	机床周围	清理机床周围的铁屑、油污等垃圾	周围地面清洁	清洁工具			
5	传动、转盘及拖板	擦拭、检查工作台及导轨面,去除毛刺	无毛刺,检查各部件间隙,做好记录	清洁工具、螺丝刀、扳手等			
		清洁丝杆、螺母塞铁,调整间隙					
		检查传动零部件是否正常					
6	润滑与冷却	清洁油线、油毡和过滤器等。清洁冷却泵、冷却箱及过滤器	油路畅通,油窗清晰,油量到位,管路畅通,无泄漏	清洁工具、疏通工具、螺丝刀、扳手等			
7	机床周边	清理机床周边铁屑、油垢等垃圾	周围无铁屑等垃圾,保证地面清洁	清洁工具			
8	接水盘	清洁冷却液接水盘	接水盘清洁	清洁工具			
9	补充项						

设备二级保养(机械)内容和要求

设备名称:插床   设备编号:＿＿＿＿＿＿＿＿

保养人员:＿＿＿＿＿＿＿＿＿   保养日期:＿＿＿＿＿＿＿＿

序号	项目	细则	标准	工具	记录	签名	备注
1	工作场地	清扫、整理工作场地,用红白旗隔离工作区域,做好安全防护措施	达到安全标准	红白旗、清扫工具			
2	各传动零件	检查、调整各传动零件,保证变速可靠	运转正常、平稳	目测			
3	压板塞铁间隙	检查、调整压板塞铁间隙	间隙合适	扳手等			
4	润滑油液	清洁油箱,更换润滑油,调整润滑系统,排除泄漏	润滑畅通,无泄漏	扳手、清洁工具等			
5	检查各操纵手柄	检查、调整各操纵手柄,保证动作准确可靠	操纵灵敏、可靠	内六角扳手等			
6	转盘、拖板	拆洗、检查转盘、横向拖板,检查导轨面;要求无油污,去除毛刺,整修伤痕,调整间隙;检查、调整各零部件,修整或更换磨损零件;更换刮油铜皮及油毡	各工作面清洁、平滑,无毛刺,无损伤	拆卸工具			
7	按标准检查精度	按照精度检测记录单检查,调整精度,间隙合理	各项精度达到技术要求	精度检测工具			参考相关国标/部标或出厂精度标准

设备二级保养(电气)内容和要求

设备名称:插床

设备编号:_____

保养人员:_____

保养日期:_____

序号	项目	细则	标准	工具	记录	签名	备注
1	设备断电	机器断电	设备电压为"0",有警示牌	万用表			
		悬挂警示牌					
2	电机	对防水等级在IP44以下(含IP44)电机检查绝缘	绝缘电阻: ≥3.8 MΩ,绝缘良好; ≥1.5 MΩ,绝缘可用; ≥0.38 MΩ,绝缘堪用; <0.38 MΩ,绝缘不良。 绝缘不良的,处理或更新	兆欧表			断开电机回路再进行测量
		对防水等级在IP44以上电机(不含伺服电机)抽取检查绝缘					
		对防水等级在IP67以上(含IP67)电机不需要检查绝缘					
		对电机冷却回路(含冷却风扇)进行保养,更换进风口滤网	无油污、覆盖物等;冷却回路畅通	清洁工具			
		对有炭刷的直流电机进行保养(有直流电机机床做此项)	滑环无积炭,无打火痕迹,无明显磨损(否则修复);炭刷磨损不超过2/3(否则更换)	目测、螺丝刀等			
3	设备上电	机床上电	启动正常	万用表			
		摘取警示牌	警示牌复位				
4	设备调整	机床电气传感器调整	机床动作正常,反馈信号正常	万用表等			
		各类电气控制元件调整	机床动作正常,反馈信号正常				
5	安全装置	按系统安全操作规范对设备的安全保护装置进行检查	工作正常,安全有效	目测			

设备一级保养内容和要求

设备名称:拉床　　　　　　　　　　　　　　　设备编号:_____

保养人员:_____　　　　　　　　　保养日期:_____

序号	项目	细则	标准	工具	记录	签名	备注
1	机床外观	擦拭机床外表面、罩盖及附件	无油污、覆盖物等	清洁工具			
2	工作台	拆卸工作台擦拭导轨	无油污、垃圾等	清洁工具			
3	电机、电气箱	擦拭电动机及电器箱	内外清洁	清洁工具			
4	机床周围	清理机床周围的铁屑、油污等垃圾	周围地面清洁	清洁工具			
5	传动、转盘及拖板	擦拭、检查工作台及导轨面,去除毛刺。清洁丝杆、螺母塞铁,调整间隙。检查传动零部件是否正常	无毛刺,检查各部件间隙,做好记录	清洁工具、螺丝刀、扳手等			
6	润滑与冷却	清洁油线、油毡和过滤器等,清洁冷却泵、冷却箱及过滤器	油路畅通,油窗清晰,油量到位,管路畅通,无泄漏	清洁工具、疏通工具、螺丝刀、扳手等			
7	机床周边	清理机床周边铁屑、油垢等垃圾	周围无铁屑等垃圾,地面清洁	清洁工具			
8	接水盘	清洁冷却液接水盘	接水盘清洁	清洁工具			
9	补充项						

设备二级保养(机械)内容和要求

设备名称:拉床　　　　　　　　　　　　　　　　设备编号:＿＿＿＿＿＿＿＿

保养人员:＿＿＿＿＿＿＿＿　　　　　　　　　　保养日期:＿＿＿＿＿＿＿＿

序号	项目	细则	标准	工具	记录	签名	备注
1	工作场地	整理、清扫工作场地,用红白旗隔离工作区域,做好各项安全防护措施	达到安全标准	红白旗、清扫工具			
2	各传动零件	检查、调整各传动零件,保证变速可靠	运转正常、平稳	目测			
3	压板塞铁	检查、调整压板塞铁间隙	间隙合适	扳手等			
4	润滑油液	清洁油箱,更换润滑油,调整润滑系统,排除泄漏,保证润滑装置完整畅通	润滑畅通,无泄漏	扳手、清洁工具等			
5	各操纵手柄	检查、调整各操纵手柄,保证动作准确可靠	操纵灵敏、可靠	内六角扳手等			
6	转盘、拖板	拆洗、检查转盘、横向拖板,检查导轨面;要求无油污,去除毛刺,整修伤痕,调整间隙;检查、调整各零部件,修整或更换磨损零件;更换刮油铜皮及油毡	各工作面清洁、平滑,无毛刺,无损伤	拆卸工具			
7	机械精度	按照精度检测记录单检查,调整精度,间隙合理	各项精度达到技术要求	精度检测工具			参考国标/部标或出厂精度标准

设备二级保养(电气)内容和要求

设备名称:拉床

设备编号:＿＿＿＿＿＿＿＿＿

保养人员:＿＿＿＿＿＿＿＿＿

保养日期:＿＿＿＿＿＿＿＿＿

序号	项目	细则	标准	工具	记录	签名	备注
1	设备断电	机器断电	设备电压为"0",有警示牌	万用表			
		悬挂警示牌					
2	电机	对防水等级在 IP44 以下(含 IP44)电机检查绝缘	绝缘电阻: ≥3.8 MΩ,绝缘良好; ≥1.5 MΩ,绝缘可用; ≥0.38 MΩ,绝缘堪用; <0.38 MΩ,绝缘不良; 绝缘不良的,处理或更新	兆欧表			断开电机回路再进行测量
		对防水等级在 IP44 以上电机(不含伺服电机)抽取检查绝缘					
		对防水等级在 IP67 以上(含 IP67)电机不需要检查绝缘					
		对电机冷却回路(含冷却风扇)进行保养,更换进风口滤网	无油污、覆盖物等;冷却回路畅通	清洁工具			
		对有炭刷的直流电机进行保养(有直流电机机床做此项)	滑环无积炭,无打火痕迹,无明显磨损(否则修复);炭刷磨损不超过2/3(否则更换)	目测,螺丝刀等			
3	设备上电	机床上电	启动正常	万用表			
		摘取警示牌	警示牌复位				
4	设备调整	机床电气传感器调整	机床动作正常,反馈信号正常	万用表等			
		各类电气控制元件调整	机床动作正常,反馈信号正常				
5	安全装置	按系统安全操作规范对设备的安全保护装置进行检查	工作正常,安全有效	目测			

设备一级保养内容和要求

设备名称:电动拉床
保养人员:_____

设备编号:_____
保养日期:_____

序号	项目	细则	标准	工具	记录	签名	备注
1	电箱	电箱外观保养	无油污、覆盖物等	清洁工具			
2	操作按钮	操作按钮外观保养	按钮无油污、覆盖物等	清洁工具			
3	机床外观	擦拭机床外表面、罩盖及附件	内外清洁,无锈蚀,无黄袍	清洁工具			

设备二级保养(机械)内容和要求

设备名称:电动拉床　　　　　　　　　　　　设备编号:＿＿＿＿＿＿＿＿

保养人员:＿＿＿＿＿＿＿＿＿　　　　　　　　保养日期:＿＿＿＿＿＿＿＿

序号	项目	细则	标准	工具	记录	签名	备注
1	工作场地	清扫、整理工作场地,用红白旗隔离工作区域,做好各项安全防护措施	达到安全标准	红白旗、清扫工具			
2	各传动机构	检查各传动机构是否正常,有无异声,调整各传动零部件,及时更换易损件	运转正常、平稳	扳手等			
3	导轨面、钳子、拉刀零部件	去除毛刺,修复伤痕,清理床身导轨油、铁屑等垃圾	各工作面平滑,无毛刺,无伤痕	油石、清洁工具、吸油毡			
4	各操作手柄	对不完好的操作手柄进行调整	操作准确、可靠	内六角扳手等			
5	液压单元	清洁滤油器,检查压力表、齿轮泵、溢流阀等,清洁检查各液压件	油路畅通	扳手等			
		检查、调整各液压调速阀,必要时更换油箱液压油;调整压力,必要时更换油液	压力合适,功能正常	目测			

设备二级保养(电气)内容和要求

设备名称:电动拉床　　　　　　　　　　　设备编号:_____

保养人员:_____　　　　　　　保养日期:_____

序号	项目	细则	标准	工具	记录	签名	备注
1	设备断电	机器断电	设备电压为"0",有警示牌	万用表			
		悬挂警示牌					
2	电机	主轴马达绝缘检查	绝缘电阻: ≥3.8 MΩ,绝缘良好; ≥1.5 MΩ,绝缘可用; ≥0.38 MΩ,绝缘堪用; <0.38 MΩ,绝缘不良。 绝缘不良的,处理或更新	兆欧表			断开电机回路再进行测量
		检查电机冷却回路(含冷却风扇),更换进风口滤网	无油污、覆盖物等;冷却回路畅通	清洁工具			
3	电箱、操纵箱	电箱、操纵箱内部清洁保养	清洁、整齐,无杂物	吸尘器、刷子等			
		电箱、操纵箱内接插件接触检查	接触良好	万用表			
		电箱、操纵箱内主回路接线端子紧固检查	接触良好、紧固	螺丝刀			
4	设备上电	机床上电	启动正常	万用表			
		摘取警示牌	警示牌复位				
5	设备动作及安全检查	电气控制系统应工作正常	机床各动作正常	目测			
		检查零位保护、夹紧放松及各限位的功能	工作正常,安全有效	目测			

设备一级保养内容和要求

设备名称:平面磨床　　　　　　　　　　　　　　设备编号:＿＿＿＿＿＿＿＿＿

保养人员:＿＿＿＿＿＿＿＿＿　　　　　　　　　保养日期:＿＿＿＿＿＿＿＿＿

序号	项目	细则	标准	工具	记录	签名	备注
1	电箱	电箱外观保养	无油污、覆盖物等	清洁工具			
2	手柄	手柄外观保养	无油污,清洁	清洁工具			
3	机床外观	擦拭机床外表面、罩盖及附件	内外清洁,无锈蚀,无黄袍	清洁工具			
4	床身工作台、立柱、拖板	检查工作台及导轨	无毛刺,无油污,运行可靠	清洁工具、拆卸工具			
		擦拭丝杆、平衡锤,检查钢丝绳、滑轮是否安全可靠					
5	磨头与砂轮座	检查磨头主轴与轴承间隙。检查、调整砂轮座塞铁间隙	无毛刺,无油污,运行可靠,记录间隙情况	清洁工具、拆卸工具			
6	液压、润滑、冷却	清洁油箱、过滤器等,检查、调整液压及润滑系统	压力正常,油路畅通	清洁工具、拆卸工具			
		清洁油线、油毡,补充油液					
		清洁冷却泵、冷却箱等					
7	机床周边	清理机床周边铁屑、油垢等垃圾	周围无铁屑等垃圾,保证地面清洁	清洁工具			
8	接水盘	清洁冷却液接水盘	接水盘清洁	清洁工具			
9	补充项						

设备二级保养(机械)内容和要求

设备名称:平面磨床   设备编号:_____

保养人员:_____   保养日期:_____

序号	项目	细则	标准	工具	记录	签名	备注
1	工作场地	清扫、整理工作场地,用红白旗隔离工作区域,做好各项安全防护措施	达到安全标准	红白旗、清扫工具			
2	主轴	检查、调整主轴轴承间隙	运转正常、平稳	内六角扳手、开口扳、水平仪			
3	尾架	检查尾架,去除毛刺,整修伤痕	间隙合适,运转正常	目测			
4	液压及润滑系统	清洁静压管路;清洁静压阀块,通流量阀,更换受污染滤芯;检查各液压件动作是否灵敏;调整液压系统压力,确保润滑畅通;排除泄漏	润滑畅通,无泄漏	内六角扳手、开口扳等			
5	检查各传动机构	运行机床,依次开动各轴,观察是否有异响,对易损件进行更换	运转平稳、可靠	耳听			
6	机械精度	按照精度检测记录单检查,调整精度,间隙合理	各项精度达到技术要求	精度检测工具			参考国标/部标或出厂精度标准

设备二级保养(电气)内容和要求

设备名称:平面磨床 设备编号:_____

保养人员:_____ 保养日期:_____

序号	项目	细则	标准	工具	记录	签名	备注
1	设备断电	机器断电	设备电压为"0",有警示牌	万用表			
		悬挂警示牌					
2	电机	对防水等级在IP44以下(含IP44)电机检查绝缘	绝缘电阻: ≥3.8 MΩ,绝缘良好; ≥1.5 MΩ,绝缘可用; ≥0.38 MΩ,绝缘堪用; <0.38 MΩ,绝缘不良。 绝缘不良的,处理或更新	兆欧表			断开电机回路再进行测量
		对防水等级在IP44以上电机(不含伺服电机)抽取检查绝缘					
		对防水等级在IP67以上(含IP67)电机不需要检查绝缘					
		对电机冷却回路(含冷却风扇)进行保养,更换进风口滤网	无油污、覆盖物等;冷却回路畅通	清洁工具			
		对有炭刷的直流电机进行保养(有直流电机机床做此项)	滑环无积炭,无打火痕迹,无明显磨损(否则修复);炭刷磨损不超过2/3(否则更换)	目测,螺丝刀等			
3	设备上电	机床上电	启动正常	万用表			
		摘取警示牌	警示牌复位				
4	设备调整	机床电气传感器调整	机床动作正常,反馈信号正常	万用表等			
		各类电气控制元件调整	机床动作正常,反馈信号正常				
5	安全装置	按系统安全操作规范对设备的安全保护装置进行检查	工作正常,安全有效	目测			

附:《磨床主要精度检测记录单》

<h2 style="text-align:center">磨床主要精度检测记录单</h2>

设备编号		型号		规格	
复杂系数		制造厂		出厂日期	
设备等级		使用单位		检查日期	

序号	检验项目	图示	允差/mm	实测/mm
1	工作台面的平面度		0.005/300 （不许凸）	
2	磨头移动对工作台面的平行度		（a）0.008/300	
			（b）0.020/300	
3	中央T形槽对工作台纵向移动的平行度		0.010/300	
4	磨头横向移动对工作台纵向移动的垂直度		0.03/300	

表(续1)

序号	检验项目	图示	允差/mm	实测/mm
5	磨头垂直移动对工作台面的垂直度和直线度	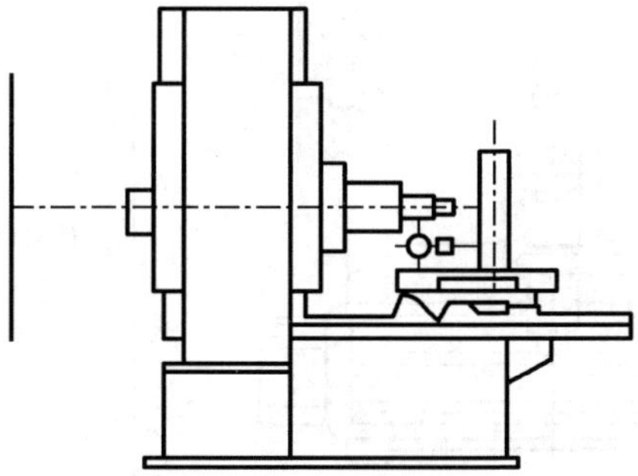	0.04/300	
6	砂轮主轴锥面的径向跳动	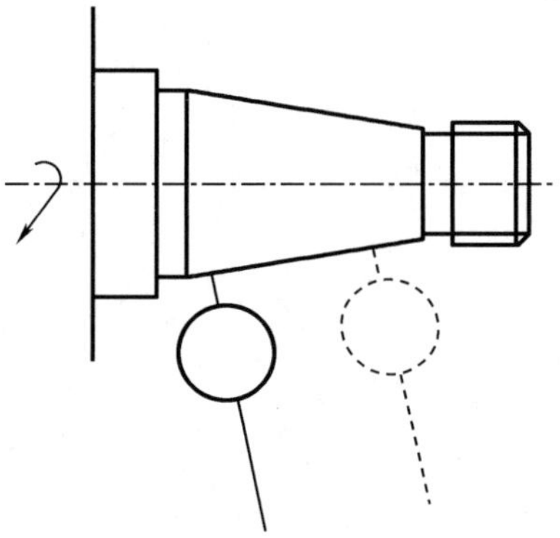	0.01	
7	砂轮主轴的轴向窜动	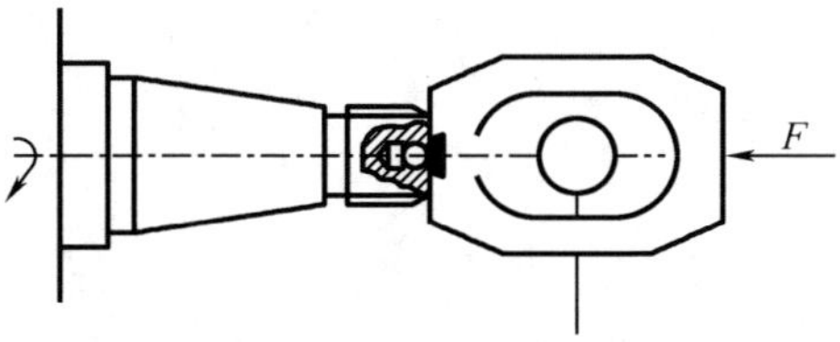	0.01	
8	砂轮主轴轴线对工作台面的平行度	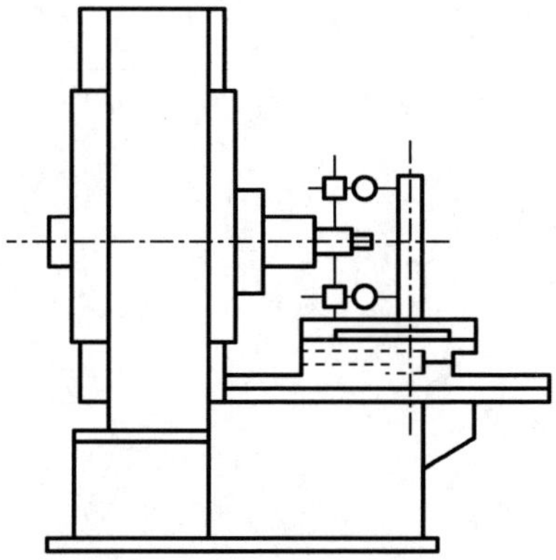	0.025/300	

表(续 2)

序号	检验项目	图示	允差/mm	实测/mm
9	砂轮主轴中心线对中央 T 形槽的垂直度		0.015/300	

检验结论与意见：

参加检验单位(人员)：

备注

设备一级保养内容和要求

设备名称:内圆磨床　　　　　　　　　　　　设备编号:_____

保养人员:_____　　　　　　　保养日期:_____

序号	项目	细则	标准	工具	记录	签名	备注
1	电箱	电箱外观保养	无油污、覆盖物等	清洁工具			
2	手柄	手柄外观保养	无油污,保持清洁	清洁工具			
3	机床外观	擦拭机床外表面、罩盖及附件	内外清洁,无锈蚀,无黄袍	清洁工具			
4	床身工作台、立柱、拖板	检查工作台及导轨面	无毛刺,无油污,运行可靠	清洁工具、拆卸工具			
		擦拭丝杆、平衡锤,检查钢丝绳、滑轮是否安全可靠					
5	磨头与砂轮座	检查磨头主轴与轴承间隙	无毛刺,无油污,运行可靠,记录间隙情况	清洁工具、拆卸工具			
		检查、调整砂轮座塞铁间隙					
6	液压、润滑、冷却	清洁油箱、过滤器等,检查、调整液压及润滑系统	压力正常,油路畅通	清洁工具、拆卸工具			
		清洁油线、油毡,补充油液					
		清洁冷却泵、冷却箱等					
7	机床周边	清理机床周边铁屑、油垢等垃圾	周围无铁屑等垃圾,地面清洁	清洁工具			
8	接水盘	清洁冷却液接水盘	接水盘清洁	清洁工具			
9	补充项						

设备二级保养(机械)内容和要求

设备名称:内圆磨床 设备编号:_____

保养人员:_____ 保养日期:_____

序号	项目	细则	标准	工具	记录	签名	备注
1	工作场地	清扫、整理工作场地,用红白旗隔离工作区域,做好各项安全防护措施	达到安全标准	红白旗、清扫工具			
2	主轴	检查、调整主轴轴承间隙	运转正常、平稳	内六角扳手、开口扳、水平仪			
3	尾架	检查尾架,去除毛刺,整修伤痕	间隙合适,运转正常	目测			
4	液压及润滑系统	清洁静压管路;清洁静压阀块,通流量阀,更换受污染滤芯,检查各液压件动作是否灵敏,调整液压系统压力	润滑畅通,无泄漏	内六角扳手、开口扳等			
5	各传动机构	运行机床,依次开动各轴,观察是否有异响,对于易损件进行更换	运转平稳、可靠	耳听			
6	机械精度	按照精度检测记录单检查,调整精度,间隙合理	各项精度达到技术要求	精度检测工具			参考相关国标/部标或出厂精度标准

设备二级保养(电气)内容和要求

设备名称:内圆磨床

设备编号:_____

保养人员:_____

保养日期:_____

序号	项目	细则	标准	工具	记录	签名	备注
1	设备断电	机器断电	设备电压为"0",有警示牌	万用表			
		悬挂警示牌					
2	电机	对防水等级在 IP44 以下(含 IP44)电机检查绝缘	绝缘电阻: ≥3.8 MΩ,绝缘良好; ≥1.5 MΩ,绝缘可用; ≥0.38 MΩ,绝缘堪用; <0.38 MΩ,绝缘不良。 绝缘不良的,处理或更新	兆欧表			断开电机回路再进行测量
		对防水等级在 IP44 以上电机(不含伺服电机)抽取检查绝缘					
		对防水等级在 IP67 以上(含 IP67)电机不需要检查绝缘					
		对电机冷却回路(含冷却风扇)进行保养,更换进风口滤网	无油污、覆盖物等;冷却回路畅通	清洁工具			
		对有炭刷的直流电机进行保养(有直流电机机床做此项)	滑环无积炭,无打火痕迹,无明显磨损(否则修复);炭刷磨损不超过2/3(否则更换)	目测,螺丝刀等			
3	设备上电	机床上电	启动正常	万用表			
		摘取警示牌	警示牌复位				
4	设备调整	机床电气传感器调整	机床动作正常,反馈信号正常	万用表等			
		各类电气控制元件调整	机床动作正常,反馈信号正常				
5	安全装置	按系统安全操作规范对设备的安全保护装置进行检查	工作正常,安全有效	目测			

附:《内圆磨床主要精度检测记录单》

内圆磨床主要精度检测记录单

设备编号		型号		规格	
复杂系数		制造厂		出厂日期	
设备等级		使用单位		检查日期	

序号	检验项目	图示	允差/mm	实测/mm
1	工作台移动在水平面内的直线度	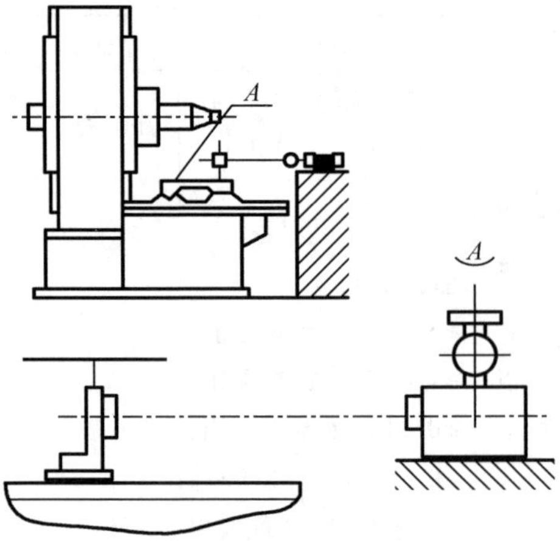	0.006	
2	床头箱主轴回转精度	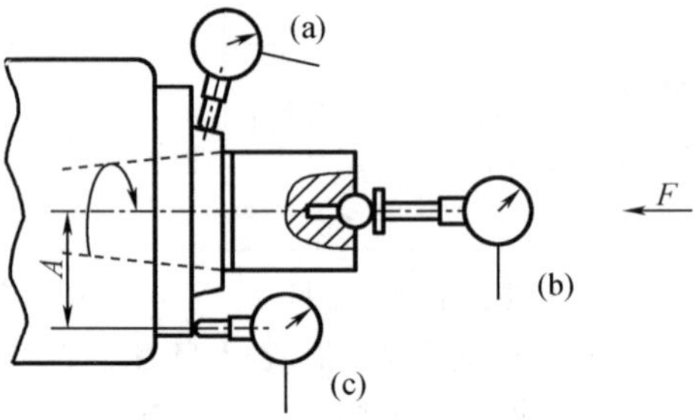	（a）主轴定心面的径向跳动 0.005 （b）主轴的轴向窜动 0.005 （c）主轴轴肩支撑面的端面跳动 0.010	
3	床头箱的主轴锥孔轴线的径向跳动	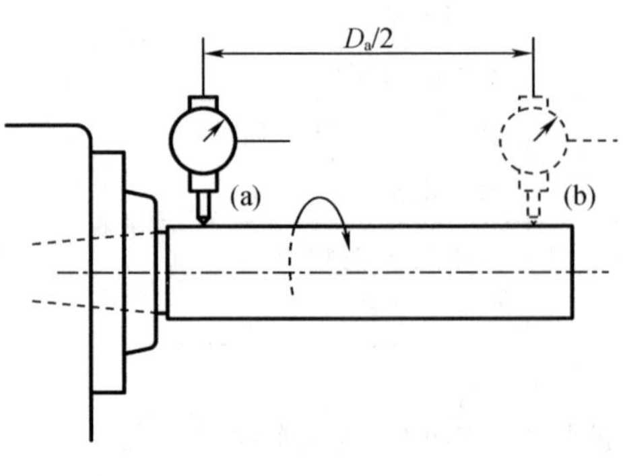	（a）近主轴端部处 0.005 （b）离主轴端部 300 mm 处 0.015	

表(续1)

序号	检验项目	图示	允差/mm	实测/mm
4	床头主轴轴线对工作台移动的平行度	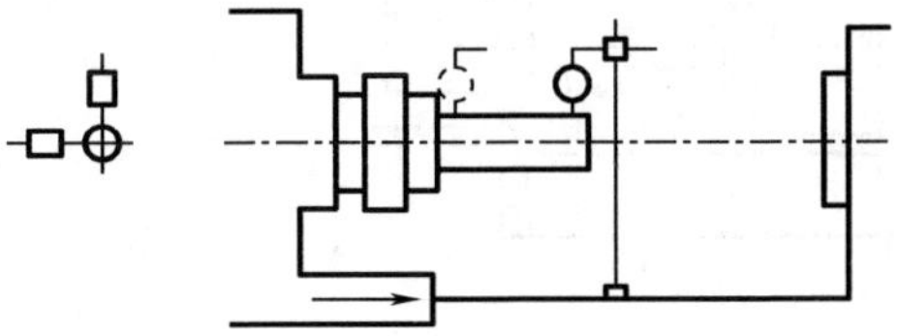	0.02	
5	砂轮主轴轴线的径向跳动	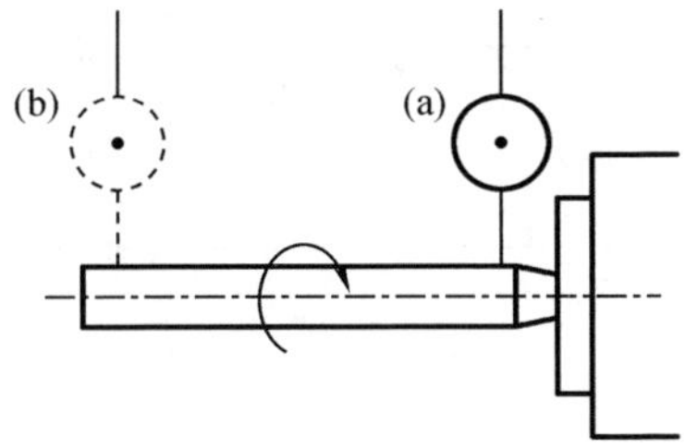	(a) 近主轴端部 0.01 (b) 近主轴端部 100 mm 处 0.015	
6	磨架孔轴线对工作台移动垂直平面内的平行度	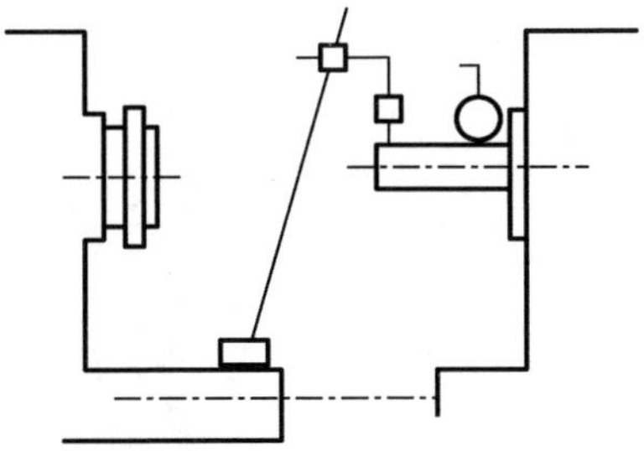	0.015/300	
7	磨架孔轴线对床头箱主轴轴线的重合度	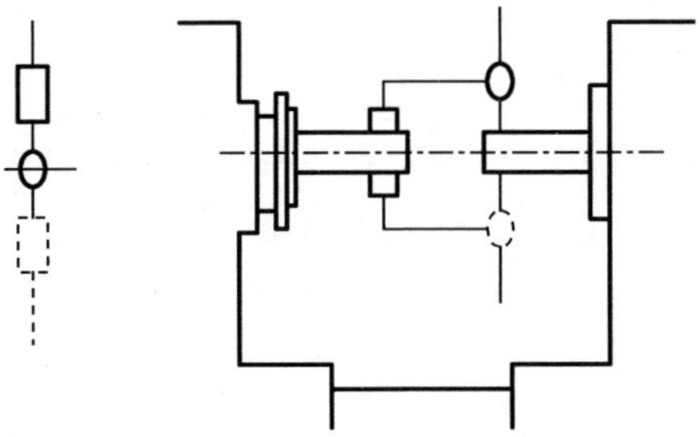	0.02	

表(续2)

序号	检验项目	图示	允差/mm	实测/mm
8	床头箱回转时对磨架横向移动的平行度		0.01 $L=100$	

检验结论与意见：

参加检验单位(人员)：

备注

设备一级保养内容和要求

设备名称:无心磨床　　　　　　　　　　　　　设备编号:_____

保养人员:_____　　　　　　　　　保养日期:_____

序号	项目	细则	标准	工具	记录	签名	备注
1	电箱	电箱外观保养	无油污、覆盖物等	清洁工具			
2	手柄	手柄外观保养	无油污,清洁	清洁工具			
3	机床外观	擦拭机床外表面、罩盖及附件	内外清洁,无锈蚀,无黄袍	清洁工具			
4	液压、润滑、冷却	清洁油箱、过滤器等,检查、调整液压及润滑系统	压力正常,油路畅通	清洁工具、拆卸工具			
		清洁油线、油毡,补充油液					
		清洁冷却泵、冷却箱等					
5	机床周边	清理机床周边铁屑、油垢等垃圾	周围无铁屑等垃圾,地面清洁	清洁工具			
6	补充项						

设备二级保养(机械)内容和要求

设备名称:无心磨床

保养人员:_____

设备编号:_____

保养日期:_____

序号	项目	细则	标准	工具	记录	签名	备注
1	工作场地	整理、清扫工作场地,用红白旗隔离工作区域,做好各项安全防护措施	达到安全标准	红白旗、清扫工具			
2	主轴	检查、调整主轴轴承间隙	运转正常、平稳	内六角扳手、开口扳、水平仪			
3	尾架	检查尾架,去除毛刺,整修伤痕	间隙合适,运转正常	目测			
4	液压及润滑系统	清洁静压管路;清洁静压阀块,通流量阀;更换受污染滤芯;检查各液压件动作是否灵敏;调整液压系统压力	润滑畅通,无泄漏	内六角扳手、开口扳等			
5	各传动机构	开机运行机床,依次开动各轴,观察是否有异响,对易损件进行更换	运转平稳、可靠	耳听			
6	机械精度	按照精度检测记录单检查,调整精度,间隙合理	各项精度达到技术要求	精度检测工具			参考相关国标/部标或出厂精度标准

设备二级保养(电气)内容和要求

设备名称:无心磨床 　　　　　　　　　　　　　　设备编号:＿＿＿＿＿＿＿＿

保养人员:＿＿＿＿＿＿＿＿ 　　　　　　　　　　　保养日期:＿＿＿＿＿＿＿＿

序号	项目	细则	标准	工具	记录	签名	备注
1	设备断电	机器断电	设备电压为"0",有警示牌	万用表			
		悬挂警示牌					
2	电机	对防水等级在 IP44 以下(含 IP44)电机检查绝缘	绝缘电阻: ≥3.8 MΩ,绝缘良好; ≥1.5 MΩ,绝缘可用; ≥0.38 MΩ,绝缘堪用; <0.38 MΩ,绝缘不良。 绝缘不良的,处理或更新	兆欧表			断开电机回路再进行测量
		对防水等级在 IP44 以上电机(不含伺服电机)抽取检查绝缘					
		对防水等级在 IP67 以上(含 IP67)电机不需要检查绝缘					
		对电机冷却回路(含冷却风扇)进行保养,更换进风口滤网	无油污、覆盖物等;冷却回路畅通	清洁工具			
		对有炭刷的直流电机进行保养(有直流电机机床做此项)	滑环无积炭,无打火痕迹,无明显磨损(否则修复);炭刷磨损不超过2/3(否则更换)	目测,螺丝刀等			
3	设备上电	机床上电	启动正常	万用表			
		摘取警示牌	警示牌复位				
4	设备调整	机床电气传感器调整	机床动作正常,反馈信号正常	万用表等			
		各类电气控制元件调整	机床动作正常,反馈信号正常				
5	安全装置	按系统安全操作规范对设备的安全保护装置进行检查	工作正常,安全有效	目测			

附:《无心磨床主要精度检测记录单》

无心磨床主要精度检测记录单

设备编号		型号		规格	
复杂系数		制造厂		出厂日期	
设备等级		使用单位		检查日期	
序号	检验项目	图示		允差/mm	实测/mm
1	机床床身调平	(a) 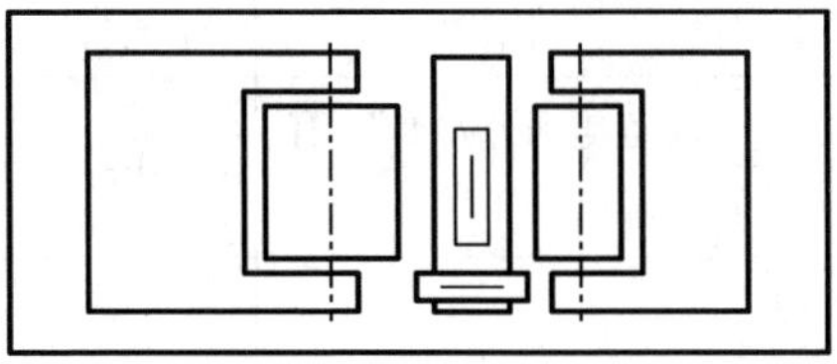 (b)		(a)0.01/1000 (b)0.02/1000	
2	砂轮修整器的移动精度	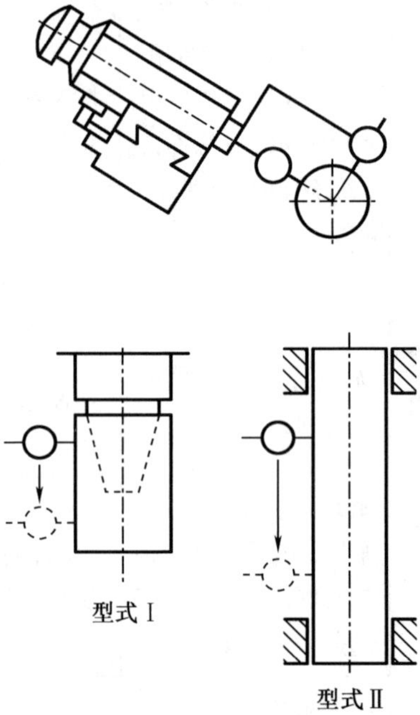 型式Ⅰ　　　型式Ⅱ		0.02/300	
3	导轮修整器的移动精度	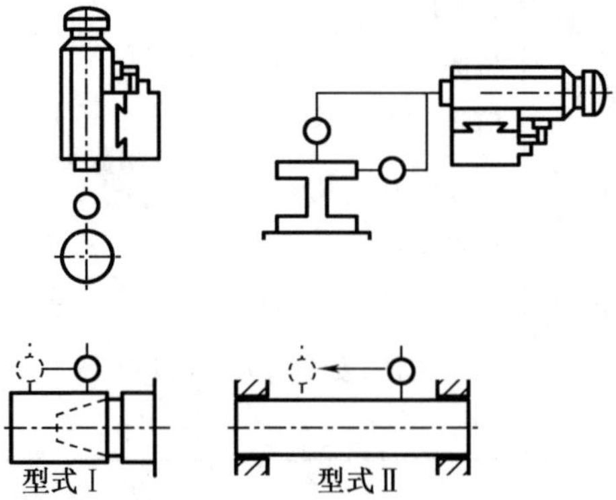 型式Ⅰ　　　型式Ⅱ		0.02/300	

表(续)

序号	检验项目	图示	允差/mm	实测/mm
4	砂轮主轴和导轮主轴轴线对托架定位面的位置精度	型式Ⅱ 型式Ⅰ	(a)0.02/300 (b)0.02/300	
5	导轮主轴的回转精度	型式Ⅰ 型式Ⅱ	(a)0.01 (b)0.01 (c)0.005	

检验结论与意见:

参加检验单位(人员):

备注

设备一级保养内容和要求

设备名称:外圆磨床　　　　　　　　　　　　　设备编号:＿＿＿＿＿＿＿＿

保养人员:＿＿＿＿＿＿＿＿＿　　　　　　　　保养日期:＿＿＿＿＿＿＿＿

序号	项目	细则	标准	工具	记录	签名	备注
1	电箱	电箱外观保养	无油污、覆盖物等	清洁工具			
2	手柄	手柄外观保养	无油污,保持清洁	清洁工具			
3	机床外观	擦拭机床外表面、罩盖及附件	内外清洁,无锈蚀,无黄袍	清洁工具			
4	床头箱与尾架	擦拭、检查床头箱 擦拭尾架	无毛刺,无油污,运行可靠	清洁工具、拆卸工具			
5	磨头与砂轮座	检查磨头主轴与轴承间隙 检查、调整砂轮座塞铁间隙	无毛刺,无油污,运行可靠,记录间隙情况	清洁工具、拆卸工具			
6	液压、润滑、冷却	清洁油箱、过滤器等,检查、调整液压及润滑系统 清洁油线、油毡,补充油液 清洁冷却泵、冷却箱等	压力正常,油路畅通	清洁工具、拆卸工具			
7	机床周边	清理机床周边铁屑、油垢等垃圾	周围无铁屑等垃圾,地面清洁	清洁工具			
8	接水盘	清洁冷却液接水盘	接水盘清洁	清洁工具			
9	补充项						

设备二级保养(机械)内容和要求

设备名称:外圆磨床　　　　　　　　　　　　设备编号:＿＿＿＿＿＿＿＿

保养人员:＿＿＿＿＿＿＿＿　　　　　　　　　保养日期:＿＿＿＿＿＿＿＿

序号	项目	细则	标准	工具	记录	签名	备注
1	工作场地	整理、清扫工作场地,用红白旗隔离工作区域,做好各项安全防护措施	达到安全标准	红白旗、清扫工具			
2	主轴轴承	检查、调整主轴轴承间隙	运转正常、平稳	内六角扳手、开口扳、水平仪			
3	尾架	检查尾架,去除毛刺,整修伤痕	间隙合适,运转正常	目测			
4	液压及润滑系统	清洁静压管路;清洁静压阀块,通流量阀;更换受污染滤芯,检查各液压件动作是否灵敏;调整液压系统压力	润滑畅通,无泄漏	内六角扳手、开口扳等			
5	各传动机构	开机运行机床,依次开动各轴,观察是否有异响,对于易损件进行更换	运转平稳、可靠	耳听			
6	机械精度	按标准检查精度	各项精度达到技术要求	精度检测工具			参考相关国标/部标或出厂精度标准

设备二级保养(电气)内容和要求

设备名称:外圆磨床 　　　　　　　　　　　　　　　设备编号:_____

保养人员:_____ 　　　　　　　　　　保养日期:_____

序号	项目	细则	标准	工具	记录	签名	备注
1	设备断电	机器断电	设备电压为"0",有警示牌	万用表			
		悬挂警示牌					
2	电机	对防水等级在 IP44 以下(含 IP44)电机检查绝缘	绝缘电阻: ≥3.8 MΩ,绝缘良好; ≥1.5 MΩ,绝缘可用; ≥0.38 MΩ,绝缘堪用; <0.38 MΩ,绝缘不良。 绝缘不良的,处理或更新	兆欧表			断开电机回路再进行测量
		对防水等级在 IP44 以上电机(不含伺服电机)抽取检查绝缘					
		对防水等级在 IP67 以上(含 IP67)电机不需要检查绝缘					
		对电机冷却回路(含冷却风扇)进行保养,更换进风口滤网	无油污、覆盖物等;冷却回路畅通	清洁工具			
		对有炭刷的直流电机进行保养(有直流电机机床做此项)	滑环无积炭,无打火痕迹,无明显磨损(否则修复);炭刷磨损不超过 2/3(否则更换)	目测,螺丝刀等			
3	设备上电	机床上电	启动正常	万用表			
		摘取警示牌	警示牌复位				
4	设备调整	机床电气传感器调整	机床动作正常,反馈信号正常	万用表等			
		各类电气控制元件调整	机床动作正常,反馈信号正常				
5	安全装置	按系统安全操作规范对设备的安全保护装置进行检查	工作正常,安全有效	目测			

附:《外圆磨床精度检测记录单》

外圆磨床精度检测记录单

设备编号		型号		规格	
复杂系数		制造厂		出厂日期	
设备等级		使用单位		检查日期	

序号	检验项目	图示	允差/mm	实测/mm
G01	头架主轴轴线对工作台移动的平行度	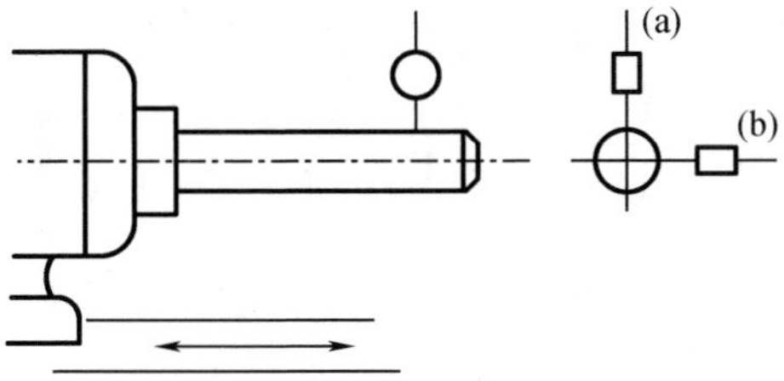	（a）在垂直平面内 0.03/300 （b）在水平平面内 0.03/300	
G02	尾架顶针套锥孔轴线对工作台移动的平行度	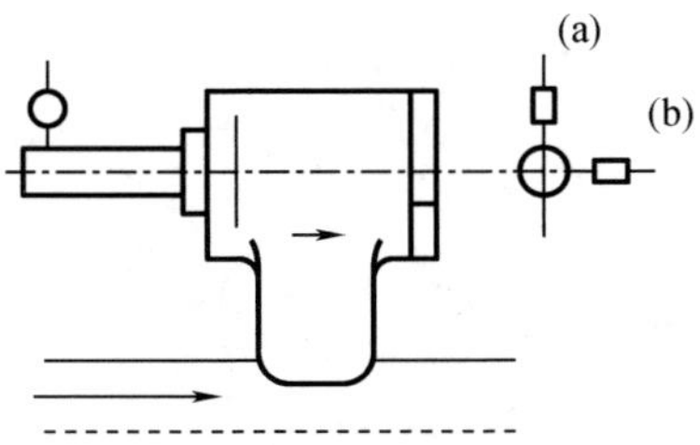 指示器、检验棒	（a）在垂直平面内 0.015/300 （b）在水平平面内 0.015/300	
G03	砂轮架主轴端面的跳动	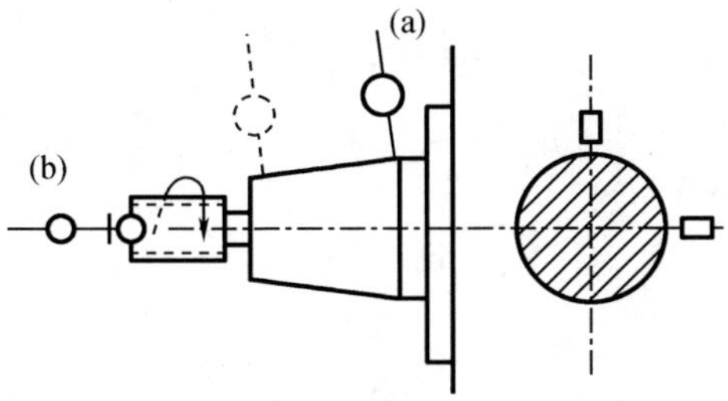	（a）主轴定心锥面的径向跳动 0.005 （b）主轴的轴向窜动 0.008	

表(续)

序号	检验项目	图示	允差/mm	实测/mm
G04	头架主轴锥孔锥线的径向跳动		(a)靠近主轴端部处 0.005 (b)距离主轴端部 300 mm 处 0.015	

检验结论与意见:

参加检验单位(人员):

备注

设备一级保养内容和要求

设备名称:工具磨床 　　　　　　　　　　　　设备编号:_____

保养人员:_____ 　　　　　　　　　　保养日期:_____

序号	项目	细则	标准	工具	记录	签名	备注
1	电箱	电箱外观保养	无油污、覆盖物等	清洁工具			
2	手柄	手柄外观保养	无油污,清洁	清洁工具			
3	机床外观	擦拭机床外表面、罩盖及附件	内外清洁,无锈蚀,无黄袍	清洁工具			
4	床身工作台、操纵机构	检查工作台及导轨面	无毛刺,无油污,运行可靠	清洁工具、拆卸工具			
		检查、调整各传动零部件					
		检查、调整操纵机构					
5	磨头、万能头、床身及滑鞍	检查磨头主轴与轴承间隙	无毛刺,无油污,运行可靠,记录间隙情况	清洁工具、拆卸工具			
		检查皮带松紧					
6	润滑、吸尘器	清洁油箱、过滤器等,检查、调整液压及润滑系统	压力正常,油路畅通,吸尘顺畅	清洁工具、拆卸工具			
		清洁油线、油毡,补充油液					
		清洁吸尘装置,疏通滤网					
7	机床周边	清理机床周边铁屑、油垢等垃圾	周围无铁屑等垃圾,地面清洁	清洁工具			
8	补充项						

设备二级保养(机械)内容和要求

设备名称:工具磨床

保养人员:＿＿＿＿＿＿＿＿

设备编号:＿＿＿＿＿＿＿＿

保养日期:＿＿＿＿＿＿＿＿

序号	项目	细则	标准	工具	记录	签名	备注
1	工作场地	整理、清扫工作场地,用红白旗隔离工作区域,做好各项安全防护措施	达到安全标准	红白旗、清扫工具			
2	主轴	检查、调整主轴轴承间隙	运转正常、平稳	内六角扳手、开口扳、水平仪			
3	床身、工作台、尾架	检查工作台、导轨面、尾架,去除毛刺,整修伤痕	各工作面清洁、平滑,无毛刺,无损伤	目测			
4	各传动机构	开机运行,依次开动各轴,观察是否有异响,对于易损件进行更换	润滑畅通,无泄漏	内六角扳手、开口扳等			
5	机械精度	按标准检查精度	各项精度达到技术要求	精度检测工具			参考相关国标/部标或出厂精度标准

设备二级保养(电气)内容和要求

设备名称:工具磨床   设备编号:_____

保养人员:_____   保养日期:_____

序号	项目	细则	标准	工具	记录	签名	备注
1	设备断电	机器断电	设备电压为"0",有警示牌	万用表			
		悬挂警示牌					
2	电机	对防水等级在IP44以下(含IP44)电机检查绝缘	绝缘电阻: ≥3.8 MΩ,绝缘良好; ≥1.5 MΩ,绝缘可用; ≥0.38 MΩ,绝缘堪用; <0.38 MΩ,绝缘不良。 绝缘不良的,处理或更新	兆欧表			断开电机回路再进行测量
		对防水等级在IP44以上电机(不含伺服电机)抽取检查绝缘					
		对防水等级在IP67以上(含IP67)电机不需要检查绝缘					
		对电机冷却回路(含冷却风扇)进行保养,更换进风口滤网	无油污、覆盖物等;冷却回路畅通	清洁工具			
		对有炭刷的直流电机进行保养(有直流电机机床做此项)	滑环无积炭,无打火痕迹,无明显磨损(否则修复);炭刷磨损不超过2/3(否则更换)	目测、螺丝刀等			
3	设备上电	机床上电	启动正常	万用表			
		摘取警示牌	警示牌复位				
4	设备调整	机床电气传感器调整	机床动作正常,反馈信号正常	万用表等			
		各类电气控制元件调整	机床动作正常,反馈信号正常				
5	安全装置	按系统安全操作规范检查设备的安全保护装置	工作正常,安全有效	目测			

附:《工具磨床主要精度检测记录单》

工具磨床主要精度检测记录单

设备编号		型号		规格	
复杂系数		制造厂		出厂日期	
设备等级		使用单位		检查日期	

序号	检验项目	图示	允差/mm	实测/mm
1	磨头横向移动对工作台纵向移动的垂直度	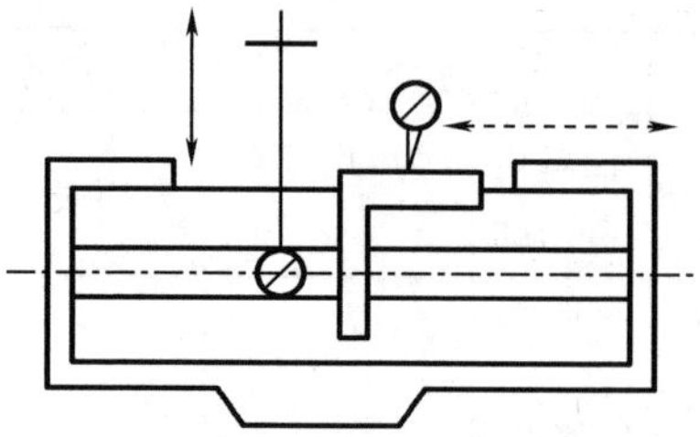	0.01/150	
2	工作台面的平面度	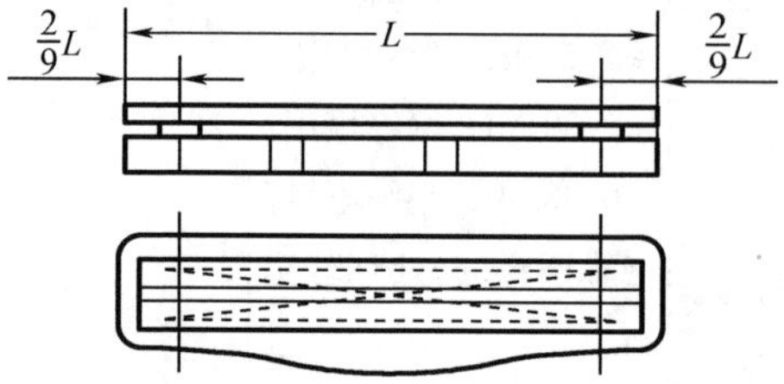	0.025/1000	
3	工作台面对磨头横向移动的平行度	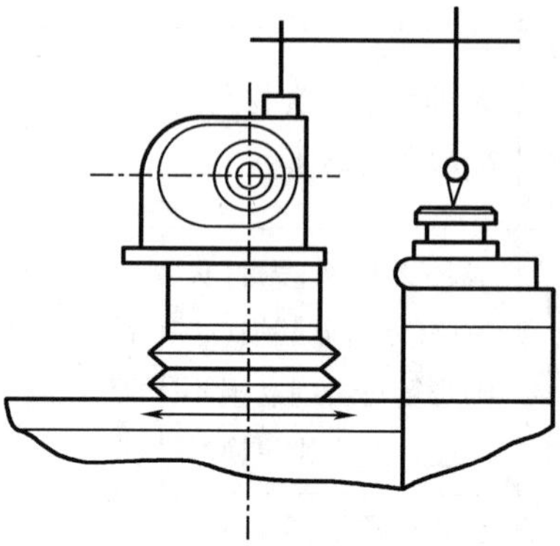	0.01/100	
4	工作台面对工作台纵向移动的平行度	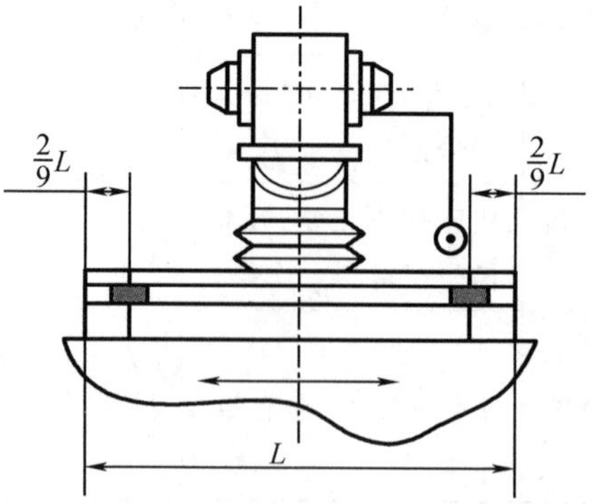	0.01/300	

表(续1)

序号	检验项目	图示	允差/mm	实测/mm
5	工作台 T 形槽定位侧面对工作台纵向移动的平行度	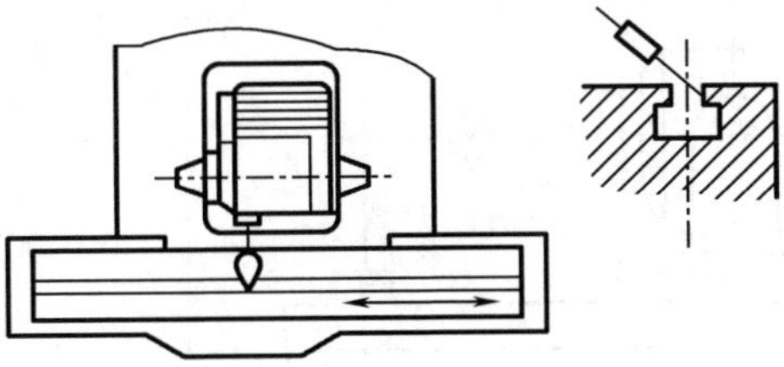	0.010/300	
6	砂轮轴的轴向窜动	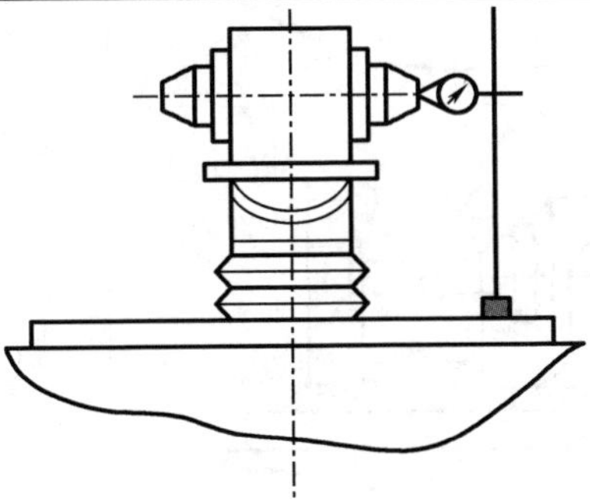	0.005	
7	砂轮轴定心锥面的径向跳动	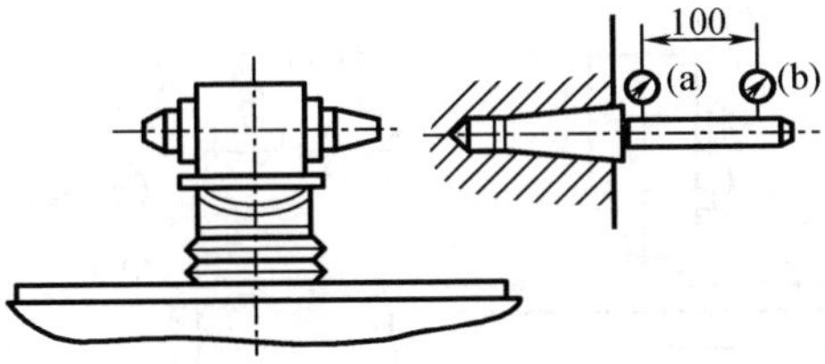	(a)0.008 (b)0.012	
8	磨头垂直移动对工作台面的垂直度	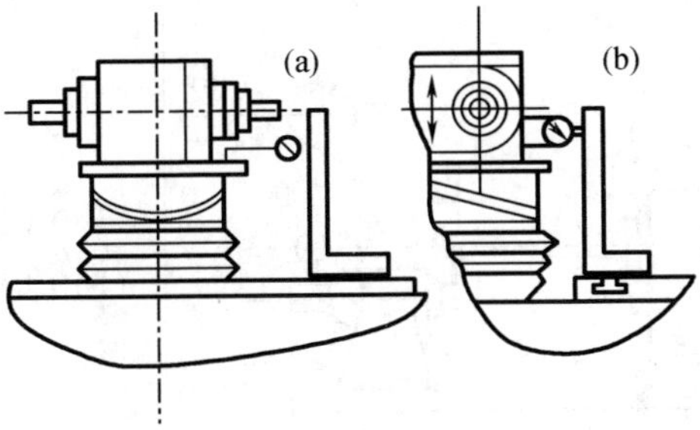	(a)0.02/100 (b)0.02/100	
9	砂轮轴中心线对工作台面的等高度	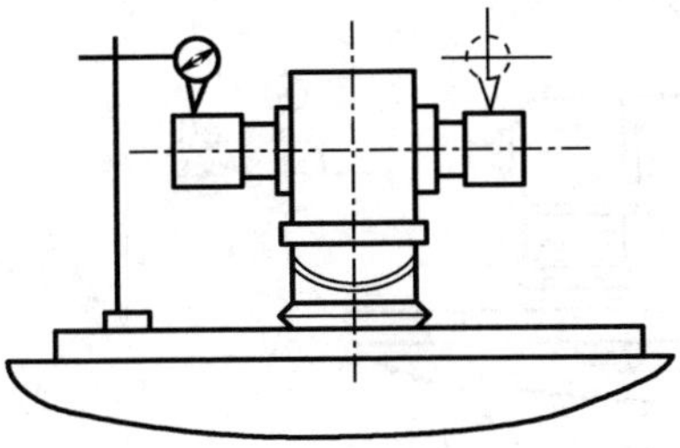	0.03	

表（续2）

序号	检验项目	图示	允差/mm	实测/mm
10	万能夹头主轴的轴向窜动	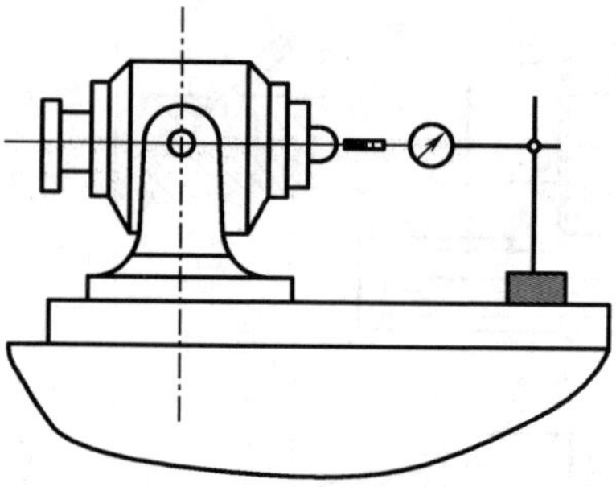	0.007	
11	万能夹头主轴锥孔中心线的径向跳动	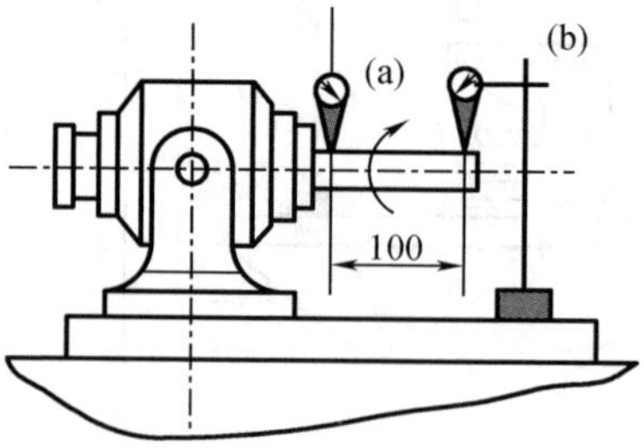	（a）0.01 （b）0.013	
12	万能夹头中心线对工作台纵向移动的平行度	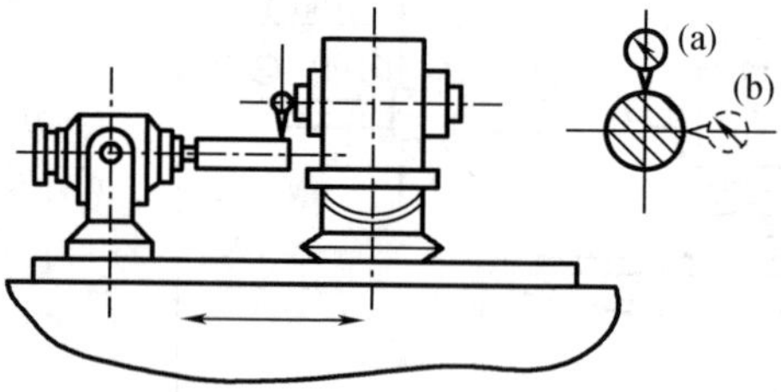	（a）0.01/100 （b）0.01/100	
13	后顶尖座孔中心线对工作台纵向移动的平行度	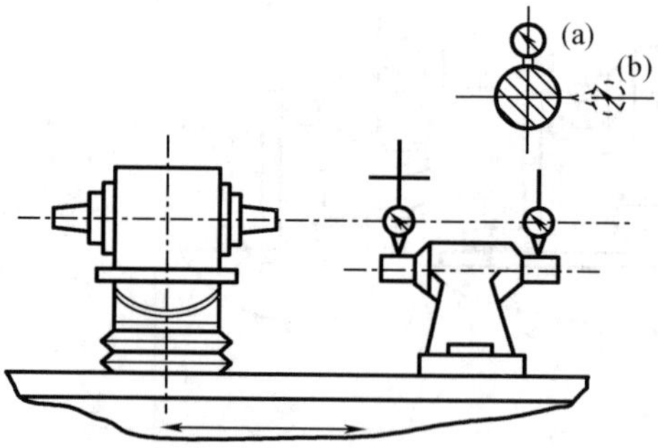	（a）0.01/100 （b）0.01/100	
14	前顶尖座孔中心线对工作台纵向移动的平行度	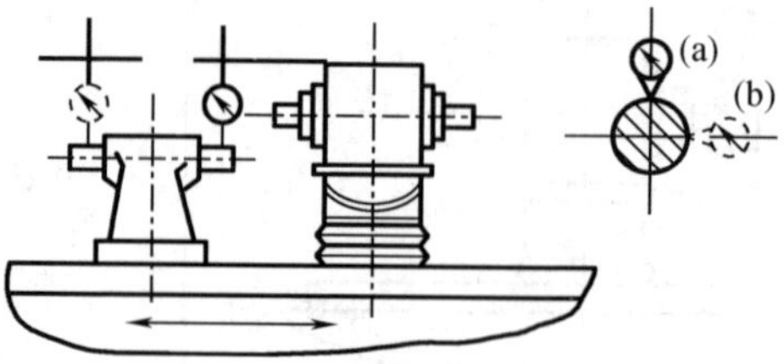	（a）0.01/100 （b）0.01/100	

表（续3）

序号	检验项目	图示	允差/mm	实测/mm
15	万能夹头与后顶尖中心线对工作台纵向移动的平行度		（a）0.015/300 （b）0.015/300	
16	前顶尖与后顶尖中心连线对工作台纵向移动的不平行度		（a）0.015/300 （b）0.015/300	

检验结论与意见：

参加检验单位（人员）：

备注

设备一级保养内容和要求

设备名称:曲轴(凸轮轴)磨床 　　　　　设备编号:＿＿＿＿＿＿＿＿

保养人员:＿＿＿＿＿＿＿＿　　　　　　　保养日期:＿＿＿＿＿＿＿＿

序号	项目	细则	标准	工具	记录	签名	备注
1	电箱	电箱外观保养	无油污、覆盖物等	清洁工具			
2	手柄	手柄外观保养	无油污,清洁	清洁工具			
3	机床外观	擦拭机床外表面、罩盖及附件	内外清洁,无锈蚀,无黄袍	清洁工具			
4	床头箱与尾架	擦拭、检查床头箱	无毛刺,无油污,运行可靠	清洁工具、拆卸工具			
		擦拭尾架					
5	磨头与砂轮座	检查磨头主轴与轴承间隙	无毛刺,无油污,运行可靠,记录间隙情况	清洁工具、拆卸工具			
		检查、调整砂轮座塞铁间隙					
6	液压、润滑、冷却	清洁油箱、过滤器等,检查、调整液压及润滑系统	压力正常,油路畅通	清洁工具、拆卸工具			
		清洁油线、油毡,补充油液					
		清洁冷却泵、冷却箱等					
7	机床周边	清理机床周边铁屑、油垢等垃圾	周围无铁屑等垃圾,地面清洁	清洁工具			
8	接水盘	清洁冷却液接水盘	接水盘清洁	清洁工具			
9	补充项						

设备二级保养(机械)内容和要求

设备名称:曲轴(凸轮轴)磨床　　　　　　　　设备编号:＿＿＿＿＿＿＿＿

保养人员:＿＿＿＿＿＿＿＿＿　　　　　　　　　保养日期:＿＿＿＿＿＿＿＿

序号	项目	细则	标准	工具	记录	签名	备注
1	工作场地	整理、清扫工作场地,用红白旗隔离工作区域,做好各项安全防护措施	达到安全标准	红白旗、清扫工具			
2	主轴	检查、调整主轴轴承间隙	运转正常、平稳	内六角扳手、开口扳、水平仪			
3	尾架	检查尾架,去除毛刺,整修伤痕	表面清洁,无毛刺,运转正常	目测			
4	液压及润滑系统	清洁静压管路;清洁静压阀块,通流量阀;更换受污染滤芯;检查各液压件动作是否灵敏;调整液压系统压力	润滑畅通,无泄漏	内六角扳手、扳手、开口扳等			
5	各传动机构	开机运行,依次开动各轴,观察是否有异响,对易损件进行更换	运转平稳、可靠	耳听			
6	机械精度	按照精度检测记录单检查,调整精度,间隙合理	各项精度达到技术要求	精度检测工具			参考相关国标/部标或出厂精度标准

设备二级保养(电气)内容和要求

设备名称:曲轴(凸轮轴)磨床 设备编号:_____

保养人员:_____ 保养日期:_____

序号	项目	细则	标准	工具	记录	签名	备注
1	设备断电	机器断电	设备电压为"0",有警示牌	万用表			
		悬挂警示牌					
2	电机	对防水等级在 IP44 以下(含 IP44)电机检查绝缘	绝缘电阻: ≥3.8 MΩ,绝缘良好; ≥1.5 MΩ,绝缘可用; ≥0.38 MΩ,绝缘堪用; <0.38 MΩ,绝缘不良。 绝缘不良的,处理或更新	兆欧表			断开电机回路再进行测量
		对防水等级在 IP44 以上电机(不含伺服电机)抽取检查绝缘					
		对防水等级在 IP67 以上(含 IP67)电机不需要检查绝缘					
		对电机冷却回路(含冷却风扇)进行保养,更换进风口滤网	无油污、覆盖物等;冷却回路畅通	清洁工具			
		对有炭刷的直流电机进行保养(有直流电机机床做此项)	滑环无积炭,无打火痕迹,无明显磨损(否则修复);炭刷磨损不超过2/3(否则更换)	目测、螺丝刀等			
3	设备上电	机床上电	启动正常	万用表			
		摘取警示牌	警示牌复位				
4	设备调整	机床电气传感器调整	机床动作正常,反馈信号正常	万用表等			
		各类电气控制元件调整	机床动作正常,反馈信号正常				
5	安全装置	按系统安全操作规范检查设备的安全保护装置	工作正常,安全有效	目测			

注:主要精度检测记录单同《无心磨床主要精度检测记录单》。

设备一级保养内容和要求

设备名称:花键轴磨床   设备编号:_____

保养人员:_____   保养日期:_____

序号	项目	细则	标准	工具	记录	签名	备注
1	电箱	电箱外观保养	无油污、覆盖物等	清洁工具			
2	手柄	手柄外观保养	无油污,清洁	清洁工具			
3	机床外观	擦拭机床外表面、罩盖及附件	内外清洁,无锈蚀,无黄袍	清洁工具			
4	床头箱与尾架	擦拭、检查床头箱	无毛刺,无油污,运行可靠	清洁工具、拆卸工具			
		擦拭尾架					
5	磨头与砂轮座	检查磨头主轴与轴承间隙	无毛刺,无油污,运行可靠,记录间隙情况	清洁工具、拆卸工具			
		检查、调整砂轮座塞铁间隙					
6	液压、润滑、冷却	清洁油箱、过滤器等,检查、调整液压及润滑系统	压力正常,油路畅通	清洁工具、拆卸工具			
		清洁油线、油毡,补充油液					
		清洁冷却泵、冷却箱等					
7	机床周边	清理机床周边铁屑、油垢等垃圾	周围无铁屑等垃圾,地面清洁	清洁工具			
8	接水盘	清洁冷却液接水盘	接水盘清洁	清洁工具			
9	补充项						

设备二级保养（机械）内容和要求

设备名称:花键轴磨床　　　　　　　　　　　　设备编号:＿＿＿＿＿＿＿＿

保养人员:＿＿＿＿＿＿＿＿　　　　　　　　　　保养日期:＿＿＿＿＿＿＿＿

序号	项目	细则	标准	工具	记录	签名	备注
1	工作场地	整理、清扫工作场地,用红白旗隔离工作区域,做好各项安全防护措施	达到安全标准	红白旗、清扫工具			
2	主轴	检查、调整主轴轴承间隙	运转正常、平稳	内六角扳手、开口扳、水平仪			
3	尾架	检查尾架,去除毛刺,整修伤痕	表面清洁,无毛刺,运转正常	目测			
4	液压及润滑系统	清洁静压管路、静压阀块,通流量阀;更换受污染滤芯;检查各液压件动作是否灵敏,调整液压系统压力	润滑畅通,无泄漏	内六角扳手、扳手、开口扳等			
5	各传动机构	开机运行,依次开动各轴,观察是否有异响,对易损件进行更换	运转平稳、可靠	耳听			
6	机械精度	按照精度检测记录单检查,调整精度,间隙合理	各项精度达到技术要求	精度检测工具			参考相关国标/部标或出厂精度标准

设备二级保养(电气)内容和要求

设备名称:花键轴磨床　　　　　　　　　　　　　设备编号:＿＿＿＿＿＿＿＿＿

保养人员:＿＿＿＿＿＿＿＿　　　　　　　　　　　保养日期:＿＿＿＿＿＿＿＿＿

序号	项目	细则	标准	工具	记录	签名	备注
1	设备断电	机器断电	设备电压为"0",有警示牌	万用表			
		悬挂警示牌					
2	电机	对防水等级在IP44以下(含IP44)电机检查绝缘	绝缘电阻: ≥3.8 MΩ,绝缘良好; ≥1.5 MΩ,绝缘可用; ≥0.38 MΩ,绝缘堪用; <0.38 MΩ,绝缘不良。 绝缘不良的,处理或更新	兆欧表			断开电机回路再进行测量
		对防水等级在IP44以上电机(不含伺服电机)抽取检查绝缘					
		对防水等级在IP67以上(含IP67)电机不需要检查绝缘					
		对电机冷却回路(含冷却风扇)进行保养,更换进风口滤网	无油污、覆盖物等;冷却回路畅通				
		对有炭刷的直流电机进行保养(有直流电机机床做此项)	滑环无积炭,无打火痕迹,无明显磨损(否则修复);炭刷磨损不超过2/3(否则更换)				
3	设备上电	机床上电	启动正常	万用表			
		摘取警示牌	警示牌复位				
4	设备调整	机床电气传感器调整	机床动作正常,反馈信号正常	万用表等			
		各类电气控制元件调整	机床动作正常,反馈信号正常				
5	安全装置	按系统安全操作规范检查设备的安全保护装置	工作正常,安全有效	目测			

注:主要精度检测记录单同《无心磨床主要精度检测记录单》。

设备一级保养内容和要求

设备名称:轧辊磨床

设备编号:_____

保养人员:_____

保养日期:_____

序号	项目	细则	标准	工具	记录	签名	备注
1	电箱	电箱外观保养	无油污、覆盖物等	清洁工具			
2	手柄	手柄外观保养	无油污,清洁	清洁工具			
3	机床外观	擦拭机床外表面、罩盖及附件	内外清洁,无锈蚀,无黄袍	清洁工具			
4	床头箱与尾架	擦拭、检查床头箱	无毛刺,无油污,运行可靠	清洁工具、拆卸工具			
		擦拭尾架					
5	磨头与砂轮座	检查磨头主轴与轴承间隙	无毛刺,无油污,运行可靠,记录间隙情况	清洁工具、拆卸工具			
		检查、调整砂轮座塞铁间隙					
6	液压、润滑、冷却	清洁油箱、过滤器等,检查、调整液压及润滑系统	压力正常,油路畅通	清洁工具、拆卸工具			
		清洁油线、油毡,补充油液					
		清洁冷却泵、冷却箱等					
7	机床周边	清理机床周边铁屑、油垢等垃圾	周围无铁屑等垃圾,地面清洁	清洁工具			
8	接水盘	清洁冷却液接水盘	接水盘清洁	清洁工具			
9	补充项						

设备二级保养(机械)内容和要求

设备名称:轧辊磨床　　　　　　　　　　　　　　设备编号:＿＿＿＿＿＿＿＿

保养人员:＿＿＿＿＿＿＿＿　　　　　　　　　　保养日期:＿＿＿＿＿＿＿＿

序号	项目	细则	标准	工具	记录	签名	备注
1	工作场地	整理、清扫工作场地,用红白旗隔离工作区域,做好各项安全防护措施	达到安全标准	红白旗、清扫工具			
2	主轴	检查、调整主轴轴承间隙	运转正常、平稳	内六角扳手、开口扳、水平仪			
3	尾架	检查尾架,去除毛刺,整修伤痕	表面清洁,无毛刺,运转正常	目测			
4	液压及润滑系统	清洁静压管路、静压阀块,通流量阀;更换受污染滤芯;检查各液压件动作是否灵敏;调整液压系统压力	润滑畅通,无泄漏	内六角扳手、扳手、开口扳等			
5	各传动机构	开机运行,依次开动各轴,观察是否有异响,对于易损件进行更换	运转平稳、可靠	耳听			
6	机械精度	按标准检查精度	各项精度达到技术要求	精度检测工具			参考相关国标/部标或出厂精度标准

设备二级保养(电气)内容和要求

设备名称:轧辊磨床   设备编号:＿＿＿＿＿＿＿＿

保养人员:＿＿＿＿＿＿＿＿   保养日期:＿＿＿＿＿＿＿＿

序号	项目	细则	标准	工具	记录	签名	备注
1	设备断电	机器断电	设备电压为"0",有警示牌	万用表			
		悬挂警示牌					
2	电机	对防水等级在 IP44 以下(含 IP44)电机检查绝缘	绝缘电阻: ≥3.8 MΩ,绝缘良好; ≥1.5 MΩ,绝缘可用; ≥0.38 MΩ,绝缘堪用; <0.38 MΩ,绝缘不良。 绝缘不良的,处理或更新	兆欧表			断开电机回路再进行测量
		对防水等级在 IP44 以上电机(不含伺服电机)抽取检查绝缘					
		对防水等级在 IP67 以上(含 IP67)电机不需要检查绝缘					
		对电机冷却回路(含冷却风扇)进行保养,更换进风口滤网	无油污、覆盖物等;冷却回路畅通	清洁工具			
		对有炭刷的直流电机进行保养(有直流电机机床做此项)	滑环无积炭,无打火痕迹,无明显磨损(否则修复);炭刷磨损不超过2/3(否则更换)	目测,螺丝刀等			
3	设备上电	机床上电	启动正常	万用表			
		摘取警示牌	警示牌复位				
4	设备调整	机床电气传感器调整	机床动作正常,反馈信号正常	万用表等			
		各类电气控制元件调整	机床动作正常,反馈信号正常				
5	安全装置	按系统安全操作规范检查设备的安全保护装置	工作正常,安全有效	目测			

附:《轧辊磨床主要精度检测记录单》

轧辊磨床主要精度检测记录单

设备编号		型号		规格	
复杂系数		制造厂		出厂日期	
设备等级		使用单位		检查日期	

序号	检验项目	图示	允差/mm	实测/mm
1	头架主轴轴线对拖板移动的平行度:(a)在垂直平面内;(b)在水平平面内		(a)0.03/300 (b)0.03/300	
2	尾架顶针套锥孔轴线对拖板移动的平行度:(a)在垂直平面内;(b)在水平平面内		(a)0.03/300 (b)0.03/300	
3	砂轮主轴定心锥面的径向跳动		0.008	
4	砂轮主轴的轴向窜动		0.008	

检验结论与意见:

参加检验单位(人员):

备注

设备一级保养内容和要求

设备名称:珩磨机 　　　　　　　　　　　　　　　设备编号:＿＿＿＿＿＿＿＿

保养人员:＿＿＿＿＿＿＿＿　　　　　　　　　　　保养日期:＿＿＿＿＿＿＿＿

序号	项目	细则	标准	工具	记录	签名	备注
1	电箱	电箱外观保养	无油污、覆盖物等	清洁工具			
2	操作按钮	操作按钮外观保养	无油污、覆盖物等	清洁工具			
3	机床外观	擦拭机床外表面、罩盖及附件	内外清洁,无锈蚀,无黄袍	清洁工具			

设备二级保养(机械)内容和要求

设备名称:珩磨机　　　　　　　　　　　设备编号:＿＿＿＿＿＿＿＿

保养人员:＿＿＿＿＿＿＿＿　　　　　　　保养日期:＿＿＿＿＿＿＿＿

序号	项目	细则	标准	工具	记录	签名	备注
1	工作场地	整理、清扫工作场地,用红白旗隔离工作区域,做好各项安全防护措施	达到安全标准	红白旗、清扫工具			
2	各传动机构	观察是否正常,有无异声;调整各传动零部件,及时更换易损件	部件完整,动作正常	扳手等			
3	导轨面	去除毛刺,修复伤痕;清理车床上的导轨油、铁屑等垃圾	无异物,无油污,无毛刺,间隙正常	油石、清洁工具、吸油毡			
4	各操作手柄	对不完好的操作手柄进行调整	准确可靠,开关正常	内六角扳手等			
5	液压及润滑系统	检查各液压件动作是否灵敏;使之正常工作,排除泄漏	动作正常,各点润滑正常,无泄漏	目测			
6	机械精度	按标准检查,调整精度,间隙合理	各项精度达到技术要求	精度检测工具			参考相关国标/部标或出厂精度标准

设备二级保养(电气)内容和要求

设备名称:珩磨机   设备编号:_____

保养人员:_____   保养日期:_____

序号	项目	细则	标准	工具	记录	签名	备注
1	设备断电	机器断电	设备电压为"0",有警示牌	万用表			
		悬挂警示牌					
2	电机	主轴马达绝缘检查	绝缘电阻: ≥3.8 MΩ,绝缘良好; ≥1.5 MΩ,绝缘可用; ≥0.38 MΩ,绝缘堪用; <0.38 MΩ,绝缘不良。 绝缘不良的,处理或更新	兆欧表			断开电机回路再进行测量
		对电机冷却回路(含冷却风扇)进行保养,更换进风口滤网	无油污、覆盖物等;冷却回路畅通				
3	电箱、操纵箱、手持单元	电箱、操纵箱内部清洁保养	清洁、整齐,无杂物	吸尘器、刷子等			
		电箱、操纵箱内接插件接触检查	接触良好	万用表			
		电箱、操纵箱内主回路接线端子紧固检查	接触良好,紧固	螺丝刀			
4	设备上电	机床上电	启动正常	万用表			
		摘取警示牌	警示牌复位				
5	设备动作及安全	电气控制系统应工作正常	机床各动作正常	目测,万用表			
		零位保护、夹紧放松及各限位的功能	工作正常,安全有效	目测,万用表			

设备一级保养内容和要求

设备名称:立式钻床　　　　　　　　　　　　　　设备编号:＿＿＿＿＿＿＿＿＿

保养人员:＿＿＿＿＿＿＿＿＿　　　　　　　　　保养日期:＿＿＿＿＿＿＿＿＿

序号	项目	细则	标准	工具	记录	签名	备注
1	电箱	电箱外观保养	无油污、覆盖物等	清洁工具			
		电箱空调滤器清扫及制冷效果检查	滤器清洁,无堵塞,制冷效果良好				
2	操纵箱	操纵箱外观保养	无油污、覆盖物等				
3	手持单元	手持单元外观保养	清洁、无油污等				
4	机床外表面、机床罩壳等	擦拭机床外表面、床身罩壳、附件头等,达到内外清洁	无油污、覆盖物等,工完料清	清洁工具			
5	工作平台T形槽	清除工作平台T形槽内的铁屑及表面油污	台面清洁	清洁工具			
		清理台面上冷却水滤网铁屑、垃圾等					
6	油箱	更换新的油液或用滤油器过滤清洁油液	油液清洁,有一定黏度	滤油器			
7	主轴箱、刀架、溜板及导轨	检查主轴系统运行是否正常,变速是否准确可靠	内外清洁,无锈蚀,无黄袍,无毛刺,检查各部件间隙,做好记录	清洁工具、疏通工具、螺丝刀、扳手等			
		检查主轴锥孔、导轨面等毛刺情况					
		拆洗溜板、丝杆、螺母、刀架及塞铁,调整间隙					
		拆洗尾架顶针套,检查毛刺					
8	润滑与冷却	清洁油线、油毡和过滤器等	油路畅通,油窗清晰,油量到位,管路畅通,无泄漏				
		清洁冷却泵、冷却箱及过滤器					

表（续）

序号	项目	细则	标准	工具	记录	签名	备注
9	机床周边	清理机床周边铁屑、油垢等垃圾	周围无铁屑等垃圾，地面清洁	清洁工具			
10	接水盘	清洁冷却液接水盘	接水盘清洁				
11	补充项						

设备二级保养(机械)内容和要求

设备名称:立式钻床　　　　　　　　　　　设备编号:＿＿＿＿＿＿＿＿

保养人员:＿＿＿＿＿＿＿＿　　　　　　　　保养日期:＿＿＿＿＿＿＿＿

序号	项目	细则	标准	工具	记录	签名	备注
1	工作场地	整理、清扫工作场地,用红白旗隔离工作区域,做好各项安全防护措施	达到安全标准	红白旗、清扫工具			
2	各传动零件	检查、调整各传动零件	变速可靠	目测			
3	检查压板塞铁间隙	检查、调整压板塞铁间隙	间隙合适	扳手等			
4	润滑油液	清洁油箱,更换润滑油,调整润滑系统,排除泄漏,保证润滑装置完整畅通	无泄漏,润滑有效	扳手、清洁工具等			
5	各操纵手柄	检查、调整各操纵手柄	动作准确可靠	内六角扳手等			
6	工作台、托板及导轨	拆洗、检查工作台和导轨面,调整间隙。检查、调整各零部件,修整或更换磨损零件	各工作面无油污,去除毛刺,无伤痕	拆卸工具			
7	机械精度	按照精度检测记录单检查,调整精度,间隙合理	各项精度达到技术要求	螺丝刀、扳手、内六角扳手、角尺、百分表等			参考相关国标/部标或出厂精度标准

设备二级保养(电气)内容和要求

设备名称:立式钻床   设备编号:＿＿＿＿＿＿＿

保养人员:＿＿＿＿＿＿＿   保养日期:＿＿＿＿＿＿＿

序号	项目	细则	标准	工具	记录	签名	备注
1	设备断电	机器断电	设备电压为"0",有警示牌	万用表			
		悬挂警示牌					
2	电机	对防水等级在 IP44 以下(含 IP44)电机检查绝缘	绝缘电阻: ≥3.8 MΩ,绝缘良好; ≥1.5 MΩ,绝缘可用; ≥0.38 MΩ,绝缘堪用; <0.38 MΩ,绝缘不良。 绝缘不良的,处理或更新	兆欧表			断开电机回路再进行测量
		对防水等级在 IP44 以上电机(不含伺服电机)抽取检查绝缘					
		对防水等级在 IP67 以上(含 IP67)电机不需要检查绝缘					
		对电机冷却回路(含冷却风扇)进行保养,更换进风口滤网	无油污、覆盖物等;冷却回路畅通	清洁工具			
		对有炭刷的直流电机进行保养(有直流电机机床做此项)	滑环无积炭,无打火痕迹,无明显磨损(否则修复);炭刷磨损不超过 2/3(否则更换)	目测,螺丝刀等			
3	设备上电	机床上电	启动正常	万用表			
		摘取警示牌	警示牌复位				
4	设备调整	电气传感器调整	机床动作正常,反馈信号正常	万用表等			根据设备反应精度,结合机械选择调整
		各类电气控制元件调整	动作正常,反馈信号正常				
5	安全装置	按系统安全操作规范检查设备的安全保护装置	工作正常,安全有效	目测			

设备一级保养内容和要求

设备名称:摇臂钻床

设备编号:＿＿＿＿＿＿＿＿

保养人员:＿＿＿＿＿＿＿＿

保养日期:＿＿＿＿＿＿＿＿

序号	项目	细则	标准	工具	记录	签名	备注
1	电箱	电箱外观保养	无油污、覆盖物等	清洁工具			
		电箱空调滤器清扫及制冷效果检查	滤器清洁,无堵塞,制冷效果良好				
2	操纵箱	操纵箱外观保养	外箱、按钮、屏幕无油污、覆盖物等				
3	手持单元	手持单元外观保养	外观清洁,无油污等				
4	机床外表面	擦拭机床外表面、床身罩壳	无油污、覆盖物等,工完料清				
5	工作平台T形槽	清除工作平台T形槽内铁屑及表面油污	台面清洁				
		清理台面上冷却水滤网铁屑、垃圾等					
6	箱油液	更换新的油液或用滤油器过滤清洁油液	油液清洁,有一定黏度	滤油器			
7	主轴箱、溜板及导轨	检查主轴系统运行是否正常,变速是否准确可靠	内外清洁,无锈蚀,无黄袍,无毛刺,检查各部件间隙,做好记录	清洁工具、螺丝刀、扳手等			
		检查主轴锥孔、导轨面等毛刺情况					
		拆洗溜板、丝杆、螺母及塞铁,并调整间隙					

表（续）

序号	项目	细则	标准	工具	记录	签名	备注
8	润滑与冷却	清洁油线、油毡和过滤器等	油路畅通，油窗清晰，油量到位，管路畅通，无泄漏	清洁工具、疏通工具、螺丝刀、扳手等			
		清洁冷却泵、冷却箱及过滤器					
9	机床周边	清理机床周边铁屑、油垢等垃圾	周围无铁屑等垃圾，地面清洁	清洁工具			
10	接水盘	清洁冷却液接水盘	接水盘清洁				
11	补充项						

设备二级保养(机械)内容和要求

设备名称:摇臂钻床　　　　　　　　　　　　　　　设备编号:_____

保养人员:_____　　　　　　　　　　　保养日期:_____

序号	项目	细则	标准	工具	记录	签名	备注
1	工作场地	整理清扫工作场地,用红白旗隔离工作区域,做好各项安全防护措施	达到安全标准	红白旗、清扫工具			
2	机床安全扶梯、踏步、罩壳等	是否牢固	牢固、安全可靠	目测			
3	各传动机构	检查各传动机构有无异声,调整各传动零部件,及时更换损坏的易损件	传动可靠平稳	扳手等			
4	导轨面	拆洗、检查工作台、导轨面,整修伤痕;调整间隙;检查、调整各零部件;修整或更换磨损零件	各工作面无异物,无油污,无毛刺,间隙正常	油石、清洁工具、吸油毡			
5	各操作手柄	检查各操作手柄是否准确可靠,对不准确的操作手柄进行调整	准确可靠	内六角扳手等			
6	变速箱液压油	清洁变速箱,更换液压油,排除泄漏	无泄漏	扳手等			
7	液压及润滑系统	检查各液压件动作是否灵敏,使之正常工作,排除泄漏	动作灵敏、正常,无泄漏	目测			
8	机械精度	按标准检查,调整精度,间隙合理	各项精度达到技术要求	螺丝刀、扳手、内六角扳手、角尺、百分表等			参考相关国标/部标或出厂精度标准

设备二级保养(电气)内容和要求

设备名称:摇臂钻床　　　　　　　　　　　　　　设备编号:＿＿＿＿＿＿＿＿

保养人员:＿＿＿＿＿＿＿＿　　　　　　　　　　　保养日期:＿＿＿＿＿＿＿＿

序号	项目	细则	标准	工具	记录	签名	备注
1	设备断电	机器断电	设备电压为"0",有警示牌	万用表			
		悬挂警示牌					
2	电机	对防水等级在 IP44 以下(含 IP44)电机检查绝缘	绝缘电阻: ≥3.8 MΩ,绝缘良好; ≥1.5 MΩ,绝缘可用; ≥0.38 MΩ,绝缘堪用; <0.38 MΩ,绝缘不良。 绝缘不良的,处理或更新	兆欧表			断开电机回路再进行测量
		对防水等级在 IP44 以上电机(不含伺服电机)抽取检查绝缘					
		对防水等级在 IP67 以上(含 IP67)电机不需要检查绝缘					
		对电机冷却回路(含冷却风扇)进行保养,更换进风口滤网	无油污、覆盖物等;冷却回路畅通	清洁工具			
		对有炭刷的直流电机进行保养(有直流电机机床做此项)	滑环无积炭,无打火痕迹,无明显磨损(否则修复);炭刷磨损不超过2/3(否则更换)	目测,螺丝刀等			
3	设备上电	机床上电	启动正常	万用表			
		摘取警示牌	警示牌复位				
4	设备调整	电气传感器调整	机床动作正常,反馈信号正常	万用表等			根据设备反应精度,结合机械选择调整
		各类电气控制元件调整	动作正常,反馈信号正常				
5	安全装置	按系统安全操作规范检查设备的安全保护装置	工作正常,安全有效	目测			

附:《摇臂钻床主要精度检测记录单》

摇臂钻床主要精度检测记录单

设备编号		型号		规格	
复杂系数		制造厂		出厂日期	
设备等级		使用单位		检查日期	

序号	检验项目	图示	允差/mm	实测/mm
1	底座工作面的平面度		在1000测量长度上为:0.10 平或凹	
2	主轴箱移动对底座工作面的平行度		任意1000测量长度上为:0.30	
3	摇臂转动对底座工作面的平行度		任意300测量长度上为:0.05	
4	主轴锥孔轴线的径向跳动		I 靠近主轴端面处(a/b) 0.02 II 距主轴端面300 mm处(a/b) 0.04	

表(续)

序号	检验项目	图示	允差/mm	实测/mm
5	主轴轴线对底座工作面的垂直度		0.20/1000	
6	主轴垂直移动对底座工作面的垂直度		(a)0.10/300 (b)0.05/300	
7	夹紧立柱和主轴箱时,主轴轴线的位移量		(a)0.06 (b)0.10	

检验结论与意见:

参加检验单位(人员):

备注

设备一级保养内容和要求

设备名称:钻孔机   设备编号:＿＿＿＿＿＿＿＿

保养人员:＿＿＿＿＿＿＿＿   保养日期:＿＿＿＿＿＿＿＿

序号	项目	细则	标准	工具	记录	签名	备注
1	外表	清扫主体、工作台	整齐、整洁	清扫工具			
2	传动机构	检查液压缸传动机构零部件,消除缺陷	符合安全规程要求	调整工具			
		检查起升、下降等机构,调整间隙,消除松动	升降平稳运转	调整工具			
		检查电机系统,调整各部分间隙	电机平稳运转	调整工具			
		检查并调整主体制动装置	制动平稳可靠	调整工具			
3	安全装置	检查急停装置	灵敏可靠	测试			
4	油路系统	检查液压油的油量、油质	达到规定要求	注油工具			
		检查油管与接口处	达到润滑要求	目测			
5	电气	擦拭电动机及电器箱	内外清洁,使用正常	清洁工具			
		检查急停装置与接地	安全可靠,使用正常	调整工具			

设备二级保养(机械)内容和要求

设备名称:钻孔机   设备编号:＿＿＿＿＿＿＿＿

保养人员:＿＿＿＿＿＿＿＿   保养日期:＿＿＿＿＿＿＿＿

序号	项目	细则	标准	工具	记录	签名	备注
1	作业环境	整理、清扫工作场地,用红白旗隔离工作区域,做好各项安全防护措施	场地清洁,有效隔离,安全防护措施到位	红白旗、清扫工具			
2	结构件	检查金属结构件及焊缝等	无裂缝、变形、脱焊	目测			
3	传动机构	检查各电机传动件等	无异常磨损	目测			
4	制动装置	检查、整修各制动器的间隙及灵活性	制动器间隙正常,使用可靠	常规工具			
5	液压装置	检查液压系统确保畅通完整,按油箱油量标尺进行加注油	液压系统运转正常,油量充足	目测,注油工具			
6	外接控制器	检查控制器是否正常工作	无明显缺陷,运转平稳可靠	测试			
7	密封系统	检查油路、油箱、油缸的密封件及油封	工作正常,无漏油	常规工具			

设备二级保养(电气)内容和要求

设备名称:钻孔机   设备编号:＿＿＿＿＿＿＿＿

保养人员:＿＿＿＿＿＿＿＿   保养日期:＿＿＿＿＿＿＿＿

序号	项目	细则	标准	工具	记录	签名	备注
1	设备断电	钻孔机断电	设备电压为"0",有警示牌	万用表			
		稳压电源输出端断电					
		悬挂警示牌					
2	电箱操纵箱	电箱、操纵箱内部清洁保养	内部清洁、整齐,无杂物	吸尘器、刷子等			
		电箱、操纵箱内部插接件接触检查	接触良好	万用表			
		主回路接线端子紧固检查	接触良好,紧固	螺丝刀			
3	稳压电源检查	外观、按钮功能保养	外观清洁,按钮工作正常				
		稳压电源输出电压是否正常	输出电压稳定,保持380 V	万用表			
		稳压电源内部清洁保养	内部清洁、整齐,无杂物	清洁工具			
4	设备上电	稳压电源输出端上电	输出电压稳定,保持380 V	万用表			
		钻孔机上电	启动正常				
		摘取警示牌	警示牌复位				
5	设备调整	钻孔机电气传感器调整	钻孔机动作正常,反馈信号正常	万用表			
		各类电气控制元件的调整					
		钻孔工作台检查、调整	正常工作				
		钻孔机各类参数调整(速度等)	钻孔机运动正常、平稳	机械精度检测			
6	安全装置	按系统安全操作规范,检查设备安全保护装置(各类软、硬限位,缓冲器等)	工作正常,安全有效	常规工具			

设备一级保养内容和要求

设备名称:电火花穿孔机 　　　　　　　　　设备编号:＿＿＿＿＿＿＿＿

保养人员:＿＿＿＿＿＿＿＿ 　　　　　　　　保养日期:＿＿＿＿＿＿＿＿

序号	项目	细则	标准	工具	记录	签名	备注
1	电箱	电箱外观保养	无油污、覆盖物等	清洁工具			
2	操作按钮	操作按钮外观保养	无油污、覆盖物等	清洁工具			
3	机床外观	擦拭机床外表面、罩盖及附件	内外清洁,无锈蚀,无黄袍	清洁工具			

设备二级保养(机械)内容和要求

设备名称:电火花穿孔机　　　　　　　　　　设备编号:＿＿＿＿＿＿＿＿

保养人员:＿＿＿＿＿＿＿＿　　　　　　　　　保养日期:＿＿＿＿＿＿＿＿

序号	项目	细则	标准	工具	记录	签名	备注
1	工作场地	整理、清扫工作场地,用红白旗隔离工作区域,做好各项安全防护措施	达到安全标准	红白旗、清扫工具			
2	各传动机构	检查各传动机构是否正常,有无异声,调整各传动零部件,及时更换易损件	传动正常,顺畅	扳手等			
3	导轨面	检查导轨面,去除毛刺,修复伤痕;清理床身导轨油、铁屑等垃圾	导轨面无异物,无油污,无毛刺	油石、清洁工具、吸油毡			
4	各操作手柄	检查各操作手柄是否准确可靠,对不完好的操作手柄进行调整	动作准确可靠,开关正常	内六角扳手等			
5	变速箱液压油	清洁变速箱,更换液压油,排除泄漏	动作正常,液压油无变质现象	扳手等			
6	液压及润滑系统	检查液压及润滑系统;检查各液压件动作是否灵敏,使之正常工作;排除泄漏	液压动作正常;压力正常;润滑充分;无泄漏				

设备二级保养(电气)内容和要求

设备名称:电火花穿孔机　　　　　　　　　　　　设备编号:＿＿＿＿＿＿＿＿

保养人员:＿＿＿＿＿＿＿＿　　　　　　　　　　　保养日期:＿＿＿＿＿＿＿＿

序号	项目	细则	标准	工具	记录	签名	备注
1	设备断电	机器断电	设备电压为"0",有警示牌	万用表			
		悬挂警示牌					
2	电机	主轴马达绝缘检查	绝缘电阻: ≥3.8 MΩ,绝缘良好; ≥1.5 MΩ,绝缘可用; ≥0.38 MΩ,绝缘堪用; <0.38 MΩ,绝缘不良。 绝缘不良的,处理或更新	兆欧表			断开电机回路再进行测量
		摇臂升降马达绝缘检查					
		立柱夹紧、放松马达绝缘检查					
		冷却水马达绝缘检查					
		检查电机冷却回路(含冷却风扇),更换进风口滤网	无油污、覆盖物等;冷却回路畅通	清洁工具			
3	电箱、操纵箱、手持单元	电箱、操纵箱内部清洁保养	清洁、整齐,无杂物	吸尘器、刷子等			
		电箱、操纵箱内接插件接触检查	接触良好	万用表			
		电箱、操纵箱内主回路接线端子紧固检查	接触良好,紧固	螺丝刀			
3	设备上电	机床上电	启动正常	万用表			
		摘取警示牌	警示牌复位				
4	设备动作及安全	检查电气控制系统工作状态	机床各动作正常	万用表等			
		检查零位保护、夹紧放松及各限位的功能	工作正常,安全有效				

设备一级保养内容和要求

设备名称:镗孔机　　　　　　　　　　　　　　　设备编号:＿＿＿＿＿＿＿＿＿

保养人员:＿＿＿＿＿＿＿＿＿　　　　　　　　　保养日期:＿＿＿＿＿＿＿＿＿

序号	项目	细则	标准	工具	记录	签名	备注
1	外表	清扫主体、工作台	整齐、清洁	清扫工具			
2	传动机构	检查液压缸传动机构零部件,消除缺陷	达到安全规程要求	调整工具			
		检查正转、反转、快慢转等状况	安全可靠	调整工具			
		检查电机系统,调整各部分间隙	运转正常、平稳	调整工具			
		检查、调整主体制动装置	制动平稳可靠	调整工具			
3	安全装置	检查急停装置	灵敏可靠	测试			
4	润滑系统	检查液压油的油量、油质	达到规定要求	注油工具			
5	电气	擦拭电动机及电器箱	内外清洁,使用正常	清洁工具			
		检查急停装置与接地	安全可靠,使用正常	调整工具			

设备二级保养(机械)内容和要求

设备名称:镗孔机　　　　　　　　　　　　　　设备编号:＿＿＿＿＿＿＿＿

保养人员:＿＿＿＿＿＿＿＿　　　　　　　　　　保养日期:＿＿＿＿＿＿＿＿

序号	项目	细则	标准	工具	记录	签名	备注
1	作业环境	整理、清扫工作场地,用红白旗隔离工作区域,做好各项安全防护措施	场地清洁,有效隔离,安全防护措施到位	红白旗、清扫工具			
2	齿轮箱、进给箱	检查齿轮箱、进给箱体及其他部件,确保没有不正常的声音	无异常声音	耳听			
3	主轴	检查主轴及在主轴上滑动的各部分的润滑情况	润滑良好	注油工具			
4	丝杠	检查滚珠丝杠两端紧固和锁紧圆螺母是否松动	无松动,使用可靠	常规工具			
5	刀架	检查防尘圈是否完好,是否失去防尘能力	安全可靠	目测			
6	针式减速箱	检查声音是否异常、润滑油是否足够、运行温度是否正常	无明显缺陷,运转平稳可靠	测试			
7	镗轴	检查镗轴表面的润滑情况	无杂物,无明显划痕等	目测			

设备二级保养(电气)内容和要求

设备名称:镗孔机　　　　　　　　　　　　设备编号:＿＿＿＿＿＿＿＿＿

保养人员:＿＿＿＿＿＿＿＿＿　　　　　　　保养日期:＿＿＿＿＿＿＿＿＿

序号	项目	细则	标准	工具	记录	签名	备注
1	设备断电	镗孔机断电	设备电压为"0",有警示牌	万用表			
		稳压电源输出端断电					
		悬挂警示牌					
2	电箱操纵箱	电箱、操纵箱内部清洁保养	内部清洁、整齐,无杂物	吸尘器、刷子等			
		检查内部插接件	接触良好	万用表			
		检查主回路接线端子	接触良好、紧固	螺丝刀			
3	稳压电源检查	外观、按钮功能保养	外观清洁,按钮工作正常				
		手动、自动功能切换是否有效	手动、自动功能之间正常切换				
		检查稳压电源输出电压	输出电压稳定,保持380 V	万用表			
		稳压电源内部清洁保养	内部清洁、整齐,无杂物				
4	设备上电	稳压电源输出端上电	输出电压稳定,保持380 V	万用表			
		钻孔机上电	启动正常				
		摘取警示牌	警示牌复位				
5	设备调整	镗孔机电气传感器调整	镗孔机动作正常,反馈信号正常	万用表			
		各类电气控制元件的调整	镗孔机动作正常,反馈信号正常				
		镗孔各类参数调整(速度等)	镗孔机运动正常,平稳	机械精度检测工具			
6	安全装置	按系统安全操作规范检查设备安全保护装置	工作正常,安全有效	常规工具			

设备一级保养内容和要求

设备名称:卧式镗床　　　　　　　　　　　　　　　　设备编号:＿＿＿＿＿＿＿＿＿＿

保养人员:＿＿＿＿＿＿＿＿＿＿　　　　　　　　　　保养日期:＿＿＿＿＿＿＿＿＿＿

序号	项目	细则	标准	工具	记录	签名	备注
1	电箱	电箱外观保养	无油污、覆盖物等	清洁工具			
		电箱空调滤器清扫及制冷效果检查	滤器清洁,无堵塞现象,制冷效果良好				
2	操纵箱	操纵箱外观保养	无油污、覆盖物等				
3	手持单元	手持单元外观保养	清洁、无油污等				
4	机床外表面、机床罩壳	擦拭机床外表面、床身罩壳	无油污、覆盖物等,工完料清				
5	工作平台T形槽清洁	清除工作平台T形槽内的铁屑及表面油污	台面清洁				
		清理台面上冷却水滤网铁屑、垃圾等					
6	油箱	更换油液或用滤油器过滤清洁油液	油液清洁,有一定黏度	滤油器			
7	主轴箱、溜板及导轨	检查主轴系统运行情况,变速是否准确	内外清洁,无锈蚀,无黄袍,无毛刺,检查各部件间隙,做好记录	清洁工具、疏通工具、螺丝刀、扳手等			
		检查主轴锥孔、导轨面等毛刺情况					
		拆洗溜板、丝杆、螺母及塞铁,调整间隙					
8	润滑与冷却	清洁油线、油毡和过滤器等	油路畅通,油窗清晰,油量到位,管路畅通,无泄漏				
		清洁冷却泵、冷却箱及过滤器					
9	机床周边	清理机床周边铁屑、油垢等垃圾	周围无铁屑等垃圾,地面清洁	清洁工具			
10	接水盘	清洁冷却液接水盘	接水盘清洁				
11	补充项						

设备二级保养（机械）内容和要求

设备名称:卧式镗床   设备编号:＿＿＿＿＿＿＿＿

保养人员:＿＿＿＿＿＿＿＿   保养日期:＿＿＿＿＿＿＿＿

序号	项目	细则	标准	工具	记录	签名	备注
1	工作场地	整理、清扫场地,用红白旗隔离工作区域,做好安全防护措施	达到安全标准	红白旗、清扫工具			
2	机床安全扶梯等	检查机床安全扶梯、踏步、罩壳等	牢固、安全、可靠	目测			
3	各传动机构	检查各传动机构,调整各零部件,及时更换易损件	传动可靠平稳	扳手等			
4	导轨面	拆洗、检查导轨面去除毛刺,修复伤痕,清理床身导轨油、铁屑等垃圾	各工作面无异物,无油污,无毛刺,间隙正常	油石、清洁工具、吸油毡			
5	各操作手柄	检查各操作手柄是否可靠,及时调整	准确可靠	内六角扳手等			
6	液压及润滑系统	清洁静压管路、静压阀块,通流量阀;更换受污染滤芯;调整液压系统压力;检查各液压件动作	润滑畅通,压力正常;液压动作正常、灵敏,无泄漏	目测			
7	检查气动回路与冷却液回路	检查气动回路与气动元件;清理冷却水箱回水管路,检查冷却系统	气动动作正常,无泄漏;冷却液畅通,无泄漏				
8	机械精度	按标准检查,调整精度,间隙合理	各项精度达到技术要求	螺丝刀、扳手、内六角扳手、角尺、百分表等			参考相关国标/部标或出厂精度标准

设备二级保养(电气)内容和要求

设备名称:卧式镗床 　　　　　　　　　　　　　　　设备编号:＿＿＿＿＿＿＿＿

保养人员:＿＿＿＿＿＿＿＿ 　　　　　　　　　　　　保养日期:＿＿＿＿＿＿＿＿

序号	项目	细则	标准	工具	记录	签名	备注
1	设备断电	机器断电	设备电压为"0",有警示牌	万用表			
		悬挂警示牌					
2	电机	对防水等级在 IP44 以下(含 IP44)电机检查绝缘	绝缘电阻: ≥3.8 MΩ,绝缘良好; ≥1.5 MΩ,绝缘可用; ≥0.38 MΩ,绝缘堪用; <0.38 MΩ,绝缘不良。 绝缘不良的,处理或更新	兆欧表			断开电机回路再进行测量
		对防水等级在 IP44 以上电机(不含伺服电机)抽取检查绝缘					
		对防水等级在 IP67 以上(含 IP67)电机不需要检查绝缘					
		对电机冷却回路(含冷却风扇)进行保养,更换进风口滤网	无油污、覆盖物等;冷却回路畅通	清洁工具			
		对有炭刷的直流电机进行保养(有直流电机机床做此项)	滑环无积炭,无打火痕迹,无明显磨损(否则修复);炭刷磨损不超过2/3(否则更换)	目测,螺丝刀等			
3	设备上电	机床上电	启动正常	万用表			
		摘取警示牌	警示牌复位				
4	设备调整	电气传感器调整	机床动作正常,反馈信号正常	万用表等			根据保养前设备反应的精度,结合机械选择调整
		各类电气控制元件调整	动作正常,反馈信号正常				
5	安全装置	按系统安全操作规范检查设备的安全保护装置	工作正常,安全有效	目测			

注:主要精度检测记录单同《镗铣床主要精度检测记录单》。

设备一级保养内容和要求

设备名称:落地镗铣床　　　　　　　　　　　　设备编号:＿＿＿＿＿＿＿＿

保养人员:＿＿＿＿＿＿＿＿　　　　　　　　　　保养日期:＿＿＿＿＿＿＿＿

序号	项目	细则	标准	工具	记录	签名	备注
1	电箱	电箱外观保养	无油污、覆盖物等	清洁工具			
		电箱空调滤器清扫及制冷效果检查	滤器清洁,无堵塞现象,制冷效果良好				
2	操纵箱	操纵箱外观保养	无油污、覆盖物等				
3	手持单元	手持单元外观保养	清洁、无油污等				
4	机床外表面、机床罩壳	擦拭机床外表面、床身罩壳	无油污、覆盖物等,工完料清				
5	工作平台T形槽清洁	清除工作平台T形槽内的铁屑及表面油污	台面清洁				
		清理台面上冷却水滤网铁屑、垃圾等					
6	油箱	更换油液或用滤油器过滤清洁油液	油液清洁,有一定黏度	滤油器			
7	主轴箱、溜板及导轨	检查主轴系统运行是否正常,变速是否准确可靠	内外清洁,无锈蚀,无黄袍,无毛刺,检查各部件间隙,做好记录	清洁工具、螺丝刀、扳手等			
		检查主轴锥孔、导轨面等毛刺情况					
		拆洗溜板、丝杆、螺母及塞铁,调整间隙					
		拆洗尾架顶针套,检查毛刺					
8	润滑与冷却	清洁油线、油毡和过滤器等	油路畅通,油窗清晰,油量到位,管路畅通,无泄漏	清洁工具、疏通工具、螺丝刀、扳手等			
		清洁冷却泵、冷却箱及过滤器					

表（续）

序号	项目	细则	标准	工具	记录	签名	备注
9	机床周边	清理机床周边铁屑、油垢等垃圾	周围无铁屑等垃圾，地面清洁	清洁工具			
10	接水盘	清洁冷却液接水盘	接水盘清洁				
11	补充项						

设备二级保养(机械)内容和要求

设备名称:落地镗铣床　　　　　　　　　　　　　设备编号:_____

保养人员:_____　　　　　　　　　保养日期:_____

序号	项目	细则	标准	工具	记录	签名	备注
1	工作场地	清扫场地,用红白旗隔离工作区域,做好安全防护措施	达到安全标准	红白旗、清扫工具			
2	机床周围安全护栏、安全门	检查是否牢固,钢丝绳有无断丝现象	牢固;钢丝绳无断丝	目测			
3	床身导轨	去除毛刺,修复伤痕,清理床身垃圾(打开各床身导轨罩壳)	各工作面无异物,无油污,无毛刺,间隙正常	油石、清洁工具、吸油毡			
4	附件	开动机床装附件,看动作是否灵敏到位,有无反常	动作灵敏、可靠	目测			
5	静压、润滑油箱	清洁静压油箱,冲洗静压管路,更换静压油	油路畅通	内六角扳手、开口扳、柴油等			
6	滤芯	更换静压油、高压油润滑油箱等的滤芯	滤芯可靠				
7	高压油泵及管路	保证油泵工作正常,油路畅通,无泄漏	油路畅通,无泄漏	目测			
8	液压系统	按照压力表刻度进行检查、调整	压力合适	目测			
9	检查机床是否漏油	开机运行,观察各部位,排除漏油	无泄漏	目测			
10	各传动机构	开机运行,依次开动各轴,观察是否有异响	动作正常	耳听			
11	压缩空气管路系统	开启压缩空气,检查压缩空气各部位压力,观察是否无异声,无泄漏	畅通、无泄漏	目测			

表（续）

序号	项目	细则	标准	工具	记录	签名	备注
12	冷却系统	清洁冷却水回水槽、水箱,保持畅通,运转正常,开启冷却系统,检查冷却系统压力和流量,无异声,无泄漏	畅通,无泄漏	耳听、目测			
13	平衡块	检查钢丝绳,滚轮上涂抹润滑油保养	平衡块上下平稳	目测,润滑油			
14	按标准检修精度	按精度单检查,调整精度,间隙合理	各项精度达到技术要求	螺丝刀、扳手、内六角扳手、角尺、百分表等			参考相关国标/部标或出厂精度标准

设备二级保养(电气)内容和要求

设备名称:落地镗铣床   设备编号:＿＿＿＿＿＿＿＿

保养人员:＿＿＿＿＿＿＿＿   保养日期:＿＿＿＿＿＿＿＿

序号	项目	细则	标准	工具	记录	签名	备注
1	设备断电	机器断电	设备电压为"0",有警示牌	万用表			数控设备、PLC设备
		稳压电源输出端断电					
		悬挂警示牌					
2	电机	对防水等级在IP44以下(含IP44)电机检查绝缘	绝缘电阻: ≥3.8 MΩ,绝缘良好; ≥1.5 MΩ,绝缘可用; ≥0.38 MΩ,绝缘堪用; <0.38 MΩ,绝缘不良。 绝缘不良的,处理或更新	兆欧表			断开电机回路再进行测量
		对防水等级在IP44以上电机(不含伺服电机)抽取检查绝缘					
		对防水等级在IP67以上(含IP67)电机不需要检查绝缘					
		对电机冷却回路(含冷却风扇)进行保养,更换进风口滤网	无油污、覆盖物等;冷却回路畅通	清洁工具			
		对有炭刷的直流电机进行保养(有直流电机机床做此项)	滑环无积炭,无打火痕迹,无明显磨损(否则修复);炭刷磨损不超过2/3(否则更换)	目测,螺丝刀等			
3	电箱、操纵箱、手持单元	电箱、操纵箱内部清洁保养,手持单元外部清洁保养	清洁、整齐,无杂物	吸尘器、刷子等			
		手持单元、电箱、操纵箱内接插件接触检查	接触良好	万用表			
		电箱、操纵箱内主回路接线端子紧固检查	接触良好,紧固	螺丝刀			

表(续)

序号	项目	细则	标准	工具	记录	签名	备注
4	稳压电源检查	外观、按钮功能保养	外观清洁,按钮工作正常				
		检查手动、自动功能切换是否有效	手动、自动功能之间正常切换				
		检查稳压电源输出电压是否在正常范围内	输出电压稳定,保持380 V	万用表			
		对变压器的炭刷进行保养	炭刷磨损不超过2/3(否则更换)				
		对稳压电源内部进行清洁保养	内部清洁、整齐,无杂物				
5	油冷机、机箱空调	油冷机、机箱空调滤网清扫	清洁、整齐,无杂物	吸尘器、刷子等			
		油冷机、机箱空调制冷效果检查	制冷效果良好				
6	设备上电	稳压电源输出端上电	输出电压稳定,保持380 V	万用表			
		机床上电,设备系统启动	启动正常				
		摘取警示牌	警示牌复位				
7	设备调整	机床电气传感器调整	机床动作正常,反馈信号正常	万用表等			根据机床二级保养前设备反应的精度,结合机械选择调整
		各类电气控制元件调整	机床动作正常,反馈信号正常				
		机床外围辅助设备检查、调整(油冷机等)	正常工作				
		各类手持单元功能检测	正常工作				
		机床各类参数调整(反向间隙、定位、速度等)	机床运动正常、平稳、定位准确	机械精度检测工具			
8	安全装置	按系统安全操作规范对设备的安全保护装置进行检查	工作正常,安全有效				

附:《落地镗铣床主要精度检测记录单》

落地镗铣床主要精度检测记录单

设备编号		型号		规格	
复杂系数		制造厂		出厂日期	
设备等级		使用单位		检查日期	
序号	检验项目	图示		允差/mm	实测/mm
1	立柱水平移动时： （a）垂直平面内的直线度 （b）立柱倾斜度	(a) (b)		（a）在 1000 长度内为 0.020, 10 000 内最大允差为 0.060, 全程最大允差值为 0.120 （b）0.020/1000	
2	主轴箱垂直移动对立柱沿床身移动的垂直度			0.030/1000	
3	镗轴锥孔轴线的径向跳动： （a）靠近镗轴端面 （b）距镗轴端面 300 mm 处	(b)　(a) 300		（a）0.010 （b）0.020	

表（续1）

序号	检验项目	图示	允差/mm	实测/mm
4	镗轴的径向跳动： （a）靠近铣轴端面 （b）距铣轴端面500 mm处	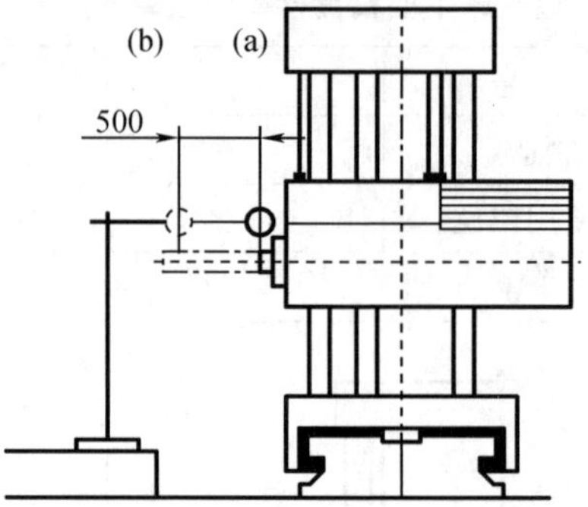	（a）0.015 （b）0.025	
5	铣轴的径向跳动	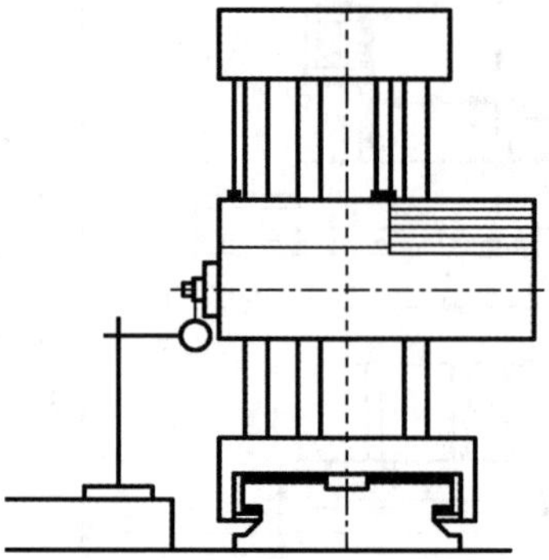	0.015	
6	镗轴的回转轴线对立柱沿床身移动的垂直度	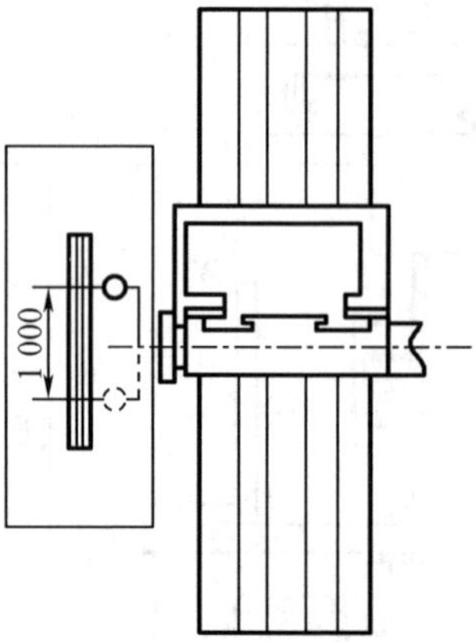	0.015/500	
7	镗轴回转轴线对主轴箱沿立柱垂直移动的垂直度	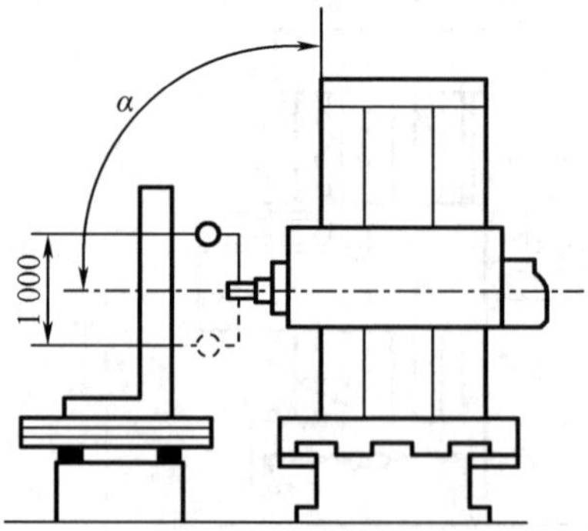	0.015/500 $\alpha \leqslant 90°$	

表（续2）

序号	检验项目	图示	允差/mm	实测/mm
8	镗轴移动直线度： （a）水平方向 （b）垂直方向	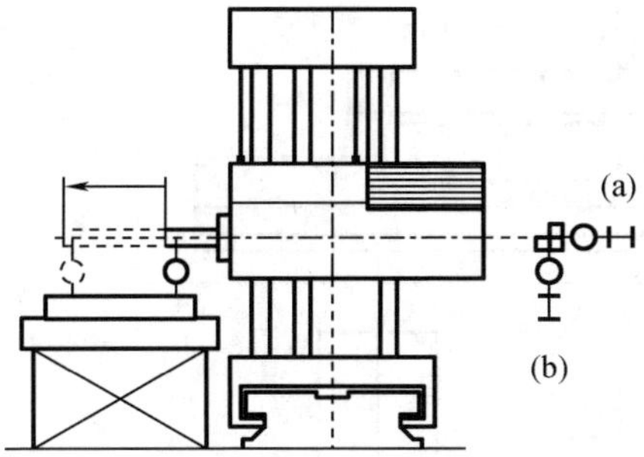	（a）0.020/300 （b）0.020/300	
9	滑枕移动对主轴箱垂直移动的垂直度	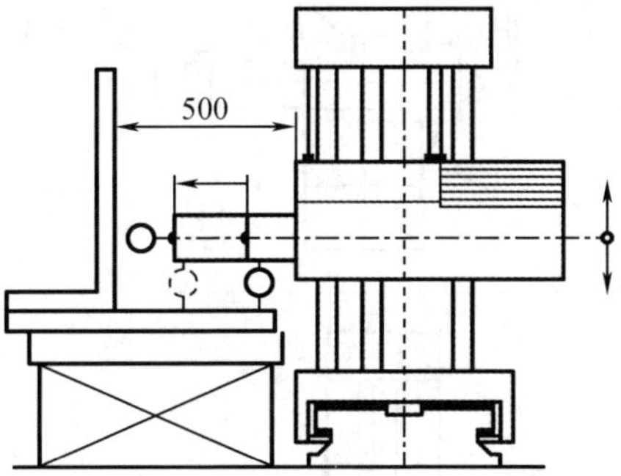 500	0.030/500	
10	滑枕移动对立柱移动的垂直度	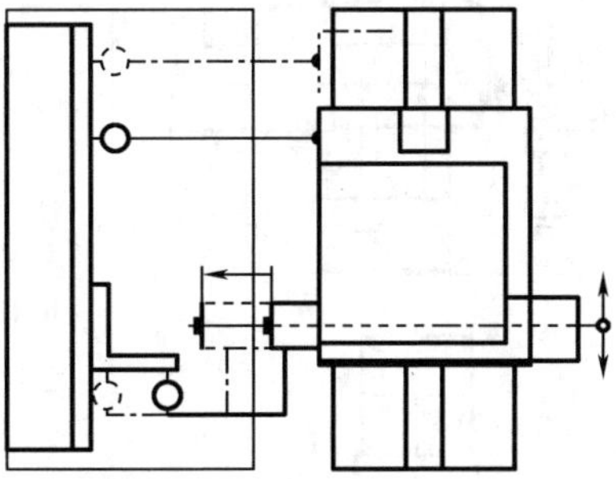	0.025/500	
11	工作台移动的直线度，在垂直平面内和水平平面内	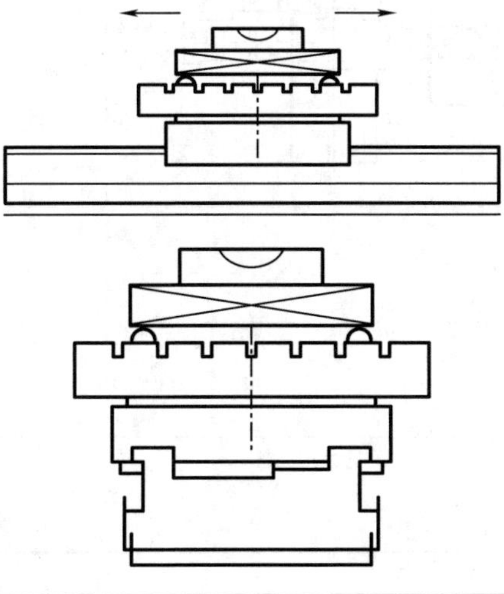	0.015/1000 0.030/全长	

表(续3)

序号	检验项目	图示	允差/mm	实测/mm
12	工作台面的跳动		0.02/1000	
13	立柱移动与工作台移动的垂直度		0.02/1000	
14	主轴箱移动相对于工作台移动的垂直度: (a)$X-Z$平面内 (b)$Y-Z$平面内		(a)0.02/1000 (b)0.02/1000	

检验结论与意见:

参加检验单位(人员):

备注

设备一级保养内容和要求

设备名称:深孔钻镗床　　　　　　　　　　　　设备编号:_____

保养人员:_____　　　　　　　　　保养日期:_____

序号	项目	细则	标准	工具	记录	签名	备注
1	电箱	电箱外观保养	无油污、覆盖物等	清洁工具			
		电箱空调滤器清扫及制冷效果检查	滤器清洁,无堵塞,制冷效果良好				
2	操纵箱	操纵箱外观保养	外箱、按钮、屏幕无油污、覆盖物等				
3	机床外表面、机床罩壳	擦拭机床外表面、床身罩壳,达到内外清洁	无油污、覆盖物等;工完料清				
4	油箱	更换新的油液或用滤油器过滤清洁油液	油液清洁,有一定黏度	滤油器			
5	主轴箱、钻杆箱、导轨	检查主轴、钻杆箱系统运行是否正常,变速是否准确可靠	内外清洁,无锈蚀,无黄袍,无毛刺;检查各部件间隙,做好记录	清洁工具、螺丝刀、扳手等			
		检查主轴、导轨面等毛刺情况					
		拆洗溜板、丝杆、螺母及塞铁,调整间隙					
6	润滑与冷却	清洁油线、油毡和过滤器等	油路畅通,油窗清晰,油量到位,管路畅通,无泄漏	清洁工具、疏通工具、螺丝刀、扳手等			
		清洁冷却泵、冷却箱及过滤器					
7	机床周边	清理机床周边铁屑、油垢等垃圾	周围无铁屑等垃圾,地面清洁	清洁工具			
8	接水盘	清洁冷却液接水盘	接水盘清洁	清洁工具			
9	补充项						

设备二级保养(机械)内容和要求

设备名称:深孔钻镗床　　　　　　　　　　　　设备编号:_____

保养人员:_____　　　　　　　　　保养日期:_____

序号	项目	细则	标准	工具	记录	签名	备注
1	工作场地	整理、清扫工作场地,用红白旗隔离工作区域,做好各项安全防护措施	达到安全标准	红白旗、清扫工具			
2	主轴箱、钻杆箱及各传动机构	观察是否正常,有无异声,调整各传动零部件;及时更换易损件	传动可靠平稳	扳手等			
3	导轨面	拆洗、检查工作台和导轨面,整修伤痕,调整间隙;检查、调整各零部件,修整或更换磨损零件	各工作面无异物,无油污,无毛刺,间隙正常	油石、清洁工具、吸油毡			
4	塞铁及压板	检查、调整塞铁及压板间隙,更换刮油铜皮	间隙合适	扳手等			
5	各操作手柄	对不完好的操作手柄进行调整	动作准确可靠	内六角扳手等			
6	油毡和过滤器等	检查、清洁油毡和过滤器等	油路畅通	扳手等			
7	液压及润滑系统	检查各液压件动作是否灵敏	动作灵敏,工作正常,排除泄漏	目测			
8	按标准检查精度	按标准检查,调整精度,间隙合理	各项精度达到技术要求	螺丝刀、扳手、内六角扳手、角尺、百分表等			参考相关国标/部标或出厂精度标准

设备二级保养(电气)内容和要求

设备名称:深孔钻镗床　　　　　　　　　　　　　设备编号:_____

保养人员:_____　　　　　　　　　保养日期:_____

序号	项目	细则	标准	工具	记录	签名	备注
1	设备断电	机器断电	设备电压为"0",有警示牌	万用表			数控设备、PLC设备
		稳压电源输出端断电					
		悬挂警示牌					
2	电机	对防水等级在IP44以下(含IP44)电机检查绝缘	绝缘电阻: ≥3.8 MΩ,绝缘良好; ≥1.5 MΩ,绝缘可用; ≥0.38 MΩ,绝缘堪用; <0.38 MΩ,绝缘不良。 绝缘不良的,处理或更新	兆欧表			断开电机回路再进行测量
		对防水等级在IP44以上电机(不含伺服电机)抽取检查绝缘					
		对防水等级在IP67以上(含IP67)电机不需要检查绝缘					
		对电机冷却回路(含冷却风扇)进行保养,更换进风口滤网	无油污、覆盖物等;冷却回路畅通	清洁工具			
		对有炭刷的直流电机进行保养(有直流电机机床做此项)	滑环无积炭,无打火痕迹,无明显磨损(否则修复);炭刷磨损不超过2/3(否则更换)	目测、螺丝刀等			
		对测速电机进行保养					
3	电箱、操纵箱、手持单元	电箱、操纵箱内部清洁保养,手持单元外部清洁保养	清洁、整齐,无杂物	吸尘器、刷子等			
		手持单元、电箱、操纵箱内接插件接触检查	接触良好	万用表			
		电箱、操纵箱内主回路接线端子紧固检查	接触良好,紧固	螺丝刀			

表(续)

序号	项目	细则	标准	工具	记录	签名	备注
4	稳压电源检查	外观、按钮功能保养	外观清洁,按钮工作正常	清洁工具			
		检查手动、自动功能切换是否有效	手动、自动功能之间正常切换	万用表			
		检查稳压电源输出电压是否在正常范围内	输出电压稳定,保持380 V	万用表			
		变压器炭刷保养	炭刷磨损不超过2/3(否则更换)	清洁工具			
		稳压电源内部清洁保养	内部清洁、整齐,无杂物	清洁工具			
5	油冷机、机箱空调	油冷机、机箱空调滤网清扫	清洁、整齐,无杂物	吸尘器、刷子等			
		油冷机、机箱空调制冷效果检查	制冷效果良好	清洁工具			
6	设备上电	稳压电源输出端上电	输出电压稳定,保持380 V	万用表			
		机床上电,设备系统启动	启动正常				
		摘取警示牌	警示牌复位				
7	设备调整	机床电气传感器调整	机床动作正常,反馈信号正常	万用表等			根据机床二级保养前设备反应精度,结合机械选择调整
		各类电气控制元件调整	机床动作正常,反馈信号正常				
		机床外围辅助设备检查、调整(油冷机等)	正常工作	目测,万用表			
		各类手持单元功能检测	正常工作	目测,万用表			
		机床各类参数调整(反向间隙,定位、速度等)	机床运动正常、平稳,定位准确	机械精度检测工具			
8	安全装置	按系统安全操作规范对设备的安全保护装置进行检查	工作正常,安全有效	目测,万用表			

附:《深孔钻镗床主要精度检测记录单》

深孔钻镗床主要精度检测记录单

设备编号		型号		规格	
复杂系数		制造厂		出厂日期	
设备等级		使用单位		检查日期	

序号	检验项目	图示	允差/mm	实测/mm
1	床身导轨在垂直平面的直线度		0.03/1000	
2	床身导轨的倾斜度		0.03/1000	
3	床身内侧导轨的直线度		0.03/1000	
4	床头箱主轴的轴向窜动		0.02	
5	床头箱主轴轴线的径向跳动		(a)0.03 (b)0.05	

表（续）

序号	检验项目	图示	允差/mm	实测/mm
6	钻杆箱主轴锥孔面跳动		0.02	

检验结论与意见：

参加检验单位（人员）：

备注

设备一级保养内容和要求

设备名称:卧式立柱带锯床 　　　　　　　　　　设备编号:＿＿＿＿＿＿＿＿

保养人员:＿＿＿＿＿＿＿＿ 　　　　　　　　　　保养日期:＿＿＿＿＿＿＿＿

序号	项目	细则	标准	工具	记录	签名	备注
1	电箱	电箱外观保养	无油污、覆盖物等	清洁工具			
2	操作按钮	操作按钮外观保养	无油污、覆盖物等	清洁工具			
3	机床外观	擦拭机床外表面、罩盖及附件	内外清洁,无锈蚀,无黄袍	清洁工具			
4	工作平台T形槽	清除工作平台T形槽内的铁屑及表面油污	T形槽内无铁屑及表面油污	清洁工具			
5	冷却液单元	过滤冷却水	冷却水畅通,无铁屑、油垢混入	清洁工具			

设备二级保养(机械)内容和要求

设备名称:卧式立柱带锯床　　　　　　　　　　设备编号:＿＿＿＿＿＿＿＿

保养人员:＿＿＿＿＿＿＿＿　　　　　　　　　　保养日期:＿＿＿＿＿＿＿＿

序号	项目	细则	标准	工具	记录	签名	备注
1	工作场地	清扫工作场地,用红白旗隔离工作区域,做好防护措施	达到安全标准	红白旗、清扫工具			
2	安全扶梯等	检查机床安全扶梯、踏步、罩壳等	牢固;钢丝绳无断丝	目测			
3	丝杆和螺母、调整机构、附件	检查丝杆和螺母;调整机构、附件完整齐全;调整各传动零部件,及时更换易损件	零部件完整,动作顺畅,无卡顿	扳手等			
4	上、下锯轮,轮轴,轴承座	清扫和检查轮轴、轴承座;检查上、下锯轮支撑螺丝,定位螺钉完整、无松动,若损坏及时更换	零部件完整,动作正常,无卡顿	目测,清扫工具			
5	手压杆、连杆、制动块等	位置正确,制动可靠,对受损压杆、连杆进行调整,检查制动装置是否有效	动作正常,顺滑	内六角扳手等			
6	油杯、油孔	清洁油杯、油孔;加注润滑油脂;保持油路畅通,排除泄漏	润滑充分	扳手等			
7	机械精度	按标准检查,调整精度,间隙合理	各项精度达到技术要求	检测工具等			参考相关国标/部标或出厂精度标准

设备二级保养(电气)内容和要求

设备名称:卧式立柱带锯床　　　　　　　　　　设备编号:＿＿＿＿＿＿＿＿＿

保养人员:＿＿＿＿＿＿＿＿＿　　　　　　　　　保养日期:＿＿＿＿＿＿＿＿＿

序号	项目	细则	标准	工具	记录	签名	备注
1	设备断电	机器断电	设备电压为"0",有警示牌	万用表			
		悬挂警示牌					
2	电机	主轴马达绝缘检查	绝缘电阻: ≥3.8 MΩ,绝缘良好; ≥1.5 MΩ,绝缘可用; ≥0.38 MΩ,绝缘堪用; <0.38 MΩ,绝缘不良。 绝缘不良的,处理或更新	兆欧表			断开电机回路再进行测量
		冷却水马达绝缘检查					
		检查电机冷却回路(含冷却风扇),更换进风口滤网	无油污、覆盖物等;冷却回路畅通	清洁工具			
3	电箱、操纵箱、手持单元	电箱、操纵箱内部清洁保养	清洁、整齐,无杂物	吸尘器、刷子等			
		电箱、操纵箱内接插件接触检查	接触良好	万用表			
		电箱、操纵箱内主回路接线端子紧固检查	接触良好,紧固	螺丝刀			
4	设备上电	机床上电	启动正常	万用表			
		摘取警示牌	警示牌复位				
5	设备动作及安全	电气控制系统应工作正常	机床各动作正常	目测			
		检查零位保护、夹紧放松及各限位的功能	工作正常,安全有效	目测,万用表			

附：《带锯床主要精度检测记录单》

带锯床主要精度检测记录单

设备编号		型号		规格	
复杂系数		制造厂		出厂日期	
设备等级		使用单位		检查日期	
序号	检验项目	图示		允差/mm	实测/mm
1	锯轮的径向跳动			0.15	
2	锯轮的端面跳动			0.30	
3	锯轮与轴的综合间隙引起的锯轮位置变化			加力 F:100 N 主动轮 0.05 从动轮 0.30	

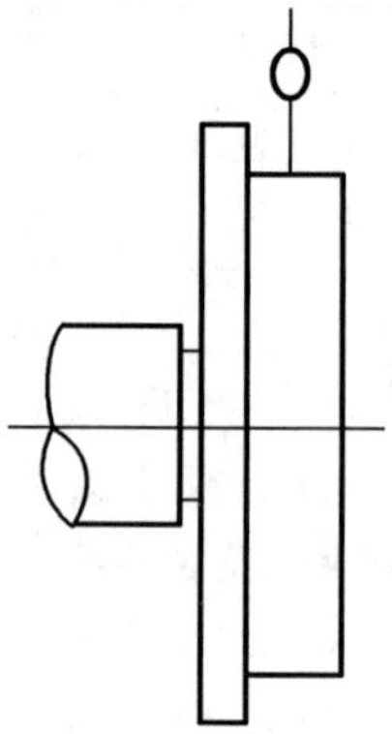

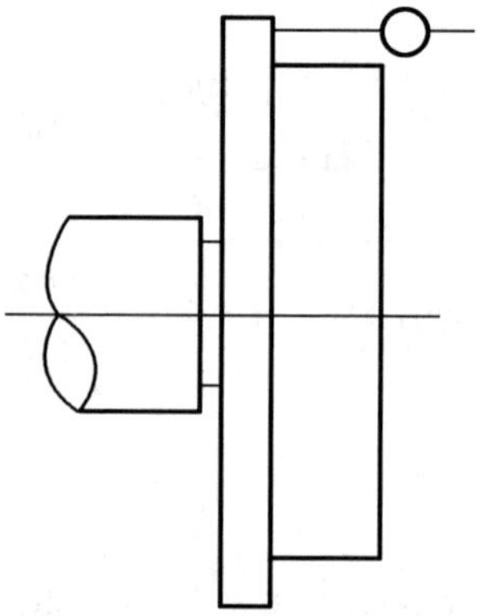

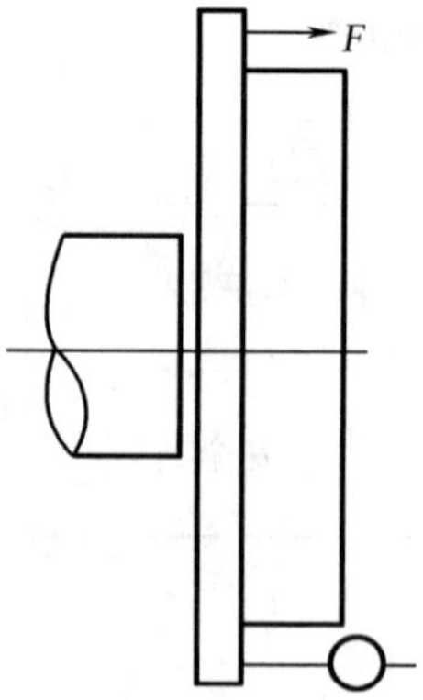

表（续）

序号	检验项目	图示	允差/mm	实测/mm
4	锯架向下运动时试件锯断面的平行度		0.10/100	
5	主轴轴线对底座工作面的垂直度		加力 F:100 N 0.30	
6	主轴垂直移动对底座工作面的垂直度		0.10/100	

检验结论与意见：

参加检验单位（人员）：

备注

设备一级保养内容和要求

设备名称:气压式双轴攻丝机　　　　　　　　　设备编号:＿＿＿＿＿＿＿＿

保养人员:＿＿＿＿＿＿＿＿　　　　　　　　　保养日期:＿＿＿＿＿＿＿＿

序号	项目	细则	标准	工具	记录	签名	备注
1	设备及周围场地"5S"	清扫周围工作场地	地表无垃圾	扫帚			
		擦拭设备表面	无尘土、油污、积灰	抹布			
2	螺帽滑道	清理料斗、导槽、丝杆槽内垃圾或异物	料斗、导槽、丝杆槽内无垃圾或异物	抹布、螺丝刀			
		纠正变形导槽,锁紧固定螺丝	导槽无变形,机构稳固	钣金工具、螺丝刀			
3	易耗件更换	视攻丝杆丝牙磨损情况更换	加工质量满足使用要求	扳手			
4	更换或加注冷却液	视冷却液充足与否加注	液面高于最低限位线	螺丝刀			
5	供气装置	紧固供气软管接头卡箍	接头不松动	螺丝刀			

设备二级保养(机械)内容和要求

设备名称:气压式双轴攻丝机 设备编号:＿＿＿＿＿＿＿

保养人员:＿＿＿＿＿＿＿ 保养日期:＿＿＿＿＿＿＿

序号	项目	细则	标准	工具	记录	签名	备注
1	料斗	修补磨穿、变形料斗和导向板	料斗和导向板无变形,无磨穿	钣金工具			
2	攻丝杆夹具机构调整	调整攻丝杆夹具安装精度	(1)安装后攻丝杆平行度、直线度误差±0.1 mm (2)攻丝杆安装位置水平、上下居中	扳手、测量工具			
3	电机机构	紧固电机及减速机固定螺栓	电机及减速机不松动,运转不晃动	扳手			
		加注减速机齿轮油	液位高于最低液位标示线	加油泵			
		对电机前后轴承加注润滑脂	轴承轴向端表面涂满润滑脂	扳手			
4	气动机构	调整气动推动杆(气缸)安装直线度	误差±0.1 mm	扳手、测量工具			
		去除螺帽顶杆前端毛刺	无毛刺	刮刀			
5	冷却系统	冷却管路清洁	管路内无杂物,冷却液流通顺畅	铁丝			
		冷却泵叶轮清洁	叶轮表面及腔体内无杂物	毛刷			
6	导料臂检修	传动机构润滑	传动机构润滑	牛油枪			

设备二级保养(电气)内容和要求

设备名称:气压式双轴攻丝机　　　　　　　　设备编号:＿＿＿＿＿＿＿

保养人员:＿＿＿＿＿＿＿　　　　　　　　　　保养日期:＿＿＿＿＿＿＿

序号	项目	细则	标准	工具	记录	签名	备注
1	设备断电	设备断电 稳压电源输出端断电 悬挂警示牌	设备电压为"0",有警示牌	万用表			
2	电机	交流异步电动机绝缘检查	绝缘电阻: ≥0.38 MΩ(热态), ≥0.5 MΩ(常温)	兆欧表			
		接线盒内的接线检查、紧固	固定牢靠,无虚接、过热现象	扳手、螺丝刀			
		拆卸风罩,清洁风叶,更换进风口滤网	无油污、覆盖物等	扳手、软毛刷			
3	变(稳)压器	清洁外表面积灰	表面无积灰	软毛刷			
		紧固一次、二次侧接线	接线连接牢固	扳手			
4	电控箱柜	内部清洁保养	内部清洁、整齐,无杂物	吸尘器、软毛刷			
		排线整理	接头牢固,排线整齐,线槽盖板无缺失	螺丝刀			
		散热风扇清洁	风扇内外、进风口清洁,无覆盖物	螺丝刀、软毛刷			
5	修复损坏件	修复、更换损坏零部件	零部件齐全	螺丝刀、扳手等			
6	设备上电	设备输入电源上电	输入电压稳定,保持380 V±10%	万用表			
		设备内各分控开关上电	电压与分控实际电压一致	万用表			
7	安全装置检修	按系统安全操作规范检修设备安全保护装置(各类软、硬限位和缓冲器等)	工作正常,安全有效	螺丝刀、扳手等			
8	设备调整	测试设备各控制、执行功能	设备功能齐全、有效,运行平稳	维修工具			
9	仪器仪表校对	仪器仪表校对	显示正确、灵敏	螺丝刀及其他			

设备一级保养内容和要求

设备名称:管道端面坡口机   设备编号:_____

保养人员:_____   保养日期:_____

序号	项目	细则	标准	工具	记录	签名	备注
1	设备及周围场地"5S"	清扫周围工作场地	场地无垃圾	扫帚			
		擦拭设备表面、导轨、滑槽	无积灰、油污及铁屑	抹布			
2	清洁刀架进给机构	清洁刀架进给齿中垃圾	进给机构内无垃圾	螺丝刀			
3	更换或加注冷却液	视冷却液充足与否加注	液面高于最低限位线	螺丝刀			
4	管路清洁	清洁冷却液输送管道	管路内无垃圾,液体流通顺畅	铁丝			
5	螺栓紧固	拧紧所有设备外围可视螺栓	螺栓不松动	扳手			
6	润滑	牛油嘴加注润滑油	按润滑标准	牛油枪			
7	管材托架	修复变形或损坏托架	托架完好	焊、切设备			

设备二级保养(机械)内容和要求

设备名称:管道端面坡口机 　　　　　　　　　　　　设备编号:＿＿＿＿＿＿＿＿

保养人员:＿＿＿＿＿＿＿＿　　　　　　　　　　　　保养日期:＿＿＿＿＿＿＿＿

序号	项目	细则	标准	工具	记录	签名	备注
1	刀架	调整刀架装配精度	刀架在导向槽中进给平稳、不卡阻	扳手、测量仪器			
2	刀架转盘	清除刀架转动、传动齿轮油污、垃圾,加注润滑脂	刀架齿轮箱内无垃圾、油污,润滑良好	扳手、软毛刷			
		调整传动齿轮啮合间隙	齿轮啮合良好,无跳齿、啃齿	扳手			
3	卡盘	卡盘锁紧装置内部检修	消除发现的问题	维修工作			
		开式齿轮润滑	齿面涂抹润滑脂	扳手、软毛刷			
4	刀具进给机构	检查进给机构运转是否平稳	进给机构运转平稳	测试			
5	升降装置	检查传动螺杆或齿条有无损坏,并在齿轮箱或活灵箱内加注润滑脂	升降装置运转平稳	扳手、软毛刷			

设备二级保养(电气)内容和要求

设备名称:管道端面坡口机　　　　　　　　　　　设备编号:_____

保养人员:_____　　　　　　　　　　保养日期:_____

序号	项目	细则	标准	工具	记录	签名	备注
1	设备断电	设备断电	设备电压为"0",有警示牌	万用表			
		稳压电源输出端断电					
		悬挂警示牌					
2	电机	交流异步电动机绝缘检查	绝缘电阻:≥0.38 MΩ(热态);≥0.5 MΩ(常温)。绝缘不良的,处理或更新	兆欧表			
		接线盒内的接线检查、紧固	固定牢靠,无虚接、过热现象	扳手、螺丝刀			
		拆卸风罩,清洁风叶,更换进风口滤网	无油污、覆盖物等	扳手、软毛刷			
3	电控箱柜	内部清洁保养	清洁、整齐,无杂物	吸尘器、软毛刷			
		排线整理	接头牢固,排线整齐,线槽盖板无缺失	螺丝刀			
		散热风扇清洁	风扇内外、进风口清洁,无覆盖物	螺丝刀、软毛刷			
4	修复损坏件	修复、更换损坏零部件	零部件齐全	螺丝刀、扳手等			
5	设备上电	设备输入电源上电	输电压稳定,保持380 V±10%	万用表			
		设备内各分控开关上电	电压与分控实际电压一致	万用表			
6	安全装置检修	按系统安全操作规范对设备的安全保护装置进行检修(各类软、硬限位和缓冲器等)	工作正常,安全有效	螺丝刀、扳手等			
		检查连锁保护装置	连锁有效,动作灵敏、可靠	螺丝刀、万用表等			
7	设备调整	测试设备各控制、执行功能	设备功能齐全、有效,运行平稳	维修工具			
8	仪器仪表校对	仪器仪表校对	显示正确、灵敏	螺丝刀及其他			

设备一级保养内容和要求

设备名称:小型三轴立式加工中心   设备编号:＿＿＿＿＿＿＿＿

保养人员:＿＿＿＿＿＿＿＿   保养日期:＿＿＿＿＿＿＿＿

序号	项目	细则	标准	工具	记录	签名	备注
1	电箱	电箱外观保养	无油污、覆盖物等				
		电箱空调滤器清扫及制冷效果检查	滤器清洁,无堵塞,制冷效果良好				
2	操纵箱	操纵箱外观保养	无油污、覆盖物等				
3	手持单元	手持单元外观保养	清洁、无油污等				
4	机床外表	擦拭机床外表面、床身罩壳	无油污、覆盖物等;工完料清	清洁工具			
5	工作平台T形槽	清除工作平台T形槽内铁屑、表面油污	台面清洁				
		清理台面上冷却水滤网铁屑、垃圾等					
6	油箱	更换新的油液或用滤油器过滤清洁油液	油液清洁,有一定黏度	滤油器			
7	主轴箱、溜板及导轨	检查主轴系统运行是否正常,变速是否准确可靠	内外清洁,无锈蚀,无黄袍,无毛刺;检查各部件间隙,做好记录	清洁工具、螺丝刀、扳手等			
		检查主轴锥孔、导轨面等毛刺情况					
		拆洗溜板、丝杆、螺母及塞铁,调整间隙					
		拆洗尾架顶针套,检查毛刺					
8	润滑与冷却	清洁油线、油毡和过滤器等	油路畅通,油窗清晰,油量到位,管路畅通,无泄漏	清洁工具、疏通工具、螺丝刀、扳手等			
		清洁冷却泵、冷却箱及过滤器					
9	机床周边	清理机床周边铁屑、油垢等垃圾	周围无铁屑等垃圾,地面清洁	清洁工具			
10	接水盘	清洁冷却液接水盘	接水盘清洁	清洁工具			
11	补充项						

设备二级保养(机械)内容和要求

设备名称:小型三轴立式加工中心　　　　　设备编号:＿＿＿＿＿＿＿＿

保养人员:＿＿＿＿＿＿＿＿　　　　　　　保养日期:＿＿＿＿＿＿＿＿

序号	项目	细则	标准	工具	记录	签名	备注
1	工作场地	清扫工作场地,用红白旗隔离工作区域,做好安全防护措施	达到安全标准	红白旗、清扫工具			
2	安全扶梯等	检查机床安全扶梯、踏步、罩壳等	牢固、可靠	扳手等			
3	床身	将罩壳拉开,对床身轨道进行清洁	床身轨道无异物,无油污	内六角扳手、清洁工具			
4	水箱	切削液水箱清洁	水箱清洁,无污染物				
5	机械精度	对照精度检验报告,对超差项做调整	各项精度达到技术要求	螺丝刀、扳手、内六角扳手、角尺、百分表等			根据附录精度单,参考相关精度标准
6	油水分离器	调整油水分离器的撇油器刮油板位置	刮油板刮油泥充分	扳手、清洁工具等			
7	机械手	确保换刀正常	换刀动作正常	内六角扳手等			
8	刀库	刀套内卡销清洁	刀库清洁,运行顺畅	清洁工具等			
9	钢丝绳	检查平衡轮钢丝绳	润滑良好,无断丝等情况	内六角扳手、扳手等			
10	冷却液	检查冷却液管路	冷却液配比正常,管路畅通,无泄漏	扳手等			
11	油箱	更换液压油箱滤芯	滤器有效	内六角扳手、扳手等			
12	排屑链	检查排屑链运转,尤其是直筒排屑位置	运转正常,无卡顿				
13	油冷机	检查油冷机内蒸馏水是否需补充	工作正常				

设备二级保养(电气)内容和要求

设备名称:小型三轴立式加工中心　　　　　　　　　设备编号:＿＿＿＿＿＿＿＿＿＿

保养人员:＿＿＿＿＿＿＿＿＿＿　　　　　　　　　　保养日期:＿＿＿＿＿＿＿＿＿＿

序号	项目	细则	标准	工具	记录	签名	备注
1	设备断电	机器断电	设备电压为"0",有警示牌	万用表			数控设备、PLC设备
		稳压电源输出端断电					
		悬挂警示牌					
2	电机	对防水等级在IP44以下(含IP44)电机检查绝缘	绝缘电阻: ≥3.8 MΩ,绝缘良好; ≥1.5 MΩ,绝缘可用; ≥0.38 MΩ,绝缘堪用; <0.38 MΩ,绝缘不良。 绝缘不良的,处理或更新	兆欧表			断开电机回路再进行测量
		对防水等级在IP44以上电机(不含伺服电机)抽取检查绝缘					
		对防水等级在IP67以上(含IP67)电机不需要检查绝缘					
		对电机冷却回路(含冷却风扇)进行保养,更换进风口滤网	无油污、覆盖物等;冷却回路畅通	清洁工具			
		对有炭刷的直流电机进行保养(有直流电机机床做此项)	滑环无积炭,无打火痕迹,无明显磨损(否则修复);炭刷磨损不超过2/3(否则更换)	目测,螺丝刀等			
		对测速电机进行保养					
3	电箱、操纵箱、手持单元	电箱、操纵箱内部清洁保养,手持单元外部清洁保养	清洁、整齐,无杂物	吸尘器、刷子等			
		手持单元、电箱、操纵箱内接插件接触检查	接触良好	万用表			
		电箱、操纵箱内主回路接线端子紧固检查	接触良好,紧固	螺丝刀			

表（续）

序号	项目	细则	标准	工具	记录	签名	备注
4	稳压电源检查	外观、按钮功能保养	外观清洁,按钮工作正常	目测,清洁工具			
		检查手动、自动功能切换是否有效	手动、自动功能之间正常切换	目测			
		检查稳压电源输出电压是否在正常范围内	输出电压稳定,保持380 V	万用表			
		变压器的炭刷保养	炭刷磨损不超过2/3(否则更换)	清洁工具			
		稳压电源内部清洁保养	内部清洁、整齐,无杂物	清洁工具			
5	油冷机、机箱空调	油冷机、机箱空调滤网清扫	清洁、整齐,无杂物	吸尘器、刷子等			
		油冷机、机箱空调制冷效果检查	制冷效果良好	目测			
6	设备上电	稳压电源输出端上电	输出电压稳定,保持380 V	万用表			
		机床上电,设备系统启动	启动正常				
		摘取警示牌	警示牌复位				
7	设备调整	机床电气传感器调整	机床动作正常,反馈信号正常	万用表等			根据机床二级保养前设备反应的精度,结合机械选择调整
		各类电气控制元件的调整	机床动作正常,反馈信号正常				
		机床外围辅助设备检查、调整(油冷机等)	正常工作	目测			
		各类手持单元功能检测	正常工作	目测			
		机床各类参数调整(反向间隙、定位、速度等)	机床运动正常、平稳,定位准确	机械精度检测工具			
8	安全装置	按系统安全操作规范对设备的安全保护装置进行检查(各类门限位、各轴硬限位等)	工作正常,安全有效	目测			

附1:《卧式加工中心主要精度检测记录单》

卧式加工中心主要精度检测记录单

设备编号		型号		规格	
复杂系数		制造厂		出厂日期	
设备等级		使用单位		检查日期	

序号	检验项目	图示	允差/mm	实测/mm
1	工作台工作面的端面跳动		0.020/350 0.020/500 0.025/1000	
2	Z轴对工作台面的平行度		0.020/350 0.020/500 0.030/1000	
3	(a)X轴对工作台面的平行度 (b)X轴对工作台面T形槽的平行度		0.020/350 0.020/500 0.030/1000	

表(续1)

序号	检验项目	图示	允差/mm	实测/mm
4	X 轴与 Z 轴的垂直度	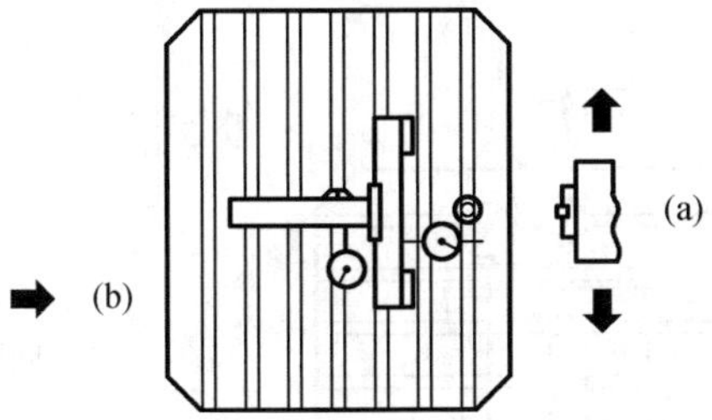	(a)0.020/300 (b)0.020/500	
5	Y 轴与 Z 轴的垂直度	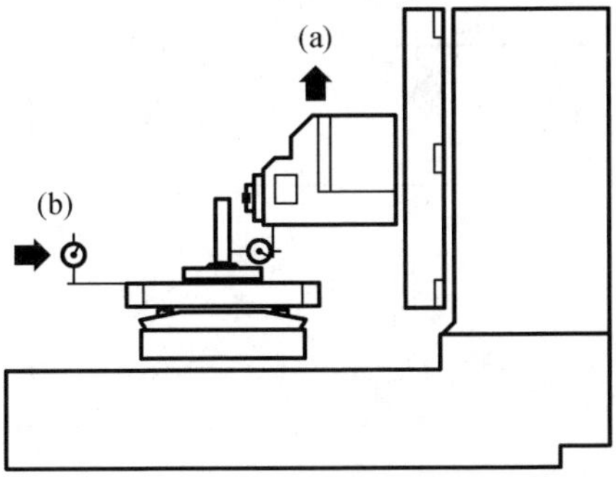	(a)0.020/300 (b)0.020/500	
6	Y 轴与 X 轴的垂直度	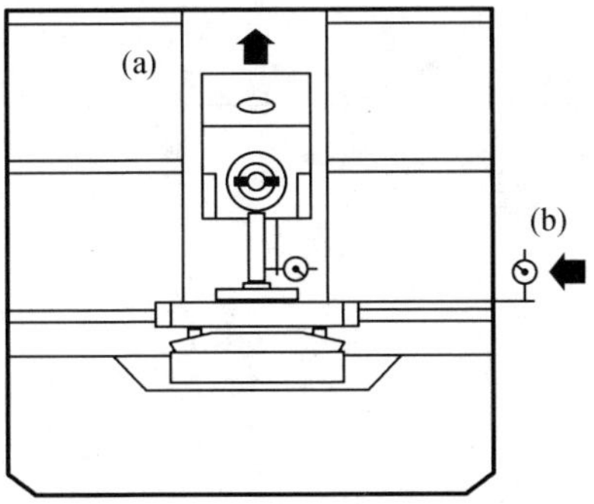	(a)0.020/300 (b)0.020/500	
7	主轴旋转测量,纵向	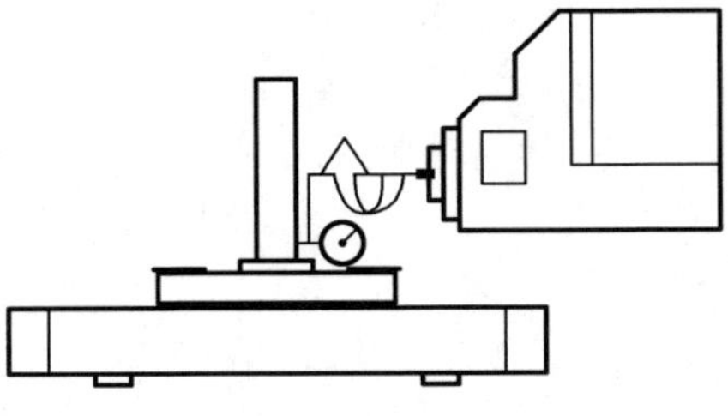	0.020/300	

表(续2)

序号	检验项目	图示	允差/mm	实测/mm
8	主轴旋转测量,横向	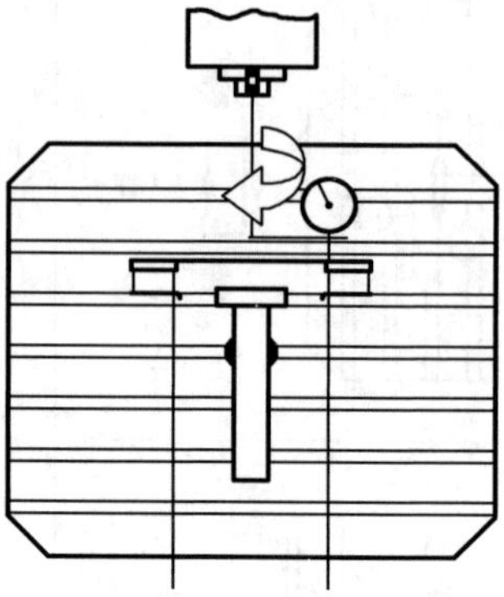	0.020/300	

检验结论与意见:

参加检验单位(人员):

备注

附2:《立式加工中心主要精度检测记录单》

立式加工中心主要精度检测记录单

设备编号		型号		规格	
复杂系数		制造厂		出厂日期	
设备等级		使用单位		检查日期	

序号	检验项目	图示	允差/mm	实测/mm
1	工作台工作面的端面跳动	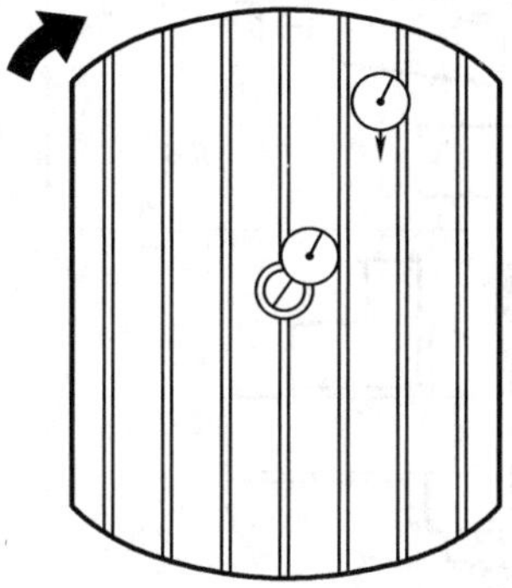	0.025/600	
2	Y轴对工作台面的平行度(台面水平位置)	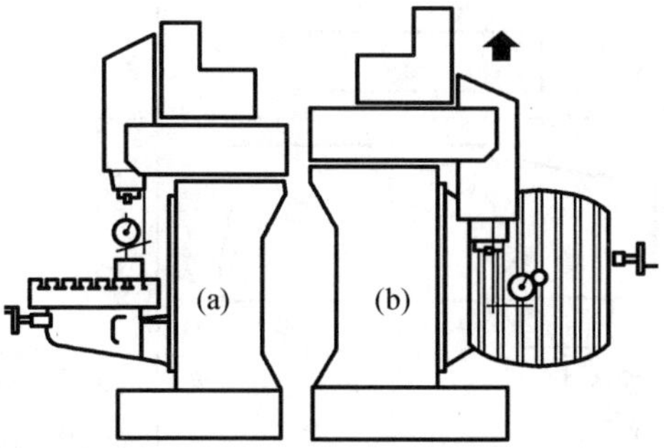	(a)0.030/750 (b)0.030/750	
3	Y轴与X轴的垂直度	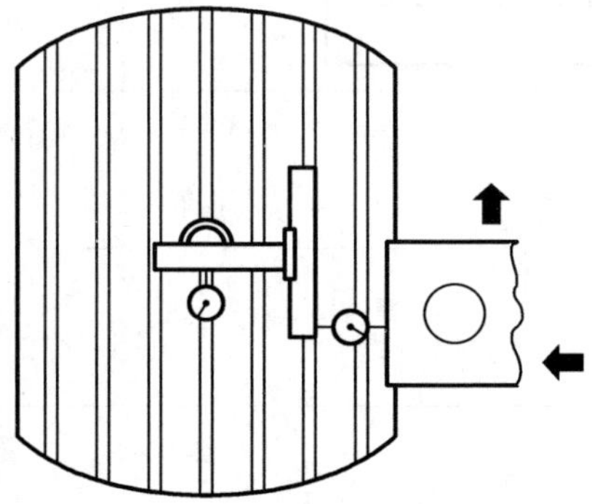	0.020/300	

表(续)

序号	检验项目	图示	允差/mm	实测/mm
4	X 轴对工作台面的平行度(台面水平位置)		0.025/600	
5	Z 轴与工作台面的垂直度: (a) Y 轴方向 (b) X 轴方向		(a)0.020/300 (b)0.020/300	
6	主轴旋转测量(台面水平位置): (a) Y 轴方向 (b) X 轴方向		(a)0.020/300 (b)0.020/300	

检验结论与意见:

参加检验单位(人员):

备注

设备一级保养内容和要求

设备名称:小型五轴加工中心　　　　　　　　设备编号:＿＿＿＿＿＿＿＿

保养人员:＿＿＿＿＿＿＿＿　　　　　　　　　保养日期:＿＿＿＿＿＿＿＿

序号	项目	细则	标准	工具	记录	签名	备注
1	机床外部、内部	外部机罩、机壳、有机玻璃擦拭清洁	无油污、粉屑;有机玻璃外表面明亮	清洁工具			
		内部机舱加工区域铁屑粉尘清洁干净,有机玻璃擦拭清洁	无积留铁屑、粉尘;有机玻璃内侧面明亮	清洁工具			
2	操作箱(台)、手持单元	清洁操作箱(台),覆盖板与板连接处也擦拭干净,按钮、旋钮擦拭干净	操作箱(台)干净,无油污粉尘,按钮、旋钮洁净,按压旋转反馈力度正常	清洁剂、清洁工具			
		手持单元清洁擦拭	整洁干净				
3	电气柜外部、电气柜空调	清洁电气柜柜壳	表面洁净,无油污	清洁工具、气枪			
		空调滤网拆卸后用气枪清洁,检查空调出风口出风情况	空调滤网无堵塞,无污垢覆盖;空调出风口正常出风				
4	润滑系统	清洁各润滑站油窗(刻度)显示,检查油液是否足量	根据油窗油量情况,不足时添加	清洁工具、润滑油			
5	气源系统	及时排放空压机压力容器中的水分	压力容器中无水分				
		检查气压压力表显示	压力表显示正常(符合车间公共气源压力规定)				
6	排屑器	清洁排屑器通道内铁屑,清洁排屑器通道各转折处积留铁屑粉尘	排屑器通道和排屑口无残留堵塞的铁屑和粉尘;排屑器无卡滞	清洁工具、铁铲			

设备二级保养(机械)内容和要求

设备名称:小型五轴加工中心　　　　　　　　设备编号:＿＿＿＿＿＿＿

保养人员:＿＿＿＿＿＿＿　　　　　　　　　保养日期:＿＿＿＿＿＿＿

序号	项目	细则	标准	工具	记录	签名	备注
1	液压、润滑系统	清洁液压润滑系统过滤器(网);清洁阀块组件以及管接头;泵正常工作;检查是否漏油	过滤器形状正常,无铁屑泥垢,网眼清晰;阀件动作正常,无卡滞,无堵塞;泵正常工作,无堵转卡滞;管路无泄漏	扳手、螺丝刀、清洁工具、清洁剂			
2	冷却液系统	清洁回水槽(箱),清洁或更换滤网;更换冷却液	冷却液畅通,无泥垢和铁屑;冷却液未变质,浓度正常	扳手、螺丝刀、清洁工具			
3	紧固件	检查地脚螺丝、固锁螺帽松紧度;检查斜铁、压板等有无松动	紧固件不得松动	扳手、螺丝刀、棘齿套件、套筒套件			
4	气源系统	清洁过滤器,检查是否泄漏;检查压力表的情况;对空气压力系统按时保养	过滤器无堵塞,气路系统无泄漏,压力表反应灵敏	扳手、螺丝刀、清洁工具			
5	机械精度	按精度单检查,调整精度,间隙合理	各项精度达到技术要求	螺丝刀、扳手、内六角扳手、角尺、百分表等			参考相关精度标准
6	传动系统	检查导轨是否磨损以及润滑是否正常,如有磨损,须修复;丝杠加注润滑脂	导轨面光滑无磨损,润滑正常;丝杠无磨损,润滑正常	扳手、螺丝刀、润滑脂			

表（续）

序号	项目	细则	标准	工具	记录	签名	备注
7	丝杠螺母副	如有间隙，重新装配，以消除两端轴承座内串动,调整同心	丝杠螺母副配合调整良好,无超差间隙（以运行精度为准则）	扳手、螺丝刀、内六角扳手			
8	机械手、刀库	检查刀库活动部位紧固件,检查刀具卡簧，涂抹油脂;检查机械爪卡簧组件是否卡滞	刀库活动部位无松动;卡簧润滑正常,卡簧弹力正常	螺丝刀、润滑脂			
9	定位精度	激光干涉仪校准丝杠螺距,补偿定位精度	达到合格定位精度	激光干涉仪			

设备二级保养(电气)内容和要求

设备名称:小型五轴加工中心 　　　　　　　　　设备编号:＿＿＿＿＿＿＿＿

保养人员:＿＿＿＿＿＿＿＿ 　　　　　　　　　保养日期:＿＿＿＿＿＿＿＿

序号	项目	细则	标准	工具	记录	签名	备注
1	系统	更换数据存储电池	避免没电导致数据丢失	专用电池			按设备出厂说明书进行操作(次/年)
		对设备系统数据全部或分项进行数据备份	完成备份	电脑、数据线、存储卡			
2	电气柜	擦拭电气柜里面	电气柜内无灰尘	清洁工具			次/2000小时
		清洁元器件	元器件上无积灰				
		清洁驱动风扇	风扇无泥垢灰尘,转动无卡滞堵转				
3	电机	对电机做绝缘测试	绝缘阻值根据电机大小不同,符合电机绝缘特性	兆欧表			
		检查三相平衡,检查接线柱、接线端子是否有油污	三相平衡,阻值相差不超过5%,电机接线部位无油污	万用表 、棉布			
4	供电系统	测量设备电柜供电;稳压柜检查	稳压柜输出电压稳定	万用表			
		变压器炭刷检查	炭刷磨损超过2/3,须进行更换	清洁工具			
5	外围元器件	检查机床电气传感器	机床动作正常,反馈信号正常	万用表			
		油冷机检查	工作正常				
		线路检查	无破损、短接				
6	精度参数	根据二级保养后的机械精度,做电气参数调整	机床运动正常、平稳,定位准确				根据激光干涉仪数据调整
7	安全装置	检查各类门限位、各轴硬限位等	工作正常,安全有效	目测			次/2000小时

附:《小型五轴加工中心主要精度检测记录单》

小型五轴加工中心主要精度检测记录单

设备编号		型号		规格	
复杂系数		制造厂		出厂日期	
设备等级		使用单位		检查日期	
序号	检验项目	图示		允差/mm	实测/mm
1	工作台工作面的端面跳动			0.020/350 0.020/500 0.025/1000	
2	Y轴对工作台面的平行度			0.020/350 0.020/500 0.030/1000	
3	X轴对工作台面的平行度			0.020/350 0.020/500 0.030/1000	

表(续1)

序号	检验项目	图示	允差/mm	实测/mm
4	X轴与Z轴的垂直度	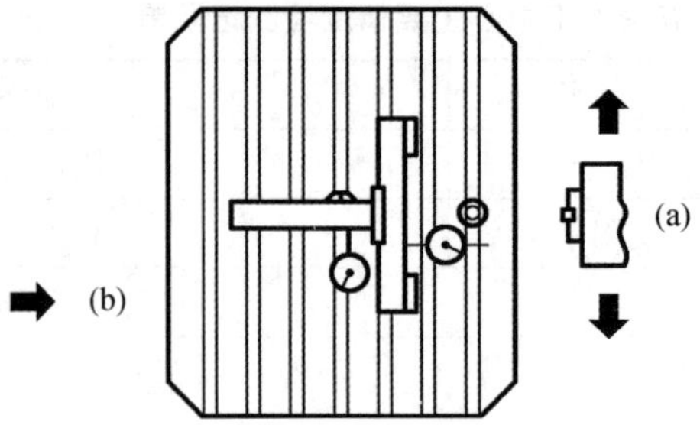 (a) (b)	0.020/300 0.020/500	
5	Y轴与Z轴的垂直度	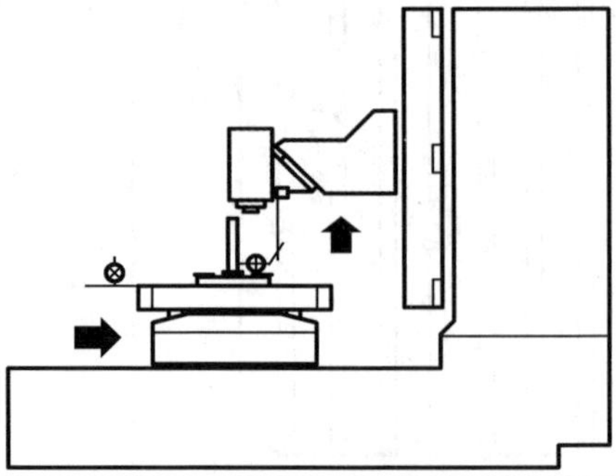	0.020/300 0.020/500	
6	Y轴与X轴的垂直度	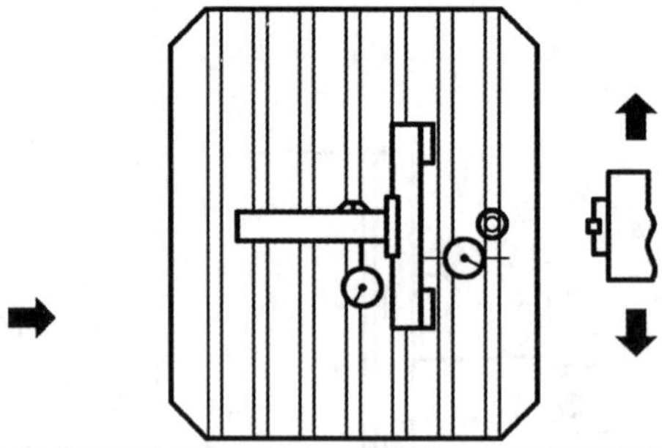	0.020/300 0.020/500	
7	卧式状态下主轴旋转测量,纵向,横向	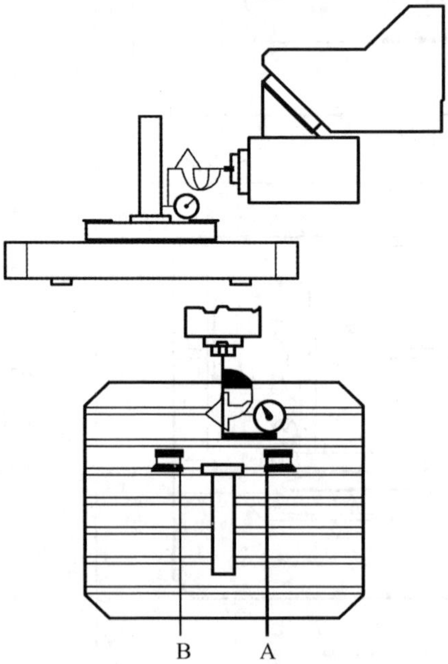 B　A	0.020/300	

表(续2)

序号	检验项目	图示	允差/mm	实测/mm
8	立式状态下主轴旋转测量,横向,纵向		0.020/300	

检验结论与意见:

参加检验单位(人员):

备注

设备一级保养内容和要求

设备名称:CNC 木材加工中心　　　　　　　　　　设备编号:＿＿＿＿＿＿＿＿＿

保养人员:＿＿＿＿＿＿＿＿＿　　　　　　　　　　保养日期:＿＿＿＿＿＿＿＿＿

序号	项目	细则	标准	工具	记录	签名	备注
1	机床表面	清扫机床上的木屑和灰尘	机床表面清洁	清洁工具			
2	润滑	检查各油杯润滑油液面变化,按需补充	油位达到规定液位	加油杯、润滑油			
3	空气过滤器	清除空气过滤器内的杂物	空气过滤器内无杂物	螺丝刀、扳手			
4	滑轨	检查并润滑 X、Y、Z 方向的滑轨	滑轨运行顺畅	润滑油、清洁工具			
5	真空泵	清洁真空泵侧面过滤器	过滤器清洁无杂物	清洁工具、螺丝刀			
6	主轴油雾润滑	检查主轴油雾润滑压力	油雾润滑压力正常,符合设备配置要求	加油杯、螺丝刀			
7	螺丝、螺帽	检查并拧紧螺丝、螺帽及其固定件	螺丝、螺帽及其固定件紧固	螺丝刀、扳手			
8	滚珠螺杆机构	检查滚珠螺杆机构及润滑	滚珠螺杆机构运行顺畅无变形,润滑良好	润滑油,目测			
9	各轴传动系统	检查并调整各轴传动系统	各轴传动系统无异常声音,无明显抖动	螺丝刀、扳手			
10	管线	检查各管线	各管线无破损,无老化	万用表、螺丝刀			
11	气缸	检查气缸运行是否正常	气缸运行顺畅,润滑良好	润滑油、清洁工具			
12	各机构螺丝	检查并拧紧各机构螺丝	各机构螺丝无松动掉落	螺丝刀、扳手			
13	垂直、水平轨道	用涂有轨道油的布,擦拭垂直及水平轨道表面	垂直、水平轨道运行顺畅	润滑油、抹布			
14	真空泵叶片	检查真空泵叶片,按需更换	叶片磨损控制在技术要求内,泵运行正常	螺丝刀、泵叶片			

设备二级保养(机械)内容和要求

设备名称:CNC 木材加工中心　　　　　　　　设备编号:＿＿＿＿＿＿＿＿

保养人员:＿＿＿＿＿＿＿＿　　　　　　　　保养日期:＿＿＿＿＿＿＿＿

序号	项目	细则	标准	工具	记录	签名	备注
1	润滑	检查各油杯润滑油液面变化,按需补充	油位达到规定液位	加油杯、润滑油			
2	空气过滤器	清除空气过滤器内杂物	空气过滤器内无杂物	螺丝刀、扳手			
3	滑轨	检查并润滑 X、Y、Z 方向的滑轨	滑轨运行顺畅	润滑油、清洁工具			
4	真空泵	清洁真空泵侧面过滤器	过滤器清洁无杂物	清洁工具、螺丝刀			
5	主轴油雾润滑	检查主轴油雾润滑压力	油雾润滑压力正常,符合设备配置要求	加油杯、螺丝刀			
6	螺丝、螺帽	检查并拧紧螺丝、螺帽及其固定件	螺丝、螺帽及其固定件紧固	螺丝刀、扳手			
7	滚珠螺杆机构	检查滚珠螺杆机构及润滑	滚珠螺杆机构运行顺畅无变形,润滑良好	润滑油,目测			
8	各轴传动系统	检查并调整各轴传动系统	各轴传动系统无异常声音,无明显抖动	螺丝刀、扳手			
9	气缸	检查气缸运行是否正常	气缸运行顺畅,润滑良好	润滑油、清洁工具			
10	各机构螺丝	检查并拧紧各机构螺丝	各机构螺丝无松动掉落	螺丝刀、扳手			
11	垂直、水平轨道	用涂有轨道油的布,擦拭垂直及水平轨道表面	垂直、水平轨道运行顺畅	润滑油、抹布			
12	真空泵叶片	检查真空泵叶片,按需进行更换	真空泵叶片磨损程度在允许范围内,泵运行正常	螺丝刀、泵叶片			

设备二级保养(电气)内容和要求

设备名称:CNC 木材加工中心　　　　　　　　　设备编号:_____

保养人员:_____　　　　　　　　　保养日期:_____

序号	项目	细则	标准	工具	记录	签名	备注
1	设备断电	机器断电	设备电压为"0",有警示牌	万用表			数控设备、PLC设备
		稳压电源输出端断电					
		悬挂警示牌					
2	电机	对防水等级在 IP44 以下(含 IP44)电机检查绝缘	绝缘电阻: ≥3.8 MΩ,绝缘良好; ≥1.5 MΩ,绝缘可用; ≥0.38 MΩ,绝缘堪用; <0.38 MΩ,绝缘不良; 绝缘不良的,处理或更新	兆欧表			断开电机回路再进行测量
		对防水等级在 IP44 以上电机(不含伺服电机)抽取检查绝缘					
		对防水等级在 IP67 以上(含 IP67)电机不需要检查绝缘					
		检查电机冷却回路(含冷却风扇),更换进风口滤网	无油污、覆盖物等;冷却回路畅通	目测			
		对有炭刷的直流电机进行保养(有直流电机机床做此项),按需更换炭刷	滑环无积炭,无打火痕迹,无明显磨损;炭刷磨损不超过2/3(否则更换)	螺丝刀			
		对测速电机进行保养		扳手			
3	电箱、操纵箱、手持单元	电箱、操纵箱内部清洁保养,手持单元外部清洁保养	清洁、整齐,无杂物	清洁工具			
		手持单元、电箱、操纵箱内接插件接触检查	接触良好	万用表			
		电箱、操纵箱内主回路接线端子紧固检查	接触良好,紧固	螺丝刀			

表（续）

序号	项目	细则	标准	工具	记录	签名	备注
4	稳压电源	外观、按钮功能检查	外观清洁，按钮工作正常	目测			
		检查手动、自动功能切换是否有效	手动、自动功能之间正常切换	试车			
		检查稳压电源输出电压是否在正常范围内	输出电压稳定	万用表			
		变压器炭刷保养	炭刷磨损不超过 2/3	目测			
		稳压电源内部清洁保养	内部清洁、整齐，无杂物	目测			
5	油冷机、机箱散热器	油冷机、机箱散热器滤网清扫	清洁、整齐，无杂物	吸尘器、刷子等			
		油冷机、机箱空调制冷效果检查	制冷效果良好	目测			
6	设备上电	稳压电源输出端上电	输出电压稳定	万用表			
		机床上电，设备系统启动	启动正常	试车			
		摘取警示牌	警示牌复位	目测			
7	设备调整	机床电气传感器调整	机床动作正常，反馈信号正常	万用表			
		各类电气控制元件调整	机床动作正常，反馈信号正常	万用表			
		机床外围辅助设备检查、调整（油冷机等）	正常工作	扳手			
		各类手持单元功能检测	正常工作	目测			
		机床各类参数调整（反向间隙、定位、速度等）	机床运动正常、平稳，定位准确	机械精度检测工具			根据设备反应精度，结合机械选择调整
8	PLC、变频器	紧固 PLC、变频器，备份程序参数	保存最新备份	电脑			
9	安全装置	按系统安全操作规范检查设备的安全保护装置	工作正常，安全有效	试车			

设备一级保养内容和要求

设备名称:电脑镂铣加工中心 设备编号:_____

保养人员:_____ 保养日期:_____

序号	项目	细则	标准	工具	记录	签名	备注
1	油杯、润滑油	检查各油杯润滑油液面变化,按需补充	补充油位达到规定液位	加油杯			
2	机床表面	清扫机床上的木屑和灰尘	机床表面清洁	压缩空气、抹布			
3	空气过滤器	清除空气过滤器内的杂物	空气过滤器内无杂物	拆卸安装工具			
4	滑轨	检查并润滑 X、Y、Z 方向的滑轨	滑轨运行顺畅	润滑油			
5	真空泵侧面过滤器	清洁真空泵侧面过滤器	过滤器无杂物,油位达标	拆卸安装工具、加油杯、抹布			
6	主轴油雾润滑	检查并保持主轴油雾润滑压力	油雾润滑压力正常	加油杯、压力调整工具			
7	螺丝、螺帽	检查并拧紧螺丝、螺帽及其固定件	螺丝、螺帽及其固定件锁紧	螺丝刀、扳手			
8	滚珠螺杆机构	滚珠螺杆机构加油润滑	滚珠螺杆机构运行顺畅	润滑油			
9	各轴传动系统	检查并调整各轴传动系统	各轴传动系统无异常声音	调整工具			
10	管线	检查并更换破损管线	各管线无破损	备件管线、更换工具			
11	气缸	擦拭气缸杆并上油	气缸运行顺畅	润滑油、抹布			
12	各机构螺丝	检查并拧紧各机构螺丝	各机构螺丝无松动、掉落	螺丝刀、扳手			
13	垂直、水平轨道	用涂有轨道油的布擦拭垂直及水平轨道表面	垂直、水平轨道运行顺畅	润滑油、抹布			
14	真空泵叶片	检查真空泵叶片,按需更换	真空泵运行正常	更换工具			

设备二级保养(机械)内容和要求

设备名称:电脑镂铣加工中心 　　　　　　设备编号:＿＿＿＿＿＿＿＿

保养人员:＿＿＿＿＿＿＿＿ 　　　　　　保养日期:＿＿＿＿＿＿＿＿

序号	项目	细则	标准	工具	记录	签名	备注
1	油杯润滑油	油杯润滑油补充	补充油位达到规定液位	加油杯			
2	机床表面	机床表面清洁	机床表面清洁	清洁工具			
3	空气过滤器	空气过滤器更换	空气过滤器清洁,无杂物	螺丝刀、扳手			
4	滑轨	滑轨平整度检查	滑轨运行顺畅,平整度符合设备要求	润滑油			
5	真空泵侧面过滤器	真空泵侧面过滤器检查,按需更换	过滤器无杂物,油位达标	螺丝刀、扳手			
6	主轴油雾润滑	主轴油雾润滑压力检查	油雾润滑压力正常	加油杯			
7	螺丝、螺帽及其固定件	检查开关的螺丝、螺帽及其固定件	螺丝、螺帽及其固定件锁紧	螺丝刀、扳手			
8	滚珠螺杆机构	检查滚珠螺杆机构,按需更换	滚珠螺杆机构运行顺畅	润滑油			
9	各轴传动系统	检查各轴传动系统	各轴传动系统无异常声音、抖动	螺丝刀、扳手			
10	管线	检查管线,更换破损的管线	各管线无老化、破损	螺丝刀、扳手			
11	气缸	检查气缸动作	气缸运行顺畅	清洁工具			
12	各机构螺丝	检查各机构螺丝	各机构螺丝无松动锈蚀	螺丝刀、扳手			
13	垂直、水平轨道	检查垂直、水平轨道,测直线度	垂直、水平轨道运行顺畅,直线度满足要求	润滑油、抹布			
14	真空泵叶片	检查真空泵叶片	真空泵运行正常	螺丝刀、扳手			

设备二级保养(电气)内容和要求

设备名称:电脑镂铣加工中心 设备编号:＿＿＿＿＿＿＿

保养人员:＿＿＿＿＿＿＿ 保养日期:＿＿＿＿＿＿＿

序号	项目	细则	标准	工具	记录	签名	备注
1	设备断电	机器断电	设备电压为"0",有警示牌	万用表			数控设备、PLC设备
		稳压电源输出端断电					
		悬挂警示牌					
2	电机	对防水等级在IP44以下(含IP44)电机检查绝缘	绝缘电阻: ≥3.8 MΩ,绝缘良好; ≥1.5 MΩ,绝缘可用; ≥0.38 MΩ,绝缘堪用; <0.38 MΩ,绝缘不良。 绝缘不良的,处理或更新	兆欧表			断开电机回路再进行测量
		对防水等级在IP44以上电机(不含伺服电机)抽取检查绝缘					
		对防水等级在IP67以上(含IP67)电机不需要检查绝缘					
		检查电机冷却回路(含冷却风扇),更换进风口滤网	无油污、覆盖物等;冷却回路畅通	目测			
		对有炭刷的直流电机进行保养(有直流电机机床做此项),按需更换炭刷	滑环无积炭,无打火痕迹,无明显磨损;炭刷磨损不超过2/3(否则更换)	螺丝刀			
		对测速电机进行保养		扳手			
3	电箱、操纵箱、手持单元	电箱、操纵箱内部清洁保养,手持单元外部清洁保养	清洁、整齐,无杂物	清洁工具			
		手持单元、电箱、操纵箱内接插件接触良好检查	接触良好	万用表			
		电箱、操纵箱内主回路接线端子紧固检查	接触良好、紧固	螺丝刀			

表（续）

序号	项目	细则	标准	工具	记录	签名	备注
4	稳压电源	外观、按钮功能检查	外观清洁，按钮工作正常	目测			
		检查手动、自动功能切换是否有效	手动、自动功能之间正常切换	试车			
		检查稳压电源输出电压是否在正常范围内	输出电压稳定	万用表			
		变压器炭刷保养	炭刷磨损不超过2/3	目测			
		稳压电源内部清洁保养	内部清洁、整齐，无杂物	目测			
5	油冷机、机箱散热器	油冷机、机箱散热器滤网清扫	清洁、整齐，无杂物	吸尘器、刷子等			
		油冷机、机箱空调制冷效果检查	制冷效果良好	目测			
6	设备上电	稳压电源输出端上电	输出电压稳定	万用表			
		机床上电，设备系统启动	启动正常	试车			
		摘取警示牌	警示牌复位	目测			
7	设备调整	机床电气传感器调整	机床动作正常，反馈信号正常	万用表			
		各类电气控制元件调整	机床动作正常，反馈信号正常	万用表			
		机床外围辅助设备检查、调整（油冷机等）	正常工作	扳手			
		手持单元功能检测	正常工作	目测			
		机床各类参数调整（反向间隙、定位、速度等）	机床运动正常、平稳，定位准确	机械精度检测工具			根据二级保养前设备反应的精度，结合机械选择调整
8	PLC、变频器	紧固PLC、变频器，备份程序参数	保存最新备份	电脑			
9	安全装置	按系统安全操作规范检查设备安全保护装置（各类门限位、各轴硬限位等）	工作正常，安全有效	试车			

设备一级保养内容和要求

设备名称:多板数控孔洞加工中心　　　　　　　　　　设备编号:＿＿＿＿＿＿＿＿

保养人员:＿＿＿＿＿＿＿＿　　　　　　　　　　　　保养日期:＿＿＿＿＿＿＿＿

序号	项目	细则	标准	工具	记录	签名	备注
1	帘栅	检查帘栅的完好程度,必要时更换	无破损帘栅	扳手、螺丝刀			
2	自动换刀组刀库	润滑自动换刀组刀库	自动换刀组刀库运行顺畅	润滑油			
3	润滑泵	润滑泵加注润滑油	润滑泵运行顺畅	润滑油			
4	导轨和托架	清洁导轨和托架上的灰尘	导轨和托架表面清洁	清洁工具			
5	橡胶连接器	检查橡胶连接器磨损情况,按需更换	无破损橡胶连接器	扳手、螺丝刀			
6	钻削和铣削单元、刀具松开装置	清洁和润滑钻削、铣削单元、润滑刀具松开装置、用油泵向轴加油孔加润滑油	各装置润滑良好	润滑油			
7	电机轴、刀具夹头	润滑和清洁电机轴、刀具夹头	电机轴、刀具夹头运行顺畅	润滑油			
8	空气处理单元	检查和清洁空气处理单元	空气处理单元无杂物	润滑油、扳手、螺丝刀			
9	真空泵	清洁真空泵,更换堵塞或有油污的过滤器	真空泵运行顺畅	扳手、螺丝刀			
10	真空泵叶片	检查真空泵叶片,按需更换	真空泵运行正常	扳手、螺丝刀			

设备二级保养(机械)内容和要求

设备名称:多板数控孔洞加工中心　　　　　　　　　　设备编号:＿＿＿＿＿＿＿＿

保养人员:＿＿＿＿＿＿＿＿　　　　　　　　　　　　保养日期:＿＿＿＿＿＿＿＿

序号	项目	细则	标准	工具	记录	签名	备注
1	帘栅	检查帘栅完好情况	无破损帘栅	扳手、螺丝刀			
2	自动换刀组刀库	自动换刀组刀库保养	自动换刀组刀库运行顺畅	润滑油			
3	润滑泵	润滑泵保养	润滑泵运行顺畅	润滑油			
4	导轨和托架	导轨和托架清洁	导轨和托架表面清洁	清洁工具			
5	橡胶连接器	橡胶连接器检查	无破损橡胶连接器	扳手、螺丝刀			
6	钻削和铣削单元、刀具松开装置	钻削和铣削单元、润滑刀具松开装置、轴加油孔加油润滑	各装置润滑良好	润滑油			
7	电机轴、刀具夹头	电机轴、刀具夹头保养	电机轴、刀具夹头运行顺畅	润滑油			
8	空气处理单元	检查空气处理单元,按需更换	空气处理单元无杂物	润滑油、扳手、螺丝刀			
9	真空泵	检查、清理真空泵	真空泵运行顺畅	扳手、螺丝刀			
10	真空泵叶片	更换磨损的真空泵叶片	真空泵叶片满足设备要求	扳手、螺丝刀			
11	气缸	气缸保养	气缸运行顺畅	润滑油、抹布			
12	管线	管线破损情况检查、更换	各管线无破损	备件管线、更换工具			
13	紧固螺丝	检查各机构紧固螺丝	各机构紧固螺丝无缺失,无松动	螺丝刀、扳手			
14	润滑油	检查并补充各油杯润滑油	补充油位达到规定液位	加油杯			

设备二级保养(电气)内容和要求

设备名称:多板数控孔洞加工中心 　　　　　　设备编号:＿＿＿＿＿＿＿＿

保养人员:＿＿＿＿＿＿＿＿ 　　　　　　　　保养日期:＿＿＿＿＿＿＿＿

序号	项目	细则	标准	工具	记录	签名	备注
1	设备断电	机器断电	设备电压为"0",有警示牌	万用表			数控设备、PLC设备
		稳压电源输出端断电					
		悬挂警示牌					
2	电机	对防水等级在IP44以下(含IP44)电机检查绝缘	绝缘电阻: ≥3.8 MΩ,绝缘良好; ≥1.5 MΩ,绝缘可用; ≥0.38 MΩ,绝缘堪用; <0.38 MΩ,绝缘不良。 绝缘不良的,处理或更新	兆欧表			断开电机回路再进行测量
		对防水等级在IP44以上电机(不含伺服电机)抽取检查绝缘					
		对防水等级在IP67以上(含IP67)电机不需要检查绝缘					
		检查电机冷却回路(含冷却风扇),更换进风口滤网	无油污、覆盖物等;冷却回路畅通	目测			
		对有炭刷的直流电机进行保养(有直流电机机床做此项),按需更换炭刷	滑环无积炭,无打火痕迹,无明显磨损;炭刷磨损不超过2/3(否则更换)	螺丝刀			
		对测速电机进行保养		扳手			
3	电箱、操纵箱、手持单元	电箱、操纵箱内部清洁保养,手持单元外部清洁保养	清洁、整齐,无杂物	清洁工具			
		手持单元、电箱、操纵箱内接插件接触良好检查	接触良好	万用表			
		电箱、操纵箱内主回路接线端子紧固检查	接触良好、紧固	螺丝刀			

表（续）

序号	项目	细则	标准	工具	记录	签名	备注
4	稳压电源	外观、按钮功能检查	清洁,按钮工作正常	目测			
		检查手动、自动功能切换是否有效	手动、自动功能之间正常切换	试车			
		检查稳压电源输出电压是否在正常范围内	输出电压稳定	万用表			
		变压器炭刷保养	炭刷磨损不超过2/3	目测			
		稳压电源内部清洁保养	内部清洁、整齐,无杂物	目测			
5	油冷机、机箱散热器	油冷机、机箱散热器滤网清扫	清洁、整齐,无杂物	吸尘器、刷子等			
		油冷机、机箱空调制冷效果检查	制冷效果良好	目测			
6	设备上电	稳压电源输出端上电	输出电压稳定	万用表			
		机床上电,设备系统启动	启动正常	试车			
		摘取警示牌	警示牌复位	目测			
7	设备调整	机床电气传感器调整	机床动作正常,反馈信号正常	万用表			
		各类电气控制元件调整	机床动作正常,反馈信号正常	万用表			
		机床外围辅助设备检查、调整(油冷机等)	正常工作	扳手			
		各类手持单元功能检测	正常工作	目测			
		机床各类参数调整(反向间隙、定位、速度等)	机床运动正常、平稳,定位准确	机械精度检测工具			根据保养前设备反应的精度,结合机械选择调整
8	PLC、变频器	紧固PLC、变频器,备份程序参数	保存最新备份	电脑			
9	安全装置	按系统安全操作规范对设备的安全保护装置进行检查(各类门限位、各轴硬限位等)	工作正常,安全有效	试车			

设备一级保养内容和要求

设备名称:聚氨酯泡沫板节点加工中心　　　　　　　设备编号:＿＿＿＿＿＿＿＿＿＿

保养人员:＿＿＿＿＿＿＿＿　　　　　　　　　　　保养日期:＿＿＿＿＿＿＿＿＿＿

序号	项目	细则	标准	工具	记录	签名	备注
1	油杯、润滑油	检查润滑油液面变化,按需补充	补充油位达到规定液位	加油杯			
2	机床外表面	清扫机床上的木屑和灰尘	机床表面清洁	压缩空气、抹布			
3	空气过滤器	清除空气过滤器内的杂物	空气过滤器内无杂物	拆卸安装工具			
4	滑轨	检查并润滑 X、Y、Z 方向的滑轨	滑轨运行顺畅	润滑油			
5	真空泵侧面过滤器	清洁真空泵侧面过滤器	过滤器无杂物,油位达标	拆卸安装工具、加油杯、抹布			
6	主轴油雾润滑	检查并保持主轴油雾润滑压力	油雾润滑压力正常	加油杯、压力调整工具			
7	螺丝、螺帽及其固定件	检查并拧紧螺丝、螺帽及其固定件	螺丝、螺帽及固定件锁紧	螺丝刀、扳手			
8	滚珠螺杆机构	滚珠螺杆机构加油润滑	滚珠螺杆机构运行顺畅	润滑油			
9	传动系统	检查并调整各轴传动系统	各轴传动系统无异常声音	调整工具			
10	管线	检查并更换破损管线	各管线无破损	备件管线、更换工具			
11	气缸	擦拭气缸杆并上油	气缸运行顺畅	润滑油、抹布			
12	紧固螺丝	检查并拧紧各机构螺丝	各机构螺丝无松动掉落	螺丝刀、扳手			
13	垂直、水平轨道	用涂有轨道油的布擦拭垂直及水平轨道表面	垂直、水平轨道运行顺畅	润滑油、抹布			
14	真空泵叶片	检查真空泵叶片,按需更换	真空泵运行正常	更换工具			

设备二级保养（机械）内容和要求

设备名称:聚氨酯泡沫板节点加工中心 　　　　　　设备编号:＿＿＿＿＿＿＿＿＿

保养人员:＿＿＿＿＿＿＿＿＿　　　　　　　　　　　保养日期:＿＿＿＿＿＿＿＿＿

序号	项目	细则	标准	工具	记录	签名	备注
1	帘栅	检查帘栅完好情况	无破损帘栅	扳手、螺丝刀			
2	自动换刀组刀库	自动换刀组刀库保养	自动换刀组刀库运行顺畅	润滑油			
3	润滑泵	润滑泵保养	润滑泵运行顺畅	润滑油			
4	导轨和托架	导轨和托架清洁	导轨和托架表面清洁	清洁工具			
5	橡胶连接器	橡胶连接器检查	无破损橡胶连接器	扳手、螺丝刀			
6	钻削和铣削单元、刀具松开装置	钻削和铣削单元、润滑刀具松开装置、轴加油孔加油润滑	各装置润滑良好	润滑油			
7	电机轴、刀具夹头	电机轴、刀具夹头保养	电机轴、刀具夹头运行顺畅	润滑油			
8	空气处理单元	检查空气处理单元，按需更换	空气处理单元无杂物	润滑油、扳手、螺丝刀			
9	真空泵	检查、清理真空泵	真空泵运行顺畅	扳手、螺丝刀			
10	真空泵叶片	更换磨损的真空泵叶片	真空泵叶片满足设备要求	扳手、螺丝刀			
11	气缸	气缸保养	气缸运行顺畅	润滑油、抹布			
12	管线	检查管线破损情况，按需更换	各管线无破损	备件管线、更换工具			
13	紧固螺丝	检查各机构紧固螺丝	各机构紧固螺丝必须无缺失，无松动	螺丝刀、扳手			
14	润滑油	检查并补充各油杯润滑油	补充油位达到规定液位	加油杯			

设备二级保养(电气)内容和要求

设备名称:聚氨酯泡沫板节点加工中心　　　　　　设备编号:＿＿＿＿＿＿＿＿＿

保养人员:＿＿＿＿＿＿＿＿＿　　　　　　　　　保养日期:＿＿＿＿＿＿＿＿＿

序号	项目	细则	标准	工具	记录	签名	备注
1	设备断电	机器断电	设备电压为"0",有警示牌	万用表			数控设备、PLC设备
		稳压电源输出端断电					
		悬挂警示牌					
2	电机	对防水等级在IP44以下(含IP44)电机检查绝缘	绝缘电阻: ≥3.8 MΩ,绝缘良好; ≥1.5 MΩ,绝缘可用; ≥0.38 MΩ,绝缘堪用; <0.38 MΩ,绝缘不良。 绝缘不良的,处理或更新	兆欧表			断开电机回路再进行测量
		对防水等级在IP44以上电机(不含伺服电机)抽取检查绝缘					
		对防水等级在IP67以上(含IP67)电机不需要检查绝缘					
		检查电机冷却回路(含冷却风扇),更换进风口滤网	无油污、覆盖物等;冷却回路畅通	目测			
		对有炭刷的直流电机进行保养(有直流电机机床做此项),按需更换炭刷	滑环无积炭,无打火痕迹,无明显磨损;炭刷磨损不超过2/3(否则更换)	螺丝刀			
		对测速电机进行保养		扳手			
3	电箱、操纵箱、手持单元	电箱、操纵箱内部清洁保养,手持单元外部清洁保养	清洁、整齐,无杂物	清洁工具			
		手持单元、电箱、操纵箱内接插件接触检查	接触良好	万用表			
		电箱、操纵箱内主回路接线端子紧固检查	接触良好、紧固	螺丝刀			

表（续）

序号	项目	细则	标准	工具	记录	签名	备注
4	稳压电源	外观、按钮功能检查	外观清洁，按钮工作正常	目测			
		手动、自动功能切换是否有效	手动、自动功能之间正常切换	试车			
		稳压电源输出电压是否在正常范围内	输出电压稳定	万用表			
		变压器炭刷保养	炭刷磨损不超过2/3	目测			
		稳压电源内部清洁保养	内部清洁、整齐，无杂物	目测			
5	油冷机、机箱散热器	油冷机、机箱散热器滤网清扫	清洁、整齐，无杂物	吸尘器、刷子等			
		油冷机、机箱空调制冷效果检查	制冷效果良好	目测			
6	设备上电	稳压电源输出端上电	输出电压稳定	万用表			
		机床上电，设备系统启动	启动正常	试车			
		摘取警示牌	警示牌复位	目测			
7	设备调整	机床电气传感器调整	机床动作正常，反馈信号正常	万用表			
		各类电气控制元件调整	机床动作正常，反馈信号正常	万用表			
		机床外围辅助设备检查、调整（油冷机等）	正常工作	扳手			
		各类手持单元功能检测	正常工作	目测			
		机床各类参数调整（反向间隙、定位、速度等）	机床运动正常、平稳，定位准确	机械精度检测工具			根据保养前设备反应精度结合机械选择调整
8	PLC、变频器	紧固PLC、变频器；备份程序参数	保存最新备份	电脑			
9	安全装置	按安全操作规范检查设备的安全保护装置（各类门限位、各轴硬限位等）	工作正常，安全有效	试车			

二、锻压设备

设备一级保养内容和要求

设备名称:油压机 　　　　　　　　　　　　设备编号:＿＿＿＿＿＿＿

保养人员:＿＿＿＿＿＿＿ 　　　　　　　　　保养日期:＿＿＿＿＿＿＿

序号	项目	细则	标准	工具	记录	签名	备注
1	外表	擦拭机床外表及罩、盖	内外清洁,无锈蚀,无黄袍	清洁工具			
		检查并补齐螺钉、螺母、手柄(球)	无松动,无缺损	螺丝刀、扳手			
2	立柱、机身、主缸、顶出缸	检查立柱、机身等所有紧固件,根据情况调整或更换	无松动,无缺损	螺丝刀、扳手			
		清洁并整修上、下工作台面,立柱及导轨的毛刺和伤痕,调整导轨间隙	无毛刺、铁屑杂物,导轨间隙符合标准	清洁工具、导轨调整工具			
		检查主缸、顶出缸的密封环	无泄漏	目测			
3	液压与润滑	清洁过滤器、油箱、油管	滤网清洁,油标清晰,油管无堵塞,无泄漏	清洁工具			
		检查、调整高压泵	无发热,无泄漏				
		检查液压油油量、油质	符合设备配置标准	油尺、目测			
		加注润滑油脂	润滑良好	加油枪			
4	电气	擦拭电动机及电气箱,检查有无异常	内外清洁,工况正常	清洁工具,目测			
		检查行程限位装置与接地	限位无松动,接地电阻符合要求	扳手、接地摇表			
		检查仪器仪表指示灯	工况正常	目测			

设备二级保养(机械)内容和要求

设备名称:油压机 　　　　　　　　　　　　　　设备编号:_____

保养人员:_____ 　　　　　　　　　保养日期:_____

序号	项目	细则	标准	工具	记录	签名	备注
1	机械部分	清理工作场地,做好安全防护措施	场地整洁,工作区域用红白旗隔离,安全防护措施到位	红白旗、清扫工具			
2		检查减速箱	无振动,无杂音	目测、耳听			
3		检查立柱、机身等所有紧固件	紧固件牢固,无缺损	扳手、内六角扳手等			
4		根据情况拆卸主缸、顶出缸,检查全部零部件,修复磨损件	零件无磨损,密封件完好,无泄漏	起重机等			
5		清洁油箱,加足液压油	油箱清洁,液压油量符合要求	清洁工具、加油机			
6		清洁油箱滤网	油箱滤网无阻塞	清洁工具			
7		检查高压泵,根据情况,修复或更换磨损件	无振动,无杂音,工作正常	目测、耳听			
8		检查油路、阀件	油路畅通,无泄漏	扳手、内六角扳手等			
9		检查机器安全扶梯、踏步、罩壳等	各部件牢固	目测			
10		滚道、链条等其他附件注润滑油脂	附件旋转润滑顺畅	油枪、扳手等			
11		按精度单检查、调整修复间隙精度	精度合格	百分表等			

设备二级保养(电气)内容和要求

设备名称:油压机　　　　　　　　　　　　　　　设备编号:＿＿＿＿＿＿＿＿

保养人员:＿＿＿＿＿＿＿＿＿　　　　　　　　　　保养日期:＿＿＿＿＿＿＿＿

序号	项目	细则	标准	工具	记录	签名	备注
1	设备断电	机器断电	设备电压为"0",有警示牌	万用表			
2		悬挂警示牌					
3	电机	电机绝缘检查	≥1.5 MΩ	兆欧表			
4		对电机冷却风机进行保养,更换进风口滤网	无油污、覆盖物等;冷却回路畅通	扳手、螺丝刀、清洁工具			
5		补充或更换轴承润滑油脂	润滑良好	轴承拉拔器			
6	电箱、操纵箱	电箱、操纵箱内部清洁保养	内部整洁,无杂物	吸尘器、刷子等			
7		检查电箱、操纵箱内部插接件	接触良好	万用表			
8		检查电箱、操纵箱内主回路接线端子紧固情况	接触良好,牢固	螺丝刀			
9		检查、清洁 PLC 模块	无灰尘,运行正常	压缩空气			
10		清洁触摸屏	屏幕面板无油污、灰尘	清洁工具			
11	设备上电	机器上电,设备系统启动	输出电压稳定	万用表			
12		摘取警示牌	警示牌复位				
13	设备调整	电气传感器调整	动作正常,反馈信号正常	万用表			
14		各类电气控制元件调整	动作正常,反馈信号正常				
15		机器外围辅助设备检查、调整	正常工作	目测			
16	安全装置	按设备安全操作规范对设备的安全保护装置进行检查(各类门限位、应急按钮等)	工作正常,安全有效	目测			

设备一级保养内容和要求

设备名称:曲辊压力机(冲床)　　　　　　　　　　设备编号:＿＿＿＿＿＿＿＿

保养人员:＿＿＿＿＿＿＿＿　　　　　　　　　　　保养日期:＿＿＿＿＿＿＿＿

序号	项目	细则	标准	工具	记录	签名	备注
1	外表	擦拭机床外表及罩、盖,保持内外清洁,无锈蚀,无黄袍	清洁,无油污覆盖物等	清洁工具			
2	纵、横向运动部位	检查并补齐螺钉、螺母、手柄(球)	无松动、缺损	扳手			
3	传动	调整皮带松紧	松紧度合适				
4		检查、离合器和弹簧	安全可靠	目测			
5		检查、调整曲轴连杆轴承间隙	间隙符合规定	塞尺			
6		检查、调整冲头导轨压板间隙	间隙符合规定	塞尺			
7	润滑	检查、清洁润滑装置	润滑油畅通	清洁工具			
8	电气	擦拭电动机及电气箱外表	内外清洁,无异常	清洁工具			
9		检查限位装置与接地	无松动,接地电阻符合要求	接地摇表			
10		检查仪器仪表指示灯	指示正常,灵敏可靠	目测			

设备二级保养(机械)内容和要求

设备名称:曲辊压力机(冲床)　　　　　　　　　　设备编号:_____

保养人员:_____　　　　　　　　　　保养日期:_____

序号	项目	细则	标准	工具	记录	签名	备注
1	机械部分	清理工作场地,做好安全防护措施	工作场地整洁,工作区域用红白旗隔离,安全防护措施到位	红白旗、清扫工具			
2		擦拭机床外表及罩壳	内外清洁,无锈蚀,无黄袍	清洁工具			
3		检查所有紧固件	紧固件牢固,无缺损	扳手、内六角扳手等			
4		调整皮带松紧	松紧度合适	目测			
5		检查离合器和弹簧	安全可靠	目测			
6		检查、调整曲轴连杆轴承间隙	间隙符合规定	目测			
7		检查、调整冲头导轨间隙	间隙符合规定	目测			
8		检查、清洁润滑装置	油路畅通,无泄漏	扳手、内六角扳手等			
9		按精度单检查、调整修复间隙精度	精度合格	百分表等			

设备二级保养(电气)内容和要求

设备名称:曲辊压力机(冲床) 设备编号:_____

保养人员:_____ 保养日期:_____

序号	项目	细则	标准	工具	记录	签名	备注
1	设备断电	机器断电	设备电压为"0",有警示牌	万用表			
2		悬挂警示牌					
3	电机	擦拭电动机外表	外观清洁	布			
4		电机绝缘检查	≥1.5 MΩ	兆欧表			
5		对电机冷却风机进行保养,更换进风口滤网	无油污、覆盖物等;冷却回路畅通	扳手、螺丝刀、清洁工具			
6		补充或更换轴承润滑油脂	润滑良好	轴承拉拔器			
7	电箱、操纵箱	电箱、操纵箱内部清洁保养	内部整洁,无杂物	吸尘器、刷子等			
8		检查电箱、操纵箱内部插接件	接触良好	万用表			
9		电箱、操纵箱内主回路接线端子紧固检查	接触良好,牢固	螺丝刀			
10	设备上电	机器上电,设备系统启动	输出电压稳定	万用表			
11		摘取警示牌	警示牌复位				
12		电气传感器调整	动作正常,反馈信号正常	万用表			
13		各类电气控制元件调整	动作正常,反馈信号正常	万用表			
14		机床外围辅助设备检查、调整	正常工作	目测			
15	设备调整	各类手持单元功能调整	正常工作	目测			
16		各类参数调整	运行正常、平衡,定位准确	精度检测工具			
17	安全装置	按设备安全操作规范对设备的安全保护装置进行检查(各类门限位、应急按钮等)	工作正常,安全有效	目测			

设备一级保养内容和要求

设备名称:剪板机
　　　　　　　　　　　　　　　　设备编号:＿＿＿＿＿＿＿＿

保养人员:＿＿＿＿＿＿＿＿
　　　　　　　　　　　　　　　保养日期:＿＿＿＿＿＿＿＿

序号	项目	细则	标准	工具	记录	签名	备注
1	外表	擦拭机床外表及罩、盖,保持内外清洁,无锈蚀,无黄袍	清洁,无油污、覆盖物等	清洁工具			
2		检查并补齐螺钉、螺母、手柄(球)	无松动、缺损	扳手			
3	传动	调整皮带松紧	松紧度合适				
4		检查离合器和弹簧、挡销、拉杆等	安全可靠	目测			
5		检查并调整刀架、压料架,导轨压板间隙	间隙符合规定	塞尺			
6		检查刀片	固定牢靠,刀片锋利,无缺损	紧固工具			
7		检查传动齿轮及其他传动零件	工作正常,无异响	耳听			
8	润滑	检查油量、油质及润滑油	油质良好,油路畅通	油尺			
9	电气	擦拭电动机及电气箱外表	内外清洁,无异常	清洁工具			
10		检查限位装置与接地	无松动,接地电阻符合要求	接地摇表			
11		检查仪器仪表指示灯	指示正常,灵敏可靠	目测			

设备二级保养(机械)内容和要求

设备名称:剪板机　　　　　　　　　　　　　　设备编号:＿＿＿＿＿＿＿＿

保养人员:＿＿＿＿＿＿＿　　　　　　　　　　保养日期:＿＿＿＿＿＿＿

序号	项目	细则	标准	工具	记录	签名	备注
1	机械部分	清理工作场地,做好安全防护措施	工作场地整洁,工作区域用红白旗隔离,安全防护措施到位	红白旗、清扫工具			
2		擦拭机床外表及罩壳	内外清洁,无锈蚀,无黄袍	清洁工具			
3		检查所有紧固件	紧固件牢固、无缺损	扳手、内六角扳手等			
4		调整皮带松紧	松紧度合适	目测			
5		检查离合器和弹簧	安全可靠	目测			
6		检查并调整刀架、压料架、导轨压板间隙	间隙符合规定	目测			
7		检查刀片	固定牢靠,刀片锋利,无缺损	目测			
8		检查传动齿轮及其他传动零件	工作正常,无异响	目测			
9		清洁检查油杯、油孔及润滑油	油质良好,油路畅通	扳手、内六角扳手等			

设备二级保养(电气)内容和要求

设备名称:剪板机 设备编号:_____

保养人员:_____ 保养日期:_____

序号	项目	细则	标准	工具	记录	签名	备注
1	设备断电	机器断电	设备电压为"0",有警示牌	万用表			
2		悬挂警示牌					
3	电机	擦拭电动机外表	外表清洁	布			
4		电机绝缘检查	≥1.5 MΩ	兆欧表			
5		对电机冷却风机进行保养,更换进风口滤网	无油污、覆盖物等;冷却回路畅通	扳手、螺丝刀、清洁工具			
6		补充或更换轴承润滑油脂	润滑良好	轴承拉拔器			
7	电箱、操纵箱	电箱、操纵箱内部清洁保养	内部整洁,无杂物	吸尘器、刷子等			
8		检查电箱、操纵箱内部插接件	接触良好	万用表			
9		电箱、操纵箱内主回路接线端子紧固检查	接触良好,牢固	螺丝刀			
10	设备上电	机器上电,设备系统启动	输出电压稳定	万用表			
11		摘取警示牌	警示牌复位				
12		电气传感器调整	动作正常,反馈信号正常	万用表			
13		各类电气控制元件调整	动作正常,反馈信号正常	万用表			
14		机床外围辅助设备检查、调整	正常工作	目测			
15	设备调整	各类手持单元功能调整	正常工作	目测			
16		各类参数调整	运行正常,平衡,定位准确	精度检测工具			
17	安全装置	按操作规范检查设备的安全保护装置(各类门限位、应急按钮等)	工作正常,安全有效	目测			

设备一级保养内容和要求

设备名称:折边机 　　　　　　　　　　　　　　　设备编号:＿＿＿＿＿＿＿＿＿

保养人员:＿＿＿＿＿＿＿＿＿ 　　　　　　　　　　保养日期:＿＿＿＿＿＿＿＿＿

序号	项目	细则	标准	工具	记录	签名	备注
1	外表	擦拭机床外表及罩、盖	内外清洁,无锈蚀,无黄袍	清洁工具			
		检查并补齐螺钉、螺母、手柄(球)	无松动、缺损	扳手			
2	传动	调整皮带松紧	松紧度合适				
		检查离合器	灵活可靠	扳手			
		检查传动齿轮及其他传动零件	工作正常,无异响	耳听			
		检查导轨、压板	完好	目测			
		检查制动装置	安全可靠				
3	润滑	油箱滤筒清洁	无覆盖物及堵塞	扳手、内六角扳手等			
		液压油泵检修	液压设施有效,无渗漏	扳手等			
		液压管路及阀件检修,用串油泵冲洗液压油管	油路畅通	扳手、串油泵等			
		检查油缸	油缸、柱塞完好,无泄漏	扳手			
		检查油杯、油孔	油杯完好,油孔畅通	扳手、油尺			
		检查油量、油质及润滑油	油质良好,油路畅通	油尺			
4	电气	擦拭电动机及电气箱外表	内外清洁,无异常	清洁工具			
		检查限位装置与接地	无松动,接地电阻符合要求	接地摇表			

设备二级保养(机械)内容和要求

设备名称:折边机　　　　　　　　　　　　　　　设备编号:＿＿＿＿＿＿＿＿

保养人员:＿＿＿＿＿＿＿＿　　　　　　　　　　　保养日期:＿＿＿＿＿＿＿＿

序号	项目	细则	标准	工具	记录	签名	备注
1	作业场所	清理工作场地,做好安全防护措施	工作场地整洁,工作区域用红白旗隔离,安全防护措施到位	红白旗、清扫工具			
2	传动	检查离合器、刹车带	安全可靠	扳手			
		检查操纵机构	动作准确、可靠	目测			
		检查导轨滑块	完好,无伤痕	目测			
		检查传动齿轮及其他传动零件	工作正常,无异响	目测			
3	液压及润滑	油箱滤筒清洁	无覆盖物及堵塞	扳手、内六角扳手等			
		液压马达、油泵检修	液压设施有效,无渗漏	扳手等			
		检查油缸	油缸、柱塞无磨损,无泄漏	目测			
		检查压头导轨	无伤痕,间隙正常	扳手,目测			
		检查油杯、油孔	油杯完好,油孔畅通	扳手、油尺			
		检查油量、油质及润滑油	油质良好,油路畅通	油尺			

设备二级保养（电气）内容和要求

设备名称：折边机   设备编号：_____

保养人员：_____   保养日期：_____

序号	项目	细则	标准	工具	记录	签名	备注
1	设备断电	机器断电	设备电压为"0"，有警示牌	万用表			
		悬挂警示牌					
2	电机	电机绝缘检查	≥1.5 MΩ	兆欧表			
		补充或更换轴承润滑油脂	润滑良好	轴承拉拔器			
3	电箱、操纵箱	电气控制内部清洁保养	内部清洁、整齐，无杂物	吸尘器、刷子等			
		检查电箱、操纵箱内部插接件	接触良好	万用表			
		电箱、操纵箱内主回路接线端子紧固检查	接触良好，牢固	螺丝刀			
4	设备上电	总电源输出端上电	输出电压稳定，保持380 V	万用表			
		检查电源指示灯、电压表	电源指示灯亮起，电压表指针指示为380 V				
		摘取警示牌	警示牌复位				
5	安全装置	按设备安全操作规范对设备的安全保护装置进行检查（各类门限位、应急按钮等）	工作正常，安全有效	目测			

设备一级保养内容和要求

设备名称:弯管机　　　　　　　　　　　　设备编号:＿＿＿＿＿＿＿＿

保养人员:＿＿＿＿＿＿＿＿　　　　　　　　保养日期:＿＿＿＿＿＿＿＿

序号	项目	细则	标准	工具	记录	签名	备注
1	外表	擦拭机器外表及罩壳	内外清洁,无锈蚀,无黄袍	清洁工具			
		检查并补齐螺钉、螺母、手柄(球)	无松动、缺损	扳手			
2	传动	检查齿轮箱、传动轴和传动链	传动平稳	目测			
		检查送料滑台	完好	目测			
3	液压与润滑	清洁油箱、滤筒	无覆盖物及堵塞	扳手、内六角扳手等			
		检修液压马达、油泵	液压设施有效,无渗漏	扳手等			
		检修液压管路,用串油泵冲洗液压油管	油路畅通	扳手、串油泵等			
		检查工作油缸	无泄漏	目测			
		检查冷却装置	冷却液箱无泄漏,滤网清洁	目测,清洁工具			
		检查油杯、油孔	油杯完好,油孔畅通	扳手、油尺			
		检查油量、油质及润滑油	油质良好,油路畅通	油尺			
4	电气	擦拭电动机及电气箱外表	内外清洁,无异常	清洁工具			
		检查限位装置与接地电阻	无松动,接地电阻符合要求	接地摇表			
		检查仪器仪表指示灯	指示正常,灵敏可靠	目测			
5	附件	清洁滑块、弯盘	清洁整齐,无锈蚀、毛刺	清洁工具			

设备二级保养(机械)内容和要求

设备名称:弯管机　　　　　　　　　　　　　　　设备编号:＿＿＿＿＿＿＿＿

保养人员:＿＿＿＿＿＿＿＿　　　　　　　　　　保养日期:＿＿＿＿＿＿＿＿

序号	项目	细则	标准	工具	记录	签名	备注
1	作业场所	清理工作场地,做好安全防护措施	工作场地整洁,工作区域用红白旗隔离,安全防护措施到位	红白旗、清扫工具			
2	外观	擦拭机器外表及罩壳	内外清洁,无锈蚀,无黄袍	清洁工具			
		检查所有紧固件	紧固件牢固,无缺损	扳手、内六角扳手等			
3	传动机构	检查齿轮箱和传动件	完好,无伤痕	目测			
		检查导轨	无伤痕	目测			
4	液压及润滑	油箱清洁	无覆盖物及堵塞	扳手、内六角扳手等			
		检查油缸	无泄漏	扳手等			
		检修液压马达、油泵	液压设施有效,无渗漏	扳手等			
		检修液压管路,用串油泵冲洗液压油管	油路畅通	扳手、串油泵等			
		检查油杯、油孔	油杯完好,油孔畅通	扳手、油尺			
		检查油量、油质及润滑油	油质良好,油路畅通	油尺			
5	冷却	检查冷却装置	冷却液箱完好,无泄漏	目测			

设备二级保养(电气)内容和要求

设备名称:弯管机   设备编号:＿＿＿＿＿＿＿

保养人员:＿＿＿＿＿＿＿   保养日期:＿＿＿＿＿＿＿

序号	项目	细则	标准	工具	记录	签名	备注
1	设备断电	弯管机断电	设备电压为"0",有警示牌	万用表			
		悬挂警示牌					
2	电机	电机绝缘检查	≥1.5 MΩ	兆欧表			
		补充或更换轴承润滑油脂	润滑良好	轴承拉拔器			
3	电箱、操纵箱	电气控制内部清洁保养	内部整洁,无杂物	吸尘器、刷子等			
		电控箱内接触器、开关、继电器、接插件接触检查	接触良好,无松动	万用表			
		电控箱内走线槽、盖板和接线端子紧固检查	接触良好,紧固	螺丝刀			
4	设备上电	总电源输出端上电	输出电压稳定,保持380 V				
		检查电源指示灯、电压表	电源指示灯亮起,电压表指针指示为380 V	万用表			
		摘取警示牌	警示牌复位				
5	安全装置	按设备安全操作规范对设备安全保护装置进行检查(各类门限位、应急按钮等)	工作正常,安全有效	目测			

设备一级保养内容和要求

设备名称:卷板机 　　　　　　　　　　　　　　设备编号:＿＿＿＿＿＿＿＿

保养人员:＿＿＿＿＿＿＿＿ 　　　　　　　　　　保养日期:＿＿＿＿＿＿＿＿

序号	项目	细则	标准	工具	记录	签名	备注
1	外表	擦拭机床外表及罩、盖	清洁,无油污、覆盖物等	清洁工具			
		检查并补齐螺钉、螺母、手柄(球)	无松动、缺损	扳手			
2	传动	检查立柱、机身等所有紧固件	无松动	扳手			
		检查齿轮箱、传动轴和传动链	传动平稳	目测			
		检查上辊升降机构、传动件、丝杆	机构完好,动作正常、平衡				
		检查传动齿轮及其他传动零件	工作正常,传动平稳可靠	耳听			
3	液压与润滑	清洁油箱滤筒	无覆盖物及堵塞	扳手、内六角扳手等			
		常用部件注油	部件润滑顺畅	油枪、扳手等			
		检修液压马达、油泵	液压设施有效,无渗漏	扳手等			
		检修液压管路,用串油泵冲洗液压油管	油路畅通	扳手、串油泵等			
		检查油杯、油孔	油杯完好,油孔畅通	扳手、油尺			
		检查油量、油质及润滑油	油质良好,油路畅通	油尺			
4	电气	擦拭电动机及电气箱外表	内外清洁,无异常	清洁工具			
		检查限位装置与接地电阻	无松动,接地电阻符合要求	接地摇表			
		检查仪器仪表指示灯	指示正常,灵敏可靠	目测			

设备二级保养(机械)内容和要求

设备名称:卷板机 　　　　　　　　　　设备编号:＿＿＿＿＿＿＿＿

保养人员:＿＿＿＿＿＿＿＿ 　　　　　　保养日期:＿＿＿＿＿＿＿＿

序号	项目	细则	标准	工具	记录	签名	备注
1	作业场所	清理工作场地,做好安全防护措施	工作场地整洁,工作区域用红白旗隔离,安全防护措施到位	红白旗、清扫工具			
2	外观	擦拭机床外表及罩壳	内外清洁,无锈蚀,无黄袍	清洁工具			
		检查所有紧固件是否松动或损坏	紧固件牢固,无缺损	扳手、内六角扳手等			
3	传动机构	检查立柱、机身等所有紧固件	紧固件牢固,无缺损	扳手、内六角扳手等			
		检查上辊升降机构,传动件	紧固件牢固,无缺损	扳手、内六角扳手等			
		检查轧辊,去除毛刺	辊子清洁,无伤痕	布、钢刷			
		检查轧辊轴承	轴承完好,轧辊转动平稳	目测			
4	液压及润滑	油箱滤筒清洁	无覆盖物及堵塞	扳手、内六角扳手等			
		常用部件注油	部件润滑顺畅	油枪、扳手等			
		液压马达、油泵检修	液压设施有效,无渗漏	扳手等			
		液压管路检修,用串油泵冲洗液压油管	油路畅通	扳手、串油泵等			
		检查油杯、油孔	油杯完好,油孔畅通	扳手、油尺			
		检查油量、油质及润滑油	油质良好,油路畅通	油尺			

设备二级保养(电气)内容和要求

设备名称:卷板机   设备编号:＿＿＿＿＿＿＿＿

保养人员:＿＿＿＿＿＿＿＿   保养日期:＿＿＿＿＿＿＿＿

序号	项目	细则	标准	工具	记录	签名	备注
1	设备断电	卷板机断电	设备电压为"0",有警示牌	万用表			
		悬挂警示牌					
2	电机	电机绝缘检查	≥1.5 MΩ	兆欧表			
		补充或更换轴承润滑油脂	润滑良好	轴承拉拔器			
3	电箱、操纵箱	电气控制内部清洁保养	内部清洁、整齐,无杂物	吸尘器、刷子等			
		电控箱内接触器、开关、继电器、接插件接触检查	接触良好,无松动	万用表			
		电控箱内走线槽、盖板和接线端子紧固检查	接触良好,紧固	螺丝刀			
4	设备上电	总电源输出端上电	输出电压稳定,保持380 V	万用表			
		检查电源指示灯、电压表	电源指示灯亮起,电压表指针指示为380 V				
		摘取警示牌	警示牌复位				
5	安全装置	按设备安全操作规范对设备安全保护装置进行检查(各类门限位、应急按钮等)	工作正常,安全有效	目测			

设备一级保养内容和要求

设备名称:三辊卷板机 　　　　　　　　　　　设备编号:＿＿＿＿＿＿＿＿

保养人员:＿＿＿＿＿＿＿＿　　　　　　　　　保养日期:＿＿＿＿＿＿＿＿

序号	项目	细则	标准	工具	记录	签名	备注
1	外表	擦拭机器外表及罩、盖,保持内外清洁,无锈蚀、无黄袍	清洁,无油污、覆盖物等	清洁工具			
2	纵、横向运动部位	检查并补齐螺钉、螺母、手柄(球)	无松动、缺损	扳手			
3		检查立柱、机身等所有紧固件	无松动	扳手			
4	传动	检查轧辊	无毛刺、铁屑杂物和油污	毛刷、清洁工具			
5		检查齿轮箱、传动轴和传动链	传动平稳				
6	液压与润滑	清洁过滤器油箱、油管	滤网清洁,无堵塞	清洁工具			
7	润滑	检查液压油油量、油质	符合使用要求	油尺			
8		加注润滑油脂	润滑良好	加油枪			
9		操作箱外表保养	外表、按钮、屏幕无油污和覆盖物	清洁工具			
10	电气	擦拭电动机及电气箱	内外清洁,无异常	清洁工具			
11		检查限位装置与接地	无松动,接地电阻符合要求	接地摇表			
12		检查仪器仪表指示灯	指示正常,灵敏可靠	目测			
13	机器周边	机器周边铁屑杂物清理	周边无铁屑杂物	扫帚、铁铲			
14	基坑	回水槽铁屑、地面油污清理	地基回水畅通,地面无油污	清洁工具			

设备二级保养(机械)内容和要求

设备名称:三辊卷板机 　　　　　　　　　　设备编号:_____

保养人员:_____ 　　　　　　　保养日期:_____

序号	项目	细则	标准	工具	记录	签名	备注
1	机械部分	清理工作场地,做好安全防护措施	工作场地整洁,工作区域用红白旗隔离,安全防护措施到位	红白旗、清扫工具			
2		检查机器安全扶梯、踏步、罩壳等	部件牢固	目测			
3		检查齿轮箱传动轴及联轴器	传动平稳,无振动	目测、耳听			
4		检查立柱、机身等所有紧固件	紧固件牢固,无缺损	扳手、内六角扳手等			
5		检查上辊升降机构,传动件及丝杆螺母	紧固件牢固,无缺损	扳手、内六角扳手等			
6		检查轧辊,去除毛刺	辊子清洁,无伤痕	清洁工具			
7		清洁油箱滤网	无阻塞物	清洁工具			
8		检查高压泵,根据情况修复或更换磨损件	无振动,无杂音,工作正常	目测、耳听			
9		油路、阀件检查	畅通,无泄漏	扳手、内六角扳手等			
10		检查液压、油质油量	液压油质干净、油量达标	清洁工具、加油机			
11		检查润滑装置油质、油量	油质、油量达标	加油枪			
12		按精度单检查、调整修复间隙精度	精度符合标准	百分表等			

设备二级保养(电气)内容和要求

设备名称:三辊卷板机　　　　　　　　　　　　　　设备编号:＿＿＿＿＿＿＿＿

保养人员:＿＿＿＿＿＿＿＿　　　　　　　　　　　　保养日期:＿＿＿＿＿＿＿＿

序号	项目	细则	标准	工具	记录	签名	备注
1	设备断电	机器断电	设备电压为"0",有警示牌	万用表			
2		悬挂警示牌					
3	电机	电机绝缘检查	≥1.5 MΩ	兆欧表			
4		对电机冷却风机进行保养,更换进风口滤网	无油污、覆盖物等;冷却回路畅通	扳手、螺丝刀、清洁工具			
5		补充或更换轴承润滑油脂	润滑良好	轴承拉拔器			
6	电箱、操纵箱、操作台、数控	电箱、操纵箱内部清洁保养	内部清洁、整齐,无杂物	吸尘器、刷子等			
7		电箱、操纵箱内部插接件接触检查	接触良好	万用表			
8		电箱、操纵箱内主回路接线端子紧固检查	接触良好,紧固	螺丝刀			
9		检查并清洁 PLC 模块	无灰尘,运行正常	压缩空气			
10	设备上电	清洁触摸屏	屏幕面板无油污,灰尘	清洁工具			
11		检查通信系统	运行正常	目测			
12		机器上电,设备系统启动	输出电压稳定	万用表			
13		摘取警示牌	警示牌复位				
14	设备调整	电气传感器调整	动作正常,反馈信号正常	万用表			
15		各类电气控制元件调整	动作正常,反馈信号正常	目测			
16		机器外围辅助设备检查、调整	正常工作	目测			
17	安全装置	按设备安全操作规范对设备安全保护装置进行检查(各类门限位、应急按钮等)	工作正常,安全有效	目测			

设备一级保养内容和要求

设备名称:四辊卷板机   设备编号:_____

保养人员:_____   保养日期:_____

序号	项目	细则	标准	工具	记录	签名	备注
1	外表	擦拭机器外表及罩、盖	无锈蚀,无黄袍,无油污、覆盖物等	清洁工具			
		检查并补齐螺钉、螺母、手柄(球)	无松动、缺损	扳手			
2	传动	检查立柱、支撑托架、侧支撑、机身等紧固件	无松动	扳手			
		检查轧辊	无毛刺、铁屑杂物和油污	毛刷、清洁工具			
		检查传动轴和传动链	传动平稳				
3	液压与润滑	清洁过滤器油箱、油管	滤网清洁,无堵塞	清洁工具			
		检查液压油油量油质	符合使用要求	油尺			
		加注润滑油脂	润滑良好	加油枪			
		检查液压油冷却水箱水位	在允许范围内	目测			
4	操作箱	操作箱外表保养	无油污、覆盖物	清洁工具			
5	电气	擦拭电动机及电气箱,检查有无异常	内外清洁,无异常	清洁工具			
		检查限位装置与接地	无松动,接地电阻符合要求	接地摇表			
		检查仪器仪表指示灯	指示正常,灵敏可靠	目测			
6	机器周边	机器周边铁屑杂物清理	无铁屑杂物覆盖	扫帚、铁铲			
7	基坑	回水槽铁屑、地面油污清理	回水畅通,地面无油污	清洁工具			

设备二级保养(机械)内容和要求

设备名称:四辊卷板机　　　　　　　　　　　　　设备编号:＿＿＿＿＿＿＿＿＿

保养人员:＿＿＿＿＿＿＿＿＿　　　　　　　　　保养日期:＿＿＿＿＿＿＿＿＿

序号	项目	细则	标准	工具	记录	签名	备注
1	作业前准备	清理工作场地,做好安全防护措施	工作场地整洁,工作区域用红白旗隔离,安全防护措施到位	红白旗、清扫工具			
2	机身及构件	检查机器安全扶梯、踏步、罩壳等	紧固件牢固	目测			
		检查立柱、机身等所有紧固件	紧固件牢固,无缺损	扳手、内六角扳手等			
		检查下辊升降机构,传动件	紧固件牢固,无缺损	扳手、内六角扳手等			
3	液压与润滑	清洁油箱滤筒	无覆盖物及堵塞	清洁工具			
		运转时间超过2000 h或检测油质不达标时,更换机油	机油符合标准	加油泵、扳手等			
		清洁冷却水箱	无杂物及堵塞	清扫工具、扳手等			
		常用部件注油	部件润滑顺畅	油枪、扳手等			
		检修液压马达、油泵	有效,无渗漏	扳手等			
		用串油泵冲洗检修液压油管	油路畅通,无泄漏	扳手、串油泵等			
4	参数调整	各类参数调整(定位、速度等)	机床运动正常、平稳,定位准确	机械精度检测工具			

设备二级保养(电气)内容和要求

设备名称:四辊卷板机　　　　　　　　　　　设备编号:＿＿＿＿＿＿＿＿

保养人员:＿＿＿＿＿＿＿＿　　　　　　　　　保养日期:＿＿＿＿＿＿＿＿

序号	项目	细则	标准	工具	记录	签名	备注
1	数据备份	按系统标准操作规范,对设备系统数据全部或分项进行数据备份	完成备份(二级保养保险备份)	电脑、存储卡			数控设备、PLC设备
2	设备断电	机床断电	设备电压为"0",有警示牌	万用表			数控设备、PLC设备
		悬挂警示牌					
3	电机	对防水等级在IP44以下(含IP44)电机检查绝缘	电阻≥3.8 MΩ	兆欧表			断开电机回路再进行测量
		对电机(含冷却风扇)进行保养	无油污、覆盖物等				
4	电箱、操纵箱、操作面板、数控	电箱、操纵箱内部保养	清洁、整齐,无杂物	吸尘器、刷子等			
		电箱、操纵箱内接插件接触检查	接触良好	万用表			
		电箱、操纵箱内主回路接线端子紧固检查	接触良好,紧固	螺丝刀			
5	设备上电	设备上电,系统启动	输出电压稳定	万用表			
		摘取警示牌	警示牌复位				
6	设备调整	电气传感器调整	设备动作正常,反馈信号正常	万用表等			
		各类电气控制元件调整	设备动作正常,反馈信号正常				
7	安全装置	按系统安全操作规范,对设备安全保护装置进行检查(各类门限位、应急按钮等)	工作正常,安全有效				

设备一级保养内容和要求

设备名称:肋骨冷弯机　　　　　　　　　　　　设备编号:＿＿＿＿＿＿＿＿＿

保养人员:＿＿＿＿＿＿＿＿＿　　　　　　　　保养日期:＿＿＿＿＿＿＿＿＿

序号	项目	细则	标准	工具	记录	签名	备注
1	外表	擦拭机器外表及罩、盖	无锈蚀,无黄袍,无油污、覆盖物等	清洁工具			
2		检查机身等所有紧固件	无松动	扳手			
3	传动	检查齿轮箱和传动机构	无异响,运转正常	目测、耳听			
4		检查进给装置	无毛刺、铁屑杂物和油污	毛刷、清洁工具			
5		检查齿轮箱、传动轴和传动链	传动平稳	目测			
6	液压与润滑	检查油泵工作情况,清洁滤油器,调整压力	滤网清洁,无堵塞现象	清洁工具			
7		检查液压油油量、油质	符合使用要求	油尺			
8		加注润滑油脂	润滑良好	加油枪			
9	操作箱	操作箱外表保养	外表、按钮、屏幕无油污和覆盖物	清洁工具			
10	电气	擦拭电动机及电气箱	内外清洁,无异常	清洁工具			
11		检查限位装置与接地	无松动,接地电阻符合要求	接地摇表			
12		检查仪器、仪表指示灯	指示正常,灵敏可靠	目测			
13	机器附件	清洁全部附件、滑块弯盘	清洁,整齐,无锈蚀,消除飞边毛刺	清洁工具			
14	基坑	回水槽铁屑、地面油污清理	地基回水畅通,地面无油污	清洁工具			

设备二级保养(机械)内容和要求

设备名称:肋骨冷弯机 　　　　　　　　　　　　设备编号:＿＿＿＿＿＿＿＿

保养人员:＿＿＿＿＿＿＿＿ 　　　　　　　　　保养日期:＿＿＿＿＿＿＿＿

序号	项目	细则	标准	工具	记录	签名	备注
1	机械部分	清理工作场地,做好安全防护措施	工作场地整洁,工作区域用红白旗隔离,安全防护措施到位	红白旗、清扫工具			
2		检查机器安全扶梯、踏步、罩壳等	部件牢固	目测			
3		拆卸齿轮箱和传动件,修复磨损件	传动平稳,无振动	目测、耳听			
4		检查机身所有紧固件	紧固件牢固,无缺损	扳手、内六角扳手等			
5		检查导轨面,修刮伤痕	运行顺畅	清洁工具			
6		检查液压油缸,更换密封圈垫	无泄漏	扳手、内六角扳手等			
7		清洁油箱滤网	无阻塞物	清洁工具			
8		检查高压泵,根据情况修复或更换磨损件	无振动,无杂音,工作正常	目测、耳听			
9		检查油路管件、阀件	油路畅通,无泄漏	扳手、内六角扳手等			
10		检查液压油质、油量	液压油质干净,油量达标	清洁工具、加油机			
11		检查润滑装置油质、油量	油质、油量符合标准	加油枪			
12		按精度单检查、调整修复间隙精度	精度符合标准	百分表等			

设备二级保养(电气)内容和要求

设备名称:肋骨冷弯机　　　　　　　　　　　　设备编号:＿＿＿＿＿＿＿＿

保养人员:＿＿＿＿＿＿＿＿　　　　　　　　　　保养日期:＿＿＿＿＿＿＿＿

序号	项目	细则	标准	工具	记录	签名	备注
1	设备断电	机器断电	设备电压为"0",有警示牌	万用表			
2		悬挂警示牌					
3	电机	电机绝缘检查	≥1.5 MΩ	兆欧表			
4		对电机冷却风机进行保养,更换进风口滤网	无油污、覆盖物等;冷却回路畅通	扳手、螺丝刀、清洁工具			
5		补充或更换轴承润滑油脂	润滑良好	轴承拉拔器			
6	电箱、操纵箱、操作面板、数控	电箱、操纵箱内部清洁保养	内部清洁、整齐,无杂物	吸尘器、刷子等			
7		电箱、操纵箱内部插接件接触检查	接触良好	万用表			
8		电箱、操纵箱内主回路接线端子紧固检查	接触良好、紧固	螺丝刀			
9		检查、清洁 PLC 模块	无灰尘,运行正常	压缩空气			
10		清洁触摸屏	屏幕面板无油污,灰尘	清洁工具			
11		检查通信系统	运行正常	目测			
12	设备上电	机器上电,设备系统启动	输出电压稳定	万用表			
13		摘取警示牌	警示牌复位				
14	设备调整	电气传感器调整	动作正常,反馈信号正常	万用表			
15		各类电气控制元件调整	动作正常,反馈信号正常	万用表			
16		机器外围辅助设备检查、调整	正常工作	目测			
17	安全装置	按设备安全操作规范对设备安全保护装置进行检查(各类门限位、应急按钮等)	工作正常,安全有效	目测			

设备一级保养内容和要求

设备名称:联合冲剪机 　　　　　　　　　　设备编号:_____

保养人员:_____ 　　　　　　　保养日期:_____

序号	项目	细则	标准	工具	记录	签名	备注
1	外表	擦拭机器外表及罩、盖	无锈蚀,无黄袍,无油污覆盖物等	清洁工具			
		检查紧固件	无松动、缺损	扳手			
2	传动	检查传动零件	无松动,运转正常、平稳	目测,扳手			
3	液压与润滑	清洁过滤器油箱、油管	滤网清洁,无堵塞现象	清洁工具			
		检查液压油油量、油质	符合使用要求	油尺			
		加注润滑油脂	润滑良好	加油枪			
4	冲头	检查摇臂、导轨等	无磨损,导轨压板间隙合理	目测,扳手			
		检查操作机构	灵活可靠	目测,扳手			
5	剪切	检查夹紧装置	夹紧牢固、可靠	目测,试车			
		检查导轨及刀片	无磨损,导轨压板间隙合理	扳手			
6	电气	擦拭电动机及电气箱,检查有无异常	内外清洁,无异常	清洁工具			
		检查限位装置与接地电阻	无松动,接地电阻符合要求	接地摇表			
		检查仪器仪表指示灯	指示正常,灵敏可靠	目测			
7	机器周边	机器周边铁屑杂物清理	无铁屑、杂物覆盖	扫帚、铁铲			

设备二级保养(机械)内容和要求

设备名称:联合冲剪机

设备编号:_____

保养人员:_____

保养日期:_____

序号	项目	细则	标准	工具	记录	签名	备注
1	作业前准备	清理工作场地,做好安全防护措施	工作场地整洁,有红白旗安全标示	红白旗、清扫工具			
2	机身及构件	检查机架、机身、罩壳等所有紧固件	紧固件牢固,无缺损	扳手、内六角扳手等			
		检查导轨、压板间隙等	导轨无磨损,压板间隙符合要求	扳手、内六角扳手等			
3	液压与润滑	油箱滤筒清洁	无覆盖物及堵塞	扳手、内六角扳手等			
		液压油更换	油质达标	加油泵、扳手等			
		常用部件注油	部件润滑顺畅	油枪、扳手等			
		液压马达、油泵检修	运行顺畅,无渗漏	扳手等			
		检修液压油管	油路畅通,无泄漏	扳手、串油泵等			

设备二级保养(电气)内容和要求

设备名称:联合冲剪机

设备编号:＿＿＿＿＿＿＿＿＿

保养人员:＿＿＿＿＿＿＿＿＿

保养日期:＿＿＿＿＿＿＿＿＿

序号	项目	细则	标准	工具	记录	签名	备注
1	设备断电	设备断电	设备电压为"0"	万用表			
		悬挂警示牌	有警示牌				
2	电机	对防水等级在 IP44 以下(含 IP44)电机检查绝缘	电阻≥3.8 MΩ	兆欧表			断开电机回路再进行测量
		电机保养	无油污、覆盖物,更换润滑油脂等	清洁工具、油枪			
3	电箱、操纵箱、操作面板、数控	电箱、操纵箱内部保养	清洁、整齐,无杂物	吸尘器、刷子等			
		电箱、操纵箱内接插件接触检查	接触良好	万用表			
		电箱、操纵箱内主回路接线端子紧固检查	接触良好,紧固	螺丝刀			
4	设备上电	设备上电,系统启动	输出电压稳定	万用表			
		摘取警示牌	警示牌复位				
5	安全装置	按系统安全操作规范对设备安全保护装置进行检查	工作正常,安全有效				

设备一级保养内容和要求

设备名称:1000 t 单臂液压机　　　　　　　　设备编号:＿＿＿＿＿＿＿＿

保养人员:＿＿＿＿＿＿＿＿　　　　　　　　　　保养日期:＿＿＿＿＿＿＿＿

序号	项目	细则	标准	工具	记录	签名	备注
1	外表	设备外部清洁	无锈蚀,无油渍,无黄袍	清洁工具			
2	传动系统	检查液压系统柱塞外观,检查机械密封	柱塞外表无毛刺、划痕等	目测			
		对各传动系统紧固件进行紧固	各轴销运转活络,无卡阻	试验,目测			
3	液压、润滑系统	液压系统、润滑系统油路检查	油窗清晰,油量到位,管路畅通,无泄漏	目测			
		润滑油油品检查,更换液压油(视油质而定)	油质合规	目测			
		液压系统带压检查	管道、密封无泄漏	试验,目测			
4	电气	电箱内部使用干燥压缩空气吹扫	电箱内部整洁	试验,目测			
		检修电气箱及电气控制系统,对设备各动作进行试验	运行无异常	试验,目测			
		检查各电磁阀	动作灵敏、迅速,无卡阻现象	试验,目测			

设备二级保养内容和要求

设备名称:1000 t 单臂液压机　　　　　　　　　　设备编号:＿＿＿＿＿＿＿

保养人员:＿＿＿＿＿＿＿＿＿　　　　　　　　　　保养日期:＿＿＿＿＿＿＿

序号	项目	细则	标准	工具	记录	签名	备注
1	外表	机器外表清洁	无锈蚀,无油渍,无黄袍	清洁工具			
2	传动系统	主缸、顶机缸解体,检查机械密封环,有损换新	外观清洁,机械密封完好,油路畅通,无漏油	检修工具			
		对主缸锁母、插装螺钉、连接螺栓、连接螺钉等紧固件进行紧固	各连接件、紧固件固定有效,无异常松脱和移位	扳手、手锤等工具			
3	润滑系统	润滑系统油路检查	油窗清晰,油量到位,管路畅通,无泄漏	目测,试验			
		检查齿轮箱润滑油油质	油质合规	目测,试验			
		疏通油路,加注润滑脂	润滑良好	油枪			
4	液压系统	检查液压油油质,达到运行时间需更换	油质合规	目测			
		清洁液压油油箱	清洁,无异物	清洁工具			
		对各传动系统紧固件进行检查和紧固	运转活络,无卡阻	塞尺、试验			
5	电气	检修电气箱及电气控制系统,电箱内部使用干燥压缩空气吹扫	内部整洁	试验,目测			
		对各电磁阀进行检查,对设备各动作进行试验	运行无异常	试验,目测			
		电动机解体保养,轴承更新	按电动机修理标准执行	专用工具、试验			

设备一级保养内容和要求

设备名称:T 型材立式液压矫正机 　　　　　设备编号:_____

保养人员:_____ 　　　　　保养日期:_____

序号	项目	细则	标准	工具	记录	签名	备注
1	设备及周围场地"5S"	清扫周围工作场地	场地无垃圾	扫帚、清洁工具			
		擦拭设备表面	无尘土	清洁工具			
2	辊道	辊道轴承、传动链条、链轮,加注润滑脂	辊道轴承端盖刚有润滑脂溢出即可,链节有润滑脂即可	软毛刷			
		去除辊道表面毛刺	辊道表面无毛刺	打磨机			
		紧固轴承螺栓	轴承无松动	扳手			
		更换损坏轴承	所有轴承完好	扳手			
3	辊道升降装置	紧固连杆螺母	连杆连接牢固,螺母无松动	扳手			
4	主机	紧固所有外围螺栓	螺栓无松动	扳手			
		清洁主机移动端与固定端所形成的腔体内部垃圾	无垃圾	清洁工具			
5	液压软管沟	清洁液压软管沟	液压软管沟内无垃圾	清洁工具			
6	人机交换界面	用干抹布清洁触摸屏表面灰尘	表面无灰尘,触点功能灵敏	干抹布			
7	压辊	去除压辊表面毛刺	压辊表面无毛刺	打磨机			

设备二级保养(机械)内容和要求

设备名称:T 型材立式液压矫正机　　　　　　　　　　设备编号:＿＿＿＿＿＿＿＿＿

保养人员:＿＿＿＿＿＿＿＿＿　　　　　　　　　　　保养日期:＿＿＿＿＿＿＿＿＿

序号	项目	细则	标准	工具	记录	签名	备注
1	辊道	调整轨道直线度、水平度	误差 ± 2 mm/2 m	扳手、测量工具			
2	传动链轮检修	传动链轮检修	前后轴平行度在 1/300 以内,前后轮共面度在 0.5 ~ 1 mm/m	扳手、测量工具			
3	传动链条检修	传动链条检修	链条运转无偏离链盘现象,无异响	扳手			
4	液压油缸	调节活塞杆行程、压力	所有油缸行程、动作一致	扳手			
5	电磁阀	拆卸清洁电磁阀(组件)	阀内无垃圾,开闭无卡阻	扳手、煤油			
6	压力表检验	压力表检验	与液压站相应油压值一致	扳手、螺丝刀			
7	系统压力调节	系统压力调节	压力值与系统设定值(或厂家规定值)一致	扳手			
8	液压站检修	液压站检修	液压站运行平稳,无异响				
9	液压油管检修	液压油管整理,检查有无渗、漏点	油管摆放规范,无渗、漏点				
10	液压油检查	检查液压油是否充足,油质是否明显变质	保证液压油油箱储量大于最低要求,油质无明显乳化或其他变质现象	注油泵			

设备二级保养(电气)内容和要求

设备名称:T型材立式液压矫正机　　　　　　　设备编号:＿＿＿＿＿＿＿

保养人员:＿＿＿＿＿＿＿＿　　　　　　　　　保养日期:＿＿＿＿＿＿＿

序号	项目	细则	标准	工具	记录	签名	备注
1	设备断电	设备断电	设备电压为"0",有警示牌	万用表			
		稳压电源输出端断电					
		悬挂警示牌					
2	电机	交流异步电动机电机绝缘检查,绝缘不良的,要绝缘处理或更新	绝缘电阻≥0.38 MΩ(热态),≥0.5 MΩ(常温)	兆欧表			
		接线盒内的接线检查、紧固	固定牢靠,无虚接、过热现象	扳手、螺丝刀			
		拆卸风罩,清洁风叶,更换进风口滤网(若有)	无油污、覆盖物等	扳手、软毛刷			
		检查、更换炭刷(若有)	接触部位无积炭,炭刷磨损不超过2/3	螺丝刀			
3	变频器	清洁冷却风扇	风扇内外、进风口清洁,无覆盖物	螺丝刀、软毛刷			
		滤波电容器,电容主体膨胀,需更换	电容工况正常	电烙铁			
		检查变频器局部放电、拉弧现象	运行正常	电工工具			
		紧固外部端子排接线、插线	接线、插线连接牢固	螺丝刀			
4	变(稳)压器	清洁外表面积灰	表面无积灰	软毛刷			
		紧固一次、二次侧接线	接线连接牢固	扳手			
5	电控箱柜	内部清洁保养	内部清洁、整齐,无杂物	吸尘器、软毛刷			
		排线整理	接头牢固,排线整齐,线槽盖板无缺失	螺丝刀			
		散热风扇清洁	风扇内外、进风口清洁,无覆盖物	螺丝刀、软毛刷			

表(续)

序号	项目	细则	标准	工具	记录	签名	备注
6	修复损坏件	修复、更换损坏零部件	零部件齐全	螺丝刀、扳手等			
7	设备上电	设备输入电源上电	输电压稳定,保持380 V±10%	万用表			
		设备内各分控开关上电	电压与分控实际电压一致	万用表			
8	安全装置检修	按系统安全操作规范对设备安全保护装置进行检修(各类软、硬限位、缓冲器等)	工作正常,安全有效	螺丝刀、扳手等			
		检查连锁保护装置	连锁有效,动作灵敏、可靠	螺丝刀、万用表等			
9	设备调整	测试设备各控制、执行功能	设备功能齐全、有效,运行平稳。解决发现的问题	维修工具			
10	仪器仪表校对	仪器仪表校对	显示正确、灵敏	螺丝刀及其他			

设备一级保养内容和要求

设备名称:板料校平机(七辊)　　　　　　　　　　设备编号:＿＿＿＿＿＿＿＿＿

保养人员:＿＿＿＿＿＿＿＿＿　　　　　　　　　　保养日期:＿＿＿＿＿＿＿＿＿

序号	项目	细则	标准	工具	记录	签名	备注
1	设备及周围场地"5S"	清扫周围工作场地	场地无垃圾	扫帚、清洁工具			
		擦拭设备表面	无尘土	清洁工具			
2	上辊	上辊升降丝杆表面润滑	表面涂抹润滑脂	软毛刷			
3	辊道去毛刺	可视辊道表面去毛刺	辊道表面无毛刺	打磨机			
4	螺栓紧固	设备表面可视螺栓紧固	螺栓无松动	扳手			

设备二级保养(机械)内容和要求

设备名称:板料校平机(七辊)　　　　　　　　设备编号:＿＿＿＿＿＿＿

保养人员:＿＿＿＿＿＿＿＿　　　　　　　　　保养日期:＿＿＿＿＿＿＿

序号	项目	细则	标准	工具	记录	签名	备注
1	联轴器检修	检修联轴器	消除存在的问题	机修工具			
2	传动齿轮润滑	拆卸传动齿轮箱外壳,检修齿轮啮合度,并润滑	齿轮啮合正常,润滑良好	扳手、软毛刷			
3	螺栓紧固	对各箱体、壳体内部螺栓进行紧固	螺栓无松动	扳手			
4	辊道精度调整	辊道安装精度调整	辊道直线度、水平度误差±1 mm,辊道之间平行度误差±1 mm	扳手、测量工具			

设备二级保养(电气)内容和要求

设备名称:板料校平机(七辊)　　　　　　　　　设备编号:＿＿＿＿＿＿＿＿＿

保养人员:＿＿＿＿＿＿＿＿＿　　　　　　　　　保养日期:＿＿＿＿＿＿＿＿＿

序号	项目	细则	标准	工具	记录	签名	备注
1	设备断电	设备断电	设备电压为"0",有警示牌	万用表			
		稳压电源输出端断电					
		悬挂警示牌					
2	电机	交流异步电动机电机绝缘检查,绝缘不良的,要绝缘处理或更新	绝缘电阻≥0.38 MΩ(热态),≥0.5 MΩ(常温)	兆欧表			
		接线盒内的接线检查、紧固	固定牢靠,无虚接、过热现象	扳手、螺丝刀			
		拆卸风罩,清洁风叶,更换进风口滤网(若有)	无油污、覆盖物等	扳手、软毛刷			
		检查、更换炭刷(若有)	接触部位无积炭,炭刷磨损不超过2/3	螺丝刀			
3	变(稳)压器	清洁外表面积灰	表面无积灰	软毛刷			
		紧固一次、二次侧接线	接线连接牢固	扳手			
4	电控箱柜	内部清洁保养	内部清洁、整齐,无杂物	吸尘器、软毛刷			
		排线整理	接头牢固,排线整齐,线槽盖板无缺失	螺丝刀			
		散热风扇清洁	风扇内外、进风口清洁,无覆盖物	螺丝刀、软毛刷			
5	修复损坏件	修复、更换损坏零部件	零部件齐全	螺丝刀、扳手等			
6	设备上电	设备输入电源上电	输入电压稳定,保持380 V±10%	万用表			
		设备内各分控开关上电	电压与分控实际电压一致	万用表			

表(续)

序号	项目	细则	标准	工具	记录	签名	备注
7	安全装置检修	按系统安全操作规范对设备安全保护装置进行检修(各类软、硬限位,缓冲器等)	工作正常,安全有效	螺丝刀、扳手等			
8	设备调整	测试设备各控制、执行功能	设备功能齐全、有效,运行平稳。解决发现的问题	维修工具			
9	仪器仪表校对	仪器仪表校对	显示正确、灵敏	螺丝刀及其他			

设备一级保养内容和要求

设备名称:板料校平机 　　　　　　　　　　设备编号:＿＿＿＿＿＿＿＿

保养人员:＿＿＿＿＿＿＿＿　　　　　　　　保养日期:＿＿＿＿＿＿＿＿

序号	项目	细则	标准	工具	记录	签名	备注
1	外表	清洁主体	无油污,无黄袍	清扫工具			
2	传动机构	清扫工作辊、托辊,检查有无裂纹,紧固件是否牢靠	传动平稳,运转正常	调整工具			
		检查传动件、滑块、齿轮箱等是否正常运转	行走平稳可靠	调整工具			
		检查并调整制动装置	制动灵敏可靠	调整工具			
		检查各行程限位	限位可靠	测试			
3	润滑系统	检查齿轮减速器润滑油的油量、油质	达到润滑要求	注油工具			
4	电气	擦拭电机、操作台、控制箱,达到内外整洁	内外清洁,使用正常	清洁工具			
		检查限位装置与接地	安全可靠,使用正常	调整工具			

设备二级保养(机械)内容和要求

设备名称:板料校平机　　　　　　　　　　设备编号:＿＿＿＿＿＿＿＿＿

保养人员:＿＿＿＿＿＿＿＿＿　　　　　　保养日期:＿＿＿＿＿＿＿＿＿

序号	项目	细则	标准	工具	记录	签名	备注
1	作业环境	清理工作场地,做好安全防护措施	工作场地整洁,工作区域用红白旗隔离,安全防护措施到位	红白旗、清扫工具			
2	传动机构	清扫工作辊、托辊,检查有无裂纹,紧固件是否牢靠	传动平稳,运转正常	调整工具			
		检查传动件、滑块、齿轮箱等是否正常运转	行走平稳可靠	调整工具			
		检查并调整制动装置	制动灵敏可靠	调整工具			
		检查各行程限位	限位安全可靠	测试			
		检查行走轮装置,调整间隙	行走平稳可靠	调整工具			
		检查龙门架,调整各部分间隙,并将螺丝全部拧紧	平稳运转	调整工具			
3	润滑系统保养	清洁注油器、滤油器,检查齿轮箱油面高度,传动机构要涂润滑油脂	管道油路畅通,达到润滑要求	注油工具			
		蜗轮丝杆及导轨处加1－3号钙基润滑脂	达到润滑要求	注油工具			

设备二级保养(电气)内容和要求

设备名称:板料校平机 设备编号:_____

保养人员:_____ 保养日期:_____

序号	项目	细则	标准	工具	记录	签名	备注
1	设备断电	稳压电源输出端断电 悬挂警示牌	设备电压为"0",有警示牌	万用表			
2	电箱 操纵箱	电箱、操纵箱内部清洁保养	内部清洁、整齐,无杂物	吸尘器、刷子等			
		电箱、操纵箱内部插接件接触检查	接触良好	万用表			
		检查主回路接线端子	接触良好,紧固	螺丝刀			
3	设备上电	稳压电源输出端上电	输出电压稳定,保持380 V	万用表			
		摘取警示牌	警示牌复位				
4	设备调整	电气传感器调整	动作正常,反馈信号正常	万用表			
		各类电气控制元件调整	机械手动作正常,反馈信号正常				
		外围辅助设备检查、调整	正常工作				
		各类手持工具功能检测	正常工作				
		各类参数调整(速度等)	机械手运动正常,平稳	精度检测工具			
5	安全装置	按操作规范检查设备安全保护装置(各类门限位、保护硬限位等)	工作正常,安全有效	螺丝刀、扳手等			
		检查校正行程限制器	工作正常,运行可靠	螺丝刀			
		检查急停保护装置	急停保护有效,动作灵敏、可靠				
		检查外挂电缆、信号线、坦克链	工作正常,安全有效	螺丝刀、扳手等			
6	供电系统	检查充电器、蓄电池	充电器工作正常、蓄电池电量充足	万用表			

设备一级保养内容和要求

设备名称:倒棱机   设备编号:_____

保养人员:_____   保养日期:_____

序号	项目	细则	标准	工具	记录	签名	备注
1	设备及周围场地"5S"	清扫周围工作场地	场地无垃圾	清洁工具			
		擦拭设备表面	无灰尘	清洁工具			
2	辊道	辊道轴承、传动链条、链轮,加注润滑脂	辊道轴承端盖刚有润滑脂溢出即可,链节有润滑脂即可	软毛刷			
		紧固轴承螺栓	轴承无松动	扳手			
		更换损坏轴承	所有轴承完好	扳手			
3	下料翻板装置	去除翻板装置板面毛刺	表面无毛刺	刮刀			
4	主机	紧固所有外围螺栓	螺栓无松动	扳手			
		清洁主机移动端与固定端所形成的腔体内部垃圾	无垃圾	清洁工具			
5	液压软管沟清洁	液压软管沟清洁	液压软管沟内无垃圾	清洁工具			

设备二级保养(机械)内容和要求

设备名称:倒棱机

设备编号:_____

保养人员:_____

保养日期:_____

序号	项目	细则	标准	工具	记录	签名	备注
1	辊道	调整轨道直线度、水平度	误差,±2 mm/2 m	扳手、测量工具			
2	传动链轮检修	传动链轮检修	前后轴平行度在1/300以内,前后轮共面度为 0.5 ~ 1 mm/m	扳手、测量工具			
3	传动链条检修	传动链条检修	链条运转无偏离链盘现象,无异响	扳手			
4	液压油缸	调节活塞杆行程、压力	所有油缸行程、动作一致	扳手			
5	电磁阀	拆卸清洁电磁阀(组件)	阀内无垃圾,开闭无卡阻	扳手、煤油			
6	压力表检验	压力表检验	与液压站相应油压值一致	扳手、螺丝刀			
7	系统压力调节	系统压力调节	压力值与系统设定值(或厂家规定值)一致	扳手			
8	液压站检修	液压站检修	液压站运行平稳,无异响				
9	液压油管检修	液压油管整理,检查有无渗漏点	油管摆放规范,无渗漏点				
10	液压油检查	检查液压油是否充足,油质是否明显变质	保证液压油油箱储量大于最低要求,油质无明显乳化或其他变质现象	注油泵			

设备二级保养(电气)内容和要求

设备名称:倒棱机 　　　　　　　　　　　　　　　　设备编号:_____

保养人员:_____ 　　　　　　　　　　　保养日期:_____

序号	项目	细则	标准	工具	记录	签名	备注
1	设备断电	设备断电	设备电压为"0",有警示牌	万用表			
		稳压电源输出端断电					
		悬挂警示牌					
2	电机	交流异步电动机电机绝缘检查,绝缘不良的,要绝缘处理或更新	绝缘电阻≥0.38 MΩ(热态),≥0.5 MΩ(常温)	兆欧表			
		接线盒内的接线检查、紧固	固定牢靠,无虚接、过热	扳手、螺丝刀			
		拆卸风罩,清洁风叶,更换进风口滤网(若有)	无油污、覆盖物等	扳手、软毛刷			
		检查、更换炭刷(若有)	接触部位无积炭,炭刷磨损不超过2/3	螺丝刀			
3	变频器保养	清洁冷却风扇	风扇内外、进风口清洁,无覆盖物	螺丝刀、软毛刷			
		滤波电容器,电容主体膨胀,需更换	电容工况正常	电烙铁			
		检查变频器局部放电、拉弧现象	变频器运行正常	电工工具			
		紧固外部端子排接线、插线	接线、插线连接牢固	螺丝刀			
4	伺服驱动器保养	清洁外表面积灰	表面无积灰	软毛刷			
		检查局部放电、拉弧现象	运行正常	电工工具			
		紧固外部端子排接线、插线	接线、插线连接牢固	螺丝刀			

表(续)

序号	项目	细则	标准	工具	记录	签名	备注
5	变(稳)压器	清洁外表面积灰	表面无积灰	软毛刷			
		紧固一次、二次侧接线	接线连接牢固	扳手			
6	电控箱柜	内部清洁保养	内部清洁、整齐,无杂物	吸尘器、软毛刷			
		排线整理	接头牢固,排线整齐,线槽盖板无缺失	螺丝刀			
		散热风扇清洁	风扇内外、进风口清洁,无覆盖物	螺丝刀、软毛刷			
7	修复损坏件	修复、更换损坏零部件	零部件齐全	螺丝刀、扳手等			
8	设备上电	设备输入电源上电	输入电压稳定,保持380 V±10%	万用表			
		设备内各分控开关上电	电压与分控实际电压一致	万用表			
9	安全装置检修	按系统安全操作规范,对设备安全保护装置进行检修(各类软、硬限位、缓冲器等)	工作正常,安全有效	螺丝刀、扳手等			
		检查连锁保护装置	连锁有效,动作灵敏、可靠	螺丝刀、万用表等			
10	设备调整	测试设备各控制、执行功能	设备功能齐全、有效,运行平稳	维修工具			
11	仪器仪表校对	仪器仪表校对	显示正确、灵敏	螺丝刀及其他			

设备一级保养内容和要求

设备名称:自动搓丝机 设备编号:＿＿＿＿＿＿＿＿

保养人员:＿＿＿＿＿＿＿＿ 保养日期:＿＿＿＿＿＿＿＿

序号	项目	细则	标准	工具	记录	签名	备注
1	设备及周围场地"5S"	清扫周围工作场地	场地无垃圾	清洁工具			
		擦拭设备表面	无尘土、油污	清洁工具			
2	导轨润滑	清洁搓丝板(运动侧),并在燕尾槽加注导轨润滑油	燕尾槽内无油污,搓丝板动作无卡阻	软毛刷			
3	搓丝油加注	加注或更换搓丝油	油量充足、清洁				
4	搓丝油管路清洁	搓丝油管路清洁	搓丝油流通顺畅,无卡阻	铁丝			
5	外围螺栓紧固	紧固设备外围可视螺栓	螺栓无松动	扳手			

设备二级保养(机械)内容和要求

设备名称:自动搓丝机　　　　　　　　　　　　　　设备编号:_____

保养人员:_____　　　　　　　　　　　保养日期:_____

序号	项目	细则	标准	工具	记录	签名	备注
1	传动皮带检查	检查三角皮带松紧度,视情况更换	皮带当中施加 2 kgf①压力,下沉量小于30 mm	扳手			
2	皮带轮螺母紧固	皮带轮螺母紧固	螺母无松动	扳手			
3	过滤器清洁	清洁搓丝油过滤器	表面、漏孔无杂质	高压水枪			
4	精度调整	检查和调整各转动部位的间隙	对照安装说明书	扳手			
5	连杆调整	根据加工螺栓调整连杆安装精度	螺栓加工质量满足使用要求	扳手			

注:1kgf≈9.8N。

设备二级保养(电气)内容和要求

设备名称:自动搓丝机   设备编号:＿＿＿＿＿＿＿＿

保养人员:＿＿＿＿＿＿＿＿   保养日期:＿＿＿＿＿＿＿＿

序号	项目	细则	标准	工具	记录	签名	备注
1	设备断电	设备断电 稳压电源输出端断电 悬挂警示牌	设备电压为"0",有警示牌	万用表			
2	电机	交流异步电动机电机绝缘检查,绝缘不良的,要绝缘处理或更新	绝缘电阻≥0.38 MΩ(热态),≥0.5 MΩ(常温)	兆欧表			
		接线盒内的接线检查、紧固	固定牢靠,无虚接、过热	扳手、螺丝刀			
		拆卸风罩,清洁风叶,更换进风口滤网(若有)	无油污、覆盖物等	扳手、软毛刷			
		检查、更换炭刷(若有)	接触部位无积炭,炭刷磨损不超过2/3	螺丝刀			
3	变(稳)压器保养	清洁外表面积灰	表面无积灰	软毛刷			
		紧固一次、二次侧接线	接线连接牢固	扳手			
4	电控箱柜保养	内部清洁保养	内部清洁、整齐,无杂物	吸尘器、软毛刷			
		排线整理	接头牢固,排线整齐,线槽盖板无缺失	螺丝刀			
		散热风扇清洁	风扇内外、进风口清洁,无覆盖物	螺丝刀、软毛刷			
5	修复损坏件	修复、更换损坏零部件	零部件齐全	螺丝刀、扳手等			
6	设备上电	设备输入电源上电	输入电压稳定,保持380 V±10%	万用表			
		设备内各分控开关上电	电压与分控实际电压一致	万用表			

表(续)

序号	项目	细则	标准	工具	记录	签名	备注
7	安全装置检修	按系统安全操作规范,对设备安全保护装置进行检修(各类软、硬限位,急停等)	工作正常,安全有效	螺丝刀、扳手等			
		检查连锁保护装置	连锁有效,动作灵敏、可靠	螺丝刀、万用表等			
8	设备调整	测试设备各控制、执行功能	设备功能齐全、有效,运行平稳。解决发现的问题	维修工具			
9	仪器仪表校对	仪器仪表校对	显示正确、灵敏	螺丝刀及其他			

设备一级保养内容和要求

设备名称:钢管调直除锈刷漆一体机　　　　　　　设备编号:＿＿＿＿＿＿＿＿

保养人员:＿＿＿＿＿＿＿＿＿　　　　　　　　　　保养日期:＿＿＿＿＿＿＿＿

序号	项目	细则	标准	工具	记录	签名	备注
1	设备及周围场地"5S"	清扫周围工作场地	场地无垃圾	扫帚、清洁工具			
		擦拭设备表面	无尘土	清洁工具			
2	输入、输出轮清洁	输入、输出轮清洁	钢轮表面及端侧无垃圾	钢丝刷			
3	润滑	传动轴承加注润滑油	运转无卡阻	牛油枪			
		入口托管底座钢轮轴承机油润滑	托轮运转无卡阻	牛油枪			
		传动链条清洁	可视面清洁	钢丝刷			
		传动齿轮箱加注机油	机油量在使用最下限值以上				
4	螺栓紧固	各部位螺栓紧固	螺栓无松动	扳手			
5	更换毛刷	检查钢丝刷、刷漆毛刷磨损情况	更换磨损刷头	螺丝刀			
6	油漆箱清洁	油漆箱清洁	箱体内部清洁	刮刀			

设备二级保养(机械)内容和要求

设备名称:钢管调直除锈刷漆一体机   设备编号:＿＿＿＿＿＿＿

保养人员:＿＿＿＿＿＿＿＿   保养日期:＿＿＿＿＿＿＿

序号	项目	细则	标准	工具	记录	签名	备注
1	润滑	传动轴承加注润滑油	运转无卡阻	牛油枪			
		入口托管底座钢轮轴承机油润滑	托轮运转无卡阻	牛油枪			
		传动链条清洁	可视面清洁	钢丝刷			
		传动齿轮箱加注机油	机油量在使用最下限值以上				
2	螺栓紧固	各部位螺栓紧固	螺栓无松动	扳手			
3	皮带松紧调整	检查电机上三角皮带松紧度,或更换皮带	皮带运行无明显上下跳动迹象	螺丝刀			

设备二级保养(电气)内容和要求

设备名称:钢管调直除锈刷漆一体机 设备编号:_____

保养人员:_____ 保养日期:_____

序号	项目	细则	标准	工具	记录	签名	备注
1	设备断电	设备断电	设备电压为"0",有警示牌	万用表			
		稳压电源输出端断电					
		悬挂警示牌					
2	电机	交流异步电动机电机绝缘检查,绝缘不良的,要绝缘处理或更新	绝缘电阻≥0.38 MΩ(热态),≥0.5 MΩ(常温)	兆欧表			
		接线盒内的接线检查、紧固	固定牢靠,无虚接、过热	扳手、螺丝刀			
		拆卸风罩,清洁风叶,更换进风口滤网(若有)	无油污、覆盖物等	扳手、软毛刷			
		检查、更换炭刷(若有)	接触部位无积炭,炭刷磨损不超过2/3	螺丝刀			
3	变(稳)压器保养	清洁外表面积灰	表面无积灰	软毛刷			
		紧固一次、二次侧接线	接线连接牢固	扳手			
4	电控箱柜保养	内部清洁保养	内部清洁、整齐,无杂物	吸尘器、软毛刷			
		排线整理	接头牢固,排线整齐,线槽盖板无缺失	螺丝刀			
		散热风扇清洁	风扇内外、进风口清洁,无覆盖物	螺丝刀、软毛刷			
5	修复损坏件	修复、更换损坏零部件	零部件齐全	螺丝刀、扳手等			
6	设备上电	设备输入电源上电	输入电压稳定,保持380 V±10%	万用表			
		设备内各分控开关上电	电压与分控实际电压一致	万用表			

表（续）

序号	项目	细则	标准	工具	记录	签名	备注
7	安全装置检修	按系统安全操作规范对设备安全保护装置进行检修（各类软、硬限位和缓冲器等）	工作正常,安全有效	螺丝刀、扳手等			
8	设备调整	测试设备各控制、执行功能	设备功能齐全、有效,运行平稳	维修工具			

三、起重运输设备

设备一级保养内容和要求

设备名称:趸船

保养人员:_____

设备编号:_____

保养日期:_____

序号	项目	细则	标准	工具	记录	签名	备注
1	缆绳	检查缆绳设施完好情况	完好	目测			
2	靠把	检查靠把设施完好情况	完好	目测			
3	带缆桩	检查带缆桩设施完好情况	完好	目测			

设备二级保养内容和要求

设备名称:趸船　　　　　　　　　　　　　　　　设备编号:＿＿＿＿＿＿＿＿

保养人员:＿＿＿＿＿＿＿　　　　　　　　　　　保养日期:＿＿＿＿＿＿＿

序号	项目	细则	标准	工具	记录	签名	备注
1	场地	清理工作场地,做好安全防护措施	工作场地整洁,工作区域用红白旗隔离,安全防护措施到位	红白旗、清扫工具			
2	缆绳设施	检查缆绳设施完好情况	完好	目测			
3	靠把设施	检查靠把设施完好情况	完好	目测			
4	带缆桩设施	检查带缆桩设施完好情况	完好	目测			
5	舱室	检查舱室锈蚀、密封情况,并对锈蚀部位除锈、保养	基本无锈	除锈工具			

设备一级保养内容和要求

设备名称:拖轮　　　　　　　　　　　　　　　设备编号:_____

保养人员:_____　　　　　　　　　保养日期:_____

序号	项目	细则	标准	工具	记录	签名	备注
1	液压泵站	清扫液压泵站	无油污,无杂物	清洁工具			
2	地脚螺栓	紧固各设备地脚螺栓	连接可靠,安全无松动	扳手			
3	润滑部位	各润滑部位注油润滑	润滑充分	油枪、扳手			
4	主、辅机	检查、清扫主机淡水冷却器、滑油冷却器	进、出口温度在正常范围内	清洁工具			
		检查主机中间轴承温度	温度在正常范围内	目测			
		检查并清洁主、辅机各报警系统及系统仪表	无油污,无覆盖物,显示良好	清洁工具			
5	泵及滤器	清洁、润滑高压油泵	供油量正常	清洁工具、扳手			
		清扫燃油泵、海水泵、淡水泵	无杂物,运转顺畅	清洁工具、扳手			
		分解、清洁滑油滤器、燃油滤器、空气滤清器、增压器及其滤器	无污物及杂物,无堵塞	清洁工具、扳手			
6	启动阀	主启动阀及启动操作阀排放冷凝水	阀内无积水	扳手			
7	电气控制箱	检查、清扫各电气控制箱,紧固接线	无油污,无覆盖物,接触良好	清洁工具、螺丝刀			

设备二级保养(机械)内容和要求

设备名称:拖轮　　　　　　　　　　　　　　　　设备编号:＿＿＿＿＿＿＿＿＿

保养人员:＿＿＿＿＿＿＿＿＿　　　　　　　　　　保养日期:＿＿＿＿＿＿＿＿

序号	项目	细则	标准	工具	记录	签名	备注
1	场地	清理工作场地,做好安全防护措施	工作场地整洁,工作区域用红白旗隔离,安全防护措施到位	红白旗、清扫工具			
2	高压油泵	检查、清洁、润滑高压油泵	供油量符合要求	清洁工具			
3	喷油器	拆检、清洁喷油器	喷油畅通	清洁工具			
4	油箱	油箱滤网(篮)清洁	无覆盖物及堵塞	扳手、内六角扳手			
5	润滑油	检查润滑油、齿轮油	润滑油、齿轮油油质油量符合要求	扳手、内六角扳手			
6	冷却器锌块	检查、清洁润滑油冷却器锌块、中冷器锌块、热交换器防腐锌块,视情况更新	无水垢、脏堵,锌块有效	扳手、内六角扳手、清洁工具			
7	轴承润滑	更换调速器油,检查各轴承并注油润滑	调速顺畅,各轴承工作顺畅无异常	油枪			
8	拐档差	测量调整拐档差	拐档差在规定值范围内	扳手、内六角扳手			
9	喷油	喷油定时调整	喷油间隔在规定值范围内	扳手、内六角扳手			
10	螺栓	紧固各设备地脚螺栓、连杆螺栓、缸盖螺母、轴系连接螺栓	连接紧固可靠	扳手、内六角扳手			
11	气缸	检查气缸盖、进排气管垫片	无损坏,密封良好	扳手、内六角扳手			
12	锚缆机	调整锚缆机离合器间隙及缆绳	动作灵活,缆绳完好	扳手、内六角扳手			

设备二级保养(电气)内容和要求

设备名称:拖轮　　　　　　　　　　　　　　　设备编号:＿＿＿＿＿＿＿＿

保养人员:＿＿＿＿＿＿＿＿　　　　　　　　　　保养日期:＿＿＿＿＿＿＿＿

序号	项目	细则	标准	工具	记录	签名	备注
1	电动机	外观检查	外观清洁,周围无妨碍转动的物品	目测			
		地脚螺栓检查	无松动	目测			
2	发电机	轴、滑环、弹性联轴器检查	无轴向窜动,滑环、弹性联轴器连接可靠	目测			
3	电器及线路	连接线检查	连接可靠,无老化	万用表、螺丝刀,目测			
		开关检查	无松动,指示灯可正常显示	目测			
		电器报警检查	无报警,或报警已消除	目测			
4	应急电瓶	检查电瓶有无漏液及电解液液位	无漏液,液位正常	目测			
		应急电瓶电压检查	电压正常	万用表,目测			
5	通导设备	检查雷达、电子海图、磁罗经、GPS、航行信号灯等通导设备	功能正常	万用表,目测			
6	雾笛	检查主、备供电是否正常,手动及自动功能是否正常	电源电压正常,手动和自动模式均可正常工作	万用表,目测			
7	风速仪	风速仪连接是否可靠,风速显示是否正常	接线可靠,显示正常	万用表,目测			

设备一级保养内容和要求

设备名称:驳船

设备编号:＿＿＿＿＿＿＿＿

保养人员:＿＿＿＿＿＿＿＿

保养日期:＿＿＿＿＿＿＿＿

序号	项目	细则	标准	工具	记录	签名	备注
1	甲板面	清洁甲板面	整洁,无杂物	清扫工具			
2	缆绳设施	检查缆绳设施	完好,无缠绕、破损	目测			
3	靠把设施	检查靠把设施	完好,无破损	目测			
4	带缆桩设施	检查带缆桩设施	完好,无损坏	目测			

设备二级保养内容和要求

设备名称:驳船   设备编号:_____

保养人员:_____   保养日期:_____

序号	项目	细则	标准	工具	记录	签名	备注
1	甲板面	甲板面除锈、补漆	清洁,无锈蚀,油漆标示清晰	打磨工具、涂漆工具			
2	缆绳设施	检查缆绳设施	完好,无缠绕、破损	目测			
3	靠把设施	检查靠把设施	完好,无破损	目测			
4	带缆桩设施	检查带缆桩设施	完好,无损坏	目测			
5	舱室	检查舱室锈蚀、密封情况并对锈蚀部位除锈、保养	清洁,无锈蚀,油漆标示清晰	打磨工具、涂漆工具			

设备一级保养内容和要求

设备名称:浮吊   设备编号:_____

保养人员:_____   保养日期:_____

序号	项目	细则	标准	工具	记录	签名	备注
1	外表	清扫甲板、走台、扶梯、上建驾驶室、生活间等	整齐、清洁	清扫工具			
		清扫机舱及电器房	整齐、清洁	清扫工具			
2	传动绞车机构	检查起重装置、钢丝绳卷绕系统零部件,消除缺陷	达到起重机械安全规程要求	调整工具			
		检查起升、变幅等机构减速装置及驱动装置,调整间隙,消除松动	传动平稳,运转正常	调整工具			
		检查移船、系泊绞车等机构减速装置及驱动装置,调整间隙	无松动,传动平稳,运转正常	调整工具			
		检查锚机绞车减速装置及驱动装置,调整间隙,消除松动	旋转平稳,运转正常	调整工具			
		检查并调整制动装置	灵敏可靠	调整工具			
3	机舱	检查主辅发电机组工况,检查油、水、气、电等,换油,清洁滤器,调整间隙、校验报警安保,消除跑冒滴漏	运转正常	调整工具			
		检查压载水系统、冷却水系统,清洁滤器,消除跑冒滴漏	运转正常	调整工具			

表(续)

序号	项目	细则	标准	工具	记录	签名	备注
4	安全装置	检查力矩限制器	正确可靠	目测			
		检查各行程限位	安全可靠	目测			
		检查安全监控	清晰,安全可靠	目测			
5	润滑系统	检查齿轮减速器润滑油油量、油质	达到润滑要求	注油工具			
		对铰座、轴承座、制动架、联轴器、滑轮组等润滑脂润滑的滑动副加注润滑脂	达到润滑要求	注油工具			
6	电控系统	擦拭电动机、控制柜及电器箱	内外清洁,使用正常	清洁工具			
		检查各类电气线路有无破损老化现象,消除短路隐患	安全可靠,使用正常	目测			

设备二级保养(机械)内容和要求

设备名称:浮吊   设备编号:＿＿＿＿＿＿＿＿

保养人员:＿＿＿＿＿＿＿＿   保养日期:＿＿＿＿＿＿＿＿

序号	项目	细则	标准	工具	记录	签名	备注
1	作业准备	清理工作场地,做好安全防护措施	场地清洁,工作区域用红白旗隔离	红白旗、清扫工具			
2	结构件	检查金属结构件及焊缝	结构件无裂缝、变形、脱焊等	目测			
3	起重部分	检查并修复各减速箱传动件轴承	无异常磨损	目测			
		检查并整修各制动器间隙	制动器间隙正常,灵活可靠	扳手、内六角扳手等			
		检查并整修更换钢丝绳、吊钩、滑轮等	无异常磨损	目测			
4	液压及润滑	检查并清洁润滑各减速器、润滑点,确保畅通完整,并按润滑图表进行加注油(脂)	附件旋转润滑顺畅	油枪、扳手等			
		检查清洁,更换各油箱油质及油封	油质正常,基本无漏油	扳手等			
		检查液压站、泵、管系阀门等辅助设备,更换部件,修复故障	达到设计要求,运行顺畅	扳手、内六角扳手等			

设备二级保养(电气)内容和要求

设备名称:浮吊　　　　　　　　　　　　　　　设备编号:_____

保养人员:_____　　　　　　　　　保养日期:_____

序号	项目	细则	标准	工具	记录	签名	备注
1	数据备份	按系统标准操作规范对设备系统数据全部或分项进行数据备份	完成备份	电脑、存储卡			PLC设备
2	设备断电	起重机断电	设备电压为"0",有警示牌	万用表			PLC设备
		稳压电源输出端断电					
		悬挂警示牌					
3	电机	对防水等级在IP44以下(含IP44)电机检查绝缘	绝缘电阻:≥3.8 MΩ,绝缘良好;≥1.5 MΩ,绝缘可用;≥0.38 MΩ,绝缘堪用;<0.38 MΩ,绝缘不良。绝缘不良的,处理或更新	兆欧表			断开电机回路再进行测量
		对防水等级在IP44以上电机(不含伺服电机)抽取检查绝缘					
		对防水等级在IP67以上(含IP67)电机不需要检查绝缘					
		检查电机冷却回路(含冷却风扇),更换进风口滤网	无油污、覆盖物等;冷却回路畅通				
		对有炭刷的直流电机进行保养(有直流电机机床做此项),按需更换炭刷	滑环无积炭,无打火痕迹,无明显磨损(否则修复);炭刷磨损不超过2/3(否则更换)	螺丝刀、布、刷子等			
		检查测速电机					
4	电箱、操纵箱	电箱、操纵箱内部清洁保养	内部清洁、整齐,无杂物	吸尘器、刷子等			
		电箱、操纵箱内接插件接触检查	接触良好	万用表			
		电箱、操纵箱内主回路接线端子紧固检查	接触良好,紧固	螺丝刀			

表(续)

序号	项目	细则	标准	工具	记录	签名	备注
5	稳压电源检查	外观、按钮功能保养	外观清洁,按钮工作正常				
		检查手动、自动功能切换是否有效	手动、自动功能之间正常切换				
		检查稳压电源输出电压是否在正常范围内	输出电压稳定,保持380 V	万用表			
		对变压器的炭刷进行保养	炭刷磨损不超过2/3(否则更换)				
		稳压电源内部清洁保养	内部清洁,整齐,无杂物				
6	设备上电	稳压电源输出端上电	输出电压稳定,保持380 V	万用表			
		起重机上电,设备系统启动	运行正常				
		摘取警示牌	警示牌复位				
7	设备调整	起重机电气传感器调整	起重机动作正常,反馈信号正常	万用表等			根据起重机二级保养前设备反应的精度,结合机械选择调整
		各类电气控制元件的调整	起重机动作正常,反馈信号正常				
		起重机外围辅助设备检查、调整	正常工作				
		各类手持单元功能检测	正常工作				
		起重机各类参数调整(速度等)	起重机运动正常、平稳	机械精度检测工具			
8	安全装置	按系统安全操作规范检查设备安全保护装置	工作正常,安全有效	螺丝刀、扳手等			
		检查超载限制器,校正载荷重量显示值	工作正常,安全有效	螺丝刀、万用表等			
		检查连锁保护装置	连锁有效,动作灵敏、可靠				
		检查修复缓冲器、夹轨器、锚定装置等安全装置	工作正常,安全有效	螺丝刀、扳手等			

设备一级保养内容和要求

设备名称:拆卸机　　　　　　　　　　　设备编号:＿＿＿＿＿＿＿

保养人员:＿＿＿＿＿＿＿　　　　　　　保养日期:＿＿＿＿＿＿＿

序号	项目	细则	标准	工具	记录	签名	备注
1	支撑垫片	检查地面支撑垫片	无严重磨损、凹陷、开裂等	目测			
2	电箱	电箱外观检查	无油污、覆盖物	清洁工具			
3	钢丝绳	检查钢丝绳状况	无严重磨损、腐蚀或断股	目测,游标卡尺			
		添加润滑油脂	钢丝绳外表不得有干燥、无油现象	油枪			
4	滚轮轨道、齿轮轴承	检查轨道、齿轮清洁情况	无油污、杂质等附着物	清洁工具			
		检查轨道、齿轮润滑情况	运转灵活,无生锈、卡死现象	油枪、扳手			
5	紧固件	检查紧固件是否松动	牢固无松动	扳手			

设备二级保养(机械)内容和要求

设备名称:拆卸机　　　　　　　　　　　　　　　设备编号:＿＿＿＿＿＿＿＿

保养人员:＿＿＿＿＿＿＿＿　　　　　　　　　　保养日期:＿＿＿＿＿＿＿＿

序号	项目	细则	标准	工具	记录	签名	备注
1	场地清洁	清理工作场地,做好安全防护措施	工作场地整洁,工作区域用红白旗隔离,安全防护措施到位	红白旗、清洁工具			
2	防护罩壳	检查防护罩壳外观,视情况整形	罩壳外观无明显变形	榔头			
3	齿轮箱	检查各齿轮箱联轴器运行状况	无异常窜动和异响	目测			
4	润滑	检查更换润滑油及油封	油质油量良好,基本无漏油	漏斗、扳手、润滑油			
5	卷筒	检查卷筒各部位及钢丝绳磨损情况	钢丝绳磨损情况符合设备使用标准	目测			
			钢丝绳压板紧固无松动	扳手			
6	制动装置	检查并调整制动装置	制动灵敏、可靠	扳手			
			刹车瓦(片)磨损在规定范围内	目测			
			刹车盘/滚筒有无咬伤、划痕	目测			
7	电动机	检查消除电动机窜动和异响	电动机运转顺畅	扳手、螺丝刀			
8	滑轮组	检查滑轮组和轴承运转情况	磨损量在规定范围内,无异响和窜动	目测			
9	钢丝绳润滑	给钢丝绳涂专用润滑油脂	钢丝绳润滑充足	润滑脂、刷子			

设备二级保养(电气)内容和要求

设备名称:拆卸机 设备编号:＿＿＿＿＿＿＿＿

保养人员:＿＿＿＿＿＿＿＿ 保养日期:＿＿＿＿＿＿＿＿

序号	项目	细则	标准	工具	记录	签名	备注
1	设备断电	设备断电	设备电压为"0",有警示牌	万用表			
		稳压电源断电					
		悬挂警示牌					
2	电机	检查电机绝缘	电机绝缘良好	万用表			
		对电机冷却回路(含冷却风扇)进行保养,更换进风口滤网	无油污、覆盖物等;冷却回路畅通	清洁工具			
3	电箱、操纵箱	电箱、操纵箱内部清洁保养	内部清洁,整齐,无杂物	吸尘器、刷子			
		电箱、操纵箱内接插件接触检查	接触良好	万用表			
		电箱、操纵箱内主回路接线端子紧固检查	接触良好,紧固	螺丝刀			
4	设备上电	稳压电源输出端上电	输出电压稳定,保持380 V	万用表			
		设备上电,设备系统启动	运行正常				
		摘取警示牌	警示牌复位				
5	设备调整	各类电气控制元件调整	设备及元件动作正常	万用表			
		各类操纵杆、按钮等功能检测	动作顺畅,工作正常				
6	安全装置	按系统安全操作规范对设备安全保护装置进行检查(各类门限位、各轴硬限位等)	工作正常,安全有效				

设备一级保养内容和要求

设备名称:升降机 　　　　　　　　　　　　　　设备编号:＿＿＿＿＿＿＿＿＿

保养人员:＿＿＿＿＿＿＿＿＿ 　　　　　　　　保养日期:＿＿＿＿＿＿＿＿＿

序号	项目	细则	标准	工具	记录	签名	备注
1	外观	升降机外部保养,清灰,去油污	无油污、损毁、变形	清洁工具			
2	减速器	升降机运行时观察减速器	无漏油、异常发热及噪音	目测			
3	钢丝绳	检查钢丝绳状况	无严重磨损、腐蚀或断股	目测、游标卡尺			
		添加润滑油脂	钢丝绳外表不得有干燥、无油现象	油枪			
4	滚轮轨道、齿轮轴承等	擦拭、清洁	无杂质等附着物	清洁工具			
		添加润滑油脂	部件转动灵活,无生锈、卡死现象	油枪、扳手			
5	制动器	升降机满载停层时观察	平层精度应小于30 mm	螺丝刀、扳手			
6	闭锁装置	轿厢门开关时观察	闭锁装置灵活、可靠	螺丝刀、扳手			
7	紧固件	检查紧固件是否松动	牢固无松动	扳手			

设备二级保养(机械)内容和要求

设备名称:升降机　　　　　　　　　　　　　　　　设备编号:_____

保养人员:_____　　　　　　　　　　　保养日期:_____

序号	项目	细则	标准	工具	记录	签名	备注
1	场地	清理工作场地,做好安全防护措施	工作场地整洁,工作区域用红白旗隔离,安全防护措施到位	红白旗、清洁工具			
2	滚轮、导轮、齿条	检查滚轮、导轮、齿条	无磨损,啮合正常	扳手			
3	钢丝绳	更换不符合安全使用规范的钢丝绳	无断丝,符合安全使用规范	扳手			
4	防坠安全器	检查防坠安全器	安全可靠,在有效期内	目测			
5	缓冲件	检查缓冲件,必要时更换	无老化、开裂	扳手等			
6	减速机	检查减速机蜗轮、蜗杆、润滑油油质和油位,视情况更换润滑油	啮合正常,无裂齿、杂质	扳手等			
7	润滑	常用附件注油	附件旋转润滑顺畅	油枪、扳手等			

设备二级保养(电气)内容和要求

设备名称:升降机   设备编号:_____

保养人员:_____   保养日期:_____

序号	项目	细则	标准	工具	记录	签名	备注
1	设备断电	设备断电	设备电压为"0",有警示牌	万用表			
		稳压电源断电					
		悬挂警示牌					
2	电机	检查电机绝缘	绝缘良好	万用表			
		对电机冷却回路(含冷却风扇)进行保养,更换进风口滤网	无油污、覆盖物等;冷却回路畅通	清洁工具			
3	电箱、操纵箱	电箱、操纵箱内部清洁保养	内部清洁、整齐,无杂物	吸尘器、刷子			
		电箱、操纵箱内接插件接触检查	接触良好	万用表			
		电箱、操纵箱内主回路接线端子紧固检查	接触良好,紧固	螺丝刀			
4	设备上电	稳压电源输出端上电	输出电压稳定	万用表			
		设备上电,设备系统启动	正常启动				
		摘取警示牌	警示牌复位				
5	设备调整	各类电气控制元件的调整	设备及元件动作正常	万用表			
		各类操纵杆、按钮等功能检测	动作顺畅,工作正常				
6	安全装置	按系统安全操作规范对设备安全保护装置进行检查(各类门限位、各轴硬限位等)	工作正常,安全有效	目测			

设备一级保养内容和要求

设备名称:液压升降机 　　　　　　　　　　　　　设备编号:_____

保养人员:_____ 　　　　　　　　　保养日期:_____

序号	项目	细则	标准	工具	记录	签名	备注
1	外观	升降机外部保养	无油污、损毁、变形等	清洁工具			
2	液压管路	擦拭、清洁管路表面	无杂质等附着物	清洁工具			
		紧固管路接头	无松动、漏油	扳手			
3	液压油位	观察液压油位,视情况添加液压油	不低于油位线	油枪			
4	销轴及油缸销	擦拭、清洁	无杂质等附着物	清洁工具			
		添加润滑油脂	部件转动灵活,无生锈、卡死现象	油枪、扳手			
5	紧固件	检查紧固件是否松动	牢固无松动	扳手			

设备二级保养(机械)内容和要求

设备名称:液压升降机   设备编号:_____

保养人员:_____   保养日期:_____

序号	项目	细则	标准	工具	记录	签名	备注
1	场地	清理工作场地,做好安全防护措施	工作场地清洁,用红白旗隔离,各项安全防护措施可靠	红白旗、清洁工具			
2	传动机构	检查滚轮、中间轴及轴承	动作顺畅,无异常震动,磨损在设备允许范围内	扳手			
3	液压油缸	清洁液压油缸	无杂质	清洁工具			
4	防坠安全器	检查防坠安全器	安全可靠,校验在有效期内	目测			
5	缓冲件	检查缓冲件,必要时更换	无老化、开裂	扳手			
6	液压管路	检查液压管路	无破损、漏油	扳手			
7	润滑	常用附件注油	附件运行润滑顺畅	油枪、扳手			

设备二级保养(电气)内容和要求

设备名称:液压升降机   设备编号:＿＿＿＿＿＿＿＿

保养人员:＿＿＿＿＿＿＿＿＿   保养日期:＿＿＿＿＿＿＿＿

序号	项目	细则	标准	工具	记录	签名	备注
1	设备断电	设备断电	设备电压为"0",有警示牌	万用表			
		稳压电源断电					
		悬挂警示牌					
2	电机	检查电机绝缘	绝缘良好	万用表			
		对电机冷却回路(含冷却风扇)进行保养,更换进风口滤网	无油污、覆盖物等;冷却回路畅通	清洁工具			
3	电箱、操纵箱	电箱、操纵箱内部清洁保养	内部清洁、整齐,无杂物	吸尘器、刷子			
		电箱、操纵箱内接插件接触良好检查	接触良好	万用表			
		电箱、操纵箱内主回路接线端子紧固检查	接触良好,紧固	螺丝刀			
4	设备上电	稳压电源输出端上电	输出电压稳定	万用表			
		设备上电,设备系统启动	启动正常				
		摘取警示牌	警示牌复位				
5	设备调整	各类电气控制元件调整	设备及元件动作正常	万用表			
		各类操纵杆、按钮等功能检测	动作顺畅,工作正常				
6	安全装置	按系统安全操作规范对设备安全保护装置进行检查(各类门限位、各轴硬限位等)	工作正常,安全有效	目测			

设备一级保养内容和要求

设备名称:固定桅杆式起重机　　　　　　　　　　设备编号:_____

保养人员:_____　　　　　　　　　　保养日期:_____

序号	项目	细则	标准	工具	记录	签名	备注
1	外表	清扫构架、走台、扶梯	整齐、清洁	清洁工具			
		清扫驾驶室及机房	整齐、清洁	清洁工具			
2	起升机构	检查起重装置、钢丝绳卷绕系统的零部件,并消除缺陷	达到起重机械安全规程要求	调整工具			
		检查起升、变幅、旋转等机构减速装置及驱动装置,调整间隙,消除松动	传动平稳,运转正常	调整工具			
		检查旋转中心轴系统,调整各部分间隙	旋转平稳,运转正常	调整工具			
		检查并调整制动装置	制动灵敏、可靠	调整工具			
3	润滑系统	检查齿轮减速器润滑油的油量、油质	润滑良好,油量充足	注油工具			
		对轴承座、制动架、联轴器、滑轮组、旋转中心轴轴承副等润滑脂润滑的滑动副加注润滑脂	润滑良好,油量充足	注油工具			
4	电气	擦拭电动机及电器箱	内外清洁,使用正常	清洁工具			
		检查限位装置与接地	安全可靠,使用正常	调整工具			

设备二级保养(机械)内容和要求

设备名称:固定桅杆式起重机 设备编号:＿＿＿＿＿＿＿＿

保养人员:＿＿＿＿＿＿＿＿ 保养日期:＿＿＿＿＿＿＿＿

序号	项目	细则	标准	工具	记录	签名	备注
1	场地	对工作场地进行整理清扫,用红白旗隔离工作区域,做好各项安全防护措施	场地清洁,安全防护措施到位	红白旗、清洁工具			
2	钢结构	检查金属结构件及焊缝,检查有无裂缝、变形、脱焊等	结构稳定,无裂缝、变形、脱焊等	目测			
3	传动机构	检查各减速箱传动件轴承等磨损状况,按需更换	磨损程度符合设备使用要求	卡尺			
4	制动机构	检查、整修各制动器的间隙及制动可靠程度	制动器间隙正常,使用可靠	扳手、内六角扳手			
5	吊重机构	检查钢丝绳、吊钩、滑轮等磨损状况	磨损程度符合设备使用要求	目测			
6	润滑	检查、清洁、润滑各减速器及润滑点,并按润滑图表进行加注油(脂)	润滑充分,运行顺畅	油枪、扳手			
7	润滑油	检查、清洁、更换各油箱油质及油封	油质正常,无漏油	扳手			

设备二级保养(电气)内容和要求

设备名称:固定桅杆式起重机　　　　　　　　　　设备编号:＿＿＿＿＿＿＿＿

保养人员:＿＿＿＿＿＿＿＿　　　　　　　　　　保养日期:＿＿＿＿＿＿＿＿

序号	项目	细则	标准	工具	记录	签名	备注
1	数据备份	按系统标准操作规范对设备系统数据全部或分项进行数据备份工作	完成备份	电脑、存储卡			数控设备、PLC设备
2	设备断电	起重机断电 稳压电源输出端断电 悬挂警示牌	设备电压为"0",有警示牌	万用表			数控设备、PLC设备
3	电机	对防水等级在IP44以下(含IP44)电机检查绝缘	绝缘符合设备要求	兆欧表			断开电机回路再进行测量
		对防水等级在IP44以上电机(不含伺服电机)抽取检查绝缘					
		对防水等级在IP67以上(含IP67)电机不需要检查绝缘					
		对电机冷却回路(含冷却风扇)进行保养,更换进风口滤网	无油污、覆盖物等;进风口滤网清洁;冷却回路畅通	清洁工具、备件			
		对有炭刷的直流电机进行保养,按需更换炭刷	滑环无积炭,无打火痕迹,无明显磨损;炭刷磨损不超过2/3	炭刷、刷子、卡尺			
4	电箱、操纵箱	电箱、操纵箱内部清洁保养	内部清洁、整齐,无杂物	清洁工具			
		电箱、操纵箱内接插件接触检查	接触良好	万用表、螺丝刀			
		电箱、操纵箱内主回路接线端子紧固检查	接触良好,紧固	螺丝刀			

表（续）

序号	项目	细则	标准	工具	记录	签名	备注
5	稳压电源	检查外观、按钮功能	外观清洁，按钮工作正常				
		检查手动、自动功能切换是否有效	手动、自动功能之间正常切换				
		检查稳压电源输出电压是否在正常范围内	输出电压稳定	万用表			
		稳压电源内部清洁保养	内部清洁、整齐，无杂物	清洁工具			
6	设备上电	稳压电源输出端上电检查	输出电压稳定	万用表			
		起重机上电，设备系统启动检查	启动正常				
7	设备调整	起重机电气传感器调整	起重机动作正常，反馈信号正常	万用表			根据起重机二级保养前设备反应的精度，结合机械选择调整
		各类电气控制元件调整	起重机动作正常，反馈信号正常				
		起重机外围辅助设备检查、调整	正常工作	螺丝刀			
		各类手持单元功能检测	正常工作	手动测试			
		起重机各类参数调整（速度等）	起重机运动正常、平稳	机械精度检测工具			
8	安全装置	按系统安全操作规范对设备安全保护装置进检查（各类门限位、保护硬限位等）	工作正常，安全有效	目测			

设备一级保养内容和要求

设备名称:滑移转向装载机   设备编号:＿＿＿＿＿＿＿＿

保养人员:＿＿＿＿＿＿＿＿   保养日期:＿＿＿＿＿＿＿＿

序号	项目	细则	标准	工具	记录	签名	备注
1	清洁程度	擦拭、清洁机(车)外壳及轮胎、驾驶室	整洁干净,无明显油污	清洁工具			
2	机械结构	检查各部件连接的可靠性	无松动,安全可靠	扳手、内六角扳手			
		检查各部件间管路的气密性	无渗水、渗油,密性良好	扳手、内六角扳手			
3	仪器、仪表	检查指示灯工作情况及显示情况	指示正常,数值准确	备件			
4	润滑油、液压油、冷却液、制动液以及燃油	检查油(水)位及品质,并调整	油质符合设备使用要求,冷却液充足	润滑油、冷却液			
5	滤清器	检查是否清洁	清洁,无阻塞	清洁工具			
6	离合器	检查是否有明显顿挫	分离流畅,无明显卡顿	扳手、内六角扳手			
7	变速器	检查变速器是否有异响及明显卡顿	无明显异响,换挡无卡顿	扳手、内六角扳手			
8	锁销	检查锁销是否安全可靠	转向自由,连接可靠	扳手、内六角扳手			
9	前后桥转向球头	进行清洁及注润滑油	活动灵活,无卡顿	润滑油、清洁工具			
10	手、脚制动	检测制动距离,按需调整	制动可靠、有效,制动距离在安全范围内	扳手、内六角扳手			
11	蓄电池	检查固定是否可靠	固定可靠,无松动	扳手、内六角扳手			
		检查电解液液面是否在正常范围内,按需补充	电解液液面在正常范围内	目测,电解水			
		检查并清洁电极接柱	清洁,无松动	清洁工具、螺丝刀			

表（续）

序号	项目	细则	标准	工具	记录	签名	备注
12	继电器、灯光、喇叭、雨刮器	检查是否完好，进行清洁	完好，清洁	清洁工具、螺丝刀			
13	发动机水泵、发电机风扇	检查、调整皮带松紧度，清洁风扇	松紧适中，风扇清洁	扳手、内六角扳手、清洁工具			
14	各油缸及接头	检查气密性	无渗漏油	扳手、内六角扳手			
15	链轮、链条	检查其状态及连接情况	无损伤，连接牢固	扳手、内六角扳手			

设备二级保养(机械)内容和要求

设备名称:滑移转向装载机　　　　　　　　　　　　　设备编号:＿＿＿＿＿＿＿＿

保养人员:＿＿＿＿＿＿＿＿＿　　　　　　　　　　　保养日期:＿＿＿＿＿＿＿＿

序号	项目	细则	标准	工具	记录	签名	备注
1	三滤、机油	更换三滤及机油	三滤、机油清洁	扳手、内六角扳手、备件			
2	发动机	运转状况检查	状况良好,无明显抖动	目测			
		气门间隙调整	符合要求	目测			
		怠速及加速检查	操作性良好,无明显抖动	试车			
		排放检查	符合要求	目测			
3	离合器	检查是否有明显顿挫	分离流畅,无明显卡顿	扳手、内六角扳手			
4	变速器	检查变速器是否有异响及卡顿	无明显异响,换挡无卡顿	扳手、内六角扳手			
5	锁销	检查锁销是否安全可靠	转向自由,连接可靠	扳手、内六角扳手			
6	传动轴	十字轴承及万向节检修、注油	运转时无抖动异响,润滑畅通	扳手、内六角扳手、油枪			
7	前后桥	前后桥转向节检修、调整	运转时无抖动异响,锁止可靠	扳手、内六角扳手			
8	制动装置	前后制动器及轮毂自动蹄片检修	制动可靠,无明显磨损	扳手、内六角扳手			
		制动分泵及制动阀检修	动作可靠,无明显异响	扳手、内六角扳手			
9	踏板	调整踏板行程	使用可靠	扳手、内六角扳手			
10	轮胎	检查轮胎磨损程度,检查气压,按需更换轮胎	磨损在允许范围内,气压正常	气压表、气泵、轮胎			
11	避震	检修避震	可靠有效,无漏油	扳手、内六角扳手			
12	管路	检查各部件连接及管路气密性	连接可靠,无渗油漏油	扳手、内六角扳手			

设备二级保养(电气)内容和要求

设备名称:滑移转向装载机 　　　　　　　　　　　　　设备编号:_____

保养人员:_____ 　　　　　　　　　　　保养日期:_____

序号	项目	细则	标准	工具	记录	签名	备注
1	蓄电池	蓄电池固定检查	牢固可靠	螺丝刀			
		接柱及电极检修	无磨损及污物	清洁工具			
		电量检查	电量充足	万用表			
2	水泵	检查水泵、清洁冷却风扇	运转良好,无抖动,风扇清洁	清洁工具			
3	空调系统	检查空调系统及制冷效果	制冷效果良好	目测			
4	发电机	运行状态检查	状况良好,符合要求	万用表			
5	电箱、操纵箱	电箱、操纵箱内部清洁	内部清洁、整齐,无杂物	清洁工具			
		检查电箱、操纵箱内接插件接触是否良好	接触良好	万用表			
		检查电箱、操纵箱内主回路接线端子紧固情况	接触良好,紧固	螺丝刀			
6	继电器、仪表、灯光、喇叭、雨刮	对完整性、工作状态进行检查	无缺失,工作状态良好	目测,备件			
7	安全装置	按系统安全操作规范对设备安全保护装置进行检查	工作正常,安全有效	目测			

设备一级保养内容和要求

设备名称:塔式起重机　　　　　　　　　　　　　　　设备编号:＿＿＿＿＿＿＿＿

保养人员:＿＿＿＿＿＿＿＿　　　　　　　　　　　　　保养日期:＿＿＿＿＿＿＿＿

序号	项目	细则	标准	工具	记录	签名	备注
1	起重机表面	起重机外表和驾驶室内外清扫	整洁	清洁工具			
2	钢丝绳卷扬系统	零部件的检查	消除缺陷,达到起重机械安全规程要求	扳手、榔头			
3	连接紧固件	紧固件的检查	消除松动,平稳运行	扳手、榔头			
4	安全装置	按系统安全操作规范对设备安全保护装置进行检查(各类门限位和安全限位)	工作正常,安全有效	目测			
5	吊钩、塔尖滑轮挡圈	顶丝开口销检查	无缺损	扳手			
6	轨道	轨道表面及压板螺栓检查	行走机构运行平稳	扳手			
7	润滑点	按图纸要求加注润滑油、油脂	润滑充分,无漏油	油枪			
8	电箱	电箱外观保养	无油污、覆盖物	清洁工具			
9	操作箱	操作箱外观保养	外箱、按钮、屏幕无油污、覆盖物	清洁工具			

设备二级保养(机械)内容和要求

设备名称:塔式起重机　　　　　　　　　　　　　设备编号:＿＿＿＿＿＿＿＿

保养人员:＿＿＿＿＿＿＿＿　　　　　　　　　　保养日期:＿＿＿＿＿＿＿＿

序号	项目	细则	标准	工具	记录	签名	备注
1	传动	检查齿轮箱、联轴器、转动轴	运行正常,无明显震动	目测			
2	金属结构	检查金属结构杆件、各节螺栓	无缺失、松动	扳手、榔头			
3	制动器	检查制动效果及制动器间隙	制动灵活可靠,间隙正常	钢直尺、扳手			
4	钢丝绳	检查钢丝绳磨损情况	无断丝,符合起重机安全规程要求	钢直尺			
5	吊钩、滑轮	检查吊钩、滑轮润滑及传动情况	润滑充分,传动平稳正常	润滑油、扳手			
6	油箱	检查油质及油封	明显乳化,基本无漏油	油枪、扳手			
7	润滑点	检查润滑情况	润滑充分,无漏油	油枪			
8	支承滚轮	检查支承滚轮磨损情况及间隙	间隙正常,运转可靠,无明显磨损情况	扳手			

设备二级保养(电气)内容和要求

设备名称:塔式起重机   设备编号:_____

保养人员:_____   保养日期:_____

序号	项目	细则	标准	工具	记录	签名	备注
1	电机	对防水等级在IP44以下(含IP44)电机检查绝缘	绝缘电阻: ≥3.8 MΩ,绝缘良好; ≥1.5 MΩ,绝缘可用; ≥0.38 MΩ,绝缘堪用; <0.38 MΩ,绝缘不良。 绝缘不良的,绝缘处理或更新	兆欧表			断开电机回路再进行测量
		对防水等级在IP44以上电机(不含伺服电机)抽取检查绝缘					
		对防水等级在IP67以上(含IP67)电机不需要检查绝缘					
		对电机冷却回路(含冷却风扇)进行保养	无油污、覆盖物等;更换进风口滤网,冷却回路畅通				
2	电箱、操纵箱	电箱、操纵箱内部清洁保养	内部清洁、整齐,无杂物	吸尘器、刷子			
		电箱、操纵箱内接插件接触检查	接触良好	万用表			
		电箱、操纵箱内主回路接线端子紧固检查	接触良好,紧固	螺丝刀			
3	安全装置	按系统安全操作规范对设备安全保护装置进行检查(各类门限位、各安全限位等)	工作正常,安全有效	目测			

设备一级保养内容和要求

设备名称:悬臂式起重机   设备编号:_____

保养人员:_____   保养日期:_____

序号	项目	细则	标准	工具	记录	签名	备注
1	起重机外表、驾驶室	清洁外表,擦拭各渗漏油处	整齐、清洁	清洁工具			
2	各机构、结构件紧固	检查紧固件	消除松动,传动平稳、运转正常	扳手、内六角扳手			
3	钢丝绳卷绕系统	检查钢丝绳卷绕系统零部件	无异常缠绕	目测			
4	安全装置	检查各安全装置运行情况	运行安全、可靠	扳手、内六角扳手			
5	润滑	检查各润滑点运行情况,并加油	可靠润滑	润滑油			
6	电动机及电器箱等	擦拭、清洁	无异常,清洁	清洁工具			
7	各限位装置	检查限位装置	运行灵活,安全可靠	扳手、内六角扳手等			
8	接地	检查接地是否安全可靠	接地可靠,符合设备使用要求	目测			

设备二级保养(机械)内容和要求

设备名称:悬臂式起重机

设备编号:_____

保养人员:_____

保养日期:_____

序号	项目	细则	标准	工具	记录	签名	备注
1	钢丝绳	检查钢丝绳磨损情况,根据钢丝绳报废标准进行更换	无断丝,符合设备使用要求	目测,游标卡尺			
2	制动器	各制动器检修	磨损情况符合设备使用要求	扳手、内六角扳手			
			间隙和灵活度符合要求				
			制动可靠,制动力矩大小符合要求				
3	油箱	检查、清洁更换各油箱油脂及油封	无渗漏	清洁工具、油枪、扳手			
4	限位装置	检查、调整各限位装置	灵敏、安全、可靠	扳手、内六角扳手			
5	润滑	各个润滑点加注油(脂)	按润滑油图及要求	油枪			
6	结构件	检查各结构件完好性等	无变形,无裂纹,无腐蚀,相互连接可靠、稳定	扳手、内六角扳手			

设备二级保养(电气)内容和要求

设备名称:悬臂式起重机

保养人员:_____

设备编号:_____

保养日期:_____

序号	项目	细则	标准	工具	记录	签名	备注
1	设备断电	断电	设备电压为"0",有警示牌	万用表			
2	各电机	对防水等级在 IP44 以下(含 IP44)电机检查绝缘	绝缘电阻: ≥3.8 MΩ,绝缘良好; ≥1.5 MΩ,绝缘可用; ≥0.38 MΩ,绝缘堪用; <0.38 MΩ,绝缘不良。 绝缘不良的,绝缘处理或更新	兆欧表			断开电机回路再进行测量
		对防水等级在 IP44 以上电机(不含伺服电机)抽取检查绝缘					
		对防水等级 IP67 以上(含 IP67)电机不需要检查绝缘					
		检查电机冷却回路(含冷却风扇),更换进风口滤网	无油污、覆盖物等,冷却回路畅通	备件			
		对有炭刷的直流电机进行保养	滑环无积炭,无打火痕迹,无明显磨损(否则修复);炭刷磨损不超过 2/3(否则更换)	备件			
		对测速电机进行保养		目测			
3	电箱、控制系统	电箱、控制系统内部清洁保养	内部清洁、整齐,无杂物	吸尘器、刷子			
		电箱、控制系统内接插件接触检查	接触良好	万用表			
		电箱、控制系统内主回路接线端子紧固检查	接触良好,紧固	螺丝刀			
4	限位装置	检查各限位装置	功能可靠有效	螺丝刀			
5	接地	检查接地是否安全可靠	接地可靠,符合设备使用要求	万用表			
6	设备上电	通电、试车	启动正常	万用表			

设备一级保养内容和要求

设备名称:旋转固定式起重机 　　　　　　　　设备编号:＿＿＿＿＿＿＿＿

保养人员:＿＿＿＿＿＿＿＿ 　　　　　　　　保养日期:＿＿＿＿＿＿＿＿

序号	项目	细则	标准	工具	记录	签名	备注
1	外表	清扫构架、走台、扶梯	整齐、清洁	清扫工具			
		清扫驾驶室及机房	整齐、清洁	清扫工具			
2	起升机构	检查起重装置、钢丝绳卷绕系统零部件,并消除缺陷	无明显缺陷	调整工具			
		检查起升、变幅、旋转等机构减速装置及驱动装置,调整间隙,消除松动	传动平稳,运转正常,无明显缺陷	调整工具			
		检查旋转中心轴系统,调整各部分间隙	旋转平稳,运转正常	调整工具			
		检查并调整制动装置	制动灵敏可靠	调整工具			
3	润滑系统	检查齿轮减速器润滑油的油量、油质	润滑满足设备使用要求	注油工具			
		对轴承座、制动架、联轴器、滑轮组、旋转中心轴轴承副等润滑脂润滑的滑动副加注润滑脂	润滑满足设备使用要求	注油工具			
4	电气	擦拭电动机及电器箱	内外清洁,使用正常	清洁工具			
		检查限位装置与接地	安全可靠,使用正常	调整工具			

设备二级保养(机械)内容和要求

设备名称:旋转固定式起重机   设备编号:_____

保养人员:_____   保养日期:_____

序号	项目	细则	标准	工具	记录	签名	备注
1	场地	整理、清扫工作场地,用红白旗隔离工作区域,做好各项安全防护措施	场地清洁,安全防护措施到位	红白旗、清扫工具			
2	结构件	检查金属结构件及焊缝	牢固,无裂缝、变形、脱焊等	目测			
3	传动机构	检查、修复各减速箱传动件轴承等磨损状况	无异常磨损	目测			
4	制动	检查、整修各制动器的间隙及灵活可靠	制动器间隙正常,使用可靠	扳手、内六角扳手等			
5	吊索具	检查、整修更换钢丝绳、吊钩、滑轮等磨损状况	无断丝,无异常磨损	目测			
6	润滑	检查、清洁、润滑各减速器及润滑点,确保畅通,并按润滑图表进行加注油(脂)	附件旋转润滑顺畅	油枪、扳手等			
7	油箱	检查、清洁、更换各油箱油质及油封	油质正常,基本无漏油	扳手等			
8	其他	其他方面性能良好	性能良好	目测			

设备二级保养(电气)内容和要求

设备名称:旋转固定式起重机　　　　　　　　　　设备编号:＿＿＿＿＿＿＿＿

保养人员:＿＿＿＿＿＿＿＿　　　　　　　　　　保养日期:＿＿＿＿＿＿＿＿

序号	项目	细则	标准	工具	记录	签名	备注
1	数据备份	按系统标准操作规范,对设备系统数据全部或分项进行数据备份工作	完成备份(二级保养保险备份)	电脑、存储卡			数控设备、PLC设备
2	设备断电	起重机断电	设备电压为"0",有警示牌	万用表			数控设备、PLC设备
		稳压电源输出端断电					
		悬挂警示牌					
3	电机	对防水等级在IP44以下(含IP44)电机检查绝缘	绝缘电阻: ≥3.8 MΩ,绝缘良好; ≥1.5 MΩ,绝缘可用; ≥0.38 MΩ,绝缘堪用; <0.38 MΩ,绝缘不良。 绝缘不良的,绝缘处理或更新	兆欧表			断开电机回路再进行测量
		对防水等级在IP44以上电机(不含伺服电机)抽取检查绝缘					
		对防水等级在IP67以上(含IP67)电机不需要检查绝缘					
		对电机冷却回路(含冷却风扇)进行保养,更换进风口滤网	无油污、覆盖物等,冷却回路畅通	目测,备件			
		对有炭刷的直流电机进行保养	滑环无积炭,无打火痕迹,无明显磨损(否则修复);炭刷磨损不超过2/3(否则更换)	炭刷备件			
		对测速电机进行保养		目测			
4	电箱、操纵箱	电箱、操纵箱内部清洁保养	内部清洁、整齐,无杂物	吸尘器、刷子等			
		电箱、操纵箱内接插件接触检查	接触良好	万用表			
		电箱、操纵箱内主回路接线端子紧固检查	接触良好,紧固	螺丝刀			

表（续）

序号	项目	细则	标准	工具	记录	签名	备注
5	稳压电源	外观、按钮功能保养	外观清洁,按钮工作正常	目测			
		检查手动、自动功能切换是否有效	手动、自动功能之间正常切换	目测			
		检查稳压电源输出电压是否在正常范围内	输出电压稳定	万用表			
		对变压器的炭刷进行保养	炭刷磨损不超过2/3（否则更换）	目测			
		稳压电源内部清洁保养	内部清洁、整齐,无杂物	目测			
6	设备上电	稳压电源输出端上电	输出电压稳定	万用表			
		起重机上电,设备系统启动	启动正常				
		摘取警示牌	摘取警示牌				
7	设备调整	起重机电气传感器调整	起重机动作正常,反馈信号正常	万用表			根据起重机二级保养前设备反应的精度,结合机械选择调整
		各类电气控制元件调整	起重机动作正常,反馈信号正常				
		起重机外围辅助设备检查、调整	正常工作	目测			
		各类手持单元功能检测	正常工作	目测			
		起重机各类参数调整（速度等）	起重机运动正常、平稳	机械精度检测工具			
8	安全装置	按系统安全操作规范对设备安全保护装置进行检查（各类门限位、保护硬限位等）	工作正常,安全有效	目测			

设备一级保养内容和要求

设备名称:桥式起重机　　　　　　　　　　　　　　设备编号:＿＿＿＿＿＿＿＿

保养人员:＿＿＿＿＿＿＿＿＿＿　　　　　　　　　保养日期:＿＿＿＿＿＿＿＿

序号	项目	细则	标准	工具	记录	签名	备注
1	外观	清扫起重机外表及驾驶室内外	外观清洁	抹布、吸尘器			
2	起重装置	检查起重装置,钢丝绳卷绕系统零部件	消除缺陷,达到起重机械安全规程要求	螺丝刀、扳手			
3	减速装置	检查减速装置、驱动装置零部件	消除松动现象,传动平稳,运转正常	螺丝刀、扳手			
4	起升制动装置	检查制动装置,观察磨损情况,调整间隙	制动灵敏、可靠	螺丝刀、扳手			
5	起升机构安全装置	检查安全装置是否可靠,消除缺陷	无卡死,动作安全可靠	螺丝刀、扳手			
6	行走车轮及轨道	检查大、小车轮装置及轨道,调整间隙消除松动	消除松动,达到行走平稳可靠	螺丝刀、扳手			
7	行走驱动装置	检查大、小车运行驱动装置零部件,并消除松动	传动平稳,运转正常	螺丝刀、扳手			
8	行走制动装置	检查制动装置,观察磨损情况,调整间隙	制动灵敏可靠	螺丝刀、扳手			
9	行走机构安全装置	检查安全装置是否可靠,消除缺陷	无卡死,动作安全可靠	螺丝刀、扳手			
10	齿轮减速器	检查齿轮减速器有无异响,检查润滑油油量、油质	无异响,油量充足,油质达标	润滑油、螺丝刀			
11	润滑系统	对轴承座、制动架、联轴器、滑轮组等需油脂润滑的滑动副加注润滑脂	润滑良好	润滑油、螺丝刀			

表（续）

序号	项目	细则	标准	工具	记录	签名	备注
12	电气控制柜	清洁电气控制柜,检查线路有无老化	电气柜清洁,线路无老化	清洁工具			
13	电动机	电动机清灰,清油污	清洁,无异响	螺丝刀、扳手			
14	限位	检查限位开关有无变形,有无卡死	限位开关无卡死、无变形	螺丝刀、扳手			
15	设备接地	检查接地线是否连接牢固	接地良好、可靠	螺丝刀			
16	供电电缆	检查电磁供电电缆是否老化、缠绕	供电电缆无老化、缠绕、磨损现象	目测			电磁吊设备
17	吊排	检查吊排是否变形,螺栓连接有无松动	结构无变形,螺栓连接安全可靠	目测,扳手			电磁吊设备

设备二级保养(机械)内容和要求

设备名称:桥式起重机

保养人员:＿＿＿＿＿＿＿＿＿

设备编号:＿＿＿＿＿＿＿＿＿

保养日期:＿＿＿＿＿＿＿＿＿

序号	项目	细则	标准	工具	记录	签名	备注
1	外观	清扫起重机外表及驾驶室内外	整洁	清洁工具			
2	起重装置	检查起重装置,卷筒机钢丝绳磨损情况	消除缺陷,达到起重机械安全规程要求	螺丝刀、扳手			
3	吊钩	检查、整修润滑吊钩,滑轮等传动件	吊钩无明显变形,滑轮传动顺滑	扳手、润滑油			
4	减速装置	检查减速装置、驱动装置零部件	消除松动,传动平稳,运转正常	螺丝刀、扳手			
5	起升制动装置	检查制动装置,观察磨损情况,调整间隙	制动灵敏、可靠	螺丝刀、扳手			
6	起升机构安全装置	检查安全装置是否可靠,消除缺陷	无卡死,动作安全可靠	螺丝刀、扳手			
7	行走车轮及轨道	检查大、小车轮装置及轨道,调整间隙消除松动	消除松动,行走平稳可靠,无咬边	螺丝刀、扳手			
8	行走驱动装置	检查大、小车运行驱动装置零部件,并消除松动	传动平稳,运转正常	螺丝刀、扳手			
9	行走制动装置	检查制动装置,观察磨损情况,调整间隙	制动灵敏、可靠	螺丝刀、扳手			
10	行走机构安全装置	检查安全装置是否可靠,消除缺陷	无卡死,动作安全可靠	螺丝刀、扳手			
11	齿轮箱	检查齿轮箱有无异响、联轴器传动及润滑情况	无异响,油量充足,油质达标,联轴器运转平稳	润滑油、螺丝刀			

表（续）

序号	项目	细则	标准	工具	记录	签名	备注
12	润滑油	检查、清洁、更换各齿轮箱润滑油及油封	传动平稳,无漏油	润滑油、螺丝刀			
13	润滑系统	对轴承座、制动架、联轴器、滑轮组等需油脂润滑的滑动副加注润滑脂	润滑良好	润滑油、螺丝刀			
14	电动机	电动机拆检,进行保养	清洁,无异响	螺丝刀、扳手			
15	磁铁链条	检查磁铁链条是否可靠	无明显磨损,连接可靠	目测			电磁吊设备
16	吊排	检查吊排是否变形,螺栓连接有无松动	结构无变形,螺栓连接安全可靠	目测,扳手			电磁吊设备
17	磁铁保护	检查磁铁壳体、封盖及密封状况	壳体、封盖无裂纹,密封可靠	目测			电磁吊设备

设备二级保养(电气)内容和要求

设备名称:桥式起重机　　　　　　　　　　　设备编号:＿＿＿＿＿＿＿＿

保养人员:＿＿＿＿＿＿＿＿　　　　　　　　　保养日期:＿＿＿＿＿＿＿＿

序号	项目	细则	标准	工具	记录	签名	备注
1	数据备份	按操作规范对设备系统数据全部或分项进行数据备份工作	完成备份(二级保养保险备份)	电脑、存储卡			数控设备、PLC 设备
2	设备断电	起重机断电	设备电压为"0",有警示牌	万用表			数控设备、PLC 设备
		稳压电源输出端断电					
		悬挂警示牌					
3	电机	对防水等级在 IP44 以下(含 IP44)电机检查绝缘	绝缘电阻: ≥3.8 MΩ,绝缘良好; ≥1.5 MΩ,绝缘可用; ≥0.38 MΩ,绝缘堪用; <0.38 MΩ,绝缘不良。 绝缘不良的,绝缘处理或更新	兆欧表			断开电机回路再进行测量
		对防水等级 IP44 以上电机(不含伺服电机)抽查绝缘					
		对防水等级在 IP67 以上(含 IP67)电机不需要检查绝缘					
		检查电机冷却回路(含冷却风扇)进行保养,更换进风口滤网	无油污、覆盖物等;冷却回路畅通	目测、备件			
		对有炭刷的直流电机进行保养	滑环无积炭,无打火痕迹,无明显磨损;炭刷磨损不超过 2/3	炭刷备件			
		对测速电机进行保养		目测			
4	电箱、操纵箱	电箱、操纵箱内部清洁保养	内部清洁、整齐,无杂物	吸尘器、刷子等			
		电箱、操纵箱内接插件接触检查	接触良好	万用表			
		电箱、操纵箱内主回路接线端子紧固检查	接触良好,紧固	螺丝刀			

表（续）

序号	项目	细则	标准	工具	记录	签名	备注
5	稳压电源	外观、按钮功能保养	外观清洁,按钮工作正常	目测			
		检查手动、自动功能切换是否有效	手动、自动功能之间正常切换	目测			
		检查稳压电源输出电压	输出电压稳定	万用表			
		变压器的炭刷保养	炭刷磨损不超过2/3（否则更换）	目测			
		稳压电源内部清洁保养	内部清洁、整齐,无杂物	目测			
6	设备上电	稳压电源输出端上电	输出电压稳定	万用表			
		起重机上电,设备系统启动	启动正常				
		摘取警示牌	警示牌复位				
7	设备调整	起重机电气传感器调整	起重机动作正常,反馈信号正常	万用表			根据起重机二级保养前设备反应的精度,结合机械选择调整
		各类电气控制元件调整	起重机动作正常,反馈信号正常				
		起重机外围辅助设备检查、调整	正常工作	目测			
		各类手持单元功能检测	正常工作	目测			
		起重机各类参数调整（速度等）	起重机运动平稳、正常	精度检测工具			
8	安全装置	按操作规范检查设备安全保护装置（各类门限位、保护硬限位等）	工作正常,安全有效	目测			
9	拖令检查	检查拖令小车是否完好,拖令电缆有无老化	行走正常,电缆无老化	万用表			
10	照明检查	检查照明灯有无损坏	无损坏	万用表			
11	供电电缆	检查供电电缆是否老化、缠绕	无老化、缠绕、磨损现象	目测			电磁吊设备
12	停电保磁装置	检查停电保磁装置是否有效	可靠、有效	试车			电磁吊设备

设备一级保养内容和要求

设备名称:电磁桥式起重机

保养人员:＿＿＿＿＿＿＿＿＿

设备编号:＿＿＿＿＿＿＿＿＿

保养日期:＿＿＿＿＿＿＿＿＿

序号	项目	细则	标准	工具	记录	签名	备注
1	外表	清扫起重机外表、电气房及驾驶室内外,通道扶梯、平台、走道	无积灰、油污,整齐、清洁	清洁工具			
2	起升机构	检查钢丝绳缠绕系统(卷筒、滑轮组等)零部件	达到起重机械安全规程要求	目测			
		检查起升驱动装置(包括减速器、联轴器、轴承座等)的紧固螺栓、传动	紧固螺栓无松动、短缺,传动平稳,无异响	目测、耳听			
		检查制动装置	制动灵敏、可靠	测试、调整工具			
3	行走机构	检查大、小车车轮装置及轨道	行走平稳可靠	目测、测试			
		检查大、小车运行驱动装置(包括减速器、联轴器、轴承座等)的紧固螺栓、传动	紧固螺栓无松动、短缺,传动平稳,无异响	目测、耳听			
		检查制动装置	制动灵敏、可靠	测试、调整工具			
		检查扫轨板、铁鞋、缓冲器装置	使用正常,无明显破损	目测、测试			
4	吊钩、滑轮组	检查吊钩螺母的防松装置、吊钩组上的各个零件	零件完整、可靠	目测、测试			
		检查各滑轮	转动正常	目测、测试			

表(续)

序号	项目	细则	标准	工具	记录	签名	备注
5	润滑系统	检查各减速器润滑状况	油位在规定的范围内,油质达到润滑要求	目测,油标尺			
		检查联轴器、制动器架、轴承座、卷筒内齿、滑轮等,加注油脂润滑	润滑正常	注油工具			
		检查钢丝绳表面,涂钢丝绳专用润滑脂	无锈斑、断丝,润滑正常	注油工具			
6	电气	清洁电动机及电器箱	表面、箱内清洁	清洁工具			
		检查各电气开关、照明、仪表显示	功能正常	目测、测试			
		检查电磁失电、失压保护装置	功能正常	测试			
		检查各限位装置与接地	功能正常,接地可靠	测试			

设备二级保养(机械)内容和要求

设备名称:电磁桥式起重机   设备编号:_____

保养人员:_____   保养日期:_____

序号	项目	细则	标准	工具	记录	签名	备注
1	外表	清扫起重机外表、电气房及驾驶室内外,通道扶梯、平台、走道	无积灰、油污,整齐、清洁	清扫工具			
2	起升机构	检查钢丝绳缠绕装置,卷筒和滑轮上的钢丝绳缠绕	钢丝绳缠绕正常,无脱槽、串槽、打结、扭曲等现象,钢丝绳压板螺栓紧固,并有双螺母等防松装置,卷筒无裂纹,绳筒预留钢丝绳的安全圈数不少于3圈	目测,扳手、螺丝刀			
		检查钢丝绳	无变形、断丝、断股、绳芯挤出、无严重磨损	目测,游标卡尺			
		检查制动器装置、制动轮	制动器打开时制动瓦块的开度小于1.0 mm,制动轮两边间隙距离相等;各销轴无卡死现象,制动灵敏、可靠;制动瓦块衬垫的磨损量未超过2 mm,衬垫与制动轮的接触面积不小于70%;制动轮无裂纹、缺陷,轮缘磨损不大于20%	目测,扳手、螺丝刀、卡尺			
3	行走机构	检查大、小车车轮装置及轨道,调整间隙,消除松动	车轮无裂纹,轮缘磨损未超过原厚度的50%,行走平稳、可靠	扳手、螺丝刀、卡尺			
		检查制动器装置、制动轮	制动器打开时制动瓦块的开度小于1.0 mm,制动轮两边间隙距离相等;各销轴无卡死现象,制动灵敏、可靠;制动瓦块衬垫的磨损量未超过2 mm,衬垫与制动轮的接触面积不小于70%;制动轮无裂纹、缺陷,轮缘磨损不大于20%	目测,扳手、螺丝刀、卡尺			
		检查扫轨板、铁鞋、缓冲器装置	使用正常,符合要求	目测、测试			

表（续）

序号	项目	细则	标准	工具	记录	签名	备注
4	吊钩、滑轮组	检查吊钩装置，吊钩组上的各个零件	完整、可靠，吊钩转动灵活，无卡阻	目测，扳手、螺丝刀			
		检查各滑轮	轮缘和轮板无裂纹和破坏，滑轮轮槽不均匀磨损未达 3 mm，轮槽壁厚的磨损未超过原壁厚的 20%，转动正常	目测，扳手、螺丝刀、游标卡尺			
5	润滑系统	检查各减速器的润滑状况	油位在规定范围内，渗油部位有防渗漏措施，密封及润滑正常	目测，油标尺、注油工具			
		检查各运动点的润滑情况（包括联轴器、制动器架、轴承座、滑轮组等）	润滑正常，油孔清洁，注油装置工作正常	螺丝刀、注油工具			

设备二级保养(电气)内容和要求

设备名称:电磁桥式起重机　　　　　　　　　　设备编号:＿＿＿＿＿＿＿＿

保养人员:＿＿＿＿＿＿＿＿　　　　　　　　　保养日期:＿＿＿＿＿＿＿＿

序号	项目	细则	标准	工具	记录	签名	备注
1	外观	检查电动机、电器设备箱(柜)内外、电磁铁、电阻器、PLC、变频器等	外观整洁,无积灰	清扫工具			
2	控制显示	检查各电气开关、照明、仪表显示	电气开关可靠,照明良好,仪表显示正常	目测、测试,万用表、螺丝刀			
3	超载限制器	检查超载限制器	显示数值正确可靠,限制功能有效	目测、测试,万用表、螺丝刀			
4	电气元件	检查变压器、电阻器、控制柜内电气元件等	动作灵活可靠,无卡阻,触点无接触不良、粘死现象	目测、测试,万用表、螺丝刀			
5	PLC、变频器	检查PLC、变频器运行指示	各模块运行正常,散热风机运行正常,通风散热良好,接线端接触良好	目测,万用表			
6	电缆	检查电缆承托和牵引装置	电缆未老化,承托无裂纹,牵引装置运行良好	目测、测试			
7	电磁	检查电磁失电、失压保护装置	保护装置使用正常	测试,万用表			

设备一级保养内容和要求

设备名称:门式起重机

设备编号:＿＿＿＿＿＿＿＿＿

保养人员:＿＿＿＿＿＿＿＿＿

保养日期:＿＿＿＿＿＿＿＿＿

序号	项目	细则	标准	工具	记录	签名	备注
1	外观	清扫运行机构、构架、走台、扶梯	整洁	抹布、吸尘器			
2	驾驶室	清扫驾驶室升降电梯及机房	整洁	抹布、吸尘器			
3	起重装置	检查起重装置,钢丝绳卷绕系统零部件	消除缺陷,达到起重机械安全规程要求	螺丝刀、扳手			
4	减速装置及驱动装置	检查起升、变幅、旋转、行走等机构减速装置及驱动装置,调整间隙,消除松动	无异响,传动平稳,运转正常	螺丝刀、扳手			
5	走轮装置	检查走轮装置有无异响	行走平稳、可靠	螺丝刀、扳手			
6	旋转中心轴系统	检查旋转中心轴系统及托轮	旋转平稳,运转正常	螺丝刀、扳手			
7	制动装置	检查并调整制动装置有无卡死或松动	无卡死或松动,制动灵敏可靠	螺丝刀、扳手			
8	行程限制器	检查行程限制器有无变形或卡死	无卡死变形,功能可靠	螺丝刀、扳手			
9	超载限制器	检查超载限制器有无显示异常	重量指示准确,功能可靠	螺丝刀、扳手			
10	连锁保护装置	检查连锁保护装置是否有效	功能有效,灵敏可靠	螺丝刀、扳手			
11	缓冲器	检查缓冲器完整程度	结构完整,功能可靠	螺丝刀、扳手			
12	夹轨器	检查夹轨器是否有效	工作正常,功能可靠	螺丝刀、扳手			

表（续）

序号	项目	细则	标准	工具	记录	签名	备注
13	锚定装置	检查锚定装置是否牢固，有无锈蚀、变形	无锈蚀变形,牢固可靠	螺丝刀、扳手			
14	齿轮减速器	检查有无异响及润滑油油量、油质情况	无异响,油量充足,油质达到润滑要求	螺丝刀、扳手			
15	润滑系统	检查轴承座、制动架、联轴器、滑轮组、旋转中心轴轴承副等的润滑情况	润滑良好,不堵塞	螺丝刀、润滑油			
16	电气控制柜	清洁电气控制柜,检查线路有无老化	电气柜清洁,线路无老化	清洁工具			
17	电动机	电动机清灰、清油污	清洁,无异响	螺丝刀、扳手			
18	限位	检查限位开关有无变形,有无卡死	无卡死,无变形	螺丝刀、扳手			
19	设备接地	检查接地线是否连接牢固	接地良好可靠	螺丝刀			
20	供电电缆	检查电磁供电电缆是否老化、缠绕	无老化、缠绕、磨损现象	目测			电磁吊设备
21	吊排	检查吊排是否变形,螺栓连接有无松动	结构无变形,螺栓连接安全可靠	目测,扳手			电磁吊设备

设备二级保养（机械）内容和要求

设备名称:门式起重机　　　　　　　　　设备编号:＿＿＿＿＿＿＿＿＿

保养人员:＿＿＿＿＿＿＿＿＿　　　　　　保养日期:＿＿＿＿＿＿＿＿＿

序号	项目	细则	标准	工具	记录	签名	备注
1	钢结构	检查门架桁架把杆象鼻梁、轮座架等金属结构件,有问题及时消除	无裂缝、变形、脱焊、锈蚀	探伤设备、焊机			
2	制动装置	检查各制动装置,调整间隙	制动灵敏可靠	螺丝刀、扳手			
3	齿轮箱	检查齿轮箱有无异响,联轴器传动及润滑情况	无异响,油量充足,油质达标,联轴器运转平稳	螺丝刀、扳手			
4	行走车轮及轨道	检查大小车轮装置及轨道,修复间隙,消除松动	行走平稳可靠,无咬边	螺丝刀、扳手			
5	起重装置	检查起重装置及卷筒机钢丝绳磨损情况	消除缺陷,达到起重机械安全规程要求	螺丝刀、扳手			
6	吊钩	检查、整修润滑吊钩、滑轮等传动件	吊钩无明显变形,滑轮传动顺滑	螺丝刀、扳手			
7	润滑油	检查、清洁、更换各齿轮箱润滑油及油封	传动平稳,无漏油	螺丝刀、扳手			
8	润滑系统	按润滑图表进行加注油(脂)	润滑满足要求	润滑油、螺丝刀			
9	电动机	拆检电动机进行保养,测绝缘	电动机工作正常,无异响,绝缘符合设备使用要求	润滑油、螺丝刀			
10	磁铁链条	检查磁铁链条是否可靠	无明显磨损,连接可靠	目测			电磁吊设备
11	吊排	检查吊排和螺栓连接情况	结构无变形,螺栓连接安全可靠	目测,扳手			电磁吊设备
12	磁铁保护	检查磁铁壳体、封盖及密封状况	壳体、封盖无裂纹,密封可靠	目测			电磁吊设备

设备二级保养(电气)内容和要求

设备名称:门式起重机   设备编号:＿＿＿＿＿＿＿＿＿

保养人员:＿＿＿＿＿＿＿＿＿   保养日期:＿＿＿＿＿＿＿＿＿

序号	项目	细则	标准	工具	记录	签名	备注
1	数据备份	按操作规范对设备系统数据全部或分项进行数据备份	完成备份(二级保养保险备份)	电脑、存储卡			数控设备PLC设备
2	设备断电	起重机断电	设备电压为"0",有警示牌	万用表			数控设备PLC设备
		稳压电源输出端断电					
		悬挂警示牌					
3	电机	对防水等级在IP44以下(含IP44)电机检查绝缘	绝缘电阻: ≥3.8 MΩ,绝缘良好; ≥1.5 MΩ,绝缘可用; ≥0.38 MΩ,绝缘堪用; <0.38 MΩ,绝缘不良。 绝缘不良的,绝缘处理或更新	兆欧表			断开电机回路再进行测量
		对防水等级在IP44以上电机(不含伺服电机)抽取检查绝缘					
		对防水等级在IP67以上(含IP67)电机不需要检查绝缘					
		检查电机冷却回路(含冷却风扇),更换进风口滤网	无油污、覆盖物等;冷却回路畅通	目测、备件			
		对有炭刷的直流电机进行保养	滑环无积炭,无打火痕迹,无明显磨损;炭刷磨损不超过2/3	炭刷备件			
		对测速电机进行保养		目测			
4	电箱、操纵箱	电箱、操纵箱内部清洁保养	内部清洁、整齐,无杂物	吸尘器、刷子等			
		电箱、操纵箱内接插件接触检查	接触良好	万用表			
		电箱、操纵箱内主回路接线端子紧固检查	接触良好,紧固	螺丝刀			

表(续)

序号	项目	细则	标准	工具	记录	签名	备注
5	稳压电源	外观、按钮功能保养	外观清洁,按钮工作正常	目测			
		手动、自动功能切换是否有效	手动、自动功能之间正常切换	目测			
		检查稳压电源输出电压	输出电压稳定	万用表			
		对变压器炭刷进行保养	炭刷磨损不超过2/3(否则更换)	目测			
		稳压电源内部清洁保养	内部清洁、整齐,无杂物	目测			
6	设备上电	稳压电源输出端上电	输出电压稳定	万用表			
		起重机上电,设备系统启动	启动正常				
		摘取警示牌	摘取警示牌				
7	设备调整	起重机电气传感器调整	起重机动作正常,反馈信号正常	万用表			根据起重机二级保养前设备反应的精度,结合机械选择调整
		各类电气控制元件调整	起重机动作正常,反馈信号正常				
		起重机外围辅助设备检查、调整	正常工作	目测			
		各类手持单元功能检测	正常工作	目测			
		起重机各类参数调整(速度等)	起重机运动正常、平稳	精度检测工具			
8	安全装置	按系统安全操作规范检查设备安全保护装置(各类门限位、保护硬限位等)	工作正常,安全有效	目测			
9	拖令检查	检查拖令小车是否完好,拖令电缆有无老化	小车行走正常,电缆无老化	万用表			
10	照明检查	检查照明灯有无损坏	照明无损坏	万用表			
11	供电电缆	检查供电电缆是否老化、缠绕	无老化、缠绕、磨损现象	目测			电磁吊设备
12	停电保磁装置	检查停电保磁装置是否有效	停电保磁装置可靠有效	试车			电磁吊设备

设备一级保养内容和要求

设备名称:门座式起重机 　　　　　　　　　　　　设备编号:＿＿＿＿＿＿＿＿

保养人员:＿＿＿＿＿＿＿＿　　　　　　　　　　　保养日期:＿＿＿＿＿＿＿＿

序号	项目	细则	标准	工具	记录	签名	备注
1	外表	清扫构架、走台、扶梯	清洁,无灰尘	清扫工具			
		清扫驾驶室及机房	清洁,无灰尘,无油污	清扫工具			
2	传动机构	检查起重装置、钢丝绳卷绕系统零部件	各部件无明显缺陷	调整工具			
		检查起升、变幅、旋转、行走等机构减速装置及驱动装置,调整间隙	无松动,运转平稳	调整工具			
		检查走轮装置,调整间隙	行走平稳	调整工具			
		检查旋转中心轴系统,调整各部分间隙	运转平稳正常	调整工具			
		检查并调整制动装置	制动灵敏、可靠	调整工具			
3	安全装置	检查力矩限制器	准确,可靠	目测			
		开动各机构检查各行程限位	动作灵敏、可靠	目测			
		检查缓冲器、夹轨器、锚定	安全可靠	调整工具			
4	润滑系统	检查齿轮减速器润滑油油量	液位计标识指示清晰	注油工具			
		对轴承座、制动架、联轴器等润滑脂润滑的滑动副加注润滑脂	运转平稳,无卡滞	注油工具			
5	电气	擦拭电动机及电器箱	内外清洁,无灰尘、异物	清洁工具			

设备二级保养(机械)内容和要求

设备名称:门座式起重机 　　　　　　　　　　设备编号:＿＿＿＿＿＿＿＿

保养人员:＿＿＿＿＿＿＿＿ 　　　　　　　　保养日期:＿＿＿＿＿＿＿＿

序号	项目		细则	标准	工具	记录	签名	备注
1	作业环境		对工作场地进行整理清扫,用红白旗隔离工作区域,做好各项安全防护措施	场地清洁,安全防护措施到位	红白旗、清扫工具			
2	结构件		检查金属结构件及焊缝等	无裂缝、变形、脱焊	目测			
3	传动机构		检查各减速箱传动件轴承等	无异常磨损	目测			
4	制动器		检查、整修各制动器间隙及灵活性	间隙正常,运转灵活	扳手、内六角扳手等			
5	臂架铰点,行走车轮		检查、清洁、润滑各减速器及润滑点,确保润滑畅通完整,并按润滑图表进行加注油(脂)	各铰点及走轮运转顺畅	目测,清洁工具、油枪			
6	变幅机构	钢丝绳变幅	检查钢丝绳、滑轮,加油润滑	无明显断丝、变形,滑轮无明显磨损	目测			可在A字架及臂架头部安装数字摄像头检查钢丝绳
		齿条变幅	清洁齿轮、齿条,检查啮合、磨损情况	啮合良好,运转平稳,无冲击,无明显磨损	目测,清洁工具			
		液压变幅	检查液压油泵、阀件	完好,无泄漏	目测			
		螺杆变幅	检查螺杆、螺母磨损,润滑油油质	无明显磨损痕迹,无磨损颗粒,油质化验符合标准	目测、化验			

表(续)

序号	项目		细则	标准	工具	记录	签名	备注
7	旋转机构	回转齿轮	清洁齿轮,检查啮合及磨损情况	啮合良好,运转平稳,无冲击,无明显磨损	目测,清洁工具			
		回转靠轮	检查靠轮、轴承	运转灵活,无卡滞情况	目测			
8	起升机构		检查整修更换钢丝绳、吊钩、滑轮	无明显缺陷,无异常磨损	目测			
9	润滑系统		检查、清洁、更换各油箱油质及油封	油质正常,无泄漏	扳手等			

设备二级保养(电气)内容和要求

设备名称:门座式起重机

设备编号:＿＿＿＿＿＿＿＿

保养人员:＿＿＿＿＿＿＿＿

保养日期:＿＿＿＿＿＿＿＿

序号	项目	细则	标准	工具	记录	签名	备注
1	数据备份	按系统标准操作规范对设备系统数据全部或分项进行数据备份	完成备份(二级保养保险备份)	电脑、存储卡			数控设备PLC设备
2	设备断电	起重机断电	设备电压为"0",有警示牌	万用表			数控设备PLC设备
		稳压电源输出端断电					
		悬挂警示牌					
3	电机、中心滑环	对防水等级在IP44以下(含IP44)电机检查绝缘	绝缘电阻: ≥3.8 MΩ,绝缘良好; ≥1.5 MΩ,绝缘可用; ≥0.38 MΩ,绝缘堪用; <0.38 MΩ,绝缘不良。 绝缘不良的,绝缘处理或更新	兆欧表			断开电机回路再进行测量
		对防水等级在IP44以上电机(不含伺服电机)抽取检查绝缘					
		对防水等级在IP67以上(含IP67)电机不需要检查绝缘					
		检查电机冷却回路(含冷却风扇),更换进风口滤网	无油污、覆盖物等;冷却回路畅通				
		检查有炭刷的直流电机(有直流电机浮吊做此项)	滑环无积炭,无打火痕迹,无明显磨损;炭刷磨损不超过2/3	螺丝刀、布、刷子等			
		检查测速电机					
		中心集电器紧固检查,滑环、炭刷保养					
4	电箱、操纵箱	电箱、操纵箱内部清洁保养	内部清洁、整齐,无杂物	吸尘器、刷子等			
		检查电箱、操纵箱内部插接件	接触良好	万用表			
		检查主回路接线端子	接触良好,紧固	螺丝刀			

表(续)

序号	项目	细则	标准	工具	记录	签名	备注
5	稳压电源检查	外观、按钮功能保养	外观清洁,按钮工作正常				
		检查手动、自动功能切换是否有效	手动、自动功能之间正常切换				
		检查稳压电源输出电压	输出电压稳定,保持380 V	万用表			
		对变压器的炭刷进行保养	炭刷磨损不超过2/3(否则更换)				
		稳压电源内部清洁、保养	内部清洁、整齐,无杂物				
6	设备上电	稳压电源输出端上电	输出电压稳定,保持380 V	万用表			
		起重机上电,设备系统启动	启动正常				
		摘取警示牌	警示牌复位				
7	设备调整	起重机电气传感器调整	起重机动作正常,反馈信号正常	万用表			
		各类电气控制元件调整					
		起重机外围辅助设备检查、调整	工作正常				
		各类手持单元功能检测	工作正常				
		起重机各类参数调整(速度等)	起重机运动正常、平稳	精度检测工具			
		电缆卷筒调整转矩	收放正常、平稳	扳手等			
8	安全装置	检查超载限制器	校正载重量显示值,工作正确、可靠	螺丝刀、万用表等			
		检查连锁保护装置	连锁有效,动作灵敏、可靠				
		检查修复缓冲器、夹轨器、锚定装置等	工作正常,安全有效	螺丝刀、扳手等			

设备一级保养内容和要求

设备名称:半门式起重机

保养人员:＿＿＿＿＿＿＿＿＿

设备编号:＿＿＿＿＿＿＿＿＿

保养日期:＿＿＿＿＿＿＿＿＿

序号	项目	细则	标准	工具	记录	签名	备注
1	关键钢结构	检查构件结构有无裂纹、变形、脱焊,并修复	结构件无裂纹、塑性变形及其他损伤	目测			
			梯子、栏杆、司机室及走台完好				
2	制动装置	检查各制动装置,观察磨损情况,调整间隙	各绞接点能灵活转动,槽轮、棘爪工作可靠	油壶、扳手			
			制动器补偿行程合理	目测			
			摩擦垫片无异常磨损,固定瓦块与制动衬垫紧密贴合,无异常现象	目测			
3	传动齿轮和齿轮联轴器	检查齿轮箱有无异响、联轴器传动及润滑情况	清洁齿轮接触面和侧面,齿面无损坏,润滑良好,运行无异响	目测			
4	行走车轮	外观检查行走轮	行走轮无裂纹,目测轮缘、踏面无严重磨损	目测			
5	卷筒	检查卷筒	当重物降到最低位置时,留在卷筒上的钢丝绳应不少于 3 圈,且绳端部要牢固	目测			

表(续1)

序号	项目	细则	标准	工具	记录	签名	备注
6	钢丝绳	检查、测量、润滑钢丝绳	钢丝绳在卷筒上应按顺序整齐排列,不得咬绳、打环、扭结、弯折、相互绞压及与机械某个部位发生磨损	目测			
			钢丝绳在一节距内断丝数未超标准规定;钢丝绳直径减少小于7%	游标卡尺			
			钢丝绳保持良好的润滑状态	目测			
7	吊钩	检查吊钩三个危险断面是否存在变形,检查吊钩防止吊重意外脱钩保险装置	脱钩保险装置工况良好	目测			
			危险断面或吊钩颈部无塑性变形;吊钩转动灵活;吊钩轴承下沉量符合要求	目测			
			吊钩表面光洁,无剥落、毛刺、裂纹或缺口	目测			
8	滑轮	检查、测量和润滑滑轮,检查滑轮防止钢丝绳跳出槽装置	滑轮槽光洁平滑、无损伤;钢丝绳无缺陷,轮缘无破损	着色探伤检查			
			防止钢丝绳跳出槽装置工况良好	目测			
9	润滑	检查、疏通、添加和更换齿轮箱、各润滑点等处润滑油(脂)	油质、油位符合要求,自动注油润滑系统运行正常	目测			
10	操纵系统	检查和试验驾驶室操控平台的完好性	操纵轻便灵活,挡位清楚,零位手动明确,工作可靠,操纵力及操纵行程应符合要求,直立手柄有防意外接通的保护装置	试验			
11	轨道	检查轨道	轨道接头夹板的固定螺栓无缺失、松动	目测			

表（续2）

序号	项目	细则	标准	工具	记录	签名	备注
12	安全装置	检查超载限制器	当荷载达额定起重量的90%时,能发出提示性报警信号	试验			
			当起重量超过额定起重量时能自动切断起升动力源,并发出禁止性报警信号	试验			
		检查变幅幅度指示器	应保证正确指示吊具所在幅度	试验			
		检查超载限制与变幅角度	检查起重机变幅角度与起重量的关系,与曲线图比对(有合力数据显示和限制的,按要求进行试验)	试验			
		检查上升、下降极限位置限制器	当起重钩装置顶部升到距离臂架下端不小于500 mm时,能立即停车	试验			
		检查运行极限限制器	应保证机构在其运动的极限位置时自动切断前进的动力源,并停止运动	试验			
		检查行走缓冲器	具有吸收运动机构的能量并减少冲击的良好性能	目测			
		检查抗风防滑装置和锚定	锚定装置、防风拉索、铁鞋、防风沙袋、防风三角木等齐全完好	目测			
		检查风速风级报警	风力大于6级能发出报警信号,并有瞬时风速、风力显示能力	目测			
		检查扫轨板和支承架	扫轨板距轨面间隙正常	观察、测量			
		检查轨道端部止挡	碰撞限位开关性能良好,防止起重机脱轨的功能正常	目测			
		检查电缆卷筒程度限制器	起重机电缆在最后3圈时的保护功能正常	试验			

设备二级保养内容和要求

设备名称:半门式起重机 设备编号:_____

保养人员:_____ 保养日期:_____

序号	项目	细则	标准	工具	记录	签名	备注
1	金属钢结构	检查门架、大梁、支腿等金属结构件有无裂纹、变形、脱焊,有则修复	结构件焊口无裂纹、夹渣、气孔,焊缝宽度、深度符合要求	探伤设备、焊机、扳手、铁锤			
			结构件无裂纹、塑性变形及其他损伤				
			梯子、栏杆、司机室及走台完好				
			防护层(油漆)工况良好(结构件锈蚀深度达原断面厚度10%时,应及时进行处理)				
2	制动装置	检查各制动装置,观察磨损情况,调整间隙	摩擦垫片与制动轮实际接触面积不小于理论接触面积的75%,制动块开度不超过1 mm,制动带开度不超过1.5 mm	游标卡尺			
			各绞接点能灵活转动,槽轮、棘爪工作可靠	游标卡尺、扳手			
			制动器补偿行程合理	目测			
			固定瓦块与制动衬垫紧密贴合,固定铆钉头埋入制动衬垫厚度的一半以上	游标卡尺			

表（续1）

序号	项目	细则	标准	工具	记录	签名	备注
3	传动齿轮和齿轮联轴器	检查齿轮箱有无异响、联轴器传动及润滑情况	齿面点蚀损坏未达磨合面的30%,深度未达原齿厚的10%;齿厚磨损量对于开式齿轮传动达原齿厚的30%,对于闭式齿轮传动达原齿厚的百分比为:传动一级:第一级啮合/其他级啮合/齿轮联轴器/起升机构和非平衡变幅机构:10%/20%/15%/15%/25%	目测			
			轴心线无歪斜和径向位移;传动部件均有防护罩;紧固螺栓无松动;键配合无松动,无缺损、裂纹、断齿	游标卡尺			
4	行走车轮	检查行走轮外观,测量后与原尺寸比对	无裂纹;轮缘厚度磨损未达原厚度的50%;轮缘厚度弯曲变形未达原厚度的20%;踏面厚度磨损为达原厚度的15%	目测			
			当运行速度低于50 m/min,椭圆度达1 mm;当运行速度高于50 m/min,椭圆度达0.5 mm	游标卡尺			
5	卷筒	检查和测量卷筒	当重物降到最低位置时,留在卷筒上的钢丝绳不少于3圈,且绳端部牢固	卷尺			
			绳磨损深度不超过2 mm;筒壁磨损不超过原壁厚的10%	目测			

表（续2）

序号	项目	细则	标准	工具	记录	签名	备注
6	钢丝绳	检查、测量、润滑钢丝绳	钢丝绳在卷筒上应按顺序整齐排列，无咬绳、打环、扭结、弯折、相互绞压及与机械的某个部位发生磨损	目测			
			钢丝绳在一节距内断丝数未超标准规定；钢丝绳直径减少小于7%	游标卡尺			
			钢丝绳保持良好的润滑状态	目测			
7	吊钩	检查吊钩三个危险断面是否存在变形	吊钩防止吊重意外脱钩，保险装置工况良好	目测			
			危险断面或吊钩颈部无塑性变形；吊钩转动灵活；吊钩轴承下沉量符合要求	目测			
			危险断面磨损尺寸小于原尺寸的10%；开口度比原尺寸增加量小于15%；扭转变形未超过10°	样板检查、着色探伤			
			吊钩表面光洁，无剥落、毛刺、裂纹或缺口	目测			
8	滑轮	检查、测量、润滑滑轮；检查滑轮防止钢丝绳跳出槽装置	滑轮槽光洁平滑，无损伤钢丝绳的缺陷，轮缘无破损	着色探伤检查			
			钢丝绳处在槽装置	目测			
			轮槽不均匀磨损小于3 mm；轮槽壁厚磨损小于原壁厚的20%	游标卡尺			

表(续3)

序号	项目	细则	标准	工具	记录	签名	备注
9	润滑	检查、疏通、添加和更换齿轮箱、各润滑点等处润滑油(脂)	齿轮箱油质符合要求,不符合要求的进行更换	目测			
			齿轮箱油位正常	目测			
			自动注油润滑系统运行正常	目测			
10	操纵系统	检查和试验驾驶室操控平台的完好性	操纵系统采用手柄或手轮控制的机构运动方向与规定的运动方向一致	目测			
			所有的操纵杆、柄、轮及踏板上面或附近处均有表明用途和操纵方向的清晰标志	目测			
			操纵轻便灵活,挡位清楚,零位手动明确,工作可靠,操纵力及操纵行程应符合要求,直立手柄有防意外接通的保护装置	试验			
11	轨道	检查和测量轨道	轨道接头夹板的固定螺栓无缺少或松动,轨道接头处间隙<2 mm,钢轨接头处未悬空	目测			
12	安全装置	检查超载限制器	当荷载达额定起重量的90%时,能发出提示性报警信号	试验			
			当起重量超过额定起重量时,能自动切断起升动力源并发出禁止性报警信号	试验			

表（续4）

序号	项目	细则	标准	工具	记录	签名	备注
12	安全装置	检查变幅幅度指示器	能正确指示吊具所在幅度	试验			
		检查超载限制与变幅角度	起重机变幅角度与起重量的关系，与曲线图比对（有合力数据显示和限制的，按要求进行试验）	试验			
		检查上升、下降极限位置限制器	当起重钩装置顶部升到距离臂架下端不小于 500 mm 时，能立即停车以防过卷	试验			
		运行极限限制器	机构在运动的极限位置能自动切断前进的动力源，并停止运动	试验			
		检查行走缓冲器	具有吸收运动机构的能量，并减少冲击的良好性能	目测			
		检查抗风防滑装置和锚定	锚定装置、防风拉索、铁鞋、防风沙袋、防风三角木等齐全完好	目测			
		检查风速风级报警装置	风力大于6级能发出报警信号，并有瞬时风速、风力显示能力	目测			
		检查扫轨板和支承架	扫轨板距轨面不大于 10 mm，支承架距轨面不大于 20 mm，两者合为一体时距轨面不大于 10 mm	目测			
		检查轨道端部止挡	碰撞限位开关性能应良好，且有防止起重机脱轨的良好性能	目测			
		检查电缆卷筒程度限制器	起重机电缆在最后3圈时的保护功能正常	试验			

设备保养内容和要求

设备名称:电动单梁起重机

设备编号:_____

保养人员:_____

保养日期:_____

序号	项目	细则	标准	工具	记录	签名	备注
1	金属钢结构	检查大梁等金属结构件有无裂纹、变形、脱焊,并修复	结构件焊口无裂纹、夹渣、气孔、焊缝宽度、深度符合要求	焊机、扳手、铁锤			有必要时进行探伤检查
			结构件无裂纹、塑性变形及其他损伤	铁锤、钢丝刷			
			梯子、栏杆、司机室及走台完好	目测			
			防护层(油漆)无缺损(结构件锈蚀深度达原断面厚度10%时应及时进行处理)	目测			有必要时进行打磨和油漆
2	制动装置	检查各制动装置,观察磨损情况,调整间隙	摩擦片与制动轮实际接触面积不小于理论接触面积的75%	游标卡尺			
			各绞接点转动灵活,槽轮、棘爪工作可靠	游标卡尺、扳手			
3	传动齿轮和齿轮联轴器	检查齿轮箱有无异响、联轴器传动及润滑情况	齿面点蚀损坏小于磨合面的30%,深度小于原齿厚的10%	目测			
			轴心线无歪斜和径向位移;传动部件均有防护罩;紧固螺栓无松动、键配合紧密,无松动、缺损、裂纹	游标卡尺			

表（续1）

序号	项目	细则	标准	工具	记录	签名	备注
4	行走车轮	行走轮外观检查	行走轮无裂纹,轮缘、踏面无严重磨损	目测			
5	卷筒	检查卷筒、导绳器	当重物降到最低位置时,留在卷筒上的钢丝绳不少于3圈,且绳端部要牢固	目测			
			导绳器完好	目测			
6	钢丝绳	检查、测量、润滑钢丝绳	钢丝绳在卷筒上按顺序整齐排列,无咬绳、打环、扭结、弯折、相互绞压及与机械的某个部位发生磨损	目测			
			钢丝绳在一节距内断丝数未超标准规定;钢丝绳直径减少小于7%	游标卡尺			
			钢丝绳润滑良好	目测			
7	吊钩及滑轮	检查吊钩是否存在变形	吊钩防止吊重意外脱钩保险装置工况良好	目测			
			危险断面或吊钩颈部无塑性变形;吊钩转动灵活;吊钩轴承下沉量符合要求	目测			
			吊钩表面光洁,无剥落、毛刺、裂纹或缺口	目测			
			滑轮槽光洁平滑,钢丝绳无损伤,轮缘无破损	着色探伤检查			
8	润滑	检查、疏通、添加和更换齿轮箱、各润滑点等处润滑油(脂)	齿轮箱油质、油位符合要求,各润滑点润滑良好	目测			

表（续2）

序号	项目	细则	标准	工具	记录	签名	备注
9	操纵系统	检查和试验遥控器完好性	操纵轻便灵活，挡位清楚，零位手动明确，工作可靠，操纵力及操纵行程符合要求，直立手柄有防意外接通的保护装置	试验			
10	轨道	检查轨道	轨道接头夹板的固定螺栓无缺失或松动	目测			
11	安全装置	检查超载限制器	当荷载达额定起重量的90%时，能发出提示性报警信号	试验			
			当起重量超过额定起重量时能自动切断起升动力源并发出禁止性报警信号	试验			
		检查上升、下降极限位置限制器	当起重钩装置顶部升到距离臂架下端不小于500 mm时，能立即停车以防过卷	试验			
		检查运行极限限制器	机构在其运动的极限位置时能自动切断前进的动力源并停止运动	试验			
		检查行走缓冲器	具有吸收运动机构的能量并减少冲击的良好性能	目测			
		检查轨道端部止挡	碰撞限位开关性能良好，有防止起重机脱轨的良好性能				

设备一级保养内容和要求

设备名称：电动葫芦　　　　　　　　　　　　　设备编号：＿＿＿＿＿＿＿＿

保养人员：＿＿＿＿＿＿＿＿＿　　　　　　　　保养日期：＿＿＿＿＿＿＿＿

序号	项目	细则	标准	工具	记录	签名	备注
1	金属钢结构	检查金属结构件有无裂纹、变形	结构件无裂纹、塑性变形及其他损伤	目测			
2	制动装置	检查制动装置，观察磨损情况	制动良好（有条件的进行负荷使用）	目测			
3	小车轮	外观检查	行走轮无裂纹，无严重磨损	目测			
4	卷筒、导绳器	检查卷筒、导绳器	当重物降到最低位置时，留在卷筒上的钢丝绳应不少于3圈，且绳端部要牢固	目测			
			导绳器完好	目测			
5	钢丝绳	检查、测量、润滑钢丝绳	钢丝绳在卷筒上按顺序整齐排列，无咬绳、打环、扭结、弯折、相互绞压及与机械的某个部位发生磨损	目测			
			钢丝绳在一节距内断丝数未超标准规定；钢丝绳直径减少小于7%	目测			
			钢丝绳润滑良好	目测			
6	吊钩	检查吊钩是否存在变形	吊钩防止吊重意外脱钩保险装置工况良好	目测			
			危险断面或吊钩颈部无塑性变形；吊钩转动灵活；吊钩轴承下沉量符合要求	目测			
			吊钩表面光洁，无剥落、毛刺、裂纹或缺口	目测			

表(续)

序号	项目	细则	标准	工具	记录	签名	备注
7	操作系统	动作指令执行检查	操纵轻便灵活,工作可靠	目测、试验			
8	安全装置	检查超载限制器	当起重量超过额定起重量时能自动切断起升动力源,并发出禁止性报警信号	试验			
		检查上升、下降极限位置限制器	当起重钩装置顶部升到距离臂架下端不小于 500 mm 时,能立即停车以防过卷	试验			
		检查轨道端部止挡	行走到极限位置具有阻挡停止功能	目测			

设备二级保养内容和要求

设备名称:电动葫芦　　　　　　　　　　　　　　　设备编号:＿＿＿＿＿＿＿＿

保养人员:＿＿＿＿＿＿＿＿　　　　　　　　　　　　保养日期:＿＿＿＿＿＿＿＿

序号	项目	细则	标准	工具	记录	签名	备注
1	金属钢结构	检查大梁等金属结构件有无裂纹、变形、脱焊	结构件焊口无裂纹、夹渣、气孔、焊缝宽度、深度符合要求	铁锤、钢丝刷			发现疑似裂纹则进行着色探伤
			结构件无裂纹、塑性变形及其他损伤	铁锤、钢丝刷			
			防护层(油漆)工况良好(结构件锈蚀深度达原断面厚度10%时应及时进行处理)	钢丝刷、油漆刷、清洁工具			
2	制动装置	检查各制动装置,观察磨损情况,调整间隙	摩擦垫片与制动轮实际接触面积不小于理论接触面积的75%,制动块开度不超过1 mm,制动带开度不超过1.5 mm	游标卡尺			
			各绞接点能灵活转动,槽轮、棘爪工作可靠	游标卡尺、扳手			
3	行走轮	行走轮外观检查	行走轮无裂纹,目测轮缘、踏面无严重磨损	目测			
4	卷筒	检查卷筒、导绳器	当重物降到最低位置时,留在卷筒上的钢丝绳不少于3圈,且绳端部牢固	目测			
			导绳器完好	目测			

表（续）

序号	项目	细则	标准	工具	记录	签名	备注
5	钢丝绳	检查、测量、润滑钢丝绳	钢丝绳在卷筒上应按顺序整齐排列,无咬绳、打环、扭结、弯折、相互绞压及与机械某个部位发生磨损	目测			
			钢丝绳在一节距内断丝数未超标准规定;钢丝绳直径减少小于7%	游标卡尺			
			钢丝绳保持良好的润滑状态	目测			
6	吊钩	检查吊钩是否存在变形	吊钩防止吊重意外脱钩,保险装置工况良好	目测			
			危险断面或吊钩颈部无塑性变形;吊钩转动灵活;吊钩轴承下沉量符合要求	目测			
			吊钩表面光洁,无剥落、毛刺、裂纹或缺口	目测			
7	齿轮箱	检查齿轮箱有无异响、联轴器传动及润滑情况,更换轴承和密封床垫	齿轮箱无异响,联轴器等传动部件润滑、密封良好	目测			
			油质、油位符合要求	目测			
8	操作系统	动作指令执行检查	操纵轻便灵活,动作准确	目测			
9	安全装置	检查超载限制器	当荷载达额定起重量的90%时,能发出提示性报警信号	试验			
		检查上升、下降极限位置限制器	当起重钩装置顶部升到距离臂架下端不小于500 mm时,能立即停车以防过卷	试验			
		检查轨道端部止挡	行走到极限位置有阻挡停止功能	试验			

设备一级保养内容和要求

设备名称:气动卷扬机　　　　　　　　　　　　设备编号:_____

保养人员:_____　　　　　　　　　保养日期:_____

序号	项目	细则	标准	工具	记录	签名	备注
1	减速器	减速器外观保养,擦拭渗漏油处	无油污、覆盖物	清洁工具			
		地脚螺栓与联轴器检查	无松动,无异响,传动平稳	目测			
		检查加注更换润滑油	油位和油质达到润滑要求	润滑油、漏斗			
2	钢丝绳卷绕系统	零部件检查	各零部件连接可靠、牢固,没有缺失。钢丝绳无断丝、弯折等破损	目测			
3	制动装置	手刹刹车瓦(片)间隙调整	制动灵敏,不干扰运行	扳手			
4	气动马达	外观保养	无灰尘、异物、锈蚀	清洁工具、扳手			
		检查进、排气管	进、排气管畅通,无异物,无阻挠	通气测试			
		检查空气调节阀	动作正常,传动平稳	试车			

设备二级保养内容和要求

设备名称:气动卷扬机   设备编号:_____

保养人员:_____   保养日期:_____

序号	项目	细则	标准	工具	记录	签名	备注
1	场地	对工作场地进行整理清扫,用红白旗隔离工作区域,做好各项安全防护措施	场地清洁,安全防护措施到位	清洁工具、红白旗			
2	防护罩壳	检查防护罩壳外观,视情况整形	外观无明显变形	榔头			
3	减速箱	检查减速箱、联轴器运行状况	无异常窜动和异响	目测、试车			
4	润滑	检查更换润滑油及油封	油质、油量良好,基本无漏油	漏斗、扳手、润滑油			
5	卷筒	检查卷筒各部位及钢丝绳磨损情况	钢丝绳磨损情况符合标准	目测			
			钢丝绳压板紧固无松动	扳手			
6	制动装置	检查并调整制动装置	制动灵敏可靠	扳手			
			刹车瓦(片)磨损在规定范围内	目测			
7	气动马达	检查消除马达窜动和异响	马达运转顺畅	扳手、撬棒			
		检查减压阀、换位阀等	阀门动作准确,无泄漏	目测,扳手			
		检查联轴器等	同轴度符合要求	扳手、百分表			
		检查进出气管	完好,无泄漏	目测,通气试车			
8	钢丝绳	给钢丝绳涂专用润滑油脂	钢丝绳润滑充足	润滑脂、刷子			

设备一级保养内容和要求

设备名称:电动卷扬机 　　　　　　　　　　　设备编号:＿＿＿＿＿＿＿＿

保养人员:＿＿＿＿＿＿＿＿ 　　　　　　　　　保养日期:＿＿＿＿＿＿＿＿

序号	项目	细则	标准	工具	记录	签名	备注
1	减速器	减速器外观保养,擦拭渗漏油处	无油污、覆盖物	清洁工具			
		地脚螺栓与联轴器检查	无松动,无异响,传动平稳	目测			
		检查加注更换润滑油	油位和油质达到润滑要求	润滑油、漏斗			
2	钢丝绳卷绕系统	零部件检查	各零部件连接可靠、牢固,没有缺失	目测			
3	制动装置	刹车瓦(片)间隙调整	制动灵敏,不干扰运行	扳手			
		刹车瓦(片)、刹车盘(滚筒)检查	刹车瓦(片)厚度符合要求,刹车盘无划痕、咬伤	目测			
4	电动机及电气箱	电动机及电气箱外观保养	内外清洁,无油污,无覆盖物	目测			
		限位装置、接地检查	限位装置灵敏,接地安全可靠	万用表			

设备二级保养(机械)内容和要求

设备名称:电动卷扬机 设备编号:_____

保养人员:_____ 保养日期:_____

序号	项目	细则	标准	工具	记录	签名	备注
1	场地	对工作场地进行整理、清扫,用红白旗隔离工作区域,做好各项安全防护措施	场地清洁,安全防护措施到位	清洁工具、红白旗			
2	防护罩壳	检查防护罩壳外观,视情况整形	外观无明显变形	榔头			
3	齿轮箱	检查各齿轮箱联轴器运行状况	无异常窜动和异响	目测、试车			
4	润滑	检查更换润滑油及油封	油质油量良好,基本无漏油	漏斗、扳手、润滑油			
5	卷筒	检查卷筒各部位及钢丝绳磨损情况	钢丝绳磨损情况符合标准	目测			
			钢丝绳压板紧固无松动	扳手			
6	制动装置	检查并调整制动装置	制动灵敏可靠	扳手			
			刹车瓦(片)磨损在规定范围内	目测			
			刹车盘/滚筒无咬伤、划痕	目测			
7	电动机	检查消除电动机窜动和异响	电动机运转顺畅	扳手、撬棒			
8	滑轮组、轴承	检查滑轮组和轴承运转情况	磨损量在规定范围内,无异响和窜动	目测、试车			
9	钢丝绳	给钢丝绳涂专用润滑油脂	钢丝绳润滑充足	润滑脂、刷子			

设备二级保养(电气)内容和要求

设备名称:电动卷扬机　　　　　　　　　　　　　　设备编号:＿＿＿＿＿＿＿＿

保养人员:＿＿＿＿＿＿＿＿　　　　　　　　　　　保养日期:＿＿＿＿＿＿＿＿

序号	项目	细则	标准	工具	记录	签名	备注
1	设备断电	设备断电	设备电压为"0",有警示牌	万用表			
		稳压电源断电					
		悬挂警示牌					
2	电机	检查电机绝缘	绝缘良好	万用表			
		对电机冷却回路(含冷却风扇)进行保养,更换进风口滤网	无油污、覆盖物等;冷却回路畅通	清洁工具			
3	电箱、操纵箱	电箱、操纵箱内部清洁保养	内部清洁、整齐,无杂物	吸尘器、刷子			
		检查电箱、操纵箱内接插件	接触良好	万用表			
		检查电箱、操纵箱内主回路接线端子	接触良好,紧固	螺丝刀			
4	设备上电	稳压电源输出端上电	输出电压稳定,保持380 V	万用表			
		设备上电,设备系统启动	上电正常				
		摘取警示牌	警示牌归原位				
5	设备调整	调整各类电气控制元件	设备及元件动作正常	万用表			
		检测各类操纵杆、按钮功能	动作顺畅,工作正常				
6	安全装置	按系统安全操作规范,对设备安全保护装置进行检查(各类门限位、各轴硬限位等)	工作正常,安全有效	万用表			

设备一级保养内容和要求

设备名称:车辆　　　　　　　　　　　　　　　　　设备编号:_____

保养人员:_____　　　　　　　　　　保养日期:_____

序号	项目	细则	标准	工具	记录	签名	备注
1	部件、管路	检查各部件连接可靠性和管路气密性	连接可靠,无渗水、渗油	扳手			
2	离合器、变速器、转向	检查离合器、变速器、转向保养	离合器分离清晰,变速器换挡无卡滞,锁销可靠,转向自由行程正常	扳手、螺丝刀			
3	传动轴	检查传动轴十字轴承、万向节、润滑状态	十字轴承、万向节无松动,运转无抖动及异常声响,润滑良好	扳手、螺丝刀			
4	前后桥转向球头、手制动、脚制动	注油润滑前后桥转向球头,检查手制动、脚制动	前后桥转向球头注油润滑良好;手制动、脚制动可靠有效	润滑油、扳手、螺丝刀			
5	轮胎	检查轮胎气压,轮胎磨损情况,检查并紧固轮胎螺丝	气压正常,磨损情况在正常范围内,轮胎螺丝紧固	真空充气设备、扳手、螺丝刀			
6	蓄电池	检查蓄电池固定情况,电液水、电极接柱情况	蓄电池固定可靠,电液水液面正常,电极接柱清洁	扳手、螺丝刀			
7	发电机、继电器、仪表、灯光、喇叭、雨刮	检查并调整发电机、继电器,检查仪表、灯光、喇叭、雨刮有无破损	齐全,完好	扳手、螺丝刀			
8	车身钣金件、驾驶室门窗、升降器门锁、密封件、座椅	检查车身钣金件有无开裂、锈蚀、变形、脱焊;检查驾驶室门窗、升降器门锁、密封件、座椅均是否完好	车身钣金件无开裂、锈蚀、变形、脱焊;驾驶室门窗、升降器门锁、密封件、座椅均完好	扳手、螺丝刀			

表(续)

序号	项目	细则	标准	工具	记录	签名	备注
9	发动机	检查发动机运转状况	发动机怠速及加速良好	润滑油、扳手、螺丝刀			
10	发动机水泵、发电机风扇皮带、水箱及油箱	检查、调整发动机水泵、发电机风扇皮带松紧度,水箱及油箱有无渗漏	发动机水泵、发电机风扇皮带松紧度适中,水箱及油箱无渗漏	备件管线、更换工具			
11	各滤清器	检查并清洁各滤清器,保证油位、水位正常	清洁,油位、水位正常	润滑油、抹布			
12	油缸、链轮、链条	检查各油缸及接头有无渗、漏油现象;链轮、链条有无损伤,保持牢固	各油缸及接头无渗、漏油现象;链轮、链条无损伤,牢固	螺丝刀、扳手			
13	门架、叉齿等钢结构、叉齿固定销	检查门架、叉齿等钢结构有无损伤,叉齿固定销是否完好	门架、叉齿等钢结构无损伤,叉齿固定销完好	螺丝刀、扳手			
14	钢丝绳机构	检查钢丝绳磨损情况,防跳装置是否可靠有效,吊钩、伸缩臂滑轮注油润滑	钢丝绳磨损情况正常,防跳装置可靠、有效,吊钩、伸缩臂滑轮润滑良好	润滑油、扳手、螺丝刀			
15	起升制动器	检查起升制动器有无裂纹、磨损	起升制动器无裂纹,磨损正常	螺丝刀、扳手			
16	力矩限制器	检查力矩限制器功能	力矩限制器功能有效	螺丝刀、扳手			

设备二级保养（机械）内容和要求

设备名称:车辆　　　　　　　　　　　　　　　　　设备编号:_____

保养人员:_____　　　　　　　　　　保养日期:_____

序号	项目	细则	标准	工具	记录	签名	备注
1	三滤及机油	更换三滤及机油,检查各部连接及各管路气密性	无渗水,无渗油	螺丝刀、扳手			
2	发动机	检查发动机运转状况,调整气门间隙	怠速及加速良好,排放值符合规定	螺丝刀、扳手			
3	离合器、变速器换挡机构、锁销	检查离合器、变速器换挡机构、锁销安全状况	离合器分离清晰,变速器换挡机构各部无松动,无卡滞,锁销安全可靠	螺丝刀、扳手			
4	传动轴十字轴承	检查传动轴十字轴承及万向节松动状况,注油润滑	传动轴十字轴承及万向节无松动,运转时无抖动异响	润滑油、螺丝刀、扳手			
5	前后桥转向节、前后制动器、前束、制动分泵及制动阀、踏板	检查前后桥转向节、前后制动器、前束、制动分泵及制动阀、踏板	前后桥转向节锁止可靠,前后制动器及轮毂制动蹄片符合技术要求;制动分泵及制动阀可靠;踏板行程符合规定	螺丝刀、扳手			
6	轮胎	测量轮胎气压,检查钢圈	应符合技术规定,钢圈无明显损坏	充气泵			
7	空调系统、水泵、冷却系统及风扇	检查空调系统及制冷效果;检查水泵、冷却系统及风扇运转状况	空调系统及制冷效果良好,水泵、冷却系统及风扇运转良好无损坏	螺丝刀、扳手			
8	车身及车厢、驾驶室门、窗,升降器门锁、密封件、座椅、水箱及油箱	检查车身及车厢、驾驶室门、窗,升降器门锁、密封件、座椅、水箱及油箱检查	车身及车厢各钣金件无开裂、锈蚀、变形、脱焊;驾驶室门、窗,升降器门锁、密封件、座椅均完好;水箱及油箱无渗漏	螺丝刀、扳手			

表（续）

序号	项目	细则	标准	工具	记录	签名	备注
9	车身及各总成件	检查、清洁车身及各总成件	车身及各总成件清除干净，车身各部位漆膜光泽，无刮花，漆面覆盖完整	清洁布、螺丝刀、扳手			
10	各油缸、链轮、链条	检查各油缸及接头有无渗、漏油现象；链轮、链条有无损伤，保持牢固	各油缸及接头无渗、漏油现象；链轮、链条无损伤，牢固	润滑油、螺丝刀、扳手			
11	门架、叉刺等钢结构	检查门架、叉刺等钢结构有无损伤；叉刺固定销是否完好	门架、叉刺等钢结构无损伤；叉刺固定销完好	螺丝刀、扳手			
12	钢丝绳、吊钩、滑轮	检查钢丝绳、吊钩、滑轮等磨损情况	钢丝绳、吊钩、滑轮等磨损情况符合规定，必要时更换	螺丝刀、扳手			
13	起升制动器	检查起升制动器有无裂纹、磨损，调整间隙	起升制动器无裂纹，磨损符合规定，必要时更换	螺丝刀、扳手			
14	伸缩臂钢丝及电缆、各液压油管	检查伸缩臂钢丝及电缆松紧度，包括各液压油管的松紧度	伸缩臂钢丝及电缆松紧度，包括各液压油管的松紧度符合要求	螺丝刀、扳手			
15	工作载荷测试、液压系统	进行工作载荷测试，并检测液压系统是否安全	工作载荷、液压系统符合要求	螺丝刀、扳手			

设备二级保养(电气)内容和要求

设备名称:车辆　　　　　　　　　　　　　　设备编号:＿＿＿＿＿＿＿＿＿

保养人员:＿＿＿＿＿＿＿＿＿　　　　　　　　保养日期:＿＿＿＿＿＿＿＿＿

序号	项目	细则	标准	工具	记录	签名	备注
1	蓄电池	检查蓄电池固定、电量、接柱及电极	蓄电池固定可靠,电量充足,接柱及电极无磨损及污物	螺丝刀、扳手			
2	发电机、继电器、仪表、灯光、喇叭、雨刮,线束	检查发电机、继电器、仪表、灯光、喇叭、雨刮、线束等	发电机、继电器、仪表、灯光、喇叭、雨刮、线束等均符合技术要求,必要时更换	备件、螺丝刀、扳手			
3	力矩限制器	检查力矩限制器功能	力矩限制器功能有效,必要时更换	备件、螺丝刀、扳手			

设备一级保养内容和要求

设备名称:高空作业车　　　　　　　　　　设备编号:_____

保养人员:_____　　　　　　　保养日期:_____

序号	项目	细则	标准	工具	记录	签名	备注
1	发动机	更换发动机油、机油滤清器	发动机油无杂质,滤清器不堵塞,机油供给顺畅	机油滤清器、机油等			
		检查发动机转速、发动机怠速	完好	试车			
		检查燃油管、更换燃油滤器	燃油无渗漏,油滤器清洁,无堵塞	扳手			
2	蓄电池、开关	检查蓄电池、开关	完好,工作正常	万用表、试车			
3	液压油	检查液压油油质和油面	油质、油面良好	目测			
4	排气系统	检查排气系统	正常工作	试车			
5	报警系统	检查报警系统	正常工作	试车			
6	伸缩臂	检查并调整伸缩臂钢丝绳松紧度	钢丝绳松紧度合适	扳手等			
		检查并调整伸缩臂电缆线及液压油管松紧度	电缆线及液压油管松紧度合适	扳手等			
		清洁伸缩臂臂杆、支腿伸缩臂	无污物,无遮盖物,干净	清扫工具			
7	润滑	检查并润滑工作臂轴、平衡主动油缸轴、平衡随动油缸、变幅油缸轴、伸缩臂轮轴、工作斗支架轴、回转轴承、转向油缸轴、转向拉杆球头、转向节臂轴	没有异常,润滑到位	油枪、扳手等			
8	超载测试	进行工作平台的超载测试	安全,没有异常	负重、红白旗等			
9	吊篮	检查吊篮是否变形,检查保护限位和保护横杆	无明显变形,保护限位有效,横杆设置正常	目测,电压表			

设备二级保养(机械)内容和要求

设备名称:高空作业车　　　　　　　　　　　设备编号:_____

保养人员:_____　　　　　　　　保养日期:_____

序号	项目	细则	标准	工具	记录	签名	备注
1	液压油	检查液压油油质和油量	液压油油质和油量良好	目测			
2	油滤	检查液压油滤清器	液压油无堵塞,流动顺畅	扳手、清洁工具			
3	油管	检查并紧固液压软、硬管及接头	各软、硬管及接头无渗漏	扳手、接头			
4	伸缩臂	检查并紧固伸缩臂滑块和螺丝	无松动,无损坏,工作正常	扳手、螺丝刀			
5	臂杆	检查臂杆主销及定位装置	润滑适当,磨损程度在规定范围	油枪、扳手			
6	油缸	检查全车各油缸支承销及油封	润滑适当,磨损程度在规定范围	油枪、扳手			
7	车轮	主动轮减速器、从动轮毂轴承、行驶马达	润滑适当,运转正常,无窜动,无异响	油枪、润滑油、扳手			
8	马达	检查并紧固回转马达油封、回转齿轮、回转销及衬套	无松动,无渗漏,磨损程度在规定范围	油枪、润滑油、扳手			
9	发动机	检查、校准、润滑发动机各零部件	更换三滤、机油,确保机油中几乎无杂质,油温、水温在正常范围	三滤、机油、内六角扳手			
			气门间隙适当,喷油器工作正常,皮带松紧适当	扳手、内六角扳手			
			发动机启动、熄火、转速、怠速运转平稳正常,一、二级转速工况在规定范围	目测			
			发动机无漏水、漏油、漏气现象,发动机水泵工作正常,轴承润滑到位	试车、油枪			

表（续）

序号	项目	细则	标准	工具	记录	签名	备注
10	外观结构	检修并矫正各支架、防护罩、防尘装置、盖板、门搭扣、铰链、工作斗栏杆	各零件正常，无变形与损坏	榔头			
11	水箱	清洁水箱与进出水管	水箱与水管干净无杂物，进出水与散热顺畅	螺丝刀、清洁工具			
12	仪器仪表	检查各仪器仪表	仪器仪表工作正常，指示正确清晰，无遮盖物	试车，清洁工具			
13	整车油漆	检查整车油漆，修补掉漆处	整车颜色清晰，安全黄黑线清晰，无污物无遮盖物	油漆、刷子			

设备二级保养(电气)内容和要求

设备名称:高空作业车 　　　　　　　　　　　　　　设备编号:＿＿＿＿＿＿＿＿

保养人员:＿＿＿＿＿＿＿＿ 　　　　　　　　　　　保养日期:＿＿＿＿＿＿＿＿

序号	项目	细则	标准	工具	记录	签名	备注
1	开关	检修操作开关及按钮、安全限位、脚踏开关、应急泵及开关	各开关按钮动作灵敏可靠,接触良好	目测,试车			
2	制动	检查紧急停车装置、发动机熄火装置	停车装置、熄火装置动作灵敏可靠	试车			
3	灯、喇叭	检查各指示灯、蜂鸣器、报警灯、仪器仪表、行车喇叭	各零部件工作正常,指示正确清晰,无遮盖物	试车,清洁工具			
4	蓄电池	检查蓄电池电压	蓄电池电压在规定范围	万用表			
5	吊篮	检查是否有变形,保护限位是否有效,保护横杆是否损坏	无明显变形,保护限位有效,横杆设置正常	目测,电压表			

设备一级保养内容和要求

设备名称:高空作业吊篮　　　　　　　　　　　　设备编号:＿＿＿＿＿＿＿＿

保养人员:＿＿＿＿＿＿＿＿　　　　　　　　　　　保养日期:＿＿＿＿＿＿＿＿

序号	项目	细则	标准	工具	记录	签名	备注
1	外表	清扫机架、工作平台	整齐、整洁	清扫工具			
2	传动机构	检查起升、下降等机构	升降平稳,运转正常	测试			
		检查平台脚轮、支撑轮	运行平稳可靠,无卡阻	测试			
		检查电机	平稳运转正常	测试			
3	悬架机架	检查各连接螺栓、防脱内六角螺栓	各连接螺栓是否牢固、拧紧	扳手			
4	吊篮平台	检查四周护板、平台与机构连接螺栓、螺母	完好,无松脱	目测,扳手			
5	安全装置	检查防倾锁、速差器、停止限位	灵敏、可靠	测试			
6	钢丝绳	检查钢丝绳使用状况	达到规定要求	目测			
		检查钢丝绳夹螺母	紧固	目测,扳手			
7	电气	清洁电气箱	内外清洁,使用正常	清洁工具			
		检查漏电开关、急停开关、各按钮	安全可靠,使用正常	调整工具			

设备二级保养内容和要求

设备名称:高空作业吊篮 　　　　　　　　　　　设备编号:_____

保养人员:_____ 　　　　　　　　　保养日期:_____

序号	项目	细则	标准	工具	记录	签名	备注
1	外表	清扫机架、工作平台	整齐、整洁	清扫工具			
2	传动机构	检查起升、下降等机构	升降平稳运转正常	测试			
		平台脚轮、支撑轮磨损严重须更换	运行平稳可靠,工况良好	测试			
		检查电机	运转平稳	测试			
3	悬挂机架	检查各连接螺栓、防脱内六角螺栓	各连接螺栓牢固	扳手			
		钢结构表面若有永久变形、表面锈蚀或磨损到原构件的10%须更换	工况良好	目测,游标卡尺			
4	吊篮平台	检查四周护板,平台与机构连接螺栓、螺母	完好,无松脱	目测,扳手			
		钢结构表面若有永久变形、表面锈蚀或磨损到原构件的10%须更换	工况良好	目测,游标卡尺			
5	安全装置	检查防倾锁、速差器、停止限位	灵敏可靠,防倾锁在有效期内	测试			
6	钢丝绳	钢丝绳50 mm内断丝10根、250 mm内断丝20根,断股,直径减小率达到7%,出现异常弯折等现象须更换	工况良好	目测,游标卡尺			
7	电气	清洁电气箱	内外清洁,使用正常	清洁工具			
		检查漏电开关、急停开关、各按钮,更换损坏的电气元件	安全可靠,无缺损	调整工具			

设备一级保养内容和要求

设备名称:汽车吊

设备编号:_____

保养人员:_____

保养日期:_____

序号	项目	细则	标准	工具	记录	签名	备注
1	设备外观	擦拭设备表面	无尘土	布、高压水枪			
2	发动机	更换发动机机油	更换同型号机油	扳手			
		更换机油滤清器或滤芯	更换同型号产品	扳手			
		更换燃油滤清器或滤芯	更换同型号产品	扳手			
		检查进气管路及连接件	接头无松动,管路无损坏	扳手			
		检查和紧固皮带	皮带无损坏	扳手			
		检查空滤器负压指示器	指示正确				
		清洁空滤器的集尘环	集尘环内外无灰尘	压缩机			
3	变速箱	更换润滑油	润滑良好	注油泵			
4	从动轴	更换轮毂润滑脂	润滑良好	注油泵			
		检查、调整轴承间隙	根据保养说明书要求调整	扳手			
5	驱动轴	更换主减速器和轮边减速器润滑油	更换主减速器和轮边减速器润滑油	注油泵			
6	传动轴	紧固传动轴螺栓	螺栓无松动	扳手			
7	驾驶室	检查雨刮器动作	动作有效、灵敏				
8	制动泵	储气筒放水	储气筒放水				
		检查、调整调压阀输出压力	与系统设置一致	扳手			
9	电气系统	检查电气系统的工作情况(信号灯、雨刮器等)	指示正确				
		检查蓄电池接线柱的固定	固定牢固	扳手			
		检查转速表正确性	指示正确				
10	钢丝绳	钢丝绳检查	无散丝、断丝、局部隆起等现象				
		钢丝绳润滑	绳径表面涂抹润滑脂	软毛刷			

表(续)

序号	项目	细则	标准	工具	记录	签名	备注
11	底盘及路试	紧固前后板簧的骑马螺栓	无松动	扳手			
		路试	功能正确				
12	各部位润滑	发动机水泵轴	加注量按说明书执行	注油泵			
		发动机调速器					
		离合器分离拔叉轴					
		离合器分离轴承					
		变速器－轴前轴承					
		变速箱操作支座					
		传动轴中间支承					
		传动轴万向节					
		传动轴伸缩花键					
		前钢板弹簧销					
		前后钢板弹簧					
		后悬挂平衡梁					
		推力杆球头					
		转向节主销及轴承					
		前后制动凸轮轴					
		油门及制动踏板轴					
		油门软轴及铰点					
		驾驶室门铰链					

设备二级保养内容和要求

设备名称:汽车吊   设备编号:＿＿＿＿＿＿＿＿

保养人员:＿＿＿＿＿＿＿＿   保养日期:＿＿＿＿＿＿＿＿

序号	项目	细则	标准	工具	记录	签名	备注
1	发动机	更换发动机机油	机油正常	扳手			
		更换机油滤清器或滤芯	滤清器或滤芯工况良好	扳手			
		清洁燃油泵	清洁燃油泵	扳手			
		更换燃油粗滤器	燃油粗滤器工况良好	扳手			
		检查进气管路及连接件	管路无破损,接头无松动	扳手			
		检查和紧固皮带	皮带不松动	扳手			
2	空滤器	检查空滤器负压指示器	显示正确				
		清洁空滤器的集尘环	表面无灰尘	空压机			
		更换空滤器安全滤芯	工况良好	扳手			
3	变速箱	清洁或更换空气滤清器滤芯	工况良好	扳手			
4	驱动器	更换主减速器和轮边减速器润滑油	润滑良好	注油泵			
		清洁或更换驱动轴通气装置	通气顺畅	空压机			
5	传动轴	紧固传动轴螺栓	螺栓不松动	扳手			
		检查传动轴螺栓,螺栓损坏或螺帽磨损1/3,更换	螺栓不松动,工况良好	扳手			
6	驾驶室	检查雨刮器动作	动作有效				
7	制动泵	储气筒放水	储气筒内无余水				
		检查气压系统密性	压力正常	压力表			
		检查制动泵摩擦片厚度,调整制动间隙	摩擦片磨损厚度超1/3,须更换	扳手、螺丝刀			
		检查气路管路	无漏气现象				

表(续)

序号	项目	细则	标准	工具	记录	签名	备注
8	电气系统	检查电气系统的工作情况(信号灯、雨刮器、转向灯等)	功能指示正确				
		检查蓄电池电解液和比重,以及蓄电池各单元的电压	与电池标注电压一致	万用表			
		检查转速的正确性	转速与转速表一致				
9	底盘及路试	紧固前后板簧的骑马螺栓	螺栓无松动	扳手			
		检查轮胎螺母的紧固情况	螺母无松动	扳手			
		路试	各功能一切正常				
10	各部位润滑	发动机水泵轴	加注量按说明书执行	注油泵			
		发动机调速器					
		离合器分离拔叉轴					
		离合器分离轴承					
		变速器－轴前轴承					
		变速箱操作支座					
		传动轴中间支承					
		传动轴万向节					
		传动轴伸缩花键					
		前钢板弹簧销					
		前后钢板弹簧					
		后悬挂平衡梁					
		推力杆球头					
		转向节主销及轴承					
		前后制动凸轮轴					
		油门及制动踏板轴					
		油门软轴及铰点					
		驾驶室门铰链					

设备一级保养内容和要求

设备名称:电瓶车

设备编号:＿＿＿＿＿＿＿

保养人员:＿＿＿＿＿＿＿

保养日期:＿＿＿＿＿＿＿

序号	项目	细则	标准	工具	记录	签名	备注
1	蓄电池	检查蓄电池及蓄电池箱子	蓄电池无杂物,液位正常。接头清洁牢固,接线整齐,无锈蚀。蓄电池箱完好无锈蚀	扳手、螺丝刀、抹布、电解液、油漆			
2	方向机构	检查各相关零部件,检查加油孔,检查方向机,检查刹车机构	机构清洁、无油污。加油孔保持油道畅通,润滑良好。方向机灵活可靠	扳手、螺丝刀、抹布、油枪、润滑油脂			
3	刹车制动装置	检查驻车制动状况和行车制动状况	制动机构工作正常,制动带磨损正常,无漏油情况	扳手、螺丝刀			
4	直流电机	检查直流电机工作状况	直流电机工作正常,接线正确、无松动	扳手、螺丝刀			
5	电器触头及电路接头	检查电器触头及电路接头	电器触头接触良好,无烧灼痕迹。电路接头无松动,无异常发热现象	扳手、螺丝刀			
6	充电设备	检查清洁充电设备	充电箱无积灰,无杂物。调压器电刷接触良好。检查充电夹子或播座接触良好,弹性正常	抹布、冷风、扳手、螺丝刀			

设备二级保养内容和要求

设备名称:电瓶车　　　　　　　　　　　　　　设备编号:＿＿＿＿＿＿＿＿

保养人员:＿＿＿＿＿＿＿＿＿　　　　　　　　　保养日期:＿＿＿＿＿＿＿＿

序号	项目	细则	标准	工具	记录	签名	备注
1	前桥、后桥减速箱、方向机构、刹车	齿轮箱检修,清洁换油。方向机构间隙调整,并加注黄油。刹车装置检修,保持安全可靠	齿轮箱无漏油,传动正常。转向机构工作正常,各润滑点畅通。刹车机构制动带或制动蹄磨损在正常范围内	扳手、螺丝刀、齿轮油			
2	直流电机及电器、喇叭	拆解直流电机。线路整理,检修接触器。灯光、喇叭检修	电机线路连接良好,接触器完好。灯光、喇叭完好,工作正常	扳手、螺丝刀			

设备一级保养内容和要求

设备名称:平板车
保养人员:_____

设备编号:_____
保养日期:_____

序号	项目	细则	标准	工具	记录	签名	备注
1	发动机	清洁更换发动机空气滤清器	无渗水、渗油	空气滤清器、冷风、清洁工具等			
2		检查补充发动机机油、冷却液	无渗水、渗油	机油、冷却液等			
3		检查、调解或更换发动机冷却风扇及皮带	工况正常	扳手等			
4	蓄电池	检查、测量蓄电池	蓄电池性能正常	目测,万用表等			
5	整车动作	试车	整车动作流畅,功能正常	目测、试车			
6	液压系统	检查液压系统,检查液压油油位	系统工作正常,油位正常,无漏油、渗油	目测、试车,压力表			
7	气控系统	检查气控系统	气控系统工作正常,无漏气	目测、试车,扳手、螺丝刀等			
8	工作平台、支腿结构件	检查结构件有无变形损坏;检查各焊缝有无脱焊开裂	结构件无变形损坏,焊缝无脱焊、开裂	目测、榔头等			
9	紧固连接件,机械件	检查各紧固件、轴销轴承有无松动、异响、润滑不良等状况	紧固件无松动、无异响,润滑良好	扳手、榔头等			
10	各仪器仪表、开关、灯光、显示屏等电气元件	检查相关电气元件	功能正常,无缺失	目测、试车,万用表、螺丝刀等			
11	急停开关、报警系统	检查急停开关报警系统	功能正常	目测、试车,万用表、螺丝刀等			
12	外观	清洁并检查轮胎外表、发动机外表、整车外表等	车身钣金件无开裂、锈蚀、变形、脱焊;轮胎、驾驶室门窗均完好	清洁工具			

设备二级保养(机械)内容和要求

设备名称:平板车　　　　　　　　　　　　　　　设备编号:＿＿＿＿＿＿＿＿

保养人员:＿＿＿＿＿＿＿＿　　　　　　　　　　　保养日期:＿＿＿＿＿＿＿＿

序号	项目	细则	标准	工具	记录	签名	备注
1	液压油	检查液压油油质和油量	液压油油质和油量良好	目测			
		检查液压油滤清器	液压油无堵塞,流动顺畅	扳手、清洁工具			
2	散热器	检查并紧固更换散热器软、液压软、硬管及接头	各软、硬管及接头无渗漏	扳手、接头等			
		检查水箱与进出水管	干净无杂物,进出水与散热顺畅	螺丝刀、清洁工具			
3	结构件	检查平板车支腿、结构件及机械部件	无松动,无损坏,工作正常	扳手、螺丝刀等			
4	润滑系统	检查润滑全车各油缸支承销及油封	润滑适当,磨损程度在规定范围	油枪、扳手等			
		检查润滑轮边减速器、从动轮毂轴承、行驶马达	润滑适当,运转正常,无窜动,无异响	油枪、润滑油、扳手等			
		紧固润滑工作斗回转马达、回转齿轮、回转支撑及相关运动部件	无松动,无渗漏,磨损程度在规定范围	油枪、润滑油、扳手等			
5	发动机	检查、校准、润滑发动机各零部件	更换三滤、机油,机油中几乎无杂质,油温、水温在正常范围	三滤、机油、内六角扳手等			
			气门间隙适当,喷油器工作正常,皮带松紧适当	扳手、内六角扳手等			
			发动机启动、熄火、转速、怠速运转平稳正常,一、二级转速工况在规定范围	目测			
			发动机无漏水、漏油、漏气现象;发动机水泵工作正常,轴承润滑到位	试车,油枪等			
6	其他部件	检修矫正各支架、防尘装置、盖板、门搭扣、铰链驾驶室部件	各零件正常、无变形与损坏	榔头等			
7	外观	检查整车油漆	整车颜色清晰,安全黄黑线清晰,无污物,无遮盖物	目测			

设备二级保养(电气)内容和要求

设备名称:平板车

保养人员:_____

设备编号:_____

保养日期:_____

序号	项目	细则	标准	工具	记录	签名	备注
1	仪表、开关	检查各仪器仪表	仪器仪表工作正常,指示正确清晰,无遮盖物	试车,清洁工具			
		检查操作开关及按钮、灯光、雨刮喇叭	各开关按钮动作灵敏可靠,接触良好	目测、试车			
2	安全装置	检查紧急停车装置、发动机熄火装置	停车装置、熄火装置动作灵敏可靠	试车			
		检查各指示灯、蜂鸣器、报警灯、仪器仪表、行车喇叭	各零部件工作正常,指示正确清晰,无遮盖物	试车,清洁工具			
3	蓄电池	检查蓄电池电压	蓄电池电压在规定范围	万用表			
4	控制系统	清洁、检查电控柜及其他电器设备	电器设备工作正常,无烧灼,电控柜清洁完好	目测、试车,清洁工具、万用表			

设备一级保养内容和要求

设备名称：自行式液压平板车 　　　　　　　　　设备编号：＿＿＿＿＿＿＿＿

保养人员：＿＿＿＿＿＿＿＿　　　　　　　　　　　保养日期：＿＿＿＿＿＿＿＿

序号	项目	细则	标准	工具	记录	签名	备注
1	外表	清扫构架、平台	整齐、整洁	清扫工具			
		清扫驾驶室	整齐、整洁	清扫工具			
2	润滑系统	检查每个齿轮箱油量，油质	润滑正常，油质正常	目测			
		对每个润滑点加注润滑脂	润滑正常，油质正常	注油工具			
3	液压系统	检查油箱内油量、油质	符合液压系统用油要求	目测			
		检查油管	无老化、渗油要求	目测			
4	行走系统	检查外部螺栓紧密连接	螺栓无松动	榔头、扭力扳手			
		对轮胎胎压及外观进行检查	磨损符合设备使用要求，胎压正常	目测			
5	控制系统	检查控制系统	各功能正常	目测			
		检查灯光系统、反光镜	无破损，功能正常	目测			
6	电气	擦拭电器箱	内外清洁，使用正常	清洁工具			
		检查紧停装置	安全可靠，使用正常	调整工具			

设备二级保养(机械)内容和要求

设备名称:自行式液压平板车

保养人员:_____

设备编号:_____

保养日期:_____

序号	项目	细则	标准	工具	记录	签名	备注
1	准备工作	对工作场地进行整理清扫,用红白旗隔离工作区域,做好各项安全防护措施	场地清洁,安全防护措施到位	红白旗、清扫工具			
2	发动机	更换发动机机油	机油换新	机油、扳手、备件			
		检查发动机冷却器、冷却风机	正常工作,无异响	调试工具、扳手			
		检查发动机紧固螺栓	无松动	扭力扳手			
		检查发动机熄火机构	无异响,熄火正常	扭力扳手			
3	滤芯	更换机油滤器、空气滤器、柴油滤器	换新	螺丝刀、扳手、备件			
4	发电机	检查启动马达及发电机	无异常	调试工具			
5	液压系统	根据是否达到间隔工作时间(500 h),更换液压油	油质符合标准	注油工具			
		检查液压泵工作压力	无异常	目测			
		根据是否达到间隔工作时间(500 h),更换液压回路系统滤器	滤器工况良好	螺丝刀、扳手			
		检查整机液压软管及接头	无松动、漏油	扳手			
		检查液压驱动泵工作压力、驱动电机	压力正常,电机无异响	调试工具			
6	压缩机	检查压缩机	工作正常,无异常	调试工具、扳手			

表(续)

序号	项目	细则	标准	工具	记录	签名	备注
7	工作台	检查工作台四点平衡	满足设备使用要求	调试工具			
8	顶升系统	检查顶升油缸、液压软管、油管接头、控制阀	无明显漏油,无异响	调试工具			
9	转向系统	检查液压转向系统	转向灵活、准确	调试工具			
10	润滑系统	检查整车各转动部件并加油润滑	动作灵活,润滑到位	注油工具			
11	制动系统	检查制动总泵及各部件工作状况	无异常,制动可靠	调试工具			
		检查各轮毂制动分泵及制动片	无异常,制动可靠	调试工具			
12	钢结构	检查金属结构件及焊缝	牢固,无裂缝、变形、脱焊等	目测			

设备二级保养(电气)内容和要求

设备名称:自行式液压平板车

设备编号:＿＿＿＿＿＿＿＿＿

保养人员:＿＿＿＿＿＿＿＿＿

保养日期:＿＿＿＿＿＿＿＿＿

序号	项目	细则	标准	工具	记录	签名	备注
1	准备工作	对工作场地进行整理清扫,用红白旗隔离工作区域,做好各项安全防护措施	场地清洁,安全防护措施到位	红白旗、清洁工具			
2	电气控制柜检查	清洁电气控制柜,检查线路	电气柜清洁,线路无老化	清洁工具、万用表			
3	照明检查	检查大灯、指示灯	正常亮灯,照度正常	目测			
4	仪表检查	检查驾驶室各工作仪表	正常指示,无异常	目测			
5	电池	检查蓄电池电压及液位	正常工作,无老化,液位正常	目测,万用表			
6	线路检查	检查电气插件、连接件线路	无老化,连接可靠	目测			

设备保养内容和要求

设备名称:模块式运输车 　　　　　　　　　　　设备编号:＿＿＿＿＿＿＿

保养人员:＿＿＿＿＿＿＿ 　　　　　　　　　　　保养日期:＿＿＿＿＿＿＿

序号	项目	细则	标准	工具	记录	签名	备注
1	设备外观	擦拭设备表面	无尘土	布、高压水枪			
2	发动机	更换发动机机油	更换同型号机油	扳手			
		更换机油滤清器或滤芯	更换同型号产品	扳手			
		更换燃油滤清器或滤芯	更换同型号产品	扳手			
		检查进气管路及连接件	接头无松动,管路无损坏	扳手			
		检查和紧固皮带	皮带无损坏	扳手			
		检查空滤器负压指示器	指示正确				
		清洁空滤器集尘环	集尘环内外无灰尘	压缩机			
3	变速箱	更换润滑油	润滑良好	注油泵			
4	从动轴	更换轮毂润滑脂	润滑良好	注油泵			
		检查、调整轴承间隙	根据保养说明书要求调整	扳手			
5	传动轴	紧固传动轴螺栓	螺栓无松动	扳手			
6	驾驶室	检查雨刮器动作	动作有效、灵敏				
7	制动泵	储气筒放水	储气筒放水				
		检查、调整调压阀输出压力	与系统设置一致	扳手			
8	液压系统	检查各液压管部有无渗、漏油,鼓包现象	液压系统无渗、漏油,鼓包现象	扳手			
		检查油泵顶升、转向油管,油缸	油管无渗、漏油,缸体表面无毛刺,动作无异声				
		检查各支腿顶升、下降同步状况	支腿顶升、下降同步				

表（续）

序号	项目	细则	标准	工具	记录	签名	备注
9	电气系统	检查电气系统工作情况（信号灯、雨刮器等）	指示正确				
		检查蓄电池接线柱的固定情况	固定牢固	扳手			
		检查转速表正确性	指示正确				
10	润滑	各活动部位加注润滑脂	各活动部位加注润滑脂	注油泵			
11	轮胎	检查轮胎有无破损	无破损，开裂深度小于 1 cm，否则更换	气动扳手			
12	结构检查	检查平板及沉梁结构有无明显变形，焊缝有无脱焊现象	平板及沉梁无明显变形，结构焊缝无脱焊	焊机、割炬			

设备一级保养内容和要求

设备名称:叉车   设备编号:＿＿＿＿＿＿＿＿

保养人员:＿＿＿＿＿＿＿＿   保养日期:＿＿＿＿＿＿＿＿

序号	项目	细则	标准	工具	记录	签名	备注
1	部件、管路	检查各部件连接可靠性和管路气密性	连接可靠,无渗水、渗油	扳手			
2	液压系统	检查各阀件、各油缸及齿轮泵是否工作正常	工作正常,无卡滞、泄漏、错位	扳手、螺丝刀			
3	滤清器	检查并清洁各滤清器	清洁,油位、水位正常	润滑油、抹布			
4	油缸、链轮、链条	检查各油缸及接头有无渗、漏油现象;链轮、链条有无损伤	各油缸及接头无渗、漏油现象;链轮、链条无损伤,牢固	螺丝刀、扳手			
5	门架、叉齿等钢结构、叉齿固定销	检查门架、叉齿等钢结构有无损伤;叉齿固定销是否完好	门架、叉齿等钢结构无损伤,叉齿固定销完好	螺丝刀、扳手			
6	离合器、变速箱、液力传动机构	检查换挡工作是否正常,车辆行驶时传动机构工作状况	换挡顺畅,工作无异常,油位正常	扳手、螺丝刀			
7	传动轴	检查传动轴十字轴承、万向节、润滑状态	十字轴承、万向节无松动,运转无抖动及异常声	扳手、螺丝刀			
8	发动机	检查机油状况,倾听发动机声音,查看发动机排气,检查发电机启动电器安装是否牢固,检查皮带情况,检查水箱情况,检查清洁空滤	发动机无异响,做功正常,各部件安装牢固,皮带完好,安装到位,水箱及附属机构无漏水	扳手、螺丝刀、冷风			

表(续)

序号	项目	细则	标准	工具	记录	签名	备注
9	方向机、方向盘、转向机构	检查方向机状况,方向盘传动状况	方向机无漏油,工作正常;方向盘自由行程正常,如过大应合理调整;转向机构锁销可靠,立柱轴承转向节工作正常,润滑良好	扳手、螺丝刀			
10	前后桥转向球头	检查前桥各机构,加注油润滑后桥各铰点	前桥各机构工作正常;无异响,无漏油,后桥注油润滑良好,无变形	扳手、螺丝刀、冷风、黄油枪、手油泵			
11	制动系统	检查驻车制动状况和行车制动状况	制动机构工作正常,无漏油、漏气情况	扳手、螺丝刀			
12	轮胎	检查轮胎气压,轮胎磨损情况,检查并紧固轮胎螺丝	气压正常,磨损情况在正常范围内,轮胎螺丝紧固	真空充气设备、扳手、螺丝刀			
13	蓄电池	检查蓄电池固定情况,电液水、电极接柱	蓄电池固定可靠,电液水液面正常,电极接柱清洁	扳手、螺丝刀			
14	发电机、继电器、仪表、灯光、喇叭、雨刮	检查发电机、继电器、仪表、灯光、喇叭、雨刮	齐全,完好	扳手、螺丝刀			
15	车身钣金件、驾驶室门窗、升降器门锁、密封件、座椅	检查车身钣金件有无开裂、锈蚀、变形、脱焊,检查驾驶室门窗、升降器门锁、密封件、座椅是否均完好	车身钣金件无开裂、锈蚀、变形、脱焊;驾驶室门窗、升降器门锁、密封件、座椅均完好	扳手、螺丝刀			

设备二级保养(机械)内容和要求

设备名称:叉车　　　　　　　　　　　　　　　　设备编号:＿＿＿＿＿＿＿＿

保养人员:＿＿＿＿＿＿＿＿＿　　　　　　　　　保养日期:＿＿＿＿＿＿＿＿

序号	项目	细则	标准	工具	记录	签名	备注
1	三滤及机油	更换三滤及机油,检查各部连接及各管路气密性	无渗水、渗油	螺丝刀、扳手			
2	发动机	检查发动机运转状况,调整气门间隙	怠速及加速良好,排放值符合规定	螺丝刀、扳手			
3	离合器、速器换挡机构、锁销	检查离合器,变速器换挡机构、锁销安全状况	离合器分离清晰,变速器换挡机构各部无松动,无卡滞,锁销安全可靠	螺丝刀、扳手			
4	传动轴十字轴承	检查传动轴十字轴承及万向节松动状况,检查运转时有无抖动异响,注油润滑	传动轴十字轴承及万向节无松动,运转时无抖动异响	润滑油、螺丝刀、扳手			
5	前后桥转向节、前后制动器、前束、制动分泵及制动阀、踏板	检查前后桥转向节、前后制动器、前束、制动分泵及制动阀、踏板	前后桥转向节锁止可靠;前后制动器及轮毂制动蹄片符合技术要求;前束检查、调整,制动分泵及制动阀可靠有效;踏板行程符合规定	螺丝刀、扳手			
6	轮胎	测量轮胎气压,检查钢圈,充气换位	充气换位应符合技术规定,避震可靠有效	螺丝刀、扳手			
7	空调系统、水泵、冷却系统及风扇	检查空调系统及制冷效果,检查水泵、冷却系统及风扇运转状况	空调系统及制冷效果良好,水泵、冷却系统及风扇运转良好无损坏	螺丝刀、扳手			
8	车身及车厢、驾驶室门窗、升降器门锁、密封件、座椅、水箱及油箱	检查车身及车厢、驾驶室门窗、升降器门锁、密封件、座椅、水箱及油箱	车身及车厢各钣金件无开裂、锈蚀、变形、脱焊;驾驶室门窗,升降器门锁、密封件、座椅均完好;水箱及油箱不渗漏	螺丝刀、扳手			

表（续）

序号	项目	细则	标准	工具	记录	签名	备注
9	车身及各总成件	检查、清洁车身及各总成件	车身及各总成件清洁干净，车身各部位漆膜光泽，无刮花，漆面覆盖完整	清洁布、螺丝刀、扳手			
10	各油缸、链轮、链条	检查各油缸及接头有无渗、漏油现象，链轮、链条有无损伤	各油缸及接头无渗、漏油现象，链轮、链条无损伤，牢固	润滑油、螺丝刀、扳手			
11	门架、叉刺等钢结构	检查门架、叉刺等钢结构有无损伤；叉刺固定销是否完好	门架、叉刺等钢结构无损伤；叉刺固定销完好	螺丝刀、扳手			
12	钢丝绳、吊钩、滑轮等	检查钢丝绳、吊钩、滑轮等磨损情况	钢丝绳、吊钩、滑轮等磨损情况符合规定，必要时更换	螺丝刀、扳手			
13	起升制动器	检查起升制动器有无裂纹、磨损，调整间隙	起升制动器无裂纹，磨损符合规定，必要时更换	螺丝刀、扳手			
14	伸缩臂钢丝、电缆及各液压油管	检查伸缩臂钢丝及电缆松紧度，包括各液压油管的松紧度	伸缩臂钢丝及电缆松紧度，包括各液压油管松紧度符合要求	螺丝刀、扳手			
15	工作载荷测试、液压系统	进行工作载荷测试，并检测液压系统是否安全	工作载荷、液压系统符合要求	螺丝刀、扳手			

设备二级保养(电气)内容和要求

设备名称:叉车   设备编号:＿＿＿＿＿＿＿＿

保养人员:＿＿＿＿＿＿＿＿   保养日期:＿＿＿＿＿＿＿＿

序号	项目	细则	标准	工具	记录	签名	备注
1	蓄电池	检查蓄电池固定程度、电量、接柱及电极	蓄电池固定可靠,电量充足,接柱及电极无磨损及污物	螺丝刀、扳手			
2	发电机、继电器、仪表、灯光、喇叭、雨刮、线束等	检查发电机、继电器、仪表、灯光、喇叭、雨刮、线束等	发电机、继电器、仪表、灯光、喇叭、雨刮、线束等均符合技术要求,必要时更换	备件、螺丝刀、扳手			
3	力矩限制器	检查力矩限制器功能	力矩限制器功能有效,必要时更换	备件、螺丝刀、扳手			

设备一级保养内容和要求

设备名称:内燃平衡重式叉车　　　　　　　　　　　设备编号:_____

保养人员:_____　　　　　　　　　　　保养日期:_____

序号	项目	细则	标准	工具	记录	签名	备注
1	车身、底盘、发动机	用水冲洗车身、底盘、发动机	无明显污垢,润滑按标准	高压水枪、刷帚回丝、布、黄油枪			
		用回丝擦净各部油污、泥垢					
		各关节活络球接头加油					
2	空气滤清器	清洁滤清器壳体和滤芯	外表无明显灰尘,滤芯清洁完好	空压机、扳手、回丝或纱布			
		用压缩空气将滤芯内外吹干净,如滤芯损坏,则更换滤芯					
		检换衬垫,装复滤清器					
3	机油滤清器	解体机油滤清器,清洁壳体内外	无渗油,滤芯无损	开口扳手、柴油、布、空压机			
		用干净柴油清洁滤芯(纸质滤芯则更换),用压缩空气里外吹干净					
		检换衬垫,装复机油滤清器					
4	燃油滤清器	解体清洁滤清器壳体内外	接头等处无渗油、污垢,滤芯无损	开口扳手、空压机、柴油			
		用清洁柴油清洁滤芯					
		用压缩空气吹去残余物,如滤芯损坏则更换					
		检换衬垫,装复燃油滤清器					

表（续 1）

序号	项目	细则	标准	工具	记录	签名	备注
5	冷却系统	放尽水箱和发动机内的冷却水,关闭放水开关	发动机在工作时,水温在正区域或80～90 ℃系统外表无污垢	空压机、清洁机、清洁液			
		向冷却系统中加注清洁液,并让发动机怠速运转5 min					
		关闭发动机,打开放水开关,从正常水循环相反的方向将清洁水压入(后出水口处),直至放出的水清洁为止					
		关闭放水开关,加注清洁冷却水或防冻液					
		用水、高压水枪、压缩空气、冲洗散热器表面及散热片间的污垢					
6	传动轴（中间传动轴）	旋紧传动轴与凸缘连接的螺栓	连接可靠,润滑点见新油注出	开口扳手、梅花扳手、黄油枪			
		向万向节处的黄油嘴注入新的黄油,如黄油嘴损坏,则更换新的,并加注黄油					
7	转向油缸	旋紧转向油缸的锁定螺母	锁定螺母拧紧,油管接头无松动,润滑点见新油注出	开口扳手、黄油枪			
		旋紧转向油缸油管接头					
		向油缸各连接活动肖轴黄油嘴加注黄油,如油嘴损坏,则换新后再加注新黄油					
8	制动液	检查制动液液面,从外观上确认液面应在油罐2/3的高度附近,如低于油罐2/3高度则添加制动液	制动液液面达到标准高度	扳手			

表(续2)

序号	项目	细则	标准	工具	记录	签名	备注
9	液压工作系统	旋紧液压系统各油管接头和各油缸的锁紧螺母	无渗漏,各接头无松动	开口扳手、黄油枪			
		向各润滑点黄油嘴少量注入新黄油,如黄油嘴损坏则更换,再注入新黄油					
		检查各油箱中工作油量,并视情况添加至标准高度					
10	车轮	检查各轮胎螺母	CPCD70A 叉车:轮胎气压 0.7 MPa,轮毂螺母扭矩470~580 N·m	千斤顶、空压机、套筒			
		检查各轮胎气压,如气压不足,则充气至标准气压					
11	蓄电池	用清洁的纱布或布清洁蓄电池外部	清洁,无污垢。液面高度应在加注口下 10~15 mm	纱布、刷子、铜丝、扳手			
		疏通加液盖上的通气孔					
		清除电桩,电线接头上的氧化物					
		检查蓄电池液是否在标准线所示的范围内,如低于标准线,应立即到指定点加注蒸馏水,直至达到上位标准线					
12	门架和提升托架、链条	检查门架有无损伤、严重变形或裂纹	螺栓无松动,提升链无明显挠曲,门架无严重变形、裂纹	扳手			
		检查滚球有无卡住现象					
		旋紧门架、支架、紧固螺栓					
		用两只手的拇指同时按住左右提升链,手动没有大的差异					
		向滑轮黄油嘴处加注黄油,润滑链条					

设备二级保养内容和要求

设备名称:内燃平衡重式叉车 　　　　　　　　设备编号:＿＿＿＿＿＿＿＿

保养人员:＿＿＿＿＿＿＿＿　　　　　　　　　保养日期:＿＿＿＿＿＿＿＿

序号	项目	细则	标准	工具	记录	签名	备注
1	气缸	清洁各喷油器周围污垢	气缸压力在发动机温度表的绿色区域	气缸压力表、扳手、废纱头			
		逐一拆下喷油器,用气缸压力表测试各缸压缩压力					
		每缸测试时,活塞上下不少于3次					
2	气门	将车停妥,发动机熄火冷却片刻,将气门罩拆下	CPCD70A 气门间隙:进气门为0.4 mm;排气门为0.4 mm。气门脚响声均匀,无嗒嗒异响	扳手、塞规、摇杠			
		摇转曲转,使曲轴皮带盘上的正时记号与时规齿轮盖正时记号对准,此时4,6气门应处在完全开启状态,活塞处于压缩冲程结束状态					
		可调整1,2,3,5,7,9六只气门的间隙,而后再摇转曲轴,使7,9两只气门处于完全开启状态,曲轴皮带盘上的正时记号与时规齿轮正时记号对准,此时可调整4,6,8,10,11,12六只气门间隙					
3	喷油器	用回丝等擦干净喷油器周围的污物	喷油器喷射的柴油必须是雾状油束,并发出清脆的响声,停止喷油后应无成滴状的油珠	喷油校验器、开口扳手、清洁的柴油、干净的软布、细铜丝			
		逐个拆下喷油器总成,并用干净软布堵住缸盖孔道					

表(续1)

序号	项目	细则	标准	工具	记录	签名	备注
3	喷油器	将喷油器解体,放入柴油中浸泡,用细铜丝清理孔道	喷油器喷射的柴油必须是雾状油束,并发出清脆的响声,停止喷油后应无成滴状的油珠	喷油校验器、开口扳手、清洁的柴油、干净的软布、细铜丝			
		检查针阀在喷油嘴体内旋转、移动情况及油针与喷油嘴密封情况;检查各螺纹部分,如有损坏,则修复或更换					
		装复喷油器(要特别注意清洁各部移动平滑)					
		将喷油器放在喷器校验仪进行校验与调整					
		如压力过高或过低,可旋松喷油器上端的固定螺母,而后旋动调整螺栓,压力过高,旋出调整螺栓,过低则旋入调整螺栓,调好后拧紧固定螺母					
		用每分钟12次左右的速度均匀地按动手泵,直到(15 MPa)开始喷油,此时允许喷嘴处有微量的潮湿,但不许漏油					
		用每分钟50次左右的速度按动手泵,喷油器喷射出的柴油必须是均匀的雾状,无肉眼可视的油滴、油流,并发出清脆的响声					
		停止喷油后,立即检查喷嘴,应无成滴状的油珠					
		将调整、校验好的喷油器总成装到缸盖上,排尽燃油系统的空气					

表(续2)

序号	项目	细则	标准	工具	记录	签名	备注
4	发动机座与发动机油底壳螺栓	用回丝将发动机油底壳擦清	各连接螺栓无松动	回丝、套筒扳手、梅花扳手			
		旋紧发动机固定螺栓,并查看避震垫圈、保险销是否有效、齐全					
		旋紧发动机油底壳螺丝					
5	手制动	旋紧手制动器各连接螺栓,检查手制动效能	车辆停在20°的坡道上无溜坡现象,或采用经验判断方法,在滑行状态下,达到制动效果	扳手、黄油枪、螺丝刀			
		制动效能不佳则进行调整,调整钟锤杠杆的调整螺母					
		向润滑处黄油嘴注入新黄油,如黄油嘴损坏则更换,并注入新的黄油					
6	脚制动	试车后制动欠佳,则可将制动管路系统中的空气排尽	制动效能显著	扳手、制动液			
		旋紧各接头					
		添加制动液至标准高度					
7	变速箱、变矩器	将车停在水平路面上,检查油量,如油量不够则添加至标准油量	油量在刻度线中间,滤网无破损,无污垢	工作油、油壶、扳手			
		拆上油管接头,取出滤网					
		用清洁的柴油清洁、装复					
8	发电机	解体发电机,并用压缩空气吹净各部件,用汽油揩干净集中电环等	轴承清洁换新油,云母片应低于铜面0.8~1.0 mm,炭刷高度不得低于新件的1/2,炭刷与整流子接触面应大于75%;台架测试工作性能正常,发电机运转时电流显示正常	扳手、万用表、尖嘴钳、螺丝刀、刷子、专用工具			
		检查轴承松动情况,如良好则填充润滑脂					
		检查定子、转子及其他有焊接的点是否脱焊,如则补焊					
		测试二极管的性能					

表（续3）

序号	项目	细则	标准	工具	记录	签名	备注
8	发电机	检查炭刷磨损状况,测试炭刷弹簧压力及有无卡住现象	轴承清洁换新油,云母片应低于铜面0.8～1.0 mm,炭刷高度不得低于新件高度的1/2,炭刷与整流子接触面应大于75%;台架测试工作性能正常,发电机运转时电流显示正常	扳手、万用表、尖嘴钳、螺丝刀、刷子、专用工具			
		检查发电机装置					
		进行空载及发电试验					
9	起动机	清洁外表、解体起动机,吹净内部灰尘	台架试验工作性能正常	螺丝刀、扳手、梅花扳手、万用表、电瓶、纱布、刷子、尖嘴钳、专业工具			
		检查轴承松动情况,如良好则填充润滑脂					
		检查炭刷的磨损程度、有无卡住,检查弹簧的压力是否正常					
		检查转子、定子、刷架等的绝缘状况					
		检查吸铁开关触点是否烧蚀					
		各接头处牢固可靠					
		检查啮合齿轮总成,在电枢齿槽上移动灵活,无卡住现象					
		装复总成					
		进行台架试验					
10	刮水器、喇叭、灯光、报警器、仪表	检测刮水器、喇叭、灯光、报警器及各仪表是否处于正常状况,及时检修	灯光、各仪表、喇叭、报警器有效	万用表、螺丝刀、扳手、专业工具			
		检修电气线路					

设备一级保养内容和要求

设备名称:防爆型电动叉车 　　　　　　　　　设备编号:＿＿＿＿＿＿＿

保养人员:＿＿＿＿＿＿＿＿＿ 　　　　　　　　保养日期:＿＿＿＿＿＿＿

序号	项目	细则	标准	工具	记录	签名	备注
1	车身、底盘、发动机	用水冲洗车身、底盘、发动机	无明显污垢,润滑按标准	高压水枪、刷帚、回丝、布、黄油枪			
		用回丝擦净各部油污、泥垢					
		给各关节活络球接头加油					
2	空气滤清器	清洁滤清器壳体和滤芯	外表无明显灰尘,滤芯清洁完好	空压机、扳手、回丝或纱布			
		用压缩空气将滤芯内外吹干净,如滤芯损坏,则更换					
		检换衬垫,装复滤清器					
3	机油滤清器	解体机油滤清器,清洁壳体内外	无渗油,滤芯无损	开口扳手、柴油、布、空压机			
		用干净柴油清洁滤芯(纸质滤芯则更换),用压缩空气里外吹干净					
		检换衬垫,装复机油滤清器					
4	燃油滤清器	解体清洁滤清器壳体内外	接头等处无渗油、污垢,滤芯无损	开口扳手、空压机、柴油			
		用清洁柴油清洁滤芯					
		用压缩空气吹去残余物,如滤芯损坏则更换					
		检换衬垫,装复燃油滤清器					

表(续1)

序号	项目	细则	标准	工具	记录	签名	备注
5	冷却系统	放尽水箱和发动机内的冷却水,关闭放水开关	发动机工作时,水温在正常区域或80～90 ℃,系统外表无污垢	空压机、清洁机、清洁液			
		向冷却系统中加注清洁液,并让发动机怠速运转5 min					
		关闭发动机,打开放水开关,从正常水循环相反方向,将清洁水压入(后出水口处),直至放出的水清洁为止					
		关闭放水开关,加注清洁冷却水或防冻液					
		用水、高压水枪、压缩空气冲洗散热器表面及散热片间的污垢					
6	传动轴(中间传动轴)	旋紧传动轴与凸缘连接的螺栓	连接可靠,润滑点见新油注出	开口扳手、梅花扳手、黄油枪			
		向万向节处的黄油嘴注入新的黄油,如黄油嘴损坏,则更换新的,并加注黄油					
7	转向油缸	旋紧转向油缸的锁定螺母	锁定螺母拧紧,油管接头无松动,润滑点见新油注出	开口扳手、黄油枪			
		旋紧转向油缸油管接头					
		向油缸各连接活动销轴黄油嘴加注黄油,如油嘴损坏,则更换新油嘴再加注新黄油					
8	制动液	检查制动液液面,从外观上确认液面应在油罐2/3的高度附近,如低于油罐2/3高度,则添加制动液	制动液液面达到标准高度	扳手			

表(续2)

序号	项目	细则	标准	工具	记录	签名	备注
9	液压工作系统	旋紧液压系统各油管接头和各油缸的锁紧螺母	无渗漏,各接头无松动	开口扳手、黄油枪			
		向各润滑点黄油嘴注入新黄油,如黄油嘴损坏则更换,再注入新黄油					
		检查各油箱中工作油量,并视情况添加至标准油量					
10	车轮	检查各轮胎螺母	轮胎气压0.7 MPa,轮毂螺母扭矩470~580 N·m	千斤顶、空压机、套筒			
		检查各轮胎气压,如气压不足则充气至标准气压					
11	蓄电池	用清洁的纱布或布清洁蓄电池外部	清洁,无污垢,液面高度应在加注口下10~15 mm	纱布、刷子、铜丝、扳手			
		疏通加液盖上的通气孔					
		清除电桩、电线接头上的氧化物					
		检查蓄电池液是否在标准线所示的范围内,如低于标准线,应立即到指定点加注蒸馏水,直至达到上位标准线					
12	门架和提升托架、链条	检查门架有无损伤、严重变形或裂纹	螺栓无松动,提升链无明显挠曲,门架无严重变形裂纹	扳手			
		检查滚球有无卡住现象					
		旋紧门架、支架、紧固螺栓					
		用两只手的拇指同时按住左右提升链,手动没有大的差异					
		向滑轮黄油嘴处加注黄油,润滑链条					

设备二级保养内容和要求

设备名称:防爆型电动叉车　　　　　　　　　　　设备编号:＿＿＿＿＿＿＿＿

保养人员:＿＿＿＿＿＿＿＿　　　　　　　　　　　保养日期:＿＿＿＿＿＿＿＿

序号	项目	细则	标准	工具	记录	签名	备注
1	气缸	清洁各喷油器周围污垢	气缸压力在发动机温度表的绿色区域	气缸、压力表、扳手			
		逐一拆下喷油器,用气缸压力表测试各缸压缩压力					
		每缸测试时,活塞上下活动不少于3次					
2	气门	将车停妥,发动机熄火冷却片刻,将气门罩拆下	进气门:0.4 mm。排气门:0.4 mm。气门脚响声均匀,无嗒嗒异响	扳手、塞规、摇杠			
		摇转曲转,使曲轴皮带盘上的正时记号与时规齿轮盖正时记号对准,此时4,6气门应在完全开启状态,活塞处于压缩冲程结束					
		可调整1,2,3,5,7,9六只气门的间隙,而后摇转曲轴,使7,9两只气门处于完全开启状态,曲轴皮带盘上的正时记号与时规齿轮正时记号对准,此时可调整4,6,8,10,11,12六只气门间隙					
3	喷油器	用回丝等擦干净喷油器周围的污物	喷油器喷射的柴油必须是雾状油束,响声清脆,停止喷油后应无成滴状的油珠	喷油校验器、开口扳手、清洁的柴油、干净的软布、细铜丝			
		逐个拆下喷油器总成,并用干净软布堵住缸盖孔道					

表(续1)

序号	项目	细则	标准	工具	记录	签名	备注
3	喷油器	将喷油器解体,放入柴油中浸泡,并用细铜丝清理孔道	喷油器喷射的柴油必须是雾状油束,响声清脆,停止喷油后应无成滴状的油珠	喷油校验器、开口扳手、清洁的柴油、干净的软布、细铜丝			
		检查针阀在喷油嘴体内旋转、移动时是否平滑顺畅,油针与喷油嘴密封情况;检查各螺纹,如有损坏应修复或更换					
		装复喷油器(要特别注意清洁各部移动平滑)					
		将喷油器放在喷器校验仪进行校验与调整					
		如压力过高或过低,可旋松喷油器上端的固定螺母,而后旋动调整螺栓;压力过高则旋出调整螺栓,压力过低则旋入调整螺栓,调好后拧紧固定螺母					
		用每分钟 12 次左右的速度均匀地按动手泵,直到(15 MPa)开始喷油,此时允许喷嘴处有微量的潮湿,但不许漏油					
		用每分钟 50 次左右的速度按动手泵,喷油器喷射出的柴油必须是均匀的雾状,无油滴、油流,并发出清脆的响声					
		停止喷油后,立即检查喷嘴,应无成滴状的油珠					
		将调整校验好的喷油器总成装到缸盖上,排尽燃油系统的空气					

表（续2）

序号	项目	细则	标准	工具	记录	签名	备注
4	发动机座与发动机油底壳	用回丝将发动机油底壳擦干净	各连接螺栓无松动	回丝、套筒扳手、梅花扳手			
		旋紧发动机固定螺栓，并查看避震垫圈、保险销是否有效、齐全					
		旋紧油底壳螺丝					
5	手制动	旋紧手制动器各连接螺栓，检查手制动效能	车辆停在20°的坡道上无溜坡现象，或采用经验判断方法，在滑行状态下，达到制动效果	扳手、黄油枪、螺丝刀			
		制动效能不佳则进行调整，调整钟锤杠杆的调整螺母					
		向润滑处黄油嘴注入新黄油，如黄油嘴损坏则更换，并注入新的黄油					
6	脚制动	试车后制动欠佳，则可将制动管路系统中的空气排尽	制动效能显著	扳手、制动液			
		旋紧各接头					
		添加制动液至标准高度					
7	变速箱、变矩器	将车停在水平路面上，检查油量，油量不够则添至标准油量	油量在刻度线中间，滤网无破损，无污垢	工作油、油壶、扳手			
		拆上油管接头，取出滤网					
		用清洁的柴油清洁、装复					
8	发电机	解体发电机，并用压缩空气吹净各部件，用汽油揩干净集中电环等	轴承清洁换新油，云母片应低于铜面0.8~1.0 mm，炭刷高度不得低于新件高度的1/2，炭刷与整流子接触面应大于75%；台架测试工作性能正常，发电机运转时电流显示正常	扳手、万用表、尖嘴钳、螺丝刀、刷子、专用工具			
		检查轴承松动情况，如良好则填充润滑脂					
		检查定子、转子及其他有焊接的点是否脱焊，如有则补焊					
		测试二极管的性能					

表（续3）

序号	项目	细则	标准	工具	记录	签名	备注
8	发电机	检查炭刷磨损状况，测试炭刷弹簧压力及有无卡住现象	轴承清洁换新油，云母片应低于铜面0.8~1.0 mm，炭刷高度不得低于新件高度的1/2，炭刷与整流子接触面应大于75%；台架测试工作性能正常，发电机运转时电流显示正常	扳手、万用表、尖嘴钳、螺丝刀、刷子、专用工具			
		检查发电机装置					
		进行空载及发电试验					
9	起动机	清洁外表，解体起动机，吹净内部灰尘	台架试验工作性能正常	螺丝刀、扳手、梅花扳手、万用表、电瓶、纱布、刷子、尖嘴钳、专业工具			
		检查轴承松动情况，如良好则填充润滑脂					
		检查炭刷的磨损程度，有无卡住；检查弹簧的压力					
		检查转子、定子、刷架等绝缘状况					
		检查吸铁开关触点是否烧蚀					
		各接头处牢固可靠					
		检查啮合齿轮总成，在电枢齿槽上移动灵活，无卡住现象					
		装复总成					
		进行台架试验					
10	刮水器、喇叭、灯光、报警器、仪表检查、调整	检查刮水器、喇叭、灯光、报警器、各仪表是否处于正常状况，如不正常则检修	灯光、各仪表、喇叭、报警器有效	万用表、螺丝刀、扳手、专业工具			
		检修电气线路					

设备一级保养内容和要求

设备名称:分段搬运装置　　　　　　　　　　　　设备编号:＿＿＿＿＿＿＿＿

保养人员:＿＿＿＿＿＿＿＿　　　　　　　　　　保养日期:＿＿＿＿＿＿＿＿

序号	项目	细则	标准	工具	记录	签名	备注
1	机体、燃油箱	清洁机体、燃油箱	无漏油、漏水,运动件附件无障碍物	目测			
2	燃油滤器、机油滤器	清洁燃油滤器、机油滤器等,视脏堵情况更换滤芯	外观无破损、变形,无漏油	手动,扳手			
3	空气过滤器	清洁空气过滤器	外观无破损、变形	手动,扳手			
4	机油	查看机油油量及油质情况	液位均应在最低刻度(min)和最高刻度(max)之间,油质无明显变化	目测			
5	散热器	清洁散热器,更换冷却水,检查风扇、水泵皮带松紧度	冷却水液位在上、下限之间,水质无明显变化,无松动、老化	手动,扳手			
6	节温器	检查节温器工作是否正常	节温器温度应在规定范围内	测温表			
7	发动机	检查并紧固发动机机脚螺栓	无松动,发动机机脚橡胶垫块无磨损、老化	扳手、检验锤			
8	轮边减速器	查看轮边减速器油量、油质情况	液位在上、下限之间,油质无明显变化	目测			

表(续)

序号	项目	细则	标准	工具	记录	签名	备注
9	液压系统	检查液压升降、转向、驱动系统是否泄漏	软管和液压元件的密封性和外部无泄漏	目测			
10	制动摩擦片	检查制动摩擦片厚度	制动摩擦厚度不小于5 mm	扳手			
11	液压油箱透气滤器	检查更换液压油箱透气滤器	外观无破损、变形,无漏油	扳手			
12	液压油	查看液压油量、油质情况	液位均应在最低刻度(min)和最高刻度(max)之间,油质无明显变化	目测			
13	发电机	检查发电机、启动马达、接线是否牢固	线路无老化、松动	手动			
14	灯光、喇叭	检查灯光、喇叭是否正常	按钮操作正常,功能显示无误	目测、手动			
15	蓄电池	冲洗蓄电池外部,检查紧固接线桩	外观无破损,接线桩无腐蚀	手动			
16	驾驶室	检查驾驶室各个电气开关、手柄、指示灯、仪表是否正常	各手柄(按钮)、仪表操作、功能及显示处于正常工作状态	目测、手动、耳听			

设备二级保养(机械)内容和要求

设备名称:分段搬运装置　　　　　　　　　　　　设备编号:＿＿＿＿＿＿＿＿

保养人员:＿＿＿＿＿＿＿＿　　　　　　　　　　保养日期:＿＿＿＿＿＿＿＿

序号	项目	细则	标准	工具	记录	签名	备注
1	外观	车辆外部清洁	无油污,车况整洁,标识清楚	目测			
2	车身	检查车辆车身钢结构,如有变形则进行校正并油漆	无裂缝、变形	目测,专业工具			
3	轮胎	检查轮胎气压	轮胎无磨损;充气压力11 bar①;驱动轮扭矩550～600 N·m;从动轮扭矩670～720 N·m	气压表、扭力扳手			
4	燃油箱、滤器、机油滤清器	清洁燃油箱、滤器、机油滤清器,更换滤芯等	外观无破损、漏油(冬季须用低温柴油)	扳手、专业工具			
5	车轮	检查车轮螺母	驱动轮扭矩为550～600 N·m;从动轮扭矩为670～720 N·m	目测,扭力扳手、检验锤			
6	喷油泵、输油泵	拆解检查喷油泵、输油泵	雾化、压力符合要求	扳手、专业工具			
7	空气过滤器	清洁空气过滤器,更换滤芯	外观无破损、漏油	扳手			
8	油底壳和油泵吸油盘	清洁油底壳和油泵吸油盘,更换机油	外观无破损、漏油;夏季:SAE 15W/40,CH－4/SJ;冬季:5W－30/5W－20	扳手			
9	怠速	检查并调整怠速	车辆怠速状态下应在每分钟1000转范围内	目测、耳听,扳手			
10	发动机	检查发动机	发动机不漏油;调整的气门间隙与螺栓扭矩应在规定范围内;排气合格	扳手、塞尺、扭力扳手			

表(续)

序号	项目	细则	标准	工具	记录	签名	备注
11	轮边减速器	检查轮边减速器,更换减速器油	无漏油,油质无明显变化;重负荷工业闭式齿轮油(L‐CKD 22)	目测,扳手			
12	轮毂和制动毂	检查轮毂和制动毂自由转动情况	符合轴向间隙,标准为0.08~0.2 mm范围内	百分表			
13	转向系统	检查转向系统、轴承是否磨损	转向灵活;角度传感器应在范围内;转向臂未松动;轴承未磨损	目测			
14	制动开关	检查驻车制动开关	无漏气、无异响;制动阀开关顺畅	目测、手动			
15	制动系统	检查制动系统,更换损坏件	制动管路无破损、漏气;行车制动压力在规定范围内(不低于6 bar)	目测			
16	液压油箱、滤油器、油箱过滤网	清洁液压油箱、滤油器、油箱过滤网,更换液压油及滤芯	外观无破损、漏油;长城抗磨液压油(L‐HM46)	目测,扳手			
17	油缸	检查各油缸	额定载荷下,提升悬架油缸下沉量15 min不能超过4 mm;轴承与轴承销无松动	目测			
18	液压软管	在无压和有压情况下或在弯曲后,软管不能恢复原样,则更换整车液压软管	软管无损坏、裂纹、切口变形,无泄漏	目测、手动,扳手			通常每4年应更换
19	润滑	全车加注HP极压复合锂基脂2#	全车注油嘴无堵塞,润滑良好	目测			
20	水箱	检查水箱	不漏水,水管未老化,风扇叶片工作正常,冷却液正常	目测			

注:1 bar = 0.1MPa。

设备二级保养(电气)内容和要求

设备名称:分段搬运装置

设备编号:＿＿＿＿＿＿＿＿

保养人员:＿＿＿＿＿＿＿＿

保养日期:＿＿＿＿＿＿＿＿

序号	项目	细则	标准	工具	记录	签名	备注
1	发电机、启动马达、雨刮电机	检修发电机、启动马达、雨刮电机等	拆检完成后在专业检测设备上校验,数据在规定范围内	扳手、检测设备			
2	电气元件	检查全车线路,检测电气元件	无磨损、老化;功能齐全	目测,检测仪表			
3	照明	检查全车照明	光照强度合格	目测,检测仪表			
4	电解液	检查电解液液面高度及比重	外观无漏液;电解液液位、比重正常;充放电板显示正常	目测			
5	驾驶室	检查驾驶室各个电气开关、手柄、指示灯、仪表是否正常	各手柄(按钮)及仪表操作与功能及显示处于正常工作状态	目测、手动、耳听			

四、焊接切割设备

设备一级保养内容和要求

设备名称:激光切割机　　　　　　　　　　　　　　设备编号:＿＿＿＿＿＿＿＿

保养人员:＿＿＿＿＿＿＿＿　　　　　　　　　　　　保养日期:＿＿＿＿＿＿＿＿

序号	项目	细则	标准	工具	记录	签名	备注
1	机体关系	点检导轨吸尘器;擦拭导轨,每6个月进行更换	导轨清洁,工况良好	目测			1个月
2		更换遮光板;切割平台和遮光板应无间隙	未破损、磨损	目测			1个月
3		清洁或更换防护玻璃。使用钢笔手电筒检查玻璃表面状态。即使清洁防护玻璃也会出现切割不良的情况,切割不良则更换新品	无镀膜剥落、飞溅附着以及变形	钢笔、手电筒,目测			1个月
4		检查钢板跟踪传感器电极电缆	跟踪动作稳定	目测			1个月
5		检查监控摄像机用防护玻璃,应无破损。玻璃上因附着飞溅物或变色等变得难以看见,或者破损时进行更换	防护玻璃完好,监视器上来自摄像机的影像清晰	目测			3个月
6		检查钢板跟踪传感器绝缘部件	工况良好	目测			3个月
7		产生故障或者破损时更换;跟踪传感器绝缘环	工况良好	目测			
8		当更换防护玻璃时,清洁或更换聚光镜	工况良好	钢笔、手电筒,目测			切割性能低下、破损时
9		检查防护眼镜,变色时,有伤痕、裂纹等破损时更换	工况良好	目测			
10	切割平台	去除方格栅式模板的堆积熔渣。当熔渣堆积影响切割性能或遮光性能时,迅速去除熔渣	方格栅式模板上无熔渣堆积,不影响切割性能或遮光性能	目测			根据使用状态或每周定期进行

表（续）

序号	项目	细则	标准	工具	记录	签名	备注
11	切割平台	检查方格栅式模板，当变形、磨损等影响遮光性能时，迅速更换	无变形、磨损	目测			每年更换
12		当更换方格栅式模板时，或吹起的灰尘量变多时，去除切割平台内的熔渣，去除熔渣后确认水位	保持工况良好	目测			根据使用状态决定实施时机
13		维修、更换切割平台，因变形或磨损等产生连接部位工况恶化或切割平台功能丧失的情况下，及时维修或者更换	切割材料可以平稳放置，切割平台工况良好	目测			
14	喷墨系统（UX型搭载机）	检查空气供气，用喷墨打印机主体背面的调节器进行调整	保持在 0.2～0.3 MPa 以内	目测			每周
15		上下滑动装置供油确认，供油步骤遵循机器的定期维护要求	油脂不能脱落	目测			每周
16		检查旋转、上下移动功能	无异常声音	目测			每周
17		检查传感器绝缘部件，及时清洁，损坏则更换	传感器正常工作	目测			

设备二级保养(机械)内容和要求

设备名称:激光切割机　　　　　　　　　　　　　　设备编号:_____

保养人员:_____　　　　　　　　　　　保养日期:_____

序号	项目	细则	标准	工具	记录	签名	备注
1		清洁绝缘部件,用酒精清洁与割嘴的接触面、螺丝	无污垢	目测			每周
2		给导向轮、Y轴导轨、Z轴添加润滑油,用注油枪添加相同黏度的锂皂基润滑油(JIS K 2220 No1 或 No2)。当添加润滑油后异音或振动未消失时,更换零部件	润滑良好	目测			每周
3		给Z轴划块添加润滑油,用注油枪添加相同黏度的锂皂基润滑油(JIS K 2220 No1 或 No2)。当添加润滑油后异音或振动未消失时,更换零部件	润滑良好,没有异常响声及振动	目测			6个月
4	机体关系	给副侧、齿轮箱摆动机构添加润滑油(推荐:Daphne multiway C 黏度等级220),确认杯子中是否残留润滑剂	润滑良好,无异音或振动	目测			1个月
5		用气体泄漏检测液确认接头或减压阀部、分配管路是否有气体泄漏,不得使用肥皂水	涂敷气体泄漏检测液,不产生气泡	气体泄漏检测液,目测			1个月
6		再紧固螺栓,使用扳手拧紧马达安装部或减速机安装部的固定螺栓并确认	无松动	扳手			1个月
7		检查导轨精度(直线度、平行度、水平度),精度应在安装时的值内。当不小于安装时的值时,及时修理	确认时,联系设备供应商或其维修保养分公司	精度测量仪器			6个月

表(续1)

序号	项目	细则	标准	工具	记录	签名	备注
8	机体关系	检查端架直角度,应在安装时的值内,当不小于安装时的值时,及时修理	确认时,联系设备供应商或其维修保养分公司	精度测量仪器			6个月
9		检查 X、Y 轴的齿间隙,应在安装时的值内,当不小于安装时的值时,及时修理	确认时,联系设备供应商或其维修保养分公司	精度测量仪器			6个月
10		检查 X 轴导向轮精度	间隙不得大于 0.01～0.05 mm	间隙仪			6个月
11		检查导轨吸尘器,应可以进行导轨的擦拭;刮板上不得有磨损或伤痕,否则更换	导轨吸尘器工况良好	目测			6个月
12		点检传动小齿轮,有磨损或使用超过 1 年时更换	无不均匀磨损	目测			6个月
13		检查导入牵引式拖链	无损伤	目测			6个月
14		清洁或更换管路,用 Y 形滤网滤芯;因存储在其中的水会流出,须预先备好容器等	卸下滤网保护罩,检查时无垃圾堵塞	手动、目测			6个月
15		检查机上软管、电缆	无损伤或扭曲等	目测			6个月
16		检查导入软管、电缆,在软管上涂敷气体泄漏检测液,无泄漏则不产生气泡;当尼龙管上附着飞溅物时立即更换	无损伤或扭曲等	目测			6个月
17		检查或更换割嘴周围软管,涂敷气体泄漏检测液时不产生气泡等	无损伤,无气体泄漏	目测			6个月
18		更换保险丝,进行导通检查	确认时,联系设备供应商或其维修保养分公司	手动、目测			保险丝熔断时

表（续 2）

序号	项目	细则	标准	工具	记录	签名	备注
19	冷水机	清洁激光系统 Y 形滤网滤芯，当不能通过清洁复原时，及时更换	卸下滤芯时，滤芯上无垃圾、污垢	手动、目测			1 个月
20		清洁光学系统 Y 形滤网滤芯，当不能通过清洁复原时，及时更换	卸下滤芯时，滤芯上无垃圾、污垢				1 个月
21		更换激光系统冷却水，使用蒸馏水（≤15 μS/cm）	冷却水符合标准	检测仪器			2 个月
22		更换光学系统冷却水，使用蒸馏水（≤15 μS/cm）	冷却水符合标准	检测仪器			2 个月
23	喷墨系统（UX 型搭载机）	检查高度传感器	传感器正常工作	目测			半年或者发生异常时
24		检查机体胶管、线缆，损坏则更换，发生漏气时立即更换	胶管没有破裂和泄漏，线缆没有扭转变形以及护套开裂	目测			6 个月
25	空压机	检查冷却器，如果必要则进行清洗	冷却器工况良好	目测			3 个月
26		用压缩空气清洁，并检查空气过滤器芯	空气过滤器芯清洁，工况良好	压缩空气，目测			3 个月

设备二级保养(电气)内容和要求

设备名称:激光切割机　　　　　　　　　　　　　　设备编号:＿＿＿＿＿＿＿＿

保养人员:＿＿＿＿＿＿＿＿＿＿　　　　　　　　　　保养日期:＿＿＿＿＿＿＿＿

序号	项目	细则	标准	工具	记录	签名	备注
1	机体相关	打开电气柜对机器的电气除尘一次,应注意吸尘时气体压力要低,以免灰尘进入电脑操作屏显示面板上	内外清洁,无积灰	手动、目测			
2		对机器的安全开关、限位开关、各急停开关等校验一次,确保机器运行安全可靠	各功能试车正常	手动、目测			
3		检查激光发生器电源的输入、输出电缆连接部位的紧固螺栓是否松弛,是否生锈导致接触不良,绝缘方面是否有问题	无裂缝,无松弛	手动、目测			
4		清洁和检查所有外部插头座,如发现松动,应拧紧	无裂缝,无松弛	手动、目测			
5		检查键盘按钮,摄像头、指示灯是否松动、损坏,若损坏则进行更换	各功能试车正常	目测			
6		每月应打开冷却水箱、空压机、激光发生器的两侧盖,对内部电气部件除尘	内外清洁,无积灰	手动、目测			
7		对机器的操作系统柜进行除尘,可以打开前柜的后盖和侧盖,特别应注意吸尘时气体压力要低,以免灰尘进入电脑操作屏显示面板上	内外清洁,无积灰	手动、目测			
8		检查接地线及激光设备工作接地线,是否有接触不良、生锈现象	无裂缝,无松弛	手动、目测			
9	除尘器	对除尘器电控箱进行除尘,检查控制元件各功能是否正常	各功能试车正常	手动、目测			

设备一级保养内容和要求

设备名称:高精度门式火焰切割机 　　　　　　　　设备编号:＿＿＿＿＿＿＿＿＿

保养人员:＿＿＿＿＿＿＿＿＿ 　　　　　　　　　　保养日期:＿＿＿＿＿＿＿＿＿

序号	项目	细则	标准	工具	记录	签名	备注
1	外表	擦拭机器外表及罩、盖	内外清洁,无锈蚀,无黄袍,无油污覆盖物等	清洁工具			
2	纵、横向运动部位	检查和清除导轨、齿条、导向轮和驱动轮上的氧化铁粉末,去毛刺	清洁,无毛刺	毛刷、清洁工具			
3		检查和清洁传动钢带	无裂缝,无松弛	紧固工具			
4		检查和调整限位开关、接近开关	动作准确可靠	目测			
5		加注润滑油脂	润滑良好	加油枪			
6	割炬小车	检查、清洁和调整升降导轨和传动部件	清洁,无毛刺	毛刷、清洁工具			
7		清洁外夹紧装置,检查其功能	符合使用要求	清洁工具			
8		加注润滑油脂	润滑良好	加油枪			
9	供气系统	检查所有供气软管和软管接头,对有裂缝软管进行调换,拧紧接头	管子无裂纹,接头无松动	紧固工具			
10		检查所有阀门和阀门上的密封环,若有必要,调换并拧紧	无泄漏	目测			
11		清洁和检查馈管悬挂装置	运转灵活,无阻塞、卡住现象	目测			
12	数控电气部分	清洁和检查数控柜空调装置或热交换器,包括冷却风扇;检查柜内热报警系统是否正常,柜内温度是否过高	内外清洁,无异常	清洁工具、测温计			

表（续）

序号	项目	细则	标准	工具	记录	签名	备注
13	数控电气部分	清洁和检查所有外部插头座，如发现松动，应拧紧	无松动	紧固工具、清洁工具			
14		清洁光电阅读头的两个玻璃面及其周围部件	玻璃面上无残留物	干燥的棉花球、清洁工具			
15		操作箱外表保养	外表、按钮、屏幕无油污和覆盖物	清洁工具			
16	机器周边	机器周边铁屑杂物清理	周边无铁屑、杂物覆盖	扫帚、铁铲			

设备二级保养(机械)内容和要求

设备名称:高精度门式火焰切割机　　　　　　　　设备编号:＿＿＿＿＿＿＿

保养人员:＿＿＿＿＿＿＿＿＿　　　　　　　　　　保养日期:＿＿＿＿＿＿＿

序号	项目	细则	标准	工具	记录	签名	备注
1	机械部分	对工作场地进行整理、清扫,用红白旗隔离工作区域,做好各项安全防护措施	场地清洁,安全防护措施到位	红白旗、清扫工具			
2		检查减速箱	无振动、杂音	目测、耳听			
3		检查和调整导轨的直线性和平行度	在允许调整范围内	扳手、内六角扳手、尺子			
4		检查和调整驱动齿轮及其间隙,磨损严重的应调换;检查其他齿轮的间隙以及所有离合器弹性联轴器性能	间隙合适	塞尺			
5		检查导轨上氧化物刮除装置,如有损坏应调换	完好	目测			
6		检查和调整驱动轮、导向轮,传动钢带	无阻塞物	清洁工具			
7		检查、调整升降装置传动机构的齿轮丝杆、螺母及导向轮	无铁屑、异物,使升降灵活、平稳	目测,清洁工具			
8		检查和调整升降拖板、齿条、齿轮、蜗轮传动装置;检查升降是否灵活稳定	升降灵活稳定,速度正常	目测			
9		检查三割炬旋转头旋转是否稳定准确	工作稳定	目测			
10		检查所有供气软管,对已老化、有裂缝软管进行调换	无泄漏	目测			
11		检查所有气阀,应无泄漏,流量正常,如有必要,应调换	无泄漏	目测			

表（续）

序号	项目	细则	标准	工具	记录	签名	备注
12	机械部分	检查所有压力计,如有指示不准或损坏进行修理或调换	指示准确	目测			
13		检查驱动齿轮箱内油质、油位、油量是否符合要求	油路畅通,油窗清晰	目测,油尺			
14		检查驱动齿轮、导向轮轴承、电机轴承,擦干净后加油脂润滑	润滑良好	加油枪			
15		按精度单检查、调整、修复间隙精度	精度符合标准	百分表等			

设备二级保养(电气)内容和要求

设备名称:高精度门式火焰切割机   设备编号:_____

保养人员:_____   保养日期:_____

序号	项目	细则	标准	工具	记录	签名	备注
1	设备断电	机器断电	设备电压为"0", 有警示牌	万用表			
2		悬挂警示牌					
3	数控部分	检查和清洁数控柜内各接插件和连接件、各熔丝	接触良好、紧固	螺丝刀			
4		检查数控柜内冷却风扇工作是否正常	冷却系统工作正常	目测			
5		检查PLC和各伺服驱动板	PLC模块、伺服板工作正常	目测			
6		检查传感器、通信系统工作是否正常	传感器数据检测准确,通信系统工作正常	目测,万用表			
7		测量和调整直流稳压电源电压	允许误差±5%	万用表			
8	电箱、操纵箱	电箱、操纵箱内部清洁保养	内部清洁、整齐, 无杂物	吸尘器、刷子等			
9		电箱、操纵箱内部插接件接触检查	接触良好	万用表			
10		检查和清洁所有接触器和继电器触点,拧紧松动的电气接线螺丝	接触良好	万用表			
11		电箱、操纵箱内主回路接线端子紧固检查	接触良好、紧固	螺丝刀			
12	设备上电	机器上电,设备系统启动	输出电压稳定	万用表			
13		摘取警示牌	警示牌复位				
14	设备调整	电气传感器调整	动作正常,反馈信号正常	万用表			
15		各类电气控制元件调整	动作正常,反馈信号正常				

表(续)

序号	项目	细则	标准	工具	记录	签名	备注
16	设备调整	机器外围辅助设备检查、调整	正常工作	目测			
17		检查和调整各挡速度	允许误差±5%	测速表			
18		对双边同步系统进行检查和调整,编一个3 m×6 m矩形程序,并用划针代替割炬运行矩形程序,在钢板上划矩形	两对角线误差为±0.6 mm	钢卷尺			
19	安全装置	按设备安全操作规范对设备安全保护装置进行检查(各类门限位、应急按钮等)	工作正常,安全有效	目测			

设备一级保养内容和要求

设备名称:等离子切割机　　　　　　　　　　　　设备编号:＿＿＿＿＿＿＿＿

保养人员:＿＿＿＿＿＿＿＿　　　　　　　　　　　保养日期:＿＿＿＿＿＿＿＿

序号	项目	细则	标准	工具	记录	签名	备注
1	外表	擦拭机器外表及罩、盖	内外清洁,无锈蚀,无黄袍,无油污覆盖物等	清洁工具			
2	纵、横向运动部位	检查和清除导轨、齿条、导向轮和驱动轮上的氧化铁粉末,去毛刺	清洁,无毛刺	毛刷、清洁工具			
3		检查和清洁传动钢带	无裂缝,无松弛	紧固工具			
4		检查坦克链行走时是否为平滑运动,坦克链内管缆是否有龟裂和死弯	行走灵活	目测			
5		检查和调整限位开关、接近开关	动作准确可靠	目测			
6		加注润滑油脂	润滑良好	加油枪			
7	等离子割炬小车	检查、清洁和调整升降导轨和传动部件	清洁,无毛刺	毛刷、清洁工具			
8		清洁外夹紧装置并检查其功能	符合使用要求	清洁工具			
9		检查高度传感装置和防撞装置性能是否正常、可靠,传感高度是否正确	运行可靠、准确	目测			
10		清洁检查等离子割炬电极、割嘴和消音罩	无铁屑	清洁工具			
11		加注润滑油脂	润滑良好	加油枪			
12	供气、供水系统	检查所有供气、供水软管和软管接头,对有裂缝软管进行调换,拧紧接头	管子无裂纹,接头无松动	紧固工具			

表（续）

序号	项目	细则	标准	工具	记录	签名	备注
13	供气、供水系统	检查所有阀门和阀门上的密封环,若有必要,调换并拧紧	无泄漏	目测			
14		检查和清洁所有水、气过滤装置	滤网清洁,无堵塞	清洁工具			
15		检查和调整水软化装置和恒温装置	水质和水温达标	温度计			
16		清洁和检查馈管悬挂装置	运转灵活,无阻塞、卡住现象	目测			
17	数控电气	清洁和检查数控柜空调装置或热交换器,包括冷却风扇;检查柜内热报警系统是否正常,柜内温度是否过高	内外清洁,无异常	清洁工具、测温计			
18	插头座、光电阅读头、操作箱	清洁和检查所有外部插头座,发现松动,应拧紧	无松动	紧固工具、清洁工具			
19		清洁光电阅读头两个玻璃面及其周围	玻璃面无残留物	干燥的棉花球、清洁工具			
20		操作箱外表保养	外表、按钮、屏幕无油污、覆盖物	清洁工具			
21	机器周边	机器周边铁屑杂物清理	无铁屑、杂物覆盖	扫帚、铁铲			

设备二级保养(机械)内容和要求

设备名称:等离子切割机   设备编号:_____

保养人员:_____   保养日期:_____

序号	项目	细则	标准	工具	记录	签名	备注
1		对工作场地进行整理清扫,用红白旗隔离工作区域,做好各项安全防护措施	场地清洁,安全防护措施到位	红白旗、清扫工具			
2		检查减速箱	无振动、杂音	目测、耳听			
3		检查和调整导轨的直线性和平行度	在允许调整范围内	扳手、内六角扳手、尺子			
4		检查和调整驱动齿轮及其间隙磨损,磨损严重的应调换。检查其他齿轮的间隙以及所有离合器弹性联轴器性能	间隙合适	塞尺			
5		检查导轨上氧化物刮除装置,有损坏应调换	完好	目测			
6	机械部分	检查和调整驱动轮、导向轮,传动钢带	无阻塞物	清洁工具			
7		检查、调整升降装置传动机构的齿轮丝杆,螺母及导向轮	无铁屑、异物,升降灵活、平稳	目测,清洁工具			
8		检查、调整高度传感机构	气缸动作灵活可靠,高度传感机构位置正确	扳手、螺丝刀、内六角扳手等			
9		拆开等离子吹管,检查电流环上是否有斑点,若斑点过多,应调换	清洁	目测			
10		检查所有供气供水软管,对已老化、有裂缝软管进行调换	无泄漏	目测			

表（续）

序号	项目	细则	标准	工具	记录	签名	备注
11	机械部分	检查所有气阀、水阀,应无泄漏,流量正常,如有必要,应调换	无泄漏	目测			
12		检查所有压力计、流量计,如有指示不准或损坏的,进行修理或调换	指示准确	目测			
13		检查驱动齿轮箱内油质、油位、油量是否符合要求	油路畅通,油窗清晰	目测,油尺			
14		对驱动齿轮、导向轮轴承、电机轴承,擦干净后加油脂润滑	润滑良好	加油枪			
15		按精度单检查、调整、修复间隙精度	精度符合标准	百分表等			

设备二级保养(电气)内容和要求

设备名称:等离子切割机　　　　　　　　　　　　　　设备编号:＿＿＿＿＿＿＿＿

保养人员:＿＿＿＿＿＿＿＿　　　　　　　　　　　　　保养日期:＿＿＿＿＿＿＿＿

序号	项目	细则	标准	工具	记录	签名	备注
1	设备断电	机器断电	设备电压为"0",有警示牌	万用表			
2		悬挂警示牌					
3	数控部分	检查和清洁数控柜内各接插件和连接件、各熔丝	接触良好,紧固	螺丝刀			
4		检查数控柜内冷却风扇工作是否正常	冷却系统工作正常	目测			
5		检查PLC和各伺服驱动板	PLC模块、伺服板工作正常	目测			
6		检查传感器、通信系统工作是否正常	传感器数据检测准确,通信系统工作正常	目测			
7		测量和调整直流稳压电源电压	允许误差±5%	万用表			
8	电箱、操纵箱	电箱、操纵箱内部清洁保养	内部清洁、整齐,无杂物	吸尘器、刷子等			
9		电箱、操纵箱内部插接件接触检查	接触良好	万用表			
10		检查和清洁所有接触器和继电器触点,拧紧松动的电气接线螺丝	接触良好	万用表			
11		电箱、操纵箱内主回路接线端子紧固检查	接触良好,紧固	螺丝刀			
12	设备上电	机器上电,设备系统启动	输出电压稳定	万用表			
13		摘取警示牌	警示牌复位				
14	设备调整	电气传感器调整	动作正常,反馈信号正常	万用表			
15		各类电气控制元件调整	动作正常,反馈信号正常				

表(续)

序号	项目	细则	标准	工具	记录	签名	备注
16	设备调整	检查、调整机器外围辅助设备	正常工作	目测			
17		检查和调整各挡速度	允许误差 ±5%	测速表			
18		对双边同步系统进行检查和调整,编一个 3 m×6 m 矩形程序,并用划针代替割炬运行矩形程序,在钢板上划矩形	两对角线误差为 ±0.6 mm	钢卷尺			
19	安全装置	按设备安全操作规范对设备安全保护装置进行检查(各类门限位、应急按钮等)	工作正常,安全有效	目测			

设备一级保养内容和要求

设备名称:光电切割机　　　　　　　　　　设备编号:＿＿＿＿＿＿＿＿

保养人员:＿＿＿＿＿＿＿＿　　　　　　　　保养日期:＿＿＿＿＿＿＿＿

序号	项目	细则	标准	工具	记录	签名	备注
1	外表	擦拭机器外表及罩、盖	内外清洁,无锈蚀,无黄袍,无油污、覆盖物等	清洁工具			
2	纵、横向运动部位	检查和清除导轨、齿条、导向轮和驱动轮上的氧化铁粉末,去毛刺	清洁,无毛刺	毛刷、清洁工具			
3		检查纵向、横向拖链是否平滑运动,拖链内管缆是否有龟裂和死弯	行走灵活	目测			
4		检查轨道刮屑板是否完好,刮屑板应与轨道贴合	完整无损	目测			
5		加注润滑油脂	润滑良好	加油枪			
6	光电割枪	检查升降导向轮,更换磨损严重的轮子	清洁,无毛刺	毛刷、清洁工具			
7		检查自动跟踪图形是否精准	符合使用要求	目测			
8		对割枪升降轴、导向滚动加注润滑油脂	润滑良好	加油枪			
9	供气系统	检查所有供气软管和软管接头,对有裂缝软管进行调换,拧紧接头	管子无裂纹,接头无松动	紧固工具			
10		检查所有阀门和阀门上的密封环,若有必要调换并拧紧	无泄漏	目测			
11		清洁和检查馈管悬挂装置	运转灵活,无阻塞、卡住现象	目测			

表(续)

序号	项目	细则	标准	工具	记录	签名	备注
12	电气	清洁和检查数控柜空调装置或热交换器,包括冷却风扇;检查柜内热报警系统是否正常,柜内温度是否过高	内外清洁,无异常	清洁工具、测温计			
13		清洁和检查所有外部插头座,发现松动,应拧紧	无松动	紧固工具、清洁工具			
14	箱体	操作箱外表保养	外表、按钮、屏幕无油污、覆盖物	清洁工具			
15	机器周边	机器周边铁屑杂物清理	周边无铁屑杂物覆盖	扫帚、铁铲			

设备二级保养(机械)内容和要求

设备名称:光电切割机   设备编号:_____

保养人员:_____   保养日期:_____

序号	项目	细则	标准	工具	记录	签名	备注
1	机械部分	对工作场地进行整理清扫,用红白旗隔离工作区域,做好各项安全防护措施	场地清洁,安全防护措施到位	红白旗、清扫工具			
2		检查减速箱	无振动、杂音	目测、耳听			
3		检查和调整导轨的直线性和平行度	在允许调整范围内	扳手、内六角扳手尺子			
4		检查和调整驱动齿轮及其间隙磨损,严重的应调换。检查其他齿轮的间隙以及所有离合器弹性联轴器性能	间隙合适	塞尺			
5		检查导轨上氧化物刮除装置,有损坏应调换	完好	目测			
6		检查和调整驱动轮、导向轮、传动钢带	无阻塞物	清洁工具			
7		检查纵向、横向拖令装置是否平滑运动,拖令内管缆是否有龟裂和死弯	无铁屑、异物,运行灵活、平稳	目测,清洁工具			
8		检查光电割枪升降导向轮,更换磨损严重的轮子	升降灵活稳定,运行正常	目测			
9		检查自动跟踪图形是否精准	工作稳定	目测			
10		检查所有供气软管,对已老化、有裂缝软管进行调换	无泄漏	目测			
11		检查所有气阀,应无泄漏,流量正常,如有必要应调换	无泄漏	目测			

表（续）

序号	项目	细则	标准	工具	记录	签名	备注
12	机械部分	清洁或更换滤芯	无阻塞损坏	清洁工具			
13		检查驱动齿轮箱内油质、油位、油量是否符合要求	油路畅通，油窗清晰	目测，油尺			
14		对驱动齿轮、导向轮轴承、电机轴承，擦干净后加油脂润滑	润滑良好	加油枪			
15		按精度单检查、调整修复间隙精度	精度符合标准	百分表等			

设备二级保养（电气）内容和要求

设备名称：光电切割机　　　　　　　　　　设备编号：＿＿＿＿＿＿＿＿

保养人员：＿＿＿＿＿＿＿＿　　　　　　　保养日期：＿＿＿＿＿＿＿＿

序号	项目	细则	标准	工具	记录	签名	备注
1	设备断电	机器断电	设备电压为"0"，有警示牌	万用表			
		悬挂警示牌					
2	数控部分	检查和清洁数控柜内各接插件和连接件、各熔丝	接触良好，紧固	螺丝刀			
		检查数控柜内冷却风扇工作是否正常	冷却系统工作正常	目测			
		检查PLC和各伺服驱动板工作是否正常	PLC模块、伺服板工作正常	目测			
		检查传感器	传感器数据检测准确	目测			
		测量和调整直流稳压电源、电压	允许误差±5%	万用表			
3	电箱、操纵箱	电箱、操纵箱内部清洁保养	内部清洁、整齐，无杂物	吸尘器、刷子等			
		电箱、操纵箱内部插接件接触检查	接触良好	万用表			
		检查和清洁所有接触器和继电器触点，拧紧松动的电气接线螺丝	接触良好	万用表			
		电箱、操纵箱内主回路接线端子紧固检查	接触良好，紧固	螺丝刀			
4	设备上电	机器上电，设备系统启动	输出电压稳定	万用表			
		摘取警示牌	警示牌复位				
5	设备调整	电气传感器调整	动作正常，反馈信号正常	万用表			
		各类电气控制元件调整	动作正常，反馈信号正常				
		机器外围辅助设备检查、调整	正常工作	目测			

表（续）

序号	项目	细则	标准	工具	记录	签名	备注
5	设备调整	检查和调整各挡速度	允许误差 ±5%	测速表			
		对 Ver.2 两边驱动同步系统进行检查和调整。编一个 3 m×6 m 的矩形程序，用划针代替割炬运行矩形程序，在钢板上划矩形，测量两对角线误差应在 ±2 mm 之内	两对角线误差为 ±2 mm	钢卷尺			
6	安全装置	按设备安全操作规范对设备安全保护装置进行检查（各类门限位、应急按钮等）	工作正常，安全有效	目测			

设备一级保养内容和要求

设备名称：型钢切割机（HGG） 设备编号：＿＿＿＿＿＿＿＿

保养人员：＿＿＿＿＿＿＿＿ 保养日期：＿＿＿＿＿＿＿＿

序号	项目	细则	标准	工具	记录	签名	备注
1	外表	擦拭机器外表及罩、盖	内外清洁，无锈蚀，无黄袍，无油污、覆盖物等	清洁工具			
2	驱动、输送部件	检查每个传动链松紧度，必要时进行调整	松紧度合适	目测			
		检查输送滚筒是否正常滚动	运转灵活	目测			
		检测所有传送带上的齿	未损坏或老化，咬合可靠	目测			
		加注润滑油脂	润滑良好	加油枪			
3	切割推动车和轨道	检查传动链上小齿，必要时调整	传动灵活				
		检查夹钳的销钉，必要时更换	销钉完整，无磨损				
		检查夹钳顶部轴承的磨损情况	无磨损	目测			
4	夹具单元	检测夹钳滚筒是否可以平稳运转	传动灵活	目测			
		检测长、短冲程夹钳是否平稳运行	传动灵活	目测			
		检测垂直夹钳是否平稳运行	传动灵活	目测			
		检查防护挡板的磨损与老化情况	无磨损				
5	等离子单元	清洁等离子电源箱内、外	清洁，无灰尘	清洁工具			
		检查等离子切割头和电缆	符合使用要求	清洁工具			

表(续)

序号	项目	细则	标准	工具	记录	签名	备注
5	等离子单元	检查冷却水水位,低于标准水位时加注	水量符合要求	目测			
		检测空气压力	气压符合机器使用要求	清洁工具			
		当空气压力≤6 kgf/cm² 时,应检查供气软管、阀门,对泄漏部件调换,并拧紧和清洁滤网	无泄漏	清洁工具			
6	除尘单元	检查尘雾处理系统运行是否正常	管子无裂纹,接头无松动	紧固工具			
		检测管路连接头是否泄漏	无泄漏	目测			
		清洁除尘室	除尘室整洁	清洁工具			
		检查给水调整阀	无泄漏	目测			
		检查除尘室门垫片是否完好	无腐蚀、老化	适时更换			
7	数控电气	清洁控制柜空调装置或热交换器,包括冷却风扇;检查柜内热报警系统,检查柜内温度是否过高	内外清洁,无异常	清洁工具、测温计			
8	外部插头座、键盘和显示屏、行程限位开关、感应器	清洁和检查所有外部插头座,发现松动应拧紧	无松动	紧固工具、清洁工具			
		清洁键盘和显示屏	无灰尘	干燥的棉花球、清洁工具			
		检查各行程限位开关、感应器	准确、可靠运行	目测			
		检查坦克链行走是否平滑,坦克链内管缆是否有龟裂和死弯	行走灵活	目测			
9	机械手	清洁机械手外表	无铁屑、灰尘	清洁工具			
10	喷印单元	清洁喷印头	无铁屑、灰尘	清洁工具			
		检查喷印机电缆	无松动	紧固工具			
11	机器周边	机器周边铁屑杂物清理	周边无铁屑、杂物覆盖	扫帚、铁铲			

设备二级保养(机械)内容和要求

设备名称:型钢切割机(HGG) 设备编号:＿＿＿＿＿＿＿＿＿

保养人员:＿＿＿＿＿＿＿＿＿ 保养日期:＿＿＿＿＿＿＿＿＿

序号	项目	细则	标准	工具	记录	签名	备注
1	机械部分	对工作场地进行整理、清扫,用红白旗隔离工作区域,做好各项安全防护措施	场地清洁,安全防护措施到位	红白旗、清扫工具			
2		检查减速箱	无振动、杂音	目测、耳听			
3		检查和调整导轨的直线性和平行度	在允许调整范围内	扳手、内六角扳手、尺子			
4		检查和调整驱动齿轮及其间隙磨损,严重的应调换,检查其他齿轮的间隙以及所有离合器弹性联轴器性能	间隙合适	塞尺			
5		检查导轨上氧化物刮除装置,有损坏应调换	完好	目测			
6		检查每个传动链松紧度,有必要的情况下进行调整	无卡阻,运行灵活	目测			
7		检查输出推动装置与传送带相关的推杆队列	无铁屑、异物,升降灵活、平稳	目测,清洁工具			
8		检查夹钳的销钉情况,有必要应更换	无磨损	目测			
9		检测机械手中的油位,低于标准油位时应及时加注	油位正常	目测			
10		检查所有供气、供冷却液软管,对已老化、有裂缝软管进行调换	无泄漏	目测			
11		检查所有气阀、水阀,应无泄漏,流量正常,如有必要应调换	无泄漏	目测			

表(续)

序号	项目	细则	标准	工具	记录	签名	备注
12		检查所有压力计、流量计,如有指示不准或损坏应进行修理或调换	指示准确	目测			
13		检查除尘系统过滤元器件,预防性更换过滤元器件	滤网清洁,完好	清洁工具			
14		检查集尘器和平台	无腐蚀和损坏	目测			
15	机械部分	检查切割室门的密封	密封条完好,无泄漏	目测			
16		检查驱动齿轮箱内油质、油位、油量是否符合要求	油路畅通,油窗清晰	目测,油尺			
17		对驱动齿轮、导向轮轴承、电机轴承,擦干净后加油脂润滑	润滑良好	加油枪			
18		按精度单检查、调整修复间隙精度	精度符合标准	百分表等			

设备二级保养(电气)内容和要求

设备名称:型钢切割机(HGG)　　　　　　　　　　　　设备编号:＿＿＿＿＿＿＿＿

保养人员:＿＿＿＿＿＿＿＿　　　　　　　　　　　　　保养日期:＿＿＿＿＿＿＿＿

序号	项目	细则	标准	工具	记录	签名	备注
1	设备断电	机器断电	设备电压为"0",有警示牌	万用表			
		悬挂警示牌					
2	数控部分保养	检查和清洁数控柜内各接插件和连接件、各熔丝	接触良好,紧固	螺丝刀			
		检查数控柜内冷却风扇工作是否正常	冷却系统工作正常	目测			
		检查PLC和各伺服驱动板	确保PLC模块、伺服板工作正常	目测			
		检查传感器、通信系统工作是否正常	传感器数据检测准确,通信系统工作正常	目测			
		测量和调整直流稳压电源电压	允许误差±5%	万用表			
3	电箱、操纵箱、等离子电源箱	电箱、操纵箱内部清洁保养	内部清洁、整齐,无杂物	吸尘器、刷子等			
		电箱、操纵箱内部插接件接触检查	接触良好	万用表			
		检查和清洁所有接触器和继电器触点,拧紧松动的电气接线螺丝	接触良好	万用表			
		电箱、操纵箱内主回路接线端子紧固检查	接触良好,紧固	螺丝刀			
		打开等离子电源箱,用干的压缩空气吹可控硅桥及其散热装置	清洁,无积灰	压缩空气			
		检查等离子电源冷却装置	工作正常,冷却效果良好	目测			
4	设备上电	机器上电,设备系统启动	输出电压稳定	万用表			
		摘取警示牌	警示牌复位				

表（续）

序号	项目	细则	标准	工具	记录	签名	备注
5	设备调整	电气传感器调整	动作正常,反馈信号正常	万用表			
		各类电气控制元件调整	动作正常,反馈信号正常				
		机器外围辅助设备检查、调整	正常工作	目测			
6	安全装置	按设备安全操作规范对设备安全保护装置进行检查(各类门限位、应急按钮等)	工作正常,安全有效	目测			

设备一级保养内容和要求

设备名称:数控火焰切割机 　　　　　　　　　　设备编号:＿＿＿＿＿＿＿＿

保养人员:＿＿＿＿＿＿＿＿＿ 　　　　　　　　保养日期:＿＿＿＿＿＿＿＿

序号	项目	细则	标准	工具	记录	签名	备注
1	外表	擦拭机器本体、(等离子电源箱)外表、罩、盖及附件	机器本体内外清洁,无积灰	目测、手动			
2	纵横向运动系统	检查、清除导轨和齿条上的氧化铁粉末,去毛刺	导轨、齿条清洁,无积灰	目测、手动			
		检查和清除导向轮和驱动轮上的氧化铁粉末,去毛刺	导向轮、驱动轮清洁,无积灰	目测、手动			
		检查和清洁传动钢带	传动钢带无裂缝,无松弛	目测,扳手			
		检查和调整限位开关、防撞装置	限位开关、防撞装置可靠	目测、手动			
3	割炬升降系统	检查、清洁和调整升降导轨和传动部件	升降导轨和传动部件升降灵活平稳,速度正常	目测、手动			
		清洁和调整高度传感装置,对损坏的感应环进行更换	高度传感装置性能正常	目测、耳听、手动			
		清洁和调整升降导轨、拖板及其他传动部件	升降导轨、拖板及其他传动部件升降灵活平稳,速度正常	目测、手动			
		清洁、检查割炬、割嘴和消音罩,对已失效易损件进行更换	割炬、割嘴和消音罩清洁,工况良好	手动			

表（续）

序号	项目	细则	标准	工具	记录	签名	备注
4	供气系统	检查所有供气软管和软管接头，对有裂缝软管进行调换，拧紧接头	气软管和软管接头完好，工况良好	目测、手动			
		检查所有阀门和阀门上的密封环，若有必要，应调换并拧紧	所有阀门和阀门上的密封环、密封性完好	目测、耳听、手动			
		清洁和检查馈管、馈线悬挂装置	馈管、馈线悬挂装置保持灵活，无阻塞、卡紧现象	目测、手动			
5	数控电气系统	清洁并检查电气柜空调装置、数控柜，包括冷却风扇及空气过滤装置	空调、冷却装置运行正常	目测、手动			
		清洁和检查所有外部插头座，如发现松动，应拧紧	外部插头无松动	目测、手动			
		检查所有接地线连接螺丝是否牢固、可靠	接地正常	目测、手动			
		检查按钮、选择开关和指示灯是否松动、损坏，若损坏应进行更换	按钮、选择开关和指示灯运行正常	目测、手动			
6	润滑系统	所有导轨、齿床、驱动轮、导向轮擦干净后，涂上一层润滑油	导轨、齿床、驱动轮润滑良好	目测、手动			
		所有油孔加油润滑	传动部件润滑良好	目测、手动			

设备二级保养(机械)内容和要求

设备名称:数控火焰切割机 　　　　　　　　　　设备编号:＿＿＿＿＿＿＿

保养人员:＿＿＿＿＿＿＿＿ 　　　　　　　　　　保养日期:＿＿＿＿＿＿＿

序号	项目	细则	标准	工具	记录	签名	备注
1	机械类(大车)	检查导向轮磨损或损坏状态,更换已磨损或损坏的导向轮,并作间隙调整	导向轮完好,工况良好	目测,扳手			
		检查传动齿轮箱:①油位油质等情况;②传动齿轮磨损、间隙情况,更换已磨损或损坏的齿轮,并作间隙调整;③检查大梁、横梁所有紧固螺丝状态	确保传动齿轮箱:①油位油质正常;②传动齿轮完好,间隙正常;③大梁、横梁所有螺丝紧固	目测,扳手			
		导轨:①检查磨损情况,接头处有错位则作调整;②检查齿条磨损情况	导轨:①磨损情况接头处无错位;②齿条完好	目测,扳手			
		检查大车走轮有无磨损,更换磨损走轮并加油润滑	大车走轮完好,工况良好	目测、耳听、手动			
		检查气管气阀有无老化、漏气现象	无漏气	目测、手动			
2	机械类(小车)	检查直线轴承是否有磨损、损坏,并加油润滑	直线轴承完好,润滑良好	目测、手动			
		检查直线导轨磨损状态	直线导轨状态完好并紧固	目测、手动			
		检查齿轮、齿条磨损情况及啮合状态,并作啮合间隙调整	齿轮、齿条状态完好,工况良好	目测、手动			
		检查枪架升降是否灵活,有无卡阻异声,枪头有无晃动,并作调整	枪架升降灵活,运行顺畅,无卡阻,枪头无晃动	目测、手动			

表(续)

序号	项目	细则	标准	工具	记录	签名	备注
2	机械类（小车）	检查气管、气阀有无老化、漏气现象，更换老化气管	气管、气阀无漏气	目测、耳听、手动			
3	机械类（升降系统）	检查、清洁和调整升降导轨和传动部件	升降导轨和传动部件升降灵活、平稳，速度正常	目测、手动			
		清洁和调整高度传感装置，对损坏的感应环进行更换	高度传感装置性能正常	目测、耳听、手动			
		清洁和调整升降导轨、拖板及其他传动部件	升降导轨、拖板及其他传动部件升降灵活、平稳，速度正常	目测、手动			
		清洁、检查割炬、割嘴和消音罩，对已失效易损件进行更换	割炬、割嘴和消音罩清洁，工况良好	手动			
4	精度类	检查、调整大车对角线精度	精度在标准范围内	扳手、全站仪、水平仪			
		检查、调整切割精度	精度在标准范围内	扳手、全站仪、水平仪			
		检查、调整机器大小车运行定位精度，重复定位精度	精度在标准范围内	扳手、全站仪、水平仪			

设备二级保养(电气)内容和要求

设备名称:数控火焰切割机 　　　　　　　　设备编号:＿＿＿＿＿＿＿＿＿

保养人员:＿＿＿＿＿＿＿＿＿ 　　　　　　　保养日期:＿＿＿＿＿＿＿＿＿

序号	项目	细则	标准	工具	记录	签名	备注
1	控制柜	电脑系统检查,显示器显示、操作键盘及触摸屏检测	显示正常,按键无破损、松动,触摸灵敏度正常	目测、手动			
		伺服控制系统检测	电路板、伺服器无松动、无明显破损,表面无灰尘	目测、手动			
		检查电气线路板检查主板、工控机底板、I/O 板、枪头升降板,并清灰		目测、手动			
		电气元配件检查,电源模块、断路器、PLC 输入输出继电器、变压器及接线排检测	元器件工作正常,工作电压在正常范围内	目测、手动			
2	外部系统	检查电气限位、大车限位、小车限位、枪头升降限位、防撞限位、定位气缸感应器	机器各限位运行正常,安全可靠	目测、手动			
		检查大车、小车的伺服电机	电机无异响,运行平稳	目测、手动			
		检查大车坦克链内电缆线、小车电缆线	电缆线无明显破损、挤压	目测			
		气体操作台及各元件的检查,各气体控制电磁阀的检查	元器件清洁、无积灰,功能正常	目测			

设备一级保养内容和要求

设备名称:数控等离子切割机　　　　　　　　　　设备编号:＿＿＿＿＿＿＿＿＿

保养人员:＿＿＿＿＿＿＿＿＿　　　　　　　　　　保养日期:＿＿＿＿＿＿＿＿＿

序号	项目	细则	标准	工具	记录	签名	备注
1	外表	擦拭机器本体、(等离子电源箱)外表、罩、盖及附件	机器本体内外清洁,无积灰	目测、手动			
2	纵横向运动系统	检查、清除导轨和齿条上的氧化铁粉末,去毛刺	导轨、齿条清洁,无积灰	目测、手动			
		检查、清除导向轮和驱动轮上的氧化铁粉末,去毛刺	导向轮、驱动轮清洁,无积灰	目测、手动			
		检查和清洁传动钢带	传动钢带无裂缝,无松弛	目测,扳手			
		检查和调整限位开关、防撞装置	限位开关、防撞装置准确可靠	目测、手动			
3	割炬升降系统	检查、清洁和调整升降导轨和传动部件	升降导轨和传动部件升降灵活平稳,速度正常	目测、手动			
		清洁和调整高度传感装置,对损坏的感应环进行更换	高度传感装置性能正常	目测、耳听、手动			
		清洁和调整升降导轨、拖板及其他传动部件	升降导轨、拖板及其他传动部件升降灵活、平稳,速度正常	目测、手动			
		清洁、检查割炬、割嘴和消音罩,对已失效易损件进行更换	割炬、割嘴和消音罩清洁,工况良好	手动			

表(续)

序号	项目	细则	标准	工具	记录	签名	备注
4	供水、供气系统	检查所有供气软管和软管接头,对有裂缝软管进行调换,拧紧接头	供气软管和软管接头完好,紧固	目测、手动			
		检查所有阀门和阀门上的密封环,若有必要应调换并拧紧	所有阀门和阀门上的密封环的密封性完好	目测、耳听、手动			
		检查和清洁所有水气过滤装置,必要时进行调换,对压缩空气过滤装置进行调整	所有水气过滤装置清洁,工况良好	目测、手动			
		检查和调整水软化装置和恒温装置	水质及水温符合要求	目测、手动			
		清洁和检查馈管、馈线悬挂装置	馈管、馈线悬挂装置灵活,无阻塞、卡紧	目测、手动			
5	数控电气系统	清洁并检查电气柜空调装置、数控柜,包括冷却风扇及空气过滤装置;检查柜内温度设定是否正确,柜内热报警器系统是否正常,柜内温度是否过高	空调装置运行正常	目测、手动			
		清洁和检查所有外部插头座,发现松动应拧紧	外部插头无松动	目测、手动			
		检查所有接地线连接螺丝是否牢固、可靠	接地正常	目测、手动			
		检查按钮、选择开关和指示灯是否松动、损坏,若损坏则进行更换	按钮选择开关和指示灯运行正常	目测、手动			
6	润滑系统	所有导轨、齿床、驱动轮、导向轮擦干净后,涂上一层润滑油	导轨、齿床、驱动轮润滑良好	目测、手动			
		所有油孔加油润滑	传动部件润滑良好	目测、手动			

设备二级保养(机械)内容和要求

设备名称:数控等离子切割机　　　　　　　　　　　设备编号:＿＿＿＿＿＿＿

保养人员:＿＿＿＿＿＿＿＿＿　　　　　　　　　　保养日期:＿＿＿＿＿＿＿

序号	项目	细则	标准	工具	记录	签名	备注
1	机械类(大车)	检查导向轮磨损或损坏状态,更换已磨损或损坏的导向轮,并作间隙调整	导向轮完好,工况良好	目测,扳手			
		检查传动齿轮箱:①油位油质等情况;②传动齿轮磨损、间隙情况;③检查大梁、横梁所有紧固螺丝状态	确保传动齿轮箱:①油位油质正常;②确保传动齿轮完好,间隙正常;③大梁、横梁所有螺丝紧固	目测,扳手			
		导轨:①检查磨损情况,接头处有无错位并做调整;②检查齿条磨损情况,及时更换	确保导轨:①磨损情况接头处无错位;②齿条完好	目测,扳手			
		检查大车走轮有无磨损,更换磨损走轮并加油润滑	大车走轮完好,润滑良好	目测、耳听、手动			
		检查吸风口及皮带,并清洁风口	吸风口及皮带完好,风口清洁	目测、手动			
		检查气管气阀有无老化漏气	气管、气阀无漏气	目测、手动			
2	机械类(小车)	检查直线轴承是否有磨损、损坏,并加油润滑	直线轴承完好,润滑良好	目测、手动			
		检查直线导轨磨损状态	直线导轨状态完好,紧固	目测、手动			
		检查齿轮、齿条磨损情况及啮合状态,并作啮合间隙调整	齿轮、齿条工况良好	目测、手动			

表（续）

序号	项目	细则	标准	工具	记录	签名	备注
2	机械类（小车）	检查枪架升降是否灵活，有无卡阻异声，枪头有无晃动，并作调整	枪架升降灵活，运行顺畅，无卡阻现象，枪头无晃动	目测、手动			
		检查气管气阀有无老化、漏气现象	无漏气	目测、耳听、手动			
3	水箱及水管	检查水箱运行是否正常，清洁保养内部元器件	水箱工况良好	目测、扳手			
		检查水管是否老化、漏气	无泄漏	目测、手动			
4	除尘风机	检查传动皮带、皮带轮，更换损坏及磨损的皮带及皮带轮轴承	风机运行正常	目测、手动			
		检查风叶、轴承是否磨损、损坏，更换磨损轴承	风叶及轴承状态完好	目测、手动			
5	精度类	检查、调整大车对角线精度	精度在标准范围内	扳手、全站仪、水平仪			
		检查、调整切割精度	精度在标准范围内	扳手、全站仪、水平仪			
		检查、调整机器大小车运行定位精度，重复定位精度	精度在标准范围内	扳手、全站仪、水平仪			

设备二级保养(电气)内容和要求

设备名称:数控等离子切割机　　　　　　　　　　设备编号:＿＿＿＿＿＿＿＿

保养人员:＿＿＿＿＿＿＿＿　　　　　　　　　　保养日期:＿＿＿＿＿＿＿＿

序号	项目	细则	标准	工具	记录	签名	备注
1	控制柜	电脑系统检查,显示器、操作键盘、触摸屏检测	显示正常,按键无破损、松动,触摸灵敏度正常	目测、手动			
		伺服控制系统检测	电路板、伺服器无松动,无明显破损,表面无灰尘	目测、手动			
		电气线路板:检查主板、工控机底板、I/O 板、枪头升降板、光电耦合器,清灰		目测、手动			
		电气元配件:检查电源模块、断路器、PLC 输入输出继电器、变压器,接线排检测	元器件工作正常,工作电压在正常范围内	目测、手动			
2	外部系统	电气限位:检查大车限位、小车限位、枪头升降限位、防撞限位、定位气缸感应器	机器各限位运行正常,安全可靠	目测、手动			
		伺服电机:检查大车、小车、升降伺服电机,检查 A、B、C 轴伺服电机	电机无异响,运行平稳	目测、手动			
		电缆线:检查大车坦克链内电缆线、小车坦克链内电缆线	无明显破损、挤压	目测			
		高频箱各元件:检查点火组件、接线柱头及 PCB 控制板	元器件清洁,无积灰,功能正常	目测			
		气体操作台及各元件的检查,各气体控制电磁阀的检查	元器件清洁,无积灰,功能正常	目测			
3	等离子电源主机	电气元器件:检查制冷风扇、断路器、斩波器、接触器、指示灯、控制变压器	元器件工作正常,工作电压在正常范围内	目测、手动			
		各电气控制板:检查模拟板、串联板、继电器板、引弧板、弧压跟踪板、电源板	电路板、伺服器无松动,无明显破损,表面无灰尘	目测、手动			

表（续）

序号	项目	细则	标准	工具	记录	签名	备注
4	水循环冷却系统	水泵电机总成：检查冷却风扇、电磁阀及流量开关、温度开关、过滤器滤网、单向阀及水箱箱体	元器件工作正常，工作电压在正常范围内	目测、手动			
5	吸尘器除尘装置	检查除尘电机、电气控制柜各电气元器件、控制面板	电机无异响，运行平稳，元器件运行正常	目测、手动			
		检查吸风装置、吹风风扇、各脉冲电磁阀	元器件工作正常，工作电压在正常范围内	目测、手动			

设备一级保养内容和要求

设备名称:仿形切割机　　　　　　　　　　　　　设备编号:＿＿＿＿＿＿＿＿＿

保养人员:＿＿＿＿＿＿＿＿＿　　　　　　　　　　保养日期:＿＿＿＿＿＿＿＿＿

序号	项目	细则	标准	工具	记录	签名	备注
1	开关、仪器仪表	检查开关操作、切换以及仪表是否完好	开关完好,仪器仪表显示正常	目测、手动			
2	电源指示灯	检查电源指示灯亮灭	指示灯显示正常	目测			
3	各部位螺栓	检查螺栓是否紧固	螺栓紧固	目测,扳手			
4	割嘴、割炬	检查割嘴、割炬是否完好且连接紧固	割嘴、割炬完好,紧固	目测,扳手			
5	通气管路	检查通气管路有无破损,连接有无松动	通气管路无漏气,无松动	目测、耳听			
6	外壳、紧固件	外壳及其紧固件有无松动	紧固件紧固	目测,扳手			
7	供气软管	检查供气软管是否漏气	无气体泄漏	手动,扳手			
8	磁性滚轮	检查磁性滚轮是否具有磁性	磁性滚轮具有磁性,滚轮可以正常滚动	目测			

设备二级保养内容和要求

设备名称:仿形切割机　　　　　　　　　　　　设备编号:＿＿＿＿＿＿＿＿

保养人员:＿＿＿＿＿＿＿＿　　　　　　　　　保养日期:＿＿＿＿＿＿＿＿

序号	项目	细则	标准	工具	记录	签名	备注
1	切割机壳内外	擦拭清洁切割机内外	机器内外干净整洁	目测,吹风机			
2	机器连接点	紧固各电气连接点	连接点紧固	目测,扳手			
3	连接螺栓	检查连接螺栓	连接螺栓与刀片连接正确	目测、手动			
4	马达装置	检查马达是否正常运转	马达运转正常	目测、手动			
5	磁性铁	检查磁性铁是否干净平整,擦掉装置底部的磁性铁上吸附的铁屑	磁性铁干净、平整	目测,抹布			
6	割嘴	检查割嘴是否有堵塞,使用清理探针清理割嘴或者更换割嘴	割嘴干净,工况良好	目测,探针			
7	电磁铁	检查电磁线圈	电磁线圈工况正常	万用表			
8		检查电磁开关	电磁开关工况正常	万用表			
9	接地线	检查地线连接是否可靠	地线连接牢固	目测,扳手			

设备一级保养内容和要求

设备名称:管子切割机

保养人员:＿＿＿＿＿＿＿＿

设备编号:＿＿＿＿＿＿＿＿

保养日期:＿＿＿＿＿＿＿＿

序号	项目	细则	标准	工具	记录	签名	备注
1	开关、仪器仪表	开关操作、切换以及仪表是否完好	开关完好,仪器仪表显示正常	目测、手动			
2	电源指示灯	检查电源指示灯	指示灯显示正常	目测			
3	各部位螺栓	检查螺栓是否紧固	螺栓紧固	目测,扳手			
4	散热器风扇	检查散热器风扇是否有风,声音是否正常	散热器风扇运行正常	目测、手动			
5	电源	检查通电时是否有异味	运行时无烧焦异味	鼻闻			
6		检查通电时是否有异响和振动	机器无异响	耳听			
7	刀片	检查刀片是否锋利可用,是否正确安装及紧固	刀片锋利可用,安装正确	目测,扳手			
8	防护罩	检查防护罩是否牢固、完整	防护罩牢固,完整	目测、手动			
9	机械机构	检查夹持器机构是否干净	夹持器机构清洁	目测、手动			
10	电缆	电缆绝缘是否有磨损,接头是否裸露或松脱	无破损、开裂、灼烧等现象	目测			

设备二级保养内容和要求

设备名称:管子切割机 　　　　　　　　　　　设备编号:_____

保养人员:_____ 　　　　　　　　保养日期:_____

序号	项目	细则	标准	工具	记录	签名	备注
1	切割机壳内外	擦拭清洁切割机内外	切割机内外干净、整洁	目测,吹风机			
2	机器连接点	紧固各电气连接点	连接点紧固	目测,扳手			
3	马达装置	检查马达装置是否锁定于上部位置	马达装置位于正确位置	目测			
4	连接螺栓	检查连接螺栓	连接螺栓与刀片连接正确	目测、手动			
5	刀片放置	检查刀片位置	刀片位于法兰的底部	目测、手动			
6	夹持器	检查夹持器装置是否有铁屑和污垢,用压缩空气定期清洁,润滑夹持器轮轴及其接头	夹持器装置干净,润滑良好	压缩空气、注油器			
7	接地线	检查地线连接是否可靠	地线连接牢固	目测,扳手			
8	绝缘电阻	测量焊机绝缘电阻,应符合要求	绝缘良好,无漏电	万用表			
9	连锁保护装置、线路	检修连锁保护装置,更换损坏导线并修整电气线路,轴承部位加润滑油	电机运行正常,轴承部位润滑良好	目测、耳听			

设备一级保养内容和要求

设备名称:三维立体切割机 设备编号:＿＿＿＿＿＿＿＿

保养人员:＿＿＿＿＿＿＿＿ 保养日期:＿＿＿＿＿＿＿＿

序号	项目	细则	标准	工具	记录	签名	备注
1	开关、仪器仪表	开关操作,切换以及仪表是否完好	开关完好,仪器仪表显示正常	目测、手动			
2	电源指示灯	检查电源指示灯亮灭	指示灯显示正常	目测			
3	各部位螺栓	检查螺栓是否紧固	螺栓紧固	目测,扳手			
4	割嘴、割炬	检查割嘴、割炬是否完好且连接紧固,割嘴安装到割炬上时,须使用附带的扳手拧紧螺母	割嘴、割炬完好,连接紧固	目测,扳手			
5	通气管路	检查通气管路有无破损,连接有无松动	通气管路无漏气	目测、耳听			
6	外壳、紧固件	检查外壳及其紧固件有无松动	紧固件紧固	目测,扳手			
7	供气软管	检查供气软管是否漏气	无气体泄漏	手动,扳手			
8	行走滚轮	检查行走滚轮是否正常滚动	滚轮滚动正常	目测			
9	齿条管	清理升降移动齿条内异物	升降移动齿条内无异物	清理工具			

设备二级保养内容和要求

设备名称:三维立体切割机　　　　　　　　　　设备编号:＿＿＿＿＿＿＿＿

保养人员:＿＿＿＿＿＿＿＿　　　　　　　　　保养日期:＿＿＿＿＿＿＿＿

序号	项目	细则	标准	工具	记录	签名	备注
1	切割机壳内外	擦拭清洁切割机内外	机器内外干净、整洁	目测,吹风机			
2	机器连接点	紧固各电气连接点	连接点紧固	目测,扳手			
3	连接螺栓	检查连接螺栓	连接螺栓与刀片连接正确	目测、手动			
4	电机装置	检查电机是否正常运转	电机运转正常	目测、手动			
5	磁性铁	检查磁性铁是否干净平整,擦掉装置底部的磁性铁上吸附的铁屑	磁性铁干净、平整	目测,抹布			
6	割嘴、割炬	检查割嘴、割炬是否堵塞,使用清理探针清理割嘴或者更换割嘴	割嘴、割炬工况良好	目测,探针			
7	行走机构	检查行走滚轮磨损,磨损严重则进行更换	行走滚轮工况良好	目测,卡尺			
8	通气管路	检查通气管路有无破损,连接有无松动	通气管路无漏气、破损	目测、耳听			
9	齿条管	检查升降移动齿条管内运动是否正常	无铁屑、异物	目测,清理工具			

设备一级保养内容和要求

设备名称:数控相贯线切割机   设备编号:_____

保养人员:_____   保养日期:_____

序号	项目	细则	标准	工具	记录	签名	备注
1	设备及周围场地"5S"	清扫工作场地	场地表面无垃圾	扫帚			
		擦拭机器本体、外表、罩、盖、平台及附件	机器本体内外清洁,无积灰	抹布、煤油			
2	纵横向运动系统	检查并清除导轨、齿条、摩擦盘及平台上的氧化铁粉末,去毛刺	导轨、齿条清洁且无积灰,平台面上无杂物、异物	抹布、扫帚、刮刀			
		摩擦盘传动机构润滑	按润滑标准润滑	黄油枪、扳手			
3	割炬系统	清洁升降导轨、拖板及其他传动部件	表面洁净,无积灰、油污	抹布、润滑油			
		清洁、检查割炬、割嘴,对已失效易耗件进行更换	割炬和割嘴清洁	扳手			
4	供气系统	检查所有供气软管和软管接头,对有裂缝软管进行调换	气软管和软管接头完好,紧固	扳手			
		清洁和检查馈管、馈线拖链装置	馈管、馈线拖链装置灵活,无阻塞、卡紧现象	扫帚			
5	数控电气系统	清洁和检查所有外部插座,发现松动应拧紧	外部插头无松动	扳手			
		检查所有接地线连接螺丝	接地正常	螺丝刀			
		检查电气柜空调装置、数控柜,包括冷却风扇及空气过滤装置	空调、冷却装置运行正常	目测			
6	润滑系统	所有油孔加油润滑	传动部件润滑正常	黄油枪			

设备二级保养(机械)内容和要求

设备名称:数控相贯线切割机　　　　　　　　　　设备编号:_____

保养人员:_____　　　　　　　　　　保养日期:_____

序号	项目	细则	标准	工具	记录	签名	备注
1	切割平台(含小车运行机构)	检查摩擦轮,修复变形零部件,更换损坏的摩擦轮	摩擦轮完好	扳手、钣金工具			
		检查传动齿轮箱油位、油质等情况及传动齿轮。更换已磨损或损坏的齿轮,并做间隙调整	油位、油质正常,传动齿轮完好	扳手			
		检查导轨和齿条的接头处有无错位,并做调整	导轨和齿条完好,接头处无错位	扳手			
2	切割装置	检查齿轮、齿条磨损及啮合状态	齿轮、齿条状态完好,啮合间隙正常	扳手			
		检查枪架各机构及枪头	枪架升降灵活,运行顺畅、无卡阻,枪头无晃动	扳手			
		检查气管气阀,更换老化气管	气管、气阀无漏气	扳手、螺丝刀			
3	切割升降系统	清洁和调整升降导轨和传动部件	升降灵活平稳,速度正常	扳手			
		清洁和调整高度传感装置,维修损坏、变形的感应装置	高度传感装置性能正常	扳手、螺丝刀			
		清洁和调整升降导轨、拖板及其他传动部件	升降导轨、拖板及其他传动部件升降灵活平稳,速度正常	扳手、螺丝刀、抹布			
4	精度类	检查、调整切割精度	精度在标准范围内	扳手、全站仪、水平仪			
		检查、调整机器大小车运行定位精度,重复定位精度	精度在标准范围内				

设备二级保养(电气)内容和要求

设备名称:数控相贯线切割机　　　　　　　　　　设备编号:＿＿＿＿＿＿＿

保养人员:＿＿＿＿＿＿＿＿　　　　　　　　　　　保养日期:＿＿＿＿＿＿＿

序号	项目	细则	标准	工具	记录	签名	备注
1	设备断电	设备断电	设备电压为"0",有警示牌	万用表			
		稳压电源输出端断电					
		悬挂警示牌					
2	电机	交流异步电动机电机绝缘检查	绝缘电阻≥0.38 MΩ(热态),≥0.5 MΩ(常温),绝缘不良的,绝缘处理或更新	兆欧表			
		接线盒内的接线检查、紧固	固定牢靠,无虚接、过热	扳手、螺丝刀			
		拆卸风罩,清洁风叶,更换进风口滤网	无油污、覆盖物等	扳手、软毛刷			
3	伺服驱动器	清洁外表面积灰	表面无积灰	软毛刷			
		检查局部放电、拉弧情况	查找原因,解决问题	电工工具			
		紧固外部端子排接线、插线	接线、插线连接牢固	螺丝刀			
4	变(稳)压器	清洁外表面积灰	表面无积灰	软毛刷			
		紧固一次、二次侧接线	接线连接牢固	扳手			
5	电控箱柜	内部清洁保养	内部清洁、整齐,无杂物	吸尘器、软毛刷			
		排线整理	接头牢固,排线整齐,线槽盖板无缺失	螺丝刀			
		散热风扇清洁	风扇内外、进风口清洁,无覆盖物	螺丝刀、软毛刷			
6	修复损坏件	修复、更换损坏零部件	零部件齐全	螺丝刀、扳手等			

表（续）

序号	项目	细则	标准	工具	记录	签名	备注
7	设备上电	设备输入电源上电	输电压稳定,保持380 V±10%	万用表			
		设备内各分控开关上电	电压与分控实际电压一致	万用表			
8	安全装置检修	按系统安全操作规范对设备安全保护装置进行检修(各类软、硬限位、缓冲器等)	工作正常,安全有效	螺丝刀、扳手等			
		检查连锁保护装置	连锁有效,动作灵敏、可靠	螺丝刀、万用表等			
9	设备调整	测试设备各控制、执行功能	设备功能齐全、有效,运行平稳	维修工具			
10	仪器仪表校对	仪器仪表校对	显示正确、灵敏	螺丝刀及其他			

设备一级保养内容和要求

设备名称:碳弧气刨机　　　　　　　　　　　　　　设备编号:＿＿＿＿＿＿＿＿

保养人员:＿＿＿＿＿＿＿＿　　　　　　　　　　　保养日期:＿＿＿＿＿＿＿＿

序号	项目	细则	标准	工具	记录	签名	备注
1	开关、仪器仪表	检查开关操作、切换以及仪表是否完好	开关完好,仪器仪表显示正常	目测、手动			
2	电源指示灯	检查电源指示灯	指示灯显示正常	目测			
3	各部位螺栓	检查螺栓是否紧固	螺栓紧固	目测,扳手			
4	散热器风扇	检查散热器风扇是否有风,声音是否正常	散热器风扇运行正常	目测、手动			
5	电源	检查通电时是否有异味	运行时无烧焦异味	鼻闻			
6		检查通电时是否有异响和振动	机器无异响	耳听			
7	通气管路	检查通气管路有无破损,连接有无松动	通气管路无漏气,无松动	目测、耳听			
8	外壳、紧固件	检查外壳及其紧固件有无松动	紧固件紧固	目测,扳手			
9	各阀门、仪器仪表	检查各系统阀门、仪器仪表指示正确	各阀门畅通,仪表显示正常	目测、手动			
10	焊枪	检查焊枪内部有无老化或者损伤部位	焊枪无老化、磨损	目测			
11	送丝机构	检查送丝机构机械动作是否符合操作手册里的规定值	各压力表和真空表指数正常	目测			
12		检查送丝行走机构是否正常	送丝、行走机构运行正常,无卡顿	目测			
13		检查焊枪与送丝机CC导嘴连接	焊枪与CC导嘴连接紧固	目测、手动			

表(续)

序号	项目	细则	标准	工具	记录	签名	备注
14	电缆	检查电缆绝缘是否有磨损,接头是否裸露或松脱	无破损、开裂、灼烧等现象	目测			
15	配电箱,焊接电源	检查配电箱、保护设施的输入、输出端连接是否牢固;保险安装部位是否松动;与焊接电源输入端子连接电缆是否牢固;输入电源绝缘物是否发生磨损而露出导体部分	输入、输出电压和电流正常,各部位无松动	目测,万用表			
16	接地	检查焊机接地是否断路,连接是否牢固;母材接地线是否断路,接地是否牢固	接地畅通,连接紧固	目测,万用表			

设备二级保养内容和要求

设备名称:碳弧气刨机　　　　　　　　　　　　　设备编号:＿＿＿＿＿＿＿＿＿

保养人员:＿＿＿＿＿＿＿＿＿＿　　　　　　　　保养日期:＿＿＿＿＿＿＿＿＿

序号	项目	细则	标准	工具	记录	签名	备注
1	焊机壳内外	擦拭焊机内外(内部用冷风清洁,不要损坏电气部件)	焊机内外干净、整洁	目测,吹风机			
2	机器连接点	紧固各电气连接点	连接点紧固	目测,扳手			
3	各接触面、部位	修复各接触面	接触面无变形、损坏	目测			
4		配齐各部件,修理外壳及防护罩	各部件、外壳、防护罩无损坏	目测			
5	电子元件	检查各电子元件接插件,保持安装牢固,接触良好,插件板无破损、机垢及锈蚀或者发热现象	各元器件牢固,无锈蚀	目测,扳手			
6	线路、电表	整理线路,校验电表,必要时更换	线路整齐,电表运行正常	目测,万用表			
7	焊接电源	检查焊接电源输入、输出侧电缆连接部位紧固螺钉是否松动、生锈,以及松动、生锈导致的接触不良、绝缘不良	输入、输出电压和电流正常,各部位无松动	目测,万用表			
8	接地线	地线连接是否可靠	地线连接牢固	目测,扳手			
9	绝缘电阻	测量焊机绝缘电阻,应符合要求	绝缘良好,无漏电	万用表			
10	送丝、行走机构	检修送丝、行走机构,更换磨损件,加注润滑脂	送丝行走机构运行正常,无卡顿、磨损现象	目测			
11	连锁保护装置、线路	检修连锁保护装置,更换损坏导线并修整电气线路,轴承部位加润滑油	电机运行正常,轴承润滑良好	目测、耳听			

表（续）

序号	项目	细则	标准	工具	记录	签名	备注
12	焊枪	拆检焊枪内部有无老化或者损伤部位	焊枪无老化、磨损	目测			
13	气路系统及阀门	检修气路系统及阀门,并校验仪表	各阀门畅通,仪表显示正常	目测,扳手			
14	冷却系统	检修冷却系统	冷却效果良好	目测			

设备一级保养内容和要求

设备名称:气体保护焊机　　　　　　　　　　　　　设备编号:＿＿＿＿＿＿＿＿

保养人员:＿＿＿＿＿＿＿＿　　　　　　　　　　　　保养日期:＿＿＿＿＿＿＿＿

序号	项目	细则	标准	工具	记录	签名	备注
1	外观	检查外观	无变色、发热现象	目测、手动			
2	开关、仪表	检查开关操作、切换以及仪表显示	开关完好,仪表显示正常	目测、手动			
3	指示灯	检查电源指示灯	指示灯显示正常	目测			
4	螺栓	检查螺栓	螺栓紧固	目测,扳手			
5	散热器	检查散热器运行	散热器有风,无异响	目测、耳听			
6	通电	检查通电状况	无异响,无异味	耳听、鼻闻			
7	通气	检查通气管路	管路无漏气,无破损	目测、耳听			
8	外壳	检查外壳及其他紧固件	紧固件无松动	目测,扳手			
9	各系统阀门、仪表	检查各系统阀门、仪表指示	各阀门畅通,仪表显示正常	目测、手动			
10	焊枪	检查焊枪各部位	焊枪内部无老化和磨损	目测			
11	送丝系统	检查行走送丝系统工作指标是否符合厂家操作手册里的规定值	各压力表和真空表指数正常	目测			
		检查行走送丝系机构机械动作	送丝、行走机构运行正常,无卡顿	目测			
12	焊枪与送丝机连接	检查焊枪与送丝机 CC 导嘴连接	焊枪与 CC 导嘴连接紧固	目测、手动			

表(续)

序号	项目	细则	标准	工具	记录	签名	备注
13	电缆绝缘	检查电缆绝缘磨损情况和接头	绝缘无破损、开裂、灼烧等现象,接头未裸露、松脱	目测			
14	配电箱	检查配电箱和保护设施的输入、输出端连接;检查保险安装部位与焊接电源输入端子连接电缆;检查输入电缆绝缘	输入、输出电压、电流正常,各部位无松动	目测,万用表			
15	接地	检查焊机接地和母材接地线	接地畅通,连接紧固	目测,万用表			

设备二级保养内容和要求

设备名称:气体保护焊机　　　　　　　　　　　　设备编号:＿＿＿＿＿＿＿＿

保养人员:＿＿＿＿＿＿＿＿　　　　　　　　　　保养日期:＿＿＿＿＿＿＿＿

序号	项目	细则	标准	工具	记录	签名	备注
1	外观	擦拭焊机内外部(内部用冷风清洁,不要损坏电器部件)	焊机内外干净、整洁	目测,吹风机			
2	电气连接	紧固各电气连接点	连接牢固	目测,扳手			
3	接触面	修复各接触面	接触面无变形、损坏	目测			
4	部件完整	配齐各部件,修理外壳及防护罩	各部件、外壳、防护罩无损坏	目测			
5	元件连接	检查各电子元件接插件、插件板	各元器件连接牢固,接触良好,无锈蚀,不发热	目测,扳手			
6	线路、电表	整理线路,校验电表,必要时更换	线路整齐,电表运行正常	目测,万用表			
7	接电	检查焊接电源输入、输出侧电缆连接部位紧固螺钉,检查绝缘情况	输入、输出电压、电流正常,各部位无松动,绝缘正常	目测			
8	接地	检查地线连接	接地规范、牢固	目测,扳手			
9	绝缘电阻	测量焊机绝缘电阻	绝缘良好,无漏电	万用表			
10	送丝行走机构	检修送丝行走机构,更换磨损件,加注润滑脂	送丝行走机构运行正常,无卡顿,无磨损	目测			
11	连锁保护装置	检修连锁保护装置,修整电气线路	运行正常,润滑正常	目测、耳听			
12	焊枪	拆检焊枪内部	焊枪无老化	目测			
13	气路系统	检修气路系统及阀门,校验仪表	各阀门畅通,仪表指示正常	目测,扳手			
14	冷却系统	检修冷却系统	冷却功能完好	目测			

设备一级保养内容和要求

设备名称:埋弧焊机 　　　　　　　　　　　　　设备编号:_____

保养人员:_____ 　　　　　　　　　保养日期:_____

序号	项目	细则	标准	工具	记录	签名	备注
1	外观	检查外观	外观无变色、发热	测温仪			
2	通电	检查通电状况	无异响,无异味	耳听、鼻闻			
3	电气、仪表	检查电气、仪表	仪表完好,显示正常	目测,万用表			
4	线路	检查焊机电源线、龙头线及接地线的完整性	接头无松动,接地正常	螺丝刀万用表			
5	电子元件	检查各电子元件,开关、指示灯、插件板	各电子元件接触正常,插件板整洁	目测,螺丝刀、吹风机			
6	风扇	检查风扇	风扇正常运转,无异响	目测、耳听、手动			
7	焊机横梁、焊臂导轨、齿条	检查横梁、焊臂导轨、齿条,用黏度等级32的机械油润滑,适时添加,保持清洁	无严重磨损,润滑正常	目测			
8	行走齿轮	检查行走齿轮,用锂基润滑脂润滑,适时添加	工况正常,润滑正常	目测			
9	导向轮	检查导向轮	无阻塞卡死现象	目测			
10	减速器	检查蜗轮蜗杆减速器	工作正常,无异响	目测、耳听			
11	控制箱	检查控制箱及支架、仪表、开关按钮及各元器件	各部位完好,工作正常	目测			
12	机头换向装配及支架、固定架等	检查机头换向装配及支架、固定架、焊药斗、下料管接头	各部位完好,运行正常,接头无松动	目测			

表(续)

序号	项目	细则	标准	工具	记录	签名	备注
13	行走送丝机构	检查行走送丝机构机械动作	运转正常,无卡顿	目测			
14	送丝、行走电机	检查送丝、行走电机	电机运转正常,无异响及发热	目测、耳听、手动			
15	各系统阀门、仪表	检查各系统阀门、仪表	阀门畅通,仪表准确	目测			
16	管路	检查软管和管道	管路完好,无老化、破裂、泄漏	目测			
17	整机	检查整机运行	整机运行正常,无异响	目测、耳听			

设备二级保养内容和要求

设备名称:埋弧焊机　　　　　　　　　　　　　设备编号:＿＿＿＿＿＿＿＿＿＿

保养人员:＿＿＿＿＿＿＿＿＿＿　　　　　　　　保养日期:＿＿＿＿＿＿＿＿＿＿

序号	项目	细则	标准	工具	记录	签名	备注
1	散热器	检查模块散热器	散热功能完好	目测			
2	电子元件	测量主变、电抗器、电阻器、互感器、熔断器、分流器、电容	各元器件无损坏,无短路	目测,万用表			
3	仪表	检查、测量各仪表	各仪表显示准确,指示灯、按钮功能完好	目测			
4	焊机清洁	擦拭清洁焊机内外部(内部用冷风清洁)	干净整洁,无灰尘	擦拭、吹气			
5	接地	检查地线连接	地线无松动	手动			
6	接电	检查焊接电源输入、输出侧电缆连接	各部位紧固,绝缘完好	目测,扳手、螺丝刀			
7	焊机绝缘	测量焊机绝缘电阻	绝缘电阻符合要求	万用表			
8	行走齿轮	行走齿轮用锂基润滑脂润滑	润滑完好,每6个月更换一次润滑脂	目测			
9	减速器	检查蜗轮蜗杆减速器并更换新油	运行正常,润滑正常	目测、耳听			
10	焊机部件	配齐机件各部件,修复外壳	各机件完好,外壳无损坏	目测、耳听			
11	控制箱、支架及仪表等	检查控制箱及支架、仪表、开关按钮、各元器件	结构完整,各开关、元器件无异常	目测,万用表、螺丝刀			
12	焊丝盘、支架及导丝架等	检查焊丝盘及支架、导丝架、横梁、电缆固定架	各部位紧固,无松动	目测、手动,螺丝刀			
13	接头	检查机头换向装配及支架、固定架、焊药斗、下料管接头	各接头无松动	目测,螺丝刀			

表（续）

序号	项目	细则	标准	工具	记录	签名	备注
14	送丝总成	检查送丝总成各部件（送丝轮、送丝轮限位罩、送丝压轮调节架总成）	各部件运行正常，无磨损	目测、耳听，螺丝刀			
15	送丝电机、齿轮箱及齿轮	检查送丝电机、齿轮箱及齿轮（齿轮箱加油）	运行正常，啮合完好，无异响	目测、耳听			
16	导电	检查导电夹、导电嘴、铜螺母	导电正常	目测，万用表			
17	阀门、仪表	检查各系统阀门、仪表	阀门无阻滞，仪表指示正确	目测，螺丝刀			
18	管路	检查软管和管道	管路无老化、泄漏	目测			

设备一级保养内容和要求

设备名称:手工焊机

保养人员:＿＿＿＿＿＿＿＿＿

设备编号:＿＿＿＿＿＿＿＿＿

保养日期:＿＿＿＿＿＿＿＿＿

序号	项目	细则	标准	工具	记录	签名	备注
1	开关、仪表	检查开关操作、切换以及仪表	开关完好,仪表显示正常	目测、手动			
2	电源指示灯	检查电源指示灯	指示灯显示正常	目测			
3	螺栓	检查螺栓连接	螺栓紧固	目测,扳手			
4	散热器	检查散热器工况	散热器运行正常,无异响	目测、耳听			
5	外观	检查外观	无变色,无发热	目测、手动			
6	通电	检查通电状况	无异响,无异味	耳听、鼻闻			
7	通气管路	检查通气管路	管路无破损,连接无松动	目测、耳听			
8	外壳	检查外壳及其他紧固件	紧固件紧固	目测,扳手			
9	绝缘	检查电缆绝缘	绝缘无破损、灼烧等现象,接头未裸露或松脱	目测			
10	配电箱	检查配电箱和保护设施的输入、输出端连接;检查保险安装部位与焊接电源输入端子连接电缆;检查输入电缆绝缘	输入、输出电压和电流正常,各部位无松动	目测,万用表			
11	接地	检查焊机接地和母材接地线	接地畅通,连接紧固	目测,万用表			

设备二级保养内容和要求

设备名称:手工焊机　　　　　　　　　　　　　　设备编号:＿＿＿＿＿＿＿＿

保养人员:＿＿＿＿＿＿＿＿　　　　　　　　　　保养日期:＿＿＿＿＿＿＿＿

序号	项目	细则	标准	工具	记录	签名	备注
1	外观	擦拭清洁焊机内外部(内部用冷风清洁,不要损坏电器部件)	焊机内外干净、整洁	目测,吹风机			
2	盖板、拉手等	检查各盖板、拉手、侧板等	完好,无缺失	目测			
3	电缆连接	检查连接散热器电缆、分流器、连接滤波电抗电缆、线束等,密封环磨损严重的应更换	连接牢固,密封正常,无老化	目测			
4	数字面板表	检查数字面板表	各部位显示正常,指示灯完好	目测			
5	控制面板	检查控制面板各开关、按钮、指示灯	各部位完好,指示正常	目测、手动			
6	电子元件	检查二极管、保险丝、空气开关及固定件等;检查电阻、电容、电抗;检查各输入、输出铜柱,检查谐振电感、抗干扰线圈	各部位完好,电路畅通,电流、电压正常	目测,万用表			
7	电位器	检查各电位器、旋钮及垫圈	各部位完好,使用正常	目测			
8	底架、万向轮	检查底架、万向轮	底架无松动,万向轮顺畅	目测			
9	散热器	检查散热器	散热器运行正常	目测、耳听			
10	变压器	检查主变压器、控制变压器	电压、变压正常	万用表			
11	主控制板	检查主控制板元器件	各元器件无烧灼,电路板整洁	万用表			

表(续)

序号	项目	细则	标准	工具	记录	签名	备注
12	罩壳	检查罩壳	无损坏,无锈蚀	目测			
13	接线装	检查接线装置	接线无松动	目测			
14	风机	检查风机	风机运行正常	目测			
15	保险丝	检查保险丝	保险丝完好	目测			
16	电缆固定架	检查后框架及电缆固定架	无变形,无锈蚀	目测			
17	焊枪电缆	检查焊枪电缆	焊枪电缆无撕裂、灼烧、破皮等	目测			
18	焊枪	检查焊枪焊把、手动开关、焊条夹	焊枪无损坏,开关、焊条夹完好	目测			

设备一级保养内容和要求

设备名称:多头焊机 　　　　　　　　　　　　　　设备编号:＿＿＿＿＿＿＿＿

保养人员:＿＿＿＿＿＿＿＿ 　　　　　　　　　　　保养日期:＿＿＿＿＿＿＿＿

序号	项目	细则	标准	工具	记录	签名	备注
1	外表	清理焊机内外部	内外部无灰尘、油污	清扫工具			
2	电源开关、仪表	检查开关、电源指示灯功能以及仪表是否完好	开关完好;指示灯显示正常;仪表显示正常	目测、手动			
3	紧固件	检查电缆连接螺栓	螺栓紧固,平、弹垫齐全	目测,扳手			
4	焊机散热	检查散热风机	风机运行正常,无异响	目测、耳听			
5	电源线、焊接线	检查电源线、焊机输出接线等	接线规范、牢固,无破损、开裂、灼烧等现象;裸露长度小于 10 mm;接线处屏护罩完好	目测,扳手			
6	检查接地	检查焊机电源、母材、外壳	接地良好、规范	目测,扳手、万用表			
7	电流调节	检查调节手柄	手柄完好,转动灵活	目测、手动			

设备二级保养内容和要求

设备名称:多头焊机   设备编号:＿＿＿＿＿＿＿＿

保养人员:＿＿＿＿＿＿＿＿   保养日期:＿＿＿＿＿＿＿＿

序号	项目	细则	标准	工具	记录	签名	备注
1	外表	机器外表清洁,并拷铲油漆	外部清洁,无锈蚀,无油渍,无黄袍	清洁工具			
2	调节机构	检查电流调节机构,加注润滑油	调节机构无松动,调节灵活,无异响	扳手、油枪			
3	防护装置	检查各部分防护罩	防护罩完好,无缺损	目测			
4	控制面板	检查控制面板各开关、按钮、指示灯	各部位完好,指示正常	目测			
5	焊机散热	检查散热风机,轴承加注润滑油	风机运行正常,无异响	目测、耳听,油枪			
6	焊机变压器	检查主变压器、控制变压器	电压、变压正常	万用表			
7	电气元件	检查电阻、电抗、二极管、保险丝、空气开关等	各部件完好,电路畅通	目测,万用表			
8	焊机接地	检查接地螺栓,检测绝缘	接地良好,绝缘符合要求	扳手、绝缘表			

设备一级保养内容和要求

设备名称:中、小径法兰焊接机 设备编号:＿＿＿＿＿＿＿＿＿

保养人员:＿＿＿＿＿＿＿＿＿ 保养日期:＿＿＿＿＿＿＿＿＿

序号	项目	细则	标准	工具	记录	签名	备注
1	焊接电极	油冷机滤网清扫	电极表面无污垢	清洁工具			
2	电箱	电箱外观保养	无油污、覆盖物等	清洁工具			
		清扫风扇及通风口	风扇清洁,通风口无堵塞,散热效果好	清洁工具			
3	操作箱	操作箱外观保养	外箱、按钮、屏幕无油污、覆盖物等	清洁工具			
4	气源滤清器	气源滤清器清扫	滤器清洁,无堵塞	清洁工具			
5	机床表面、罩壳、附件、油箱	擦拭机床外表、床身罩壳、附件、油箱表面等	无油污、覆盖物等	清洁工具			
6	工作平台T形槽	清洁工作平台T形槽内的铁屑及表面油污	冷却水回水畅通	清洁工具			
7	机床周边	机床周围铁屑清扫	周边无铁屑覆盖	扫帚、铁铲			
8	轴承座	清洁轴承座,添加润滑油脂	轴承座运转灵活,润滑充分	加油枪、清洁工具			

设备二级保养(机械)内容和要求

设备名称:中、小径法兰焊接机　　　　　　　　设备编号:＿＿＿＿＿＿＿＿

保养人员:＿＿＿＿＿＿＿＿　　　　　　　　　保养日期:＿＿＿＿＿＿＿＿

序号	项目	细则	标准	工具	记录	签名	备注
1	场地	清理工作场地,做好安全防护措施	工作场地清洁,用红白旗设置到位,各项安全防护措施可靠	红白旗、清扫工具			
2	外观	检查机床踏步、罩壳等	牢固,无破损	目测			
3	回油槽	床身回油槽清洁	回油畅通	清洁工具			
4	油箱	油箱滤网(篮)清洁	无覆盖物及堵塞	扳手、内六角扳手			
5	传动部件	拆检齿轮箱和传动部件,视情况更换磨损件	运行正常,润滑顺畅	油枪、扳手			
6	润滑	常用附件注油	附件旋转润滑顺畅	油枪、扳手			
7	导轨润滑	附件小车导轨油注口注油	附件小车润滑畅通	油枪			
8	导轨	导轨检修,调整镶条	导轨直线度、平面度符合要求,运行顺畅	内六角扳手、扳手、螺丝刀			
9	液压系统	拆检清洁液压油泵及液压元件,紧固油管接头,修复磨损件	液压系统运行顺畅	内六角扳手、扳手、螺丝刀			
10	管路	清洁油路、气路和冷却水系统及阀门	各管路顺畅	内六角扳手、扳手、螺丝刀			
11	精度	按精度单检查、调整修复间隙精度	间隙精度符合标准	百分表、调整工具			

设备二级保养(电气)内容和要求

设备名称:中、小径法兰焊接机　　　　　　　　　　设备编号:＿＿＿＿＿＿＿＿＿

保养人员:＿＿＿＿＿＿＿＿＿　　　　　　　　　　　保养日期:＿＿＿＿＿＿＿＿＿

序号	项目	细则	标准	工具	记录	签名	备注
1	设备断电	设备断电	设备电压为"0",有警示牌	万用表			数控设备PLC设备
		稳压电源输出端断电					
		悬挂警示牌					
2	电机	对防水等级在 IP44 以下(含 IP44)电机检查绝缘	绝缘电阻: ≥3.8 MΩ,绝缘良好; ≥1.5 MΩ,绝缘可用; ≥0.38 MΩ,绝缘堪用; <0.38 MΩ,绝缘不良; 绝缘不良的,绝缘处理或更新	兆欧表			断开电机回路再进行测量
		对防水等级在 IP44 以上电机(不含伺服电机)抽取检查绝缘					
		对防水等级在 IP67 以上(含 IP67)电机不需要检查绝缘					
		对电机冷却回路(含冷却风扇)进行保养	无油污、覆盖物等;更换进风口滤网,冷却回路畅通				
		对有炭刷的直流电机进行保养	滑环无积炭,无打火痕迹,无明显磨损(否则修复);炭刷磨损不超过 2/3(否则更换)				
		对测速电机进行保养					
3	电箱、操纵箱	电箱、操纵箱内部清洁保养	内部清洁、整齐,无杂物	清洁工具			
		电箱、操纵箱内接插件接触检查	接触良好	万用表			
		电箱、操纵箱内主回路接线端子紧固检查	接触良好,紧固	螺丝刀			

表(续)

序号	项目	细则	标准	工具	记录	签名	备注
4	稳压电源	外观、按钮功能保养	外观清洁,按钮工作正常				
		检查手动、自动功能切换是否有效	手动、自动功能之间正常切换				
		检查稳压电源输出电压是否在正常范围内	输出电压稳定	万用表			
		变压器的炭刷保养	炭刷磨损不超过2/3(否则更换)				
		稳压电源内部清洁保养	内部清洁、整齐,无杂物				
5	设备上电	稳压电源输出端上电	输出电压稳定	万用表			
		机床上电,设备系统启动	启动正常				
		摘取警示牌	警示牌复位				
6	设备调整	机床电气传感器调整	机床动作正常,反馈信号正常	万用表			根据机床二级保养前设备反应精度,结合机械选择调整
		各类电气控制元件调整	机床动作正常,反馈信号正常				
		机床外围辅助设备检查、调整(油冷机等)	正常工作				
		各类手持单元功能检测	正常工作				
		机床各类参数调整(反向间隙、定位、速度等)	机床运动正常、平稳,定位准确	机械精度检测工具			
7	安全装置	按系统安全操作规范,对设备安全保护装置进行检查(各类门限位、各轴硬限位等)	工作正常,安全有效				

设备一级保养内容和要求

设备名称:殷钢焊机(MO1~MO4)　　　　　　　　　　设备编号:＿＿＿＿＿＿＿＿＿

保养人员:＿＿＿＿＿＿＿＿＿　　　　　　　　　　保养日期:＿＿＿＿＿＿＿＿＿

序号	项目	细则	标准	工具	记录	签名	备注
1	电极头	检查表面状况	无严重磨损、凹陷、结垢	钢丝绒刷、503清洁剂			MO1、MO2
2	蜗轮、蜗杆	添加润滑油脂	每周1次	注油器			MO1、MO2
3	润滑系统	检查油量、油质	油量、油质符合标准	注油器			MO1、MO2
4	夹紧轮	检查表面状况	无严重磨损、凹陷、毛边、变形	扳手			MO1、MO2
5	靠轮	清洁、润滑	干净,运行可靠	抹布、凡士林			MO1、MO2
6	气体管路系统	检查完好性	无泄漏、损坏、变形等情况	目测,抹布等			MO1、MO2
7	手动、气动系统	进行运行测试	运行良好,无故障及故障隐患	目测			MO1、MO2
8	焊接旋转面	清洁	无结垢	清洁工具			MO3
9	中心轴、X/Y轴	清洁、润滑	清洁,润滑充分,运转状态好	清洁工具、润滑油脂			MO3
10	旋转螺杆（丝杠）	清洁	无结垢	清洁工具			MO4
11	导轨、X/Y轴	清洁、润滑	清洁,润滑充分,运转状态好	清洁工具、润滑油脂			MO4
12	整机	检查存放状态	设备覆盖防尘防水布	目测			
13	冷却系统	检查冷却液液面	符合要求	目测			
14	电缆	检查插头情况	连接稳固无损坏	目测			
		检查外表	无破损	目测			
15	电器箱	电箱外观保养	无油污、覆盖物等	清洁工具			
		检查线路	连接可靠,无零件烧损	目测			

设备二级保养(机械)内容和要求

设备名称:殷钢焊机(MO1～MO4)　　　　　　　　　设备编号:＿＿＿＿＿＿＿＿＿

保养人员:＿＿＿＿＿＿＿＿＿　　　　　　　　　　　保养日期:＿＿＿＿＿＿＿＿＿

序号	项目	细则	标准	工具	记录	签名	备注
1	场地	清理工作场地,做好防护措施	对工作场地进行整理、清扫,防尘防水	清洁工具			
2	外观	检查整机	无明显变形、损坏	榔头、备件			
3	蜗轮、蜗杆	检查运行和润滑情况	清洁,运行状态良好	润滑、备件,试车			MO1、MO2、MO3
4	丝杠	清洁、润滑	清洁,运行状态良好	清洁工具、黄油			MO4
5	链轮齿槽	检查运行情况和完好性	齿槽完好,支撑架无损坏	备件,试车			MO1、MO2
6	焊接轮	测量焊接速度	符合设定值	试车,秒表			MO2
7	手动夹紧轮	测量压力值	符合设计值	试车,测力器			MO2
8	行走滚轮	检查外观	无缺损、变形	目测,备件			MO1、MO2
9	支撑轮	检查外观、拆卸清洁、润滑	运行状态良好	扳手、抹布、润滑油			MO2
10	冷却系统	检查各冷却部位	连接可靠,无渗漏,冷却液质量达标	目测			
11	气管路系统	检查管路完好性、快接接头情况	无泄漏、损坏、变形	清洁工具			
		检查过滤器状况	过滤器达标,清洁过滤杯	清洁工具			MO2

设备二级保养(电气)内容和要求

设备名称:殷钢焊机(MO1 ~ MO4)　　　　　　　　设备编号:＿＿＿＿＿＿＿＿＿

保养人员:＿＿＿＿＿＿＿＿＿　　　　　　　　　　保养日期:＿＿＿＿＿＿＿＿＿

序号	项目	细则	标准	工具	记录	签名	备注
1	动力、控制电缆	检查快接接头情况	连接稳固,无损坏,无破损,绝缘可靠	目测,备件			
		检查电缆外表					
2	电控箱	内部清洁保养	内部清洁、整齐,无杂物	吸尘器、刷子			MO1、MO2
		检查接插件接触是否良好	接触良好	万用表			
		接线端子紧固检查	接触良好,紧固	螺丝刀			

设备一级保养内容和要求

设备名称:殷钢焊机(MO5～MO9)　　　　　　　　　设备编号:＿＿＿＿＿＿＿＿＿

保养人员:＿＿＿＿＿＿＿＿＿　　　　　　　　　　　保养日期:＿＿＿＿＿＿＿＿＿

序号	项目	细则	标准	工具	记录	签名	备注
1	中心轴、X/Y轴	清洁、润滑	清洁,润滑充分,运转状态好	抹布、润滑油脂			MO5
2	蜗轮蜗杆	添加润滑油脂	每周1次	注油器			MO6
3	旋转螺杆（丝杠）	清洁	无结垢	清洁工具			MO6
4	X/Y轴	清洁、润滑	清洁,润滑充分,运转状态好	清洁工具、润滑油脂			MO6
5	小车驱动轮、夹紧轮等	检查表面状况	无严重磨损、凹陷、毛边、变形	目测,扳手、备件			MO6、MO7、MO8
6	压紧轮、靠轮等	检查表面状况	无严重磨损、凹陷、毛边、变形	目测,扳手、备件			MO6、MO7、MO8
7	齿轮、齿条	清洁	清洁	试车			MO7、MO8
8	气体管路系统	检查完好性	无泄漏、损坏、变形	目测,清洁工具			
9	整机	检查存放状态	设备覆盖防尘防水布	目测			
10	冷却系统	检查冷却管路系统	无泄漏、损坏、变形	目测			
11	润滑系统	检查油量、油质	油量、油质符合标准	注油器			
12	电缆	检查插头情况	连接稳固,无损坏	目测			
		检查外表	无破损	目测			
13	电器箱	电箱外观保养	无油污、覆盖物等	清洁工具			
		检查线路	连接可靠,无零件烧损	目测			

设备二级保养(机械)内容和要求

设备名称:殷钢焊机(MO5～MO9)　　　　　　　设备编号:_____

保养人员:_____　　　　　　　　保养日期:_____

序号	项目	细则	标准	工具	记录	签名	备注
1	场地	清理工作场地,做好防护措施	对工作场地进行整理、清扫,防尘防水	清洁工具			
2	外观	检查整机	无明显变形、损坏	榔头或更换			
3	导电环、导电片	检查运行情况和完好性	清洁,运行和导电完好	抹布			MO5
4	蜗轮、蜗杆	检查运行和润滑情况	清洁,运行状态良好	润滑、更换、试车			MO6
5	靠轮	清洁、润滑	运行稳定	抹布、润滑油			MO6
6	齿轮、齿条	检查运行情况和完好性	润滑好,运行稳定	试车			MO7、MO8
7	冷却系统	检查各冷却部位	连接可靠,无渗漏,冷却液质量达标	目测			
8	气管路系统	检查管路完好性、快接接头	无泄漏、损坏、变形	目测,清洁工具			

设备二级保养(电气)内容和要求

设备名称:殷钢焊机(MO5～MO9)　　　　　　　　设备编号:_____

保养人员:_____　　　　　　　　　保养日期:_____

序号	项目	细则	标准	工具	记录	签名	备注
1	动力、控制电缆	检查快接接头情况	连接稳固,无损坏,无破损,绝缘可靠	目测,备件			
		检查电缆外表					
2	电控箱	内部清洁保养	内部清洁、整齐,无杂物	清洁工具			MO9
		检查接插件接触是否良好	接触良好	万用表			
		接线端子紧固检查	接触良好,紧固	螺丝刀			

设备保养内容和要求

设备名称:氩弧焊机

设备编号:_____

保养人员:_____

保养日期:_____

序号	项目	细则	标准	工具	记录	签名	备注
1	外表检查	拆除焊机罩壳,内外部进行清洁,干燥压缩空气吹扫	内外部清洁,无锈蚀,无灰尘,无黄袍	清洁工具			
		检查与紧固焊机各紧固件,配齐缺损的螺钉、螺母、按钮、标牌等,行走轮加注润滑油脂	紧固件无缺损,润滑良好	扳手、螺丝刀、铁锤等			
2	电气检查	检查按钮、指示灯、熔断器、电压、电流表、输出接线柱是否完好	无缺失和故障	目测、试验			
		检查接地,测量绝缘电阻	接地连接可靠,绝缘电阻符合要求	绝缘检测工具			
		检查焊枪及电缆是否完好	连接可靠,无破皮、露铜	目测			
		对所有接线端进行紧固,检查各接线端有无线缆裸露及磨损现象,若有则及时消除	电线不存在硬摩擦,连接可靠,无破皮、露铜	目测			
		检查高频振荡系统,必要时更换火花间钨板	工作正常	检测工具			
		检查连锁保护装置	灵敏可靠,工作正常	试验			
3	气路和冷却系统检查	检查氩气系统的阀门、仪表	气路畅通无漏气,各阀门动作灵敏	目测、试验			
		检查冷却水系统的阀门、管系是否正常	冷却水路畅通,无漏气现象,各阀门动作灵敏	目测、试验			

设备一级保养内容和要求

设备名称:变位操作自动氩弧焊接装置　　　　　　　　设备编号:_____

保养人员:_____　　　　　　　　　　　　保养日期:_____

序号	项目	细则	标准	工具	记录	签名	备注
1	电箱	电箱外观保养	无油污、覆盖物等	清洁工具			
2	操作按钮	操作按钮外观保养	按钮无油污、覆盖物等	清洁工具			
3	机床外观	擦拭机床外表面、罩盖及附件	内外清洁,无锈蚀,无黄袍	清洁工具			

设备二级保养(机械)内容和要求

设备名称:变位操作自动氩弧焊接装置　　　　　　　设备编号:_____

保养人员:_____　　　　　　　　　　保养日期:_____

序号	项目	细则	标准	工具	记录	签名	备注
1	工作场地	对工作场地进行整理、清扫,用红白旗隔离工作区域,做好各项安全防护措施	达到安全标准	红白旗、清扫工具			
2	各传动机构	检查各传动机构是否正常,有无异声;检查各传动零部件,及时更换易损件	部件完整,运行正常	扳手等			
3	氩气系统及阀门、仪表	检查氩气系统及其阀门有无泄漏;检查仪表是否工作正常	氩气系统及其阀门无泄漏;仪表显示正常、准确	目测			
4	冷却水系统及阀门	检查冷却水箱及冷却管路各阀门,排除冷却水系统是否泄漏	冷却有效,无泄漏	目测			

设备二级保养(电气)内容和要求

设备名称:变位操作自动氩弧焊接装置　　　　　　　　设备编号:＿＿＿＿＿＿＿＿

保养人员:＿＿＿＿＿＿＿＿　　　　　　　　　　　　保养日期:＿＿＿＿＿＿＿＿

序号	项目	细则	标准	工具	记录	签名	备注
1	设备断电	机器断电	设备电压为"0",有警示牌	万用表			
		悬挂警示牌					
2	电机	主轴马达绝缘检查	绝缘电阻: ≥3.8 MΩ,绝缘良好; ≥1.5 MΩ,绝缘可用; ≥0.38 MΩ,绝缘堪用; <0.38 MΩ,绝缘不良; 绝缘不良的,绝缘处理或更新	兆欧表			断开电机回路再进行测量
		摇臂升降马达绝缘检查					
		立柱夹紧放松马达绝缘检查					
		冷却水马达绝缘检查					
		对电机冷却回路(含冷却风扇)进行保养	无油污、覆盖物等;更换进风口滤网,冷却回路畅通	清洁工具			
3	电箱、操纵箱、手持单元	电箱、操纵箱内部清洁保养	清洁、整齐,无杂物	吸尘器、刷子等			
		电箱、操纵箱内接插件接触检查	接触良好	万用表			
		电箱、操纵箱内主回路接线端子紧固检查	接触良好,紧固	螺丝刀			
4	设备上电	机床上电,设备系统启动	启动正常	万用表			
		摘取警示牌	警示牌复位				
5	设备动作及安全	电气控制系统应工作正常	机床各动作正常	目测,万用表			
		零位保护、夹紧放松及各限位的功能	工作正常,安全有效	目测,万用表			

设备保养内容和要求

设备名称:角焊焊接小车　　　　　　　　　　　设备编号:＿＿＿＿＿＿＿＿＿

保养人员:＿＿＿＿＿＿＿＿＿　　　　　　　　　保养日期:＿＿＿＿＿＿＿＿＿

序号	项目	细则	标准	工具	记录	签名	备注
1	外部检查、清洁、紧固外表	拆除焊机罩壳,对内外部进行清洁,用干燥压缩空气吹扫	内外部清洁,无锈蚀,无灰尘,无黄袍	清洁工具			
		检查与紧固焊机的各紧固件,配齐缺损的螺钉、螺母、按钮、标牌等,行走轮加注润滑油脂	紧固件无缺损,润滑良好	扳手、螺丝刀、铁锤等			
2	气管	检查机组间的气管及插头座,必要时换新	连接可靠,无跑冒滴漏,插座不松脱	目测			
3	机头及控制箱	检查按钮、指示灯、熔断器、电压、电流表、输出接线柱是否完好	无缺失和故障	目测、试验			
		检修电机、电气元件和校验电表,必要时更换	仪表电器运行正常	试验			
		检修机械传动装置,更换损坏零件	动作不卡顿,运行无异响	目测、试验			

设备一级保养内容和要求

设备名称:T 型材焊接自动生产线　　　　　　　　　设备编号:＿＿＿＿＿＿＿＿

保养人员:＿＿＿＿＿＿＿＿　　　　　　　　　　　　保养日期:＿＿＿＿＿＿＿＿

序号	项目	细则	标准	工具	记录	签名	备注
1	设备及周围场地"5S"	清扫周围工作场地	表面无垃圾	清洁工具			
		擦拭设备表面	无尘土	清洁工具			
2	倒棱机	导向柱表面涂抹润滑油	润滑良好	布			30#机油
		紧固液压系统各管路接头	接头无松动,无渗漏油	扳手			
3	腹板定位装置	紧固外围可视螺栓、螺母	螺栓、螺母无松动	扳手			
		紧固液压系统各管路接头	接头无松动,无渗漏油	扳手			
4	面板定位装置	紧固外围可视螺栓、螺母	螺栓、螺母无松动	扳手			
		紧固气动系统、各管路接头	接头无松动,无漏气	扳手			
5	辊道、横移机构	紧固外围可视螺栓、螺母	螺栓、螺母无松动	扳手			
		轴承加注润滑脂	润滑脂刚溢出轴承即可	牛油枪			
		链条润滑	表面涂抹润滑脂	软毛刷			
6	组立机	紧固液压系统、各管路接头	接头无松动,无渗漏油	扳手			
		紧固气动系统、各管路接头	接头无松动,无漏气	扳手			
		紧固外围可视螺栓、螺母	螺栓、螺母无松动	扳手			
		辊道轴承加注润滑脂	润滑脂刚溢出轴承即可	牛油枪			
		链条润滑	表面涂抹润滑脂	软毛刷			

表（续）

序号	项目	细则	标准	工具	记录	签名	备注
7	焊接平台夹紧机构	紧固外围可视螺栓、螺母	螺栓、螺母无松动	扳手			
		紧固液压系统各管路接头	接头无松动,无渗漏油	扳手			
8	门焊机	主机导轨润滑	润滑良好	软毛刷			30#机油
		小车升降传动丝杆润滑	表面涂抹润滑脂	软毛刷			
		紧固外围可视螺栓、螺母	螺栓、螺母无松动	扳手			

设备二级保养(机械)内容和要求

设备名称:T 型材焊接自动生产线　　　　　　　设备编号:＿＿＿＿＿＿＿＿

保养人员:＿＿＿＿＿＿＿＿　　　　　　　　　保养日期:＿＿＿＿＿＿＿＿

序号	项目	细则	标准	工具	记录	签名	备注
1	辊道	调整轨道直线度、水平度	误差 ±2 mm/2 m	扳手、测量工具			
2	传动链轮检修	传动链轮检修	前后轴平行度在 1/300 以内,前后轮共面度 0.5 ~1 mm/m	扳手、测量工具			
3	传动链条检修	传动链条检修	链条运转无偏离链盘,无异响	扳手			
4	液压油缸	调节活塞杆行程、压力	所有油缸行程、动作一致	扳手			
5	电磁阀	拆卸清洁电磁阀(组件)	阀内无垃圾,开闭无卡阻	扳手、煤油			
6	压力表检验	压力表检验	与液压站相应油压值一致	扳手、螺丝刀			
7	系统压力调节	系统压力调节	压力值与系统设定值(或厂家规定值)一致	扳手			
8	液压站检修	液压站检修	液压站运行平稳,无异响	目测			
9	液压油管检修	液压油管整理,检查有无渗、漏点	油管摆放规范,无渗、漏点	目测			
10	液压油检查	检查液压油是否充足,油质是否明显变质	液压油油箱储量大于最低要求,油质无明显乳化或其他变质现象	注油泵			

设备二级保养(电气)内容和要求

设备名称:T型材焊接自动生产线　　　　　　　　设备编号:＿＿＿＿＿＿＿＿

保养人员:＿＿＿＿＿＿＿＿　　　　　　　　　　　保养日期:＿＿＿＿＿＿＿＿

序号	项目	细则	标准	工具	记录	签名	备注
1	设备断电	设备断电	设备电压为"0",有警示牌	万用表			
		稳压电源输出端断电					
		悬挂警示牌					
2	电机	交流异步电动机电机绝缘检查	绝缘电阻≥0.38 MΩ(热态),≥0.5 MΩ(常温);绝缘不良的,绝缘处理或更新	兆欧表			
		接线盒内的接线检查、紧固	固定牢靠,无虚接、过热现象	扳手、螺丝刀			
		拆卸风罩,清洁风叶。更换进风口滤网(若有)	无油污、覆盖物等	扳手、软毛刷			
		检查、更换炭刷(若有)	接触部位无积炭,炭刷磨损不超过2/3	螺丝刀			
3	变频器	清洁冷却风扇	风扇内外、进风口清洁,无覆盖物	螺丝刀、软毛刷			
		检查滤波电容器,电容主体膨胀则须更换	滤波电容器工况良好	电烙铁			
		检查变频器局部放电、拉弧情况	变频器工况良好	电工工具			
		紧固外部端子排接线、插线	接线、插线连接牢固	螺丝刀			
4	伺服驱动器	清洁外表面积灰	表面无积灰	软毛刷			
		检查局部放电、拉弧情况	工况良好	电工工具			
		紧固外部端子排接线、插线	接线、插线连接牢固	螺丝刀			

表(续)

序号	项目	细则	标准	工具	记录	签名	备注
5	变(稳)压器	清洁外表面积灰	表面无积灰	软毛刷			
		紧固一次、二次侧接线	接线连接牢固	扳手			
6	电控箱柜	内部清洁保养	内部清洁、整齐,无杂物	吸尘器、软毛刷			
		排线整理	接头牢固,排线整齐,线槽盖板无缺失	螺丝刀			
		散热风扇清洁	风扇内外、进风口清洁,无覆盖物	螺丝刀、软毛刷			
7	修复损坏件	修复、更换损坏零部件	零部件齐全	螺丝刀、扳手等			
8	设备上电	设备输入电源上电	输电压稳定,保持380 V±10%	万用表			
		设备内各分控开关上电	电压与分控实际电压一致	万用表			
9	安全装置检修	按系统安全操作规范对设备安全保护装置进行检修(各类软、硬限位、缓冲器等)	工作正常,安全有效	螺丝刀、扳手等			
		检查连锁保护装置	连锁有效,动作灵敏、可靠	螺丝刀、万用表等			
10	设备调整	测试设备各控制、执行功能	设备功能齐全、有效,运行平稳。发现问题解决	维修工具			
11	仪器仪表校对	仪器仪表校对	显示正确、灵敏	螺丝刀等			

五、动力机械设备

设备一级保养内容和要求

设备名称:空压机　　　　　　　　　　　　　　设备编号:＿＿＿＿＿＿＿＿

保养人员:＿＿＿＿＿＿＿＿＿　　　　　　　　保养日期:＿＿＿＿＿＿＿＿

序号	项目	细则	标准	工具	记录	签名	备注
1	空压机	检查空滤/油滤	无脏堵	扳手、螺丝刀			
2		检查疏水器	排水畅通	扳手、套筒			
3		检查呼吸器	无脏堵	扳手、套筒			
4		检查马达对中	对中情况良好	扳手、百分表			
5		检查润滑油	油品、油位正常	加油泵			
6		检查电气柜	线路无松动	螺丝刀			
7		检查进气阀/放空阀	动作正常	扳手、螺丝刀			
8		检查震动探头	电压正常	万用表			

设备二级保养内容和要求

设备名称:空压机　　　　　　　　　　　　　　　设备编号:_____

保养人员:_____　　　　　　　　　　保养日期:_____

序号	项目	细则	标准	工具	记录	签名	备注
1	空压机	主油泵 拆开更换、保养部件	主油泵工况良好	扳手、卡钳			
2		单向阀 拆开更换、保养部件	逆止功能良好	扳手、套筒			
3		蜗壳、扩压器 拆开清洁、保养、更换密封件	表面清洁,无污垢	专用工具			
4		叶轮、齿轮 拆开清洁、保养	无污垢,无变形	专用工具			
5		轴承 拆开清洁、保养	表面无磨损,间隙正常	专用工具			
6		气封、油封 拆开更换、保养部件	密封件无磨损、老化	专用工具			
7		轴封、管道密封 拆开更换、保养部件	密封件有无磨损、老化	专用工具			
8		齿轮箱 拆开更换、保养部件	表面清洁,无污垢	专用工具			
9		冷却器 拆开清洁、更换密封件	温压正常	扳手、套筒			
10		油雾风机 更换油雾滤芯	除雾功能正常	扳手、套筒			
11		油冷却器 拆开清洁、更换密封件	油温正常	扳手、套筒			

设备一级保养内容和要求

设备名称:总加压泵站 　　　　　　　　　　设备编号:＿＿＿＿＿＿＿

保养人员:＿＿＿＿＿＿＿＿　　　　　　　　保养日期:＿＿＿＿＿＿＿

序号	项目	细则	标准	工具	记录	签名	备注
1	加压泵	检查表具及阀门	旋转正常,表面无异物,读数正常	目测、手动			
2	站房	检查站房清扫	干净,无杂物	手动,清扫工具			
		检查站房照明	开关正常,灯具完好	目测、手动			
3	水泵	检查水泵工况	设备运行正常,轴封无泄漏	手动、耳听			
4	配电控制系统	检查配电控制系统	标识清晰,无杂物	目测、手动			

设备二级保养内容和要求

设备名称:总加压泵站 　　　　　　　　　　　　设备编号:_____

保养人员:_____ 　　　　　　　　　保养日期:_____

序号	项目	细则	标准	工具	记录	签名	备注
1	水泵电机	检查电机绝缘情况	绝缘电阻: ≥3.8 MΩ,绝缘良好; ≥1.5 MΩ,绝缘可用; ≥0.38 MΩ,绝缘堪用; <0.38 MΩ,绝缘不良。 绝缘不良的,绝缘处理或更新	兆欧表			断开电机回路再进行测量
2		对电机冷却回路(含冷却风扇)进行保养,更换进风口滤网	无油污、覆盖物等,冷却回路畅通	螺丝刀			
3		对有炭刷的直流电机进行保养	滑环无积炭,无打火痕迹,无明显磨损(否则修复);炭刷磨损不超过2/3(否则更换)	吸尘器、刷子等			
4		运行震动测试	运行无明显震动及抖动	震动分析仪			
5	配电控制柜	控制柜内部清洁保养	内部清洁、整齐,无杂物	吸尘器、刷子等			
6		控制柜内接插件接触检查	接触良好	万用表			
7		控制柜内主回路接线端子紧固检查	接触良好,紧固	螺丝刀			
8		外观、按钮功能保养	外观清洁,按钮工作正常	手动			
9		检查手动、自动功能切换是否有效	手动、自动功能之间正常切换	手动			
10	水箱	清洁水箱	内部清洁	水枪			

设备一级保养内容和要求

设备名称:氧气分配站　　　　　　　　　　　　设备编号:＿＿＿＿＿＿＿＿＿

保养人员:＿＿＿＿＿＿＿　　　　　　　　　　　保养日期:＿＿＿＿＿＿＿＿＿

序号	项目	细则	标准	工具	记录	签名	备注
1		供气管道检查	无腐蚀,无破损	目测、手动,清扫工具			
2		管道阀门检查	操纵灵活,无泄露,无破损	目测、手动			
3		紧固件检查	无缺失,无锈蚀,无泄漏	目测、手动			
4	氧气分配站	接地装置检查	无缺失,无破损	目测、手动			
5		管道支架检查	无破损,无缺失	目测、手动			
6		安全附件检查	无缺失,未过期,无损坏	目测、手动			
7		储气罐检查	无泄漏,未过期,无破损	目测			

设备二级保养内容和要求

设备名称:氧气分配站 　　　　　　　　　　　设备编号:＿＿＿＿＿＿＿＿

保养人员:＿＿＿＿＿＿＿＿　　　　　　　　　保养日期:＿＿＿＿＿＿＿＿

序号	项目	细则	标准	工具	记录	签名	备注
1	氧气分配站	供气管道维修	腐蚀修补(1年1次)	手动,油漆、油漆修补工具			
2		管道阀门维修	密性、灵活性检查(1月1次)	目测、手动,查漏工具			
3		紧固件维修	无缺失,无锈蚀(1年1次),无泄漏	目测、手动,查漏工具			
4		接地装置检查	电阻检查(小于4 Ω)1年1次	专用工具			
5		管道支架维修	无破损,无缺失	手动			
6		安全附件检查	无缺失,未过期(1年1次),无损坏	目测、手动			
7		储气罐检查	无泄漏,未过期(定期检验),无破损	目测			

设备一级保养内容和要求

设备名称:天然气分配站/点　　　　　　　　　　　　设备编号:＿＿＿＿＿＿＿＿

保养人员:＿＿＿＿＿＿＿＿＿　　　　　　　　　　　保养日期:＿＿＿＿＿＿＿＿

序号	项目	细则	标准	工具	记录	签名	备注
1		供气管道检查	无腐蚀,无破损	目测、手动,清扫工具			
2		管道阀门检查	操纵灵活,无泄露,无破损	目测、手动			
3		紧固件检查	无缺失,无锈蚀,无泄漏	目测、手动			
4	天然气分配站/点	接地装置检查	无缺失,无破损	目测、手动			
5		管道支架检查	无破损,无缺失	目测、手动			
6		安全附件检查	无缺失,未过期,无损坏	目测、手动			
7		减压装置检查	转动灵活,无泄漏	目测、手动			
8		流量计检查	无故障	目测			

设备二级保养内容和要求

设备名称:天然气分配站/点 　　　　　　　　设备编号:_____

保养人员:_____ 　　　　　　　保养日期:_____

序号	项目	细则	标准	工具	记录	签名	备注
1	天然气分配站/点	供气管道维修	腐蚀修补(1 年 1 次)	手动,油漆、油漆修补工具			
2		管道阀门维修	密性、灵活性检查(1 月 1 次)	目测、手动,查漏工具			
3		紧固件维修	无缺失,无锈蚀(1 年 1 次),无泄漏	目测、手动,查漏工具			
4		接地装置检查	电阻检查(小于 4 Ω)1 年 1 次	专用工具			
5		管道支架维修	无破损,无缺失	手动			
6		安全附件检查	无缺失,未过期(1 年 1 次),无损坏	目测、手动			
7		减压装置检查	转动灵活,无泄漏	目测、手动			
8		流量计修理	无故障,计量精准	目测、手动			

设备一级保养内容和要求

设备名称:丙烷站　　　　　　　　　　　　　设备编号:＿＿＿＿＿＿＿＿＿

保养人员:＿＿＿＿＿＿＿＿＿　　　　　　　保养日期:＿＿＿＿＿＿＿＿＿

序号	项目	细则	标准	工具	记录	签名	备注
1	丙烷站	供气管道检查	无腐蚀,无破损	目测、手动,清扫工具			
2		管道阀门检查	操纵灵活,无泄漏,无破损	目测、手动			
3		紧固件检查	无缺失,无锈蚀、无泄漏	目测、手动			
4		接地装置检查	无缺失,无破损	目测、手动			
5		管道支架检查	无破损,无缺失	目测、手动			
6		安全附件检查	无缺失,未过期,无损坏	目测、手动			
7		减压装置检查	转动灵活,无泄露	目测、手动			
8		流量计检查	无故障	目测			

设备二级保养内容和要求

设备名称:丙烷站 设备编号:_____

保养人员:_____ 保养日期:_____

序号	项目	细则	标准	工具	记录	签名	备注
1	丙烷站	供气管道维修	腐蚀修补(1年1次)	手动,油漆、油漆修补工具			
2		管道阀门维修	密性、灵活性检查(1月1次)	目测、手动,查漏工具			
3		紧固件维修	无缺失,无锈蚀(1年1次),无泄漏	目测、手动,查漏工具			
4		接地装置检查	电阻检查(小于4Ω)1年1次	专用工具			
5		管道支架维修	无破损,无缺失	手动			
6		安全附件检查	无缺失,未过期(1年1次),无损坏	目测、手动			
7		减压装置检查	转动灵活,无泄漏	目测、手动			
8		流量计修理	无故障,计量精准	目测、手动			

设备一级保养内容和要求

设备名称:螺杆式空压机   设备编号:_____

保养人员:_____   保养日期:_____

序号	项目	细则	标准	工具	记录	签名	备注
1	仪表	检查压力表、温度计	显示正常,无报警,在有效期内	目测			
2	油箱	检查润滑油油位是否在规定位置	油位在正常范围内	目测			
3	油过滤装置	检查油过滤器压差	清洁,无阻塞	目测			
4	空气过滤装置	检查空滤压差,吹扫滤芯	清洁,无阻塞	清洁工具,目测			
5	管道、阀门	检查各部管道、阀门、压力表、连接法兰	无漏气、漏水、漏油	目测,扳手			
		检查Y形过滤器、疏水器、泄放阀	无泄漏,无堵塞	目测,扳手			
6	进风口、外壳	清洁进风口及外壳表面灰尘	无积灰,无油污	清洁工具、清洁剂			
7	电机	检查电动机轴承润滑情况	润滑良好	目测			
		吹扫电动机	表面清洁	清洁工具			
		检查主电机是否有异响	运转平稳,无异响	绝缘表、万用表			
8	控制柜	清扫电气控制柜	电气柜上无杂物,无污渍	清洁工具			
		检查温度、压力、振动值等数据	数值正常,无报警	目测			
		检查控制系统线路,紧固连接接头	线路无老化,无松脱	螺丝刀、万用表			

设备二级保养(机械)内容和要求

设备名称:螺杆式空压机　　　　　　　　　　　　设备编号:＿＿＿＿＿＿＿＿

保养人员:＿＿＿＿＿＿＿＿　　　　　　　　　　　保养日期:＿＿＿＿＿＿＿＿

序号	项目	细则	标准	工具	记录	签名	备注
1	仪表	检查仪表气管线、压力表	显示正常,无报警,在有效期内	目测			
2	油箱	更换润滑油,检查油箱腐蚀情况,按需进行清理	润滑油更新,油箱内清洁	目测,扳手			
3	油过滤装置	更换油过滤器芯	油过滤更新	扳手			
4	空气过滤装置	更换空气过滤器芯	过滤器更新	清洁工具,目测			
5	冷却器	拆检冷却器,清洁积垢	无积垢,换热效率达标	清洁工具、扳手			
6	齿轮箱、管道、阀门	检查进气阀、放空阀动作	开关动作正常	目测			
		检查并清洁叶轮、蜗壳、扩压器的磨损、腐蚀及粉尘积聚状况,按需修理或更换	清洁,无损坏	目测,扳手			
		拆检并检查联轴器	无损坏,对中符合设备使用要求	目测,扳手			
		检查各部管道、阀门、压力表、连接法兰	无漏气、漏水、漏油	目测,扳手			
		检查 Y 形过滤器、疏水器、泄放阀	无泄漏,无堵塞	目测,扳手			
7	进风口、外壳	清洁进风口及外壳表面灰尘	无积灰,无油污	清洁工具、清洁剂			
8	轴承	对电动机轴承加注润滑脂	润滑良好	专用工具			

设备二级保养(电气)内容和要求

设备名称:螺杆式空压机

设备编号:＿＿＿＿＿＿＿

保养人员:＿＿＿＿＿＿＿

保养日期:＿＿＿＿＿＿＿

序号	项目	细则	标准	工具	记录	签名	备注
1	压缩机	检查压缩机电磁阀动作	动作灵敏,接线可靠	螺丝刀、万用表			
2	电机	检查主电机绝缘电阻、吸收比或极化指数、绕组直流电阻值	满足设备要求	绝缘表、万用表			
3	控制柜	清扫电气控制柜	电气柜上无杂物,无污渍	清洁工具			
		检查控制系统线路,电气元件及紧固连接接头	电气元件、传感器、各工作触点、管线功能完好,连接可靠	螺丝刀、万用表			
		检查接地装置	接触良好,安全可靠	绝缘表、万用表			
4	设备接地	检查设备接地情况	接地良好	万用表			

设备一级保养内容和要求

设备名称:离心式空压机   设备编号:_____

保养人员:_____   保养日期:_____

序号	项目	细则	标准	工具	记录	签名	备注
1	仪表	检查压力表、温度计	显示正常,无报警,在有效期内	目测			
2	油箱	检查润滑油油位是否在规定位置	油位在正常范围内	目测			
3	油过滤装置	检查油过滤器压差	清洁,无阻塞	目测			
4	空气过滤装置	检查空滤压差,吹扫滤芯	清洁,无阻塞	清洁工具,目测			
5	管道、阀门	检查各部管道、阀门、压力表、连接法兰	无漏气、漏水、漏油	目测,扳手			
		检查 Y 型过滤器、疏水器、泄放阀	无泄漏,无堵塞	目测,扳手			
6	电机	检查电动机轴承润滑情况	润滑良好	目测			
		吹扫电动机	表面清洁	清洁工具			
		检查主电机是否有异响	运转平稳,无异响	绝缘表、万用表			
7	控制柜	清扫电气控制柜	电气柜上无杂物,无污渍	清洁工具			
		检查温度、压力、振动值等数据	数值正常,无报警	目测			
		检查控制系统线路,紧固连接接头	线路无老化,无松脱	螺丝刀、万用表			

设备二级保养(机械)内容和要求

设备名称:离心式空压机   设备编号:_____

保养人员:_____   保养日期:_____

序号	项目	细则	标准	工具	记录	签名	备注
1	仪表	检查仪表气管线、压力表	显示正常,无报警,在有效期内	目测			
2	油箱	更换润滑油,检查油箱腐蚀情况,按需进行清理	润滑油更新,油箱内清洁	目测,扳手			
3	油过滤装置	更换油过滤器芯	油过滤更新	扳手			
4	空气过滤装置	更换空气过滤器芯	过滤器更新	清洁工具,目测			
5	冷却器	拆检冷却器,清洁积垢	无积垢,换热效率达标	清洁工具、扳手			
6	齿轮箱、管道、阀门	检查进气阀、放空阀动作	开关动作正常	目测			
		检查并清洁叶轮、蜗壳、扩压器的磨损、腐蚀及粉尘积聚状况,按需修理或更换	清洁,无损坏	目测,扳手			
		拆检联轴器	无损坏,对中符合设备使用要求	目测,扳手			
		检查各部管道、阀门、压力表、连接法兰	无漏气、漏水、漏油	目测,扳手			
		检查 Y 型过滤器、疏水器、泄放阀	无泄漏,无堵塞	目测,扳手			
7	电机	对电动机轴承加注润滑脂	加注润滑油脂	专用工具			

设备二级保养(电气)内容和要求

设备名称:离心式空压机 　　　　　　　　　设备编号:＿＿＿＿＿＿＿＿

保养人员:＿＿＿＿＿＿＿＿ 　　　　　　　　保养日期:＿＿＿＿＿＿＿＿

序号	项目	细则	标准	工具	记录	签名	备注
1	压缩机	检查压缩机电磁阀动作	动作灵敏,接线可靠	螺丝刀、万用表			
2	电机	检查主电机绝缘电阻、吸收比或极化指数、绕组直流电阻值	满足设备要求	绝缘表、万用表			
3	控制柜	清扫电气控制柜	电气柜上无杂物,无污渍	清洁工具			
		检查控制系统线路,电气元件及紧固连接接头	电气元件、传感器、各工作触点、管线功能完好,连接可靠	螺丝刀、万用表			
		检查接地装置	接触良好,安全可靠	绝缘表、万用表			
4	设备接地	检查设备接地情况	接地良好	万用表			

设备一级保养内容和要求

设备名称:水源热泵　　　　　　　　　　　　　　设备编号:＿＿＿＿＿＿＿＿

保养人员:＿＿＿＿＿＿＿＿　　　　　　　　　　保养日期:＿＿＿＿＿＿＿＿

序号	项目	细则	标准	工具	记录	签名	备注
1	仪表	检查压力表、温度计	显示正常,无报警,在有效期内	目测			
2	油箱	检查润滑油油位是否在规定位置	油位在正常范围之内	目测			
3	管道、阀门	检查各部管道、阀门和连接法兰	无泄漏,连接稳固	目测,扳手			
4	外壳	清洁外壳表面灰尘,各部件连接紧固	无积灰,无油污,连接牢固	清洁工具、扳手			
5	蒸发器、冷凝器	拆检并清理蒸发器、冷凝器	清洁结垢	清洁工具、扳手			
6	电机	检查电动机轴承润滑是否良好	润滑良好	目测			
		检查主电机运行是否有异响	运转平稳,无异响	目测			
7	控制柜	清扫电气控制柜	电气柜上无杂物,无污渍	清洁工具			
		检查控制系统线路,紧固连接接头	线路无老化,无松脱	螺丝刀、万用表			

设备二级保养(机械)内容和要求

设备名称:水源热泵

设备编号:_____

保养人员:_____

保养日期:_____

序号	项目	细则	标准	工具	记录	签名	备注
1	仪表	检查压力表、温度计	显示正常,无报警,在有效期内	目测			
2	油箱	更换润滑油	润滑油更新	备件			
3	管道、阀门、水泵	检查各部管道、阀门、水泵和连接法兰	无泄漏,连接稳固	目测,扳手			
4	压缩机	检查压缩机	连接可靠,无泄漏,无异响	目测,耳听			
5	蒸发器、冷凝器	拆检并清理蒸发器、冷凝器	清洁,无结垢	清洁工具、扳手			
6	轴承	对电动机轴承加注润滑脂	加注润滑油脂	专用工具			

设备二级保养(电气)内容和要求

设备名称:水源热泵　　　　　　　　　　　　　　设备编号:_____

保养人员:_____　　　　　　　　　保养日期:_____

序号	项目	细则	标准	工具	记录	签名	备注
1	压缩机	检查压缩机电磁阀动作	动作灵敏,接线可靠	螺丝刀、万用表			
2	电机	检查主电机绝缘电阻、吸收比或极化指数、绕组直流电阻值	满足设备要求	绝缘表、万用表			
3	控制柜	清扫电气控制柜	电气柜上无杂物,无污渍	清洁工具			
		检查控制系统线路,电气元件及紧固连接接头	电气元件,传感器,各工作触点、管线,功能完好,连接可靠	螺丝刀、万用表			
		检查接地装置	接触良好,安全可靠	绝缘表、万用表			
4	设备接地	检查设备接地情况	接地良好	目测			

设备一级保养内容和要求

设备名称:空气源热泵   设备编号:＿＿＿＿＿＿＿＿＿

保养人员:＿＿＿＿＿＿＿＿＿   保养日期:＿＿＿＿＿＿＿＿＿

序号	项目	细则	标准	工具	记录	签名	备注
1	仪表	检查压力表、温度计	显示正常,无报警,在有效期内	目测			
2	压缩机	检查压缩机是否有异响	连接可靠,无泄漏,无异响,无明显震动	目测,扳手			
3	换热器	检查换热器	无泄漏	目测			
4	管道、阀门	检查各部管道、阀门和连接法兰	无泄漏,连接稳固	目测,扳手			
5	外壳	清洁外壳表面灰尘,各部件连接紧固	无积灰,无油污,连接牢固	清洁工具、扳手			
6	控制柜	清扫电气控制柜	电气柜上无杂物,无污渍	清洁工具			
		检查控制系统线路,紧固连接接头	线路无老化,无松脱	螺丝刀、万用表			

设备二级保养(机械)内容和要求

设备名称:空气源热泵 设备编号:＿＿＿＿＿＿＿

保养人员:＿＿＿＿＿＿＿ 保养日期:＿＿＿＿＿＿＿

序号	项目	细则	标准	工具	记录	签名	备注
1	仪表	检查压力表、温度计	显示正常,无报警,在有效期内	目测			
2	压缩机	检查压缩机是否有异响	连接可靠,无泄漏,无异响,无明显震动	目测,扳手			
3	冷媒	检查冷媒是否充足,按需补充	冷媒充足,符合设备使用要求	冷媒			
4	换热器	检查换热器	无泄漏	目测			
5	管道、阀门	检查各部管道、阀门和连接法兰	无泄漏,连接稳固	目测,扳手			

设备二级保养(电气)内容和要求

设备名称:空气源热泵 　　　　　　　　　　　　设备编号:＿＿＿＿＿＿＿＿

保养人员:＿＿＿＿＿＿＿＿ 　　　　　　　　　　保养日期:＿＿＿＿＿＿＿＿

序号	项目	细则	标准	工具	记录	签名	备注
1	压缩机	检查压缩机电磁阀动作	动作灵敏,接线可靠	螺丝刀、万用表			
2	控制柜	清扫电气控制柜	电气柜上无杂物,无污渍	清洁工具			
		检查控制系统线路、电气元件及紧固连接接头	电气元件,传感器,各工作触点、管线,功能完好,连接可靠	螺丝刀、万用表			
		检查接地装置	接触良好,安全可靠	绝缘表、万用表			
3	设备接地	检查设备接地情况	接地良好	目测			

设备一级保养内容和要求

设备名称:冷却塔

设备编号:＿＿＿＿＿＿＿＿＿

保养人员:＿＿＿＿＿＿＿＿＿

保养日期:＿＿＿＿＿＿＿＿＿

序号	项目	细则	标准	工具	记录	签名	备注
1	塔体	检查塔体是否渗漏	无渗漏	目测			
2	填料	检查填料是否堵塞	无堵塞	目测			
3	风机	检查风机运转是否有异响	运转正常,无异响	目测			
		检查风机电机是否有异响	运转正常,无异响	绝缘表、万用表			
4	控制柜	清扫电气控制柜	电气柜上无杂物,无污渍	清洁工具			
		接地线是否牢固	接地牢靠	目测			
		检查控制系统线路,紧固连接接头	线路无老化,无松脱	螺丝刀、万用表			

设备二级保养(机械)内容和要求

设备名称:冷却塔　　　　　　　　　　　　　　　设备编号:＿＿＿＿＿＿＿＿

保养人员:＿＿＿＿＿＿＿＿　　　　　　　　　　　保养日期:＿＿＿＿＿＿＿＿

序号	项目	细则	标准	工具	记录	签名	备注
1	塔体	检查塔体是否渗漏,紧固连接件	无渗漏,连接件牢靠	目测			
2	填料	检查填料是否堵塞	无堵塞	目测			
3	集水盘、水池	检查并清洁集水盘或水池	清洁,无泄漏	清洁工具			
4	布水系统	检查并清洁布水系统	无堵塞,无异物	目测,清洁工具			
5	减速器	检查减速器,更换润滑油;清洁轴承及油封,按需更换	润滑油更新,轴承或油封无磨损	目测,扳手			
6	风机	检查风机运转是否有异响	运转正常,无异响	目测、耳听			

设备二级保养(电气)内容和要求

设备名称:冷却塔　　　　　　　　　　　　　　设备编号:＿＿＿＿＿＿＿＿

保养人员:＿＿＿＿＿＿＿＿　　　　　　　　　保养日期:＿＿＿＿＿＿＿＿

序号	项目	细则	标准	工具	记录	签名	备注
1	电机	检查主电机绝缘电阻、吸收比或极化指数、绕组直流电阻值	满足设备要求	绝缘表、万用表			
2	控制柜	清扫电气控制柜	电气柜上无杂物,无污渍	清洁工具			
		检查控制系统线路,紧固连接接头	电气元件、传感器、各工作触点、管线功能完好	螺丝刀、万用表			
		检查接地装置	接触良好,安全可靠	绝缘表、万用表			
3	设备接地	检查设备接地情况	接地良好	万用表			

设备保养内容和要求

设备名称:卧式离心泵　　　　　　　　　　　　　　设备编号:＿＿＿＿＿＿＿＿＿＿

保养人员:＿＿＿＿＿＿＿＿＿　　　　　　　　　　保养日期:＿＿＿＿＿＿＿＿＿＿

序号	项目	细则	标准	工具	记录	签名	备注
1	泵体	擦拭泵体外表	无锈蚀,无黄袍,无灰尘	刷子、扳手、螺丝刀、铁锤等			
		配齐并紧固泵各部螺栓,紧固地脚螺栓	紧固件牢固,无缺损				
2	联轴器	检查联轴器,更换损坏的橡胶圈,确保工作可靠	转动灵活,无卡阻,减震圈间隙正常	目测			
3	填料、压盖;机械密封	检查填料是否发硬,必要时更换,调节压盖,使之松紧合适,压紧螺丝上油防锈	填料、压盖工况正常,密封良好	扳手、螺丝刀和填料			
		检查机械密封完好性	间隙正常,阀面无严重划痕	目测			
4	润滑	检查润滑油油质、油量	油量适中,油质良好	目测			
5	进出口阀门	补充或更换填料,调整填料压盖,松紧适当,压紧螺丝上油防锈	填料、压盖工况正常,密封良好	扳手、螺丝刀和填料			
		检查手轮转动是否灵活	手动关闭开启顺利,无严重卡阻	试验			
6	电器	电动机外部清洁	无灰尘,无油垢	清洁工具			
		检查电机接线及接地线,确保安全可靠	防护连接可靠,性能良好	目测			
		检查电机绝缘电阻	接地连接可靠,绝缘电阻符合要求	绝缘检测工具			
		检查控制回路、各开关动静触头	动作灵敏可靠	电笔、万能表等			

设备保养内容和要求

设备名称:潜水泵　　　　　　　　　　　　　　　设备编号:＿＿＿＿＿＿＿

保养人员:＿＿＿＿＿＿＿　　　　　　　　　　　保养日期:＿＿＿＿＿＿＿

序号	项目	细则	标准	工具	记录	签名	备注
1	泵体	泵体外部清洁	无锈蚀,无污泥	刷子、扳手、螺丝刀、铁锤等			
		配齐并紧固泵各部螺栓,紧固地脚螺栓	紧固件牢固,无缺损				
2	吸口	清洁检查吸口滤网	无影响吸取液体的垃圾,滤网无缺损	清洁工具,目测			
3	联轴器	检修联轴器,调换损坏零件	转动灵活,无卡阻,减震圈间隙正常	目测			
4	磨水环	调整磨水环间隙	各部件配合间隙符合要求,压力正常	测量、试验			
5	填料、密封	检查填料、密封老化情况,及时更换	填料、密封工况良好	扳手、螺丝刀等			
6	电器	拆检电动机,清洁轴承,更换润滑油	运转正常(点检检查符合规范要求)	常规维修工具			
		检修各开关触头、触点,使之接触良好	连接可靠,灵敏可靠,性能良好	目测、试验			
		绝缘检测	绝缘符合要求(不大于4 Ω)	绝缘检测工具			
7	外部密封、进压力箱	检查外部密封是否完好,进压力箱进行压力试验	浸水检验绝缘符合要求(不大于4 Ω)	水桶、绝缘检测工具			

六、电气设备

设备一级保养内容和要求

设备名称：（变）配电站　　　　　　　　　　　设备编号：＿＿＿＿＿＿＿＿＿

保养人员：＿＿＿＿＿＿＿＿＿　　　　　　　　　保养日期：＿＿＿＿＿＿＿＿＿

序号	项目	细则	标准	工具	记录	签名	备注
1	电力变压器	擦清绝缘子、环氧树脂表面	外部清洁,无油污	布、刷子			
2		检查高低压侧绝缘子	无异常,套管无放电、无裂痕	目测			
3		擦清、检查冷却装置	外部清洁,无油污,运行正常	布、刷子			
4		检查电气接点连接处	无过热,无油污	目测			
5		检查变压器温控装置	无油污,无断线	布、刷子			
6		检查高低压侧母线	无过热、烧焦、氧化	布、刷子			
7		检查变压器接地线	接地规范	目测			
8		检查铁丝网	无破损,无油污	布、刷子			
9	高压开关柜	擦清柜体表面及柜内各部件外表	无灰尘、油垢,绝缘子完整无裂痕	布、刷子			
10		擦清 VD4 断路器动触头刀片	无灰尘、油垢,无过热、烧焦、氧化	布、刷子			
11		擦清 VD4 断路器开关表面	无灰尘、油垢,真空泡无漏气、放电	布、刷子			
12		擦清 VD4 断路器静触头	无过热、氧化等	布、刷子			
13		检查 VD4 断路器小车	无灰尘、油垢	布、刷子			
14		检查信号指示装置	信号正常,连锁装置可靠,无缺件	布、刷子			
15		检查各连接点	连接规范	布、刷子			
16		对二次回路应检查端子板	接线头和标志牌完整	布、刷子			
17		检查二次回路熔断器	熔丝容量符合规定	布、刷子			
18		检查接地	接地规范	布、刷子			
19		检查开关柜仪表	清洁,正常可靠	布、刷子			

表（续1）

序号	项目	细则	标准	工具	记录	签名	备注
20	负荷开关	擦清柜体表面及柜内各部件外表	无灰尘、油垢	布、刷子			
21		检查开关紧固情况,必要时加以调整	操作机构灵活	布、刷子			
22		检查接地	接地规范	目测			
23	高压汇流排	擦清汇流排及绝缘子	无灰尘、油垢,绝缘子完整无裂痕	布、刷子			
24		检查汇流排连接处	无过热、烧焦、氧化、放电	布、刷子			
25		检查并紧固螺栓	无过热烧焦、氧化、放电	布、刷子			
26		检查构架接地	接地良好	布、刷子			
27	电流互感器	清洁电流互感器	无灰尘、油垢,完整无裂痕	布、刷子			
28		检查绝缘瓷瓶	清洁、完好	布、刷子			
29		检查接地	接地规范	目测			
30		检查二次回路	完好,无过热、烧焦、氧化、放电	布、刷子			
31	电压互感器	检查一次回路并清扫	紧固良好,电压互感器上无灰尘	布、刷子			
32		检查绝缘瓷瓶	清洁、完好,无放电、裂痕	布、刷子			
33		检查熔断器	完整,熔丝容量符合规定	布、刷子			
34		检查接地	接地规范	目测			
35		检查二次回路	无过热、烧焦、氧化、放电,号码完整	布、刷子			
36	电容器	擦扫绝缘子	无灰尘、油垢,绝缘子完整无裂痕	布、刷子			
37		清扫电容器	无漏油,箱壁应无膨胀凹凸	布、刷子			
38		套管	无破裂	布、刷子			
39		检查接地和放电装置	连接规范	目测			
40		检查通电连接部分	无过热	布、刷子			

表（续2）

序号	项目	细则	标准	工具	记录	签名	备注
41	直流屏	检查电池	完整,电解液不泄漏	布、刷子			
42		检查直流屏通风	无灰尘、油垢,无遮盖物	布、刷子			
43		检查信号装置	无烧线,编号清晰,信号正确	布、刷子			
44		整流、调压、稳压、变压器	无灰尘、油污,无过热	布、刷子			
45	阀式避雷器	检查各部件紧固情况	无松动、过热、烧焦、氧化、放电	布、刷子			
46		清扫外表	无灰尘、油垢,完整,无裂痕	布、刷子			
47		检查接地	接地规范	目测			
48		检查绝缘子	无灰尘、油垢,完整,无裂痕	布、刷子			
49	低压配电柜	清扫配电柜表面	表面、按钮仪表等无灰尘、油垢	布、刷子			
50		检查导线连接	无松动、过热、烧焦、氧化、放电	扳手,目测			
51		检查接地	接地规范	目测			
52		检查信号指示、仪表指示是否正常	无烧线,编号清晰,信号正确	布、刷子			
53		清洁断路器	无过热、烧焦、氧化、放电	布、刷子			
54		检查出线电缆接线	无过热、熔化等现象	布、刷子			
55	电抗器	清扫灰尘	无灰尘、油垢,完整,无裂痕	布、刷子			
56		检查各部件紧固情况	无松动、过热、烧焦、氧化、放电	布、刷子			
57		检查接地	接地规范	目测			
58	接地网	检查接地网及接地线	无断裂,无缺陷	布、刷子			
59		检查接地标志	无掉落,无缺失	目测			
60		检查避雷针装置	完整,无缺损	布、刷子			

表(续3)

序号	项目	细则	标准	工具	记录	签名	备注
61	电缆	清洁电缆终端	无放电,无裂缝,无过热、熔化、氧化	布、刷子			
62		清扫绝缘子	清洁,无裂痕,无放电	布、刷子			
63		检查电缆支架	接地线无松动、断股,接触良好	布、刷子			
64		电缆孔	防火水泥封堵,无缺失	布、刷子			
65		检查电缆盖板	无缺损	布、刷子			
66	软启动柜	擦清柜体表面及柜内各部件外表	无灰尘、油垢,绝缘子完整无裂痕	布、刷子			
67		检查仪表和继电器	无烧线,编号清晰	布、刷子			
68		检查水电阻内水位	在表线位置,无放电	布、刷子			
69		检查断路器	清洁,真空泡无漏气、放电	布、刷子			
70		检查柜体接地	良好可靠,无断丝、松动	目测			
71		检查电动机传动部	无松动、堵转、卡死	目测			

设备二级保养内容和要求

设备名称：（变）配电站　　　　　　　　　　设备编号：＿＿＿＿＿＿＿＿

保养人员：＿＿＿＿＿＿＿＿　　　　　　　　　保养日期：＿＿＿＿＿＿＿＿

序号	项目	细则	标准	工具	记录	签名	备注
1	真空断路器	含一级保养内容	按一级保养	清扫工具			
2		试跳和校验各保护回路	逐一进行，无拒动跳闸	万用表、跳线、继电保护校验器			
3		保养机械传动部分	支点必须灵活，润滑良好	油枪			
4		断路器主回路检查	三相合闸一致	扳手、高压特性测试仪			
5		电气试验	按《电气试验预防性标准》	工频耐压试验装置、回路电阻测试仪、直流电阻测试仪			
6	低压万能式断路器	含一级保养内容	按一级保养	清扫工具			
7		断路器主回路动静触头检查	动作可靠，位置正确	套筒扳手			
8		断路器二次回路检查	合分闸动作无失灵	万用表			
9		更换损坏零件	零件无缺损	扳手、螺丝刀			
10	隔离开关	含一级保养内容	按一级保养	清扫工具			
11		保养机械传动部分	支点必须灵活，润滑良好	油枪			
12		动、静触头检查	工况良好	扳手、螺丝刀			
13		机械连锁检查，适当加润滑油脂	可靠、灵活，润滑良好	油枪			
14		电气连锁检查	辅助开关接触良好	万用表			
15		电气试验	按《电气试验预防性标准》	工频耐压试验装置、回路电阻测试仪、直流电阻测试仪			

表（续1）

序号	项目	细则	标准	工具	记录	签名	备注
16	干式变压器	含一级保养内容	按一级保养	清扫工具			
17		检查温控仪	"超温跳闸、超温报警、温度传感器故障"动作正常	万用表			
18		轴流风机检查,适当加润滑油脂	手动、自动运行正常,润滑良好	万用表、油枪			
19		电气试验	按《电气试验预防性标准》	工频耐压试验装置、回路电阻测试仪、直流电阻测试仪			
20	母线	含一级保养内容	按一级保养	清扫工具			
21		各连接螺栓检查	接触良好,紧固	扳手、螺丝刀			
22		绝缘子检查	工况良好				
23		检查油漆	各相颜色正常	油漆、刷子			
24		电气试验	按《电气试验预防性标准》	工频耐压试验装置、回路电阻测试仪、直流电阻测试仪			
25	避雷器（包括避雷针）	含一级保养内容	按一级保养	清扫工具			
26		电气试验	按《电气试验预防性标准》	工频耐压试验装置、回路电阻测试仪、直流电阻测试仪			
27	电力电容器	含一级保养内容	按一级保养	清扫工具			
28		放电回路检查	指示正常	万用表			
29		橡皮垫圈检查,必要时调换橡皮垫圈	橡皮垫圈工况正常	扳手、螺丝刀			
30		电容容量检查	实测与铭牌在规定范围内	电容测试仪			
31		电气试验	按《电气试验预防性标准》	工频耐压试验装置、回路电阻测试仪、直流电阻测试仪			
32	硅整流装置	含一级保养内容	按一级保养	清扫工具			
33		整流工作特性参数	各参数符合要求	万用表			
34		冷却系统,必要时更换风机	工况良好	扳手、螺丝刀			
35		电气试验	按《电气试验预防性标准》	直流电阻测试仪			

表（续2）

序号	项目	细则	标准	工具	记录	签名	备注
36	继电保护和自动装置	含一级保养内容	按一级保养	清扫工具			
37		核对定值	符合规范	万用表、跳线、继电保护校验器			
38		电气试验	按《电气试验预防性标准》	直流电阻测试仪			
39	电缆	含一级保养内容	按一级保养	清扫工具			
40		各连接螺栓检查	接触良好,紧固	扳手、螺丝刀			
41		电缆头相位检查,必要时电缆分相颜色重漆	分相颜色清楚	油漆、刷子			
42		瓷套管(绝缘子)	工况良好	扳手、螺丝刀			
43		电气试验	按《电气试验预防性标准》	工频耐压试验装置、回路电阻测试仪、直流电阻测试仪			
44	高压开关柜	含一级保养内容	按一级保养	清扫工具			
45		VD4断路器检查,适当加润滑油脂	手动摇进摇出灵活,润滑良好	扳手、螺丝刀、油枪			
46		动、静触头检查	接触良好,紧固	扳手、螺丝刀、油枪			
47		二次回路、仪表、指示灯检查	显示正常	扳手、螺丝刀			
48		电气试验	按《电气试验预防性标准》	工频耐压试验装置、回路电阻测试仪、直流电阻测试仪			
49	软启动柜	含一级保养内容	按一级保养	清扫工具			
50		极板检查,必要时调整并润滑	触头行程和压力正常	扳手、螺丝刀、油枪			
51		电阻值检查	三相平衡在规定值内	万用表			
52		断路器检查	按真空断路器内容和要求	真空断路器工具			
53		控制回路检查	接触良好,紧固	螺丝刀			
54		电气试验	按《电气试验预防性标准》	工频耐压试验装置、回路电阻测试仪、直流电阻测试仪			

设备一级保养内容和要求

设备名称:变频电源(低压)   设备编号:＿＿＿＿＿＿＿＿

保养人员:＿＿＿＿＿＿＿＿   保养日期:＿＿＿＿＿＿＿＿

序号	项目	细则	标准	工具	记录	签名	备注
1	低压进线系统	擦清柜体表面及柜内各部件外表	无灰尘、油垢,绝缘子完整无裂痕	大力吸尘器、刷子,目测			
2		擦清断路器动触头刀片	无灰尘、油垢,无过热、烧焦、氧化	大力吸尘器、刷子,目测			
3		擦清断路器开关表面	无灰尘、油垢,真空泡无漏气、放电	大力吸尘器、刷子,目测			
4		擦清断路器静触头	无过热、氧化	大力吸尘器、刷子,目测			
5		检查断路器小车	无灰尘、油垢	大力吸尘器、刷子,目测			
6		检查信号指示装置	信号正常,连锁装置可靠,无缺件	大力吸尘器、刷子,目测			
7		检查各连接点接触	紧固	大力吸尘器、刷子,目测			
8		对二次回路应检查端子板	接线头和标志牌完整	大力吸尘器、刷子,目测			
9		检查二次回路熔断器	熔丝容量符合规定	大力吸尘器、刷子,目测			
10		检查接地	接地规范	目测			
11		检查开关柜仪表	无污物,正常可靠	布、刷子			
12	低压整流变压器、输出变压器	擦清绝缘子、环氧树脂表面	外部清洁,无油污	布、刷子			
13		检查高低压侧绝缘子	无异常,套管无放电,无裂痕	目测			
14		擦清检查冷却装置	外部清洁,无油污,运行正常	布、刷子			
15		检查电气接点连接处	无过热,无油污	目测			

表(续)

序号	项目	细则	标准	工具	记录	签名	备注
16	低压整流变压器、输出变压器	检查变压器温控装置	无油污,无断线	布、刷子			
17		检查高低压侧母线	无过热、烧焦、氧化	布、刷子,目测			
18		检查变压器接地线	接地规范	目测			
19		检查铁丝网	无破损,无油污	布、刷子,目测			
20	变流模块系统	清洁整流柜、逆变柜表面及各部件外表	无灰尘、油垢,绝缘子无裂痕完整	大力吸尘器、刷子,目测			
21		清洁、检查系统散热风机	无灰尘,工作状态、运行正常	大力吸尘器、刷子,目测			
22		检查母线各连接螺栓	接触良好,紧固,无过电流变形、变色	目测			
23		检查温湿度器工作情况	系统长期运行正常,无灰尘	大力吸尘器、刷子,目测			
24		检查整流、逆变模块	无灰尘,工作状态、运行正常,无爬电、放电痕迹	大力吸尘器、刷子,目测			
25	控制模块系统	检查 DSP 控制系统芯片	无灰尘,工作状态、运行正常,无爬电、放电痕迹,各系统连接线无松动,无烧断	刷子,目测			
26		检查 PLC 控制器	无灰尘,工作状态、运行正常,无爬电、放电痕迹,编号无退色	刷子,目测			
27		检查电脑系统	按电脑保养要求	刷子,目测			
28		检查 UPS 电源	排风孔与设备表面无灰尘	刷子、布,目测			

设备二级保养内容和要求

设备名称:变频电源(低压)　　　　　　　　　　　　　　设备编号:＿＿＿＿＿＿＿＿

保养人员:＿＿＿＿＿＿＿＿　　　　　　　　　　　　　　保养日期:＿＿＿＿＿＿＿＿

序号	项目	细则	标准	工具	记录	签名	备注
1	低压进线系统	含一级保养内容	按一级保养	清扫工具			
2		断路器主回路电气连锁	辅助开关接触良好,三相合闸一致	扳手、高压特性测试仪			
3		检查环境温度、湿度控制仪	"超温跳闸、超温报警、温度传感器故障、超湿报警、湿度传感器故障"动作正常	万用表			
4		检查空调及管路	按空调二级保养标准	万用表、扳手			
5		检查母线各连接螺栓	接触良好,紧固	扳手、螺丝刀			
6		检查避雷器(包括避雷针)	接触良好,紧固	扳手、螺丝刀			
7		检查继电保护和自动装置核对定值	各项整组动作满足试验要求	万用表、跳线、继电保护校验器			
8		检查电缆各连接螺栓	接触良好,紧固	扳手、螺丝刀			
9		电气试验	按《电气试验预防性标准》	工频耐压试验装置、回路电阻测试仪、直流电阻测试仪			
10	变流模块系统	含一级保养内容	按一级保养	清扫工具			
11		检查系统输入供电电压、相位及设备的接地情况	相序器正常,电压1 000 V,接地电阻0.1 Ω	万用表、接地电阻测量仪			
12		检查系统输出电压、电压稳定度、频率稳定度是否达标	输出电压:690 V;电压稳定度:1%;频率稳定度:0.01%	示波器、万用表			
13		对变流模块冷却回路(含散热风扇、空调机组)进行保养	控制器装置工作正常;温湿度控制器工作正常	万用表			

表(续)

序号	项目	细则	标准	工具	记录	签名	备注
14	控制模块系统	含一级保养内容	按一级保养	清扫工具			
15		检查 DSP 控制系统芯片	接线端子部位无松动,各电源指示灯正常;光纤、通信指示灯闪烁正常;反馈信号正常	目测、手动			
16		检查 PLC 控制器	无故障	目测			
17		检查电脑系统	运行正常	目测			
18		检查 UPS 电源	电瓶电压 24 V,输出电压 220 V	万用表			

设备一级保养内容和要求

设备名称:变频电源(高压)　　　　　　　　　　设备编号:＿＿＿＿＿＿＿＿＿

保养人员:＿＿＿＿＿＿＿＿＿　　　　　　　　　保养日期:＿＿＿＿＿＿＿＿＿

序号	项目	细则	标准	工具	记录	签名	备注
1	高压进线系统	擦清柜体表面及柜内各部件外表	无灰尘、油垢,绝缘子完整无裂痕	大力吸尘器、刷子,目测			
2		擦清VD4断路器动触头刀片	无灰尘、油垢,无过热、烧焦、氧化	大力吸尘器、刷子,目测			
3		擦清VD4断路器开关表面	无灰尘、油垢,真空泡无漏气、放电	大力吸尘器、刷子,目测			
4		擦清VD4断路器静触头	无过热、氧化	大力吸尘器、刷子,目测			
5		检查VD4断路器小车	无灰尘、油垢	大力吸尘器、刷子,目测			
6		检查信号指示装置	信号正常,连锁装置可靠,无缺件	大力吸尘器、刷子,目测			
7		检查各连接点接触	紧固	大力吸尘器、刷子,目测			
8		对二次回路应检查端子板	接线头和标志牌完整	大力吸尘器、刷子,目测			
9		检查二次回路熔断器	熔丝容量符合规定	大力吸尘器、刷子,目测			
10		检查接地	接地规范	目测			
11		检查开关柜仪表	无污物,正常可靠	布、刷子			
12	高压整流变压器/输出变压器	擦清绝缘子、环氧树脂表面	外部清洁,无油污	布、刷子			
13		检查高低压侧绝缘子	无异常,套管无放电,无裂痕	目测			
14		擦清、检查冷却装置	外部清洁,无油污,运行正常	布、刷子			
15		检查电气接点连接处	无过热,无油污	目测			

表(续)

序号	项目	细则	标准	工具	记录	签名	备注
16	高压整流变压器、输出变压器	检查变压器温控装置	无油污,无断线	布、刷子			
17		检查高低压侧母线	无过热、烧焦、氧化	布、刷子,目测			
18		检查变压器接地线	接地规范	目测			
19		检查铁丝网	无破损,无油污	布、刷子,目测			
20	变流模块系统	清洁整流柜、逆变柜表面及各部件	无灰尘、油垢,绝缘子完整无裂痕	大力吸尘器、刷子,目测			
21		清洁、检查系统散热风机	无灰尘,工作状态、运行正常	大力吸尘器、刷子,目测			
22		检查母线各连接螺栓	接触紧固,无过电流变形变色	目测			
23		检查温湿度器工作情况	系统运行正常,无灰尘	大力吸尘器、刷子,目测			
24		检查整流、逆变模块	无灰尘,工作状态、运行正常,无爬电、放电痕迹	大力吸尘器、刷子,目测			
25	控制模块系统	检查 DSP 控制系统芯片	无灰尘,工作状态、运行正常,无爬电、放电痕迹,各系统连接线无松动,无烧断,编号无褪色	刷子,目测			
26		检查 PLC 控制器					
27		检查电脑系统	按电脑保养要求	刷子,目测			
28		检查 UPS 电源	排风孔与设备表面无灰尘	刷子、布,目测			

设备二级保养内容和要求

设备名称:变频电源(高压) 设备编号:_____

保养人员:_____ 保养日期:_____

序号	项目	细则	标准	工具	记录	签名	备注
1		含一级保养内容	按一级保养	清扫工具			
2		检查隔离开关机械传动部分,适当加润滑油脂	支点灵活	油枪			
3		检查断路器主回路电气连锁	辅助开关接触良好,三相合闸一致	扳手、高压特性测试仪			
4		检查干式变压器温控仪	"超温跳闸、超温报警、温度传感器故障"动作正常	万用表			
5	高压进线系统	检查干式变压器轴流风机,适当加润滑油脂	手动、自动运行正常,润滑良好	万用表、油枪			
6		检查母线各连接螺栓	接触良好,紧固	扳手、螺丝刀			
7		检查避雷器(包括避雷针)	接触良好,紧固	扳手、螺丝刀			
8		检查继电保护和自动装置,核对定值	各项整组动作试验正常	万用表、跳线、继电保护校验器			
9		检查电缆各连接螺栓	接触良好,紧固	扳手、螺丝刀			
10		电气试验	按《电气试验预防性标准》	工频耐压试验装置、回路电阻测试仪、直流电阻测试仪			
11	变流模块系统	含一级保养内容	按一级保养	清扫工具			
12		检查系统输入供电电压,相位及设备接地情况	相序器正常,电压1 000 V,接地电阻0.1 Ω	万用表、接地电阻测量仪			

表（续）

序号	项目	细则	标准	工具	记录	签名	备注
13	变流模块系统	检查系统输出电压、电压稳定度、频率稳定度是否达标	输出电压：690 V；电压稳定度：1%；频率稳定度：0.01%	示波器、万用表			
14		对变流模块冷却回路（含散热风扇、空调机组）进行保养	控制器装置工作状态正常；温湿度控制器工作状态正常	万用表			
15	控制模块系统	含一级保养内容	按一级保养	清扫工具			
16		检查 DSP 控制系统芯片	接线端子部位无松动、各电源指示灯正常；光纤、通信指示灯闪烁正常；反馈信号正常	目测、手动			
17		检查 PLC 控制器	无故障	目测			
18		检查电脑系统	启动正常	目测			
19		检查 UPS 电源	电瓶电压 24 V，输出电压 220 V	万用表			

设备一级保养内容和要求

设备名称:岸基电源   设备编号:＿＿＿＿＿＿＿＿

保养人员:＿＿＿＿＿＿＿＿   保养日期:＿＿＿＿＿＿＿＿

序号	项目	细则	标准	工具	记录	签名	备注
1	设备外表、操纵台台面	擦拭设备、操作台、仪表、显示屏	外观清洁,无积灰、油污	清洁工具			
2	周围环境	检查周围环境	温度在 - 5 ~ 40 ℃,湿度维持在90%以下	目测			
3	操纵台	检查操作器显示	显示正确	目测			
4	配线端子和连接器	检查配线端子和连接器有没有过热或变色等异常情况	无过热、变色	目测			
5	变频器	检查变频器有无异常的噪音、震动和异味	运行正常,无异常噪音、震动和异味	目测			
6	降压箱	检查温度及有无异响	温度 0 ~ 80 ℃ 为正常,无异响	目测			

设备二级保养内容和要求

设备名称:岸基电源　　　　　　　　　　　　　　设备编号:＿＿＿＿＿＿＿＿＿

保养人员:＿＿＿＿＿＿＿＿＿　　　　　　　　　　保养日期:＿＿＿＿＿＿＿＿＿

序号	项目	细则	标准	工具	记录	签名	备注
1	准备工作	设备断电,挂警示牌	电压为"0",有警示牌	万用表			
		高压部分放电	电压为"0"	接地棒、验电棒			
2	变频器	变频器内部清洁	无灰尘,铁屑及腐蚀性液体	吸尘器、刷子等			
		检查配线端子和连接器	无松动	螺丝刀、扳手			
3	电源	绝缘测试	符合规范	兆欧表			
		变压器抽头螺栓扭力检测	工况正常	扭力扳等			
		滤网灰尘清理	无积灰	吸尘器、刷子等			
		整流柜灰尘清理					
		逆变柜灰尘清理					
		风机灰尘清理					
4	降压箱变	滤网灰尘清理	无积灰	吸尘器、刷子等			
		变压器抽头螺栓扭力检测	工况正常	扭力扳等			
5	操纵系统	检查按钮、仪表、控制元件	完好,无损坏				
6	设备上电	拆除接地棒,摘取警示牌	动作到位,警示牌复位				
		设备上电,启动	启动正常	万用表			
7	通电运行	检查按钮、仪表、控制元件	工作正常				

设备保养内容和要求

设备名称:移动电箱　　　　　　　　　　　　设备编号:＿＿＿＿＿＿＿＿＿＿

保养人员:＿＿＿＿＿＿＿＿＿＿　　　　　　保养日期:＿＿＿＿＿＿＿＿＿＿

序号	项目	细则	标准	工具	记录	签名	备注
1	箱体	清洁箱体内、箱顶、箱体钢板,腐蚀严重的及时调换	外观清洁,无锈蚀,无灰尘	清洁工具、螺丝刀、扳手			
		检查箱体的油漆及箱体,配齐缺损的门锁,补齐编号和标识	配件齐全,无污损	目测			
2	电缆	测量电缆绝缘	绝缘良好	兆欧表			
		电缆破损处用绝缘材料包扎好	无破皮露铜	目测			
3	接线铜排	检查铜排	无严重烧灼痕迹	目测			
		对所有接线端进行紧固,检查各接线端	电线不存在硬摩擦,连接可靠,无破皮露铜	目测			
		检查铜排绝缘套管是否完好	无缺失和损坏	目测			
4	开关	检查开关上下桩头是否完好	无严重烧灼痕迹	目测			
		检查开关底脚是否松动	无松动和移位	目测			
5	变压器	检查变压器桩头工况	无松动和移位,进出电压符合要求	目测,万能表			
		做好变压器清洁工作	无灰尘、油渍	目测			
		检查固定底脚	无松动和移位	目测			
6	接地体	检查接地体是否有腐蚀,螺丝是否松动	连接可靠,无锈蚀	目测			
		检查绝缘电阻	符合规范要求	兆欧表			
7	胶木板	检查胶木板是否有变色	无严重烧灼痕迹	目测			
		检查固定底脚是否松动	固定可靠	目测			

设备保养内容和要求

设备名称:负载筒 　　　　　　　　　　　　　设备编号:_____

保养人员:_____ 　　　　　　　　保养日期:_____

序号	项目	细则	标准	工具	记录	签名	备注
1	外表	对负载筒内外进行清洁	无灰尘,无油污	清洁工具			
2	传动	检查丝杆及导轨是否磨损,必要时更换	无影响运行的磨损	目测			
		检查齿轮是否磨损,必要时更换	无影响运行的磨损	目测			
		检查限位开关是否完好,必要时更换	动作及时,正确可靠	试验			
3	润滑	对丝杆加注润滑油脂	润滑良好,无明显卡阻	润滑油脂、刷子			
		对齿轮加注润滑油	润滑良好	润滑油脂、刷子			
	电器	拆卸电动机进行保养	符合电动机修理规范	常规工具			
		检查电器控制系统,应安全可靠;检查限位开关是否完好	无缺失和故障	电笔、万能表、螺丝刀			
		线路检查,保证绝缘	线路整齐排列,绝缘良好	绝缘检测工具			
		检查接地是否完全可靠	绝缘良好,符合要求	绝缘检测工具			

七、涂装设备

设备一级保养内容和要求

设备名称:旧砂再生处理系统　　　　　　　　　　　设备编号:_____

保养人员:_____　　　　　　　　　　　保养日期:_____

序号	项目	细则	标准	工具	记录	签名	备注
1	电源开关柜	外观清洁整理,必要时进行微调整	外表、按钮无油污、覆盖物	扫帚、抹布、螺丝刀、扳手,目测			
2	工控机、控制台	外观清洁整理	外表、屏幕无油污、覆盖物				
3	控制电气柜	外观清洁整理,必要时进行微调整	外表、按钮无油污、覆盖物				
4	振动落砂机	外观清洁整理;对落砂机周边漏砂进行清理;对振动电机补充润滑油	外表整洁,无灰尘、油污、覆盖物;紧固件无松动,润滑良好,运转无异响	扫帚、抹布、螺丝刀、扳手、油枪,目测			
5	振动输送机						
6	磁选机						
7	皮带输送机	外观清洁整理,必要时进行微调整;对减速机等补充润滑油;传动辊动平衡校验;检查皮带,皮带损坏超过1 cm时更换	外表整洁,无灰尘、油污、覆盖物;无跑偏	扫帚、抹布、螺丝刀、扳手、油枪,目测			
8	斗提机	外观清洁整理,必要时进行微调整;对减速机等补充润滑油;检查料斗及皮带,皮带损坏超过1 cm时更换,料斗磨损超1/3时更换	外表整洁,无灰尘、油污、覆盖物;无跑偏;料斗及皮带无异常磨损	扫帚、抹布、螺丝刀、扳手、油枪,目测			
9	焙烧炉	外观清洁整理,必要时进行微调整,对管路泄漏进行检查	外表整洁,无灰尘、油污、覆盖物;管路无泄漏	扫帚、抹布、螺丝刀、扳手、肥皂水,目测			

表（续1）

序号	项目	细则	标准	工具	记录	签名	备注
10	振动给料机	外观清洁整理,必要时进行微调整;补充润滑油和润滑油脂	外表整洁,无灰尘、油污、覆盖物;紧固件无松动,润滑良好,电机等运转无异响	扫帚、抹布、螺丝刀、扳手、油枪,目测			
11	振动破碎机						
12	沸腾冷却床						
13	离心再生机						
14	砂温调节器	外观清洁整理,必要时进行微调整	外表整洁,无灰尘、油污、覆盖物	扫帚、抹布、螺丝刀、扳手,目测			
15	发送罐	外观清洁整理,必要时进行微调整	外表整洁,无灰尘、油污、覆盖物	扫帚、抹布、螺丝刀、扳手、肥皂水,目测			
16	发送管路	外观清洁整理,必要时进行微调整;管路检查	外表整洁,无灰尘、油污、覆盖物;管路无泄漏	扫帚、抹布、螺丝刀、扳手、肥皂水,目测			
17	型砂砂库	外观清洁整理	外表整洁,无灰尘、油污、覆盖物	扫帚、抹布、螺丝刀、扳手,目测			
18	粉尘治理站	外观清洁整理,必要时进行微调整;补充润滑脂	外表整洁,无灰尘、油污、覆盖物;紧固件无松动,润滑良好,电机等运转无异响	扫帚、抹布、螺丝刀、扳手、油枪,目测			
19	除尘器	外观清洁整理,必要时进行微调整;补充润滑油或油脂等;检查通风管道	外表整洁,无灰尘、油污、覆盖物;紧固件无松动,润滑良好,电机等运转无异响;通风管道无积尘,无泄漏	扫帚、抹布、螺丝刀、扳手、油枪、肥皂水,目测			
20	空中砂库	外观清洁整理	外表整洁,无灰尘、油污、覆盖物				
21	冷冻机组	外观清洁整理,必要时进行微调整;润滑保养,检查制冷液、冷冻油及管路等	外表整洁,无灰尘、油污、覆盖物;紧固件无松动,润滑良好,表压力等正常,管路无泄漏,风机、转轮等运转无异响	扫帚、抹布、螺丝刀、扳手,目测			

表(续2)

序号	项目	细则	标准	工具	记录	签名	备注
22	冷却塔	外观清洁整理,必要时进行微调整,补充冷却水、润滑油脂等	外表整洁,无灰尘、油污、覆盖物;紧固件无松动,润滑良好,电机等运转无异响	扫帚、抹布、螺丝刀、扳手、油枪,目测			
23	冷却水系统	外观清洁整理,必要时进行微调整,补充冷却水	外表整洁,无灰尘、油污、覆盖物;管路无泄漏	扫帚、抹布、螺丝刀、扳手,目测			
24	压缩空气系统	外观清洁整理,必要时进行微调整,放空管路中的积水	外表整洁,无灰尘、油污、覆盖物;紧固件无松动,润滑良好,运转无异响	扫帚、抹布、螺丝刀、扳手、肥皂水,目测			

设备二级保养(机械)内容和要求

设备名称:旧砂再生处理系统　　　　　　　　设备编号:_____

保养人员:_____　　　　　　　　保养日期:_____

序号	项目	细则	标准	工具	记录	签名	备注
1	振动落砂机	修理、更换磨损老化件:台面围板等;检修各机构元件:振动电机等;清洗更换加注润滑油脂;紧固各连接件(接线螺丝等)	电机等各机构润滑良好,运转平稳无异响;紧固件牢固无松动	螺丝刀、扳手、电焊机、割炬			
2	振动输送机	修理、更换磨损老化件(围板等);检修各机构元件(电机、减速机等);清洗更换加注润滑油脂;紧固各连接件(接线螺丝等)	电机等各机构润滑良好,运转平稳无异响;紧固件牢固无松动	螺丝刀、扳手			
3	磁选机	修理、更换磨损老化件(皮带等);检修各机构元件(电机等);清洗更换加注润滑油脂;紧固各连接件(接线螺丝等)	电机等各机构润滑良好,运转平稳无异响;紧固件牢固无松动	螺丝刀、扳手			
4	皮带输送机	修理、更换磨损老化件(托辊、皮带等);发现开口尺寸超过 1 cm 时,对整根皮带进行更换,小于 1 cm 时切割圆口过渡;调整皮带松紧,并紧固螺丝;检修各机构元件(电机、减速机等),清洗更换加注润滑油脂	传动皮带运行正常,无跑偏现象,润滑良好,连接紧固	螺丝刀、扳手			
5	斗提机	修理、更换磨损老化件(斗、皮带等);检修各机构元件(电机、减速机等);检查提升皮带,发现皮带开口度大于 1 cm,须更换皮带;检查传动轴承并加油润滑,调整皮带松紧,并紧固螺丝	斗、皮带、电机、减速机等运行正常,无跑偏现象,润滑良好,连接紧固	螺丝刀、扳手			

表（续1）

序号	项目	细则	标准	工具	记录	签名	备注
6	焙烧炉	修理、更换磨损老化件（密封圈等）；检修各机构元件（烧嘴等）；紧固各连接件（接线螺丝等）；检修燃气管路,确保无泄漏	各部件运转平稳无异响;紧固件牢固无松动;密封良好无泄漏	螺丝刀、扳手			
7	振动给料机	修理、更换磨损老化件（减震橡胶等）；检修各机构元件（振动电机等）；清洗更换加注润滑油脂；紧固各连接件（接线螺丝等）	电机等各机构润滑良好,运转平稳无异响;紧固件牢固无松动	螺丝刀、扳手			
8	振动破碎机	修理、更换磨损老化件（破碎框等）；检修各机构元件（振动电机等）；清洗更换加注润滑油脂；紧固各连接件（接线螺丝等）	电机等各机构润滑良好,运转平稳无异响;紧固件牢固无松动	螺丝刀、扳手			
9	沸腾冷却床	修理、更换磨损老化件（网孔板等）；检修各机构元件（振动电机等）；清洗更换加注润滑油脂；紧固各连接件（接线螺丝等）	电机等各机构润滑良好,运转平稳无异响;紧固件牢固无松动	螺丝刀、扳手			
10	离心再生机	修理、更换磨损老化件（叶片等）；检修各机构元件（电机等）；清洗更换加注润滑油脂；紧固各连接件（接线螺丝等）	电机等各机构润滑良好,运转平稳无异响;紧固件牢固无松动	螺丝刀、扳手			
11	砂温调节器	修理、更换磨损老化件（连接水管等）；检修各机构元件（阀门等）；紧固各连接件（接线螺丝等）	运转可靠,无异响,无松动	螺丝刀、扳手			
12	发送罐	修理、更换磨损老化件（气管等）；检修各机构元件（下砂阀等）；紧固各连接件（接线螺丝等）	运转可靠,无异响,无松动	螺丝刀、扳手			
13	发送管路	修理、更换磨损老化件（管路等）；检修各机构元件（增压器等）；紧固各连接件（接线螺丝等）	运转可靠,无异响,无松动	螺丝刀、扳手			

表(续2)

序号	项目	细则	标准	工具	记录	签名	备注
14	型砂砂库	修理、更换磨损老化件(下砂插板等);检修各机构元件(下砂阀等);紧固各连接件(接线螺丝等)	运转可靠,无异响,无松动	螺丝刀、扳手			
15	粉尘治理站	修理、更换磨损老化件(除尘布袋等);检修各机构元件(电机、减速机等);清洗更换加注润滑油脂;紧固各连接件(接线螺丝等)	运转可靠,无异响,无松动	螺丝刀、扳手			
16	除尘器	修理、更换磨损老化件(除尘布袋等);检修各机构元件(电机、减速机等);清洗更换加注润滑油脂;紧固各连接件(接线螺丝等)	运转可靠,无异响,无松动	螺丝刀、扳手			
17	空中砂库	修理、更换磨损老化件(插板等);检修各机构元件(门锁等);紧固各连接件(接线螺丝等)	运转可靠,无异响,无松动	螺丝刀、扳手			
18	冷冻机组	修理、更换磨损老化件(指示灯、密封圈等);检修各机构元件(压缩机等);清洗更换加注润滑油脂;紧固各连接件(接线螺丝等)	运转可靠,无异响,无松动	螺丝刀、扳手			
19	冷却塔	修理、更换磨损老化件(皮带、风叶等);检修各机构元件(电机、水泵等);清洗更换加注润滑油脂;紧固各连接件(接线螺丝等)	运转可靠,无异响,无松动	螺丝刀、扳手			
20	冷却水系统	修理、更换磨损老化件(水管等);检修各机构元件(电机、水泵等);清洗更换加注润滑油脂;紧固各连接件(接线螺丝等)	运转可靠,无异响,无松动	螺丝刀、扳手			
21	压缩空气系统	修理、更换磨损老化件(输气管等);检修各机构元件(油水分离器等);紧固各连接件	运转可靠,无异响,无松动	螺丝刀、扳手			

设备二级保养(电气)内容和要求

设备名称:旧砂再生处理系统 　　　　　　　　设备编号:＿＿＿＿＿＿＿＿

保养人员:＿＿＿＿＿＿＿＿ 　　　　　　　　保养日期:＿＿＿＿＿＿＿＿

序号	项目	细则	标准	工具	记录	签名	备注
1	设备断电	机器断电	设备电压为"0",有警示牌	万用表			
2		悬挂警示牌					
3	电机	电机绝缘检查	电阻值≥1.5 MΩ	兆欧表			
4		对电机冷却风机进行保养,更换进风口滤网	无油污、覆盖物等;冷却回路畅通	扳手、螺丝刀、清洁工具			
5		补充或更换轴承润滑油脂	润滑良好	轴承拉拔器			
6	电箱、操纵箱、操作面板、数控	电箱、操纵箱内部清洁保养	内部清洁、整齐,无杂物	吸尘器、刷子等			
7		电箱、操纵箱内部插接件接触检查	接触良好	万用表			
8		电箱、操纵箱内主回路接线端子紧固检查	接触良好,紧固	螺丝刀			
9		检查、清洁 PLC 模块	无灰尘,运行正常	压缩空气			
10		清洁触摸屏	屏幕面板无油污灰尘	清洁工具			
11		通信系统检查	运行正常	目测			
12	设备上电	机器上电,设备系统启动	输出电压稳定	万用表			
13		摘取警示牌	警示牌复位				
14	设备调整	电气传感器调整	动作、信号正常	万用表			
15		各类电气控制元件调整	动作正常,反馈信号正常	万用表			
16		机器外围辅助设备检查、调整	正常工作	目测			
17	安全装置	按设备安全操作规范对设备安全保护装置进行检查(各类门限位、应急按钮等)	工作正常,安全有效	目测			

设备一级保养内容和要求

设备名称:连续混砂机 　　　　　　　　　设备编号:＿＿＿＿＿＿＿＿

保养人员:＿＿＿＿＿＿＿＿　　　　　　　　保养日期:＿＿＿＿＿＿＿＿

序号	项目	细则	标准	工具	记录	签名	备注
1	电源开关柜	外观清洁整理,必要时进行微调整	外表、按钮无油污、覆盖物	扫帚、抹布、螺丝刀、扳手,目测			
2	移动平车	外观清洁整理,必要时进行微调整;补充润滑油	整洁、完好,无隐患				
3	大臂系统	外观清洁整理,必要时进行微调整	整洁、完好,无隐患				
4	小臂系统	外观清洁整理,必要时进行微调整	整洁、完好,无隐患				
5	控制电气柜	擦拭电动机及电器箱	内外清洁,无灰尘、异物				
6	液压系统	检查液压系统、油压、油位;检查液压管路	系统工作正常,油压、油位正常,管路无漏油、渗油	扫帚、抹布、螺丝刀、扳手、油壶,目测			
7	砂库	外观清洁整理,必要时进行微调整	外表整洁,无灰尘、油污、覆盖物	扫帚、抹布、螺丝刀、扳手,目测			
8	除尘器	外观清洁整理,必要时进行微调整	外表整洁,无灰尘、油污、覆盖物				
9	空压机	外观清洁整理,必要时进行微调整;补充润滑油	外表整洁,无灰尘、油污、覆盖物;润滑正常,油质正常	扫帚、抹布、螺丝刀、扳手、油壶,目测			
10	压缩空气管路系统	检查压缩空气管路系统	气控系统工作正常,无漏气	扫帚、抹布、螺丝刀、扳手,目测			
11	造型铸铁平台	清洁造型铸铁平台	外表整洁,无灰尘、油污、覆盖物	扫帚,目测			

设备二级保养（机械）内容和要求

设备名称:连续混砂机   设备编号:＿＿＿＿＿＿＿＿

保养人员:＿＿＿＿＿＿＿＿   保养日期:＿＿＿＿＿＿＿＿

序号	项目	细则	标准	工具	记录	签名	备注
1	移动平车	修理、更换磨损老化件(栏杆、踏步等);检修各机构元件(减速机等);紧固各连接件(接线螺丝等);清洁更换加注润滑油等	运转可靠,无异响,无松动	螺丝刀、扳手、万用表、滤油小车、油枪			
2	大臂系统	修理、更换磨损老化件(皮带、轴承等);检修各机构元件(减速机等);紧固各连接件(连接螺丝等);清洁更换加注润滑油脂等	运转可靠,无异响,无松动	螺丝刀、扳手、滤油小车、油枪			
3	小臂系统	修理、更换磨损老化件(刀把、轴承等);检修各机构元件(减速机等);紧固各连接件(连接螺丝等);清洁更换加注润滑油脂等	运转可靠,无异响,无松动	螺丝刀、扳手、滤油小车、油枪			
4	液压系统	修理、更换磨损老化件(密封圈、滤芯等);检修各机构元件(电机、液压泵等);紧固各连接件;清洁更换加注液压油等	运转可靠,无异响,无松动,接地可靠	螺丝刀、扳手、万用表、滤油小车			
5	砂库	修理、更换磨损老化件(放砂插板等);检修各机构元件(插板阀);紧固各连接件,修补砂库	运转可靠,无异响,无松动,接地可靠	螺丝刀、扳手、万用表、电焊机			
6	除尘器	修理、更换磨损老化件(电磁阀等);检修各机构元件(风机等);紧固各连接件	运转可靠,无异响,无松动,接地可靠	螺丝刀、扳手、万用表			

表(续)

序号	项目	细则	标准	工具	记录	签名	备注
7	空压机	修理、更换磨损老化件(滤芯等);检修各机构元件(气缸等);紧固各连接件;清洁更换加注润滑油等	运转可靠,无异响,无松动	螺丝刀、扳手、滤油小车			
8	压缩空气管路系统	修理、更换磨损老化件(输气管等);检修各机构元件(油水分离器等);紧固各连接件	运转可靠,无异响,无松动,接地可靠	螺丝刀、扳手			
9	造型平台	调整各造型平台水平高低;修整基坑周边盖板	基本水平,连接无明显台阶	扳手、水平仪、电焊机			

设备二级保养(电气)内容和要求

设备名称:连续混砂机   设备编号:_____

保养人员:_____   保养日期:_____

序号	项目	细则	标准	工具	记录	签名	备注
1	设备断电	机器断电	设备电压为"0",有警示牌	万用表			
		悬挂警示牌					
2	电机	对防水等级在IP44以下(含IP44)电机检查绝缘	绝缘电阻≥3.8 MΩ	兆欧表			断开电机回路再进行测量
		对电机进行保养	无油污、覆盖物,更换润滑油脂等	清洁工具、油枪			
3	电箱、操纵箱、操作面板、数控	电箱、操纵箱内部保养	清洁、整齐,无杂物	吸尘器、刷子等			
		电箱、操纵箱内接插件接触检查	接触良好	万用表			
		电箱、操纵箱内主回路接线端子紧固检查	接触良好,紧固	螺丝刀			
4	设备上电	机器上电,系统启动	启动正常	万用表			
		摘取警示牌	警示牌复位				
5	安全装置	按系统安全操作规范,对设备安全保护装置进行检查	工作正常,安全有效				

设备一级保养内容和要求

设备名称:柔性大门   设备编号:_____

保养人员:_____   保养日期:_____

序号	项目	细则	标准	工具	记录	签名	备注
1	设备及周围场地"5S"	清扫周围工作场地	场地无垃圾	清洁工具			
		擦拭设备表面	无尘土				
2	润滑	对提升机轴承润滑点加注润滑脂	润滑良好	黄油枪			
		提升钢丝绳表面润滑	润滑良好	毛刷			
3	修补破损帘布	如破损帘布面积大于0.01 m²,及时修补	修补后无漏洞	缝补专业工具			
4	电气	擦拭电动机及电气箱,检查有无异常	内外清洁,无异常	清洁工具			
		检查限位装置与接地是否安全可靠	无松动,接地电阻符合要求	接地摇表			

设备二级保养(机械)内容和要求

设备名称:柔性大门　　　　　　　　　　　　　　　设备编号:_____

保养人员:_____　　　　　　　　　　　保养日期:_____

序号	项目	细则	标准	工具	记录	签名	备注
1	清理场地	对工作场地进行整理清扫,用红白旗隔离工作区域,做好各项安全防护措施	场地清洁,安全防护措施到位	红白旗、清扫工具			
2	轨道	锁紧轨道固定螺栓	垫圈拎平	扳手			
		校直变形轨道	直线度±2 mm	钣金类工具			
3	刹车总成	更换刹车片	磨损厚度不超过10%	扳手			
3	帘布修补	帘布修补	帘布完好	缝纫专业工具			
4	压条更换	更换脱落、脱开压条	压条完好	铆钉枪、螺丝刀			
5	钢丝绳润滑	钢丝绳润滑	润滑良好	毛刷			
6	更换减速箱内润滑油	更换减速箱内润滑油	润滑良好	注油设备			

设备二级保养(电气)内容和要求

设备名称:柔性大门 设备编号:_____

保养人员:_____ 保养日期:_____

序号	项目	细则	标准	工具	记录	签名	备注
1	集控室信号检查	按系统标准操作规范,对设备信号进行调试	信号有效	电脑			PLC 设备
2	设备断电	柔性大门总电源断电 稳压电源输出端断电 悬挂警示牌	设备电压为"0",有警示牌	万用表			PLC 设备
3	电机	对电机检查绝缘	绝缘电阻: ≥3.8 MΩ,绝缘良好; ≥1.5 MΩ,绝缘可用; ≥0.38 MΩ,绝缘堪用; <0.38 MΩ,绝缘不良。 绝缘不良的,绝缘处理或更新	兆欧表			断开电机回路再进行测量
		对电机冷却回路(含冷却风扇)进行保养	无油污、覆盖物等;更换进风口滤网,冷却回路畅通				
		对电机制动进行检查	制动器松紧适当	塞尺			
		对电器外表进行检查	无漏油				
4	电箱、操纵箱	电箱、操纵箱内部清洁保养	内部清洁、整齐,无杂物	吸尘器、刷子等			
		电箱、操纵箱内接插件接触检查	接触良好	万用表			
		电箱、操纵箱内主回路接线端子紧固检查	接触良好,紧固	螺丝刀			
5	稳压电源检查	外观、按钮功能保养	外观清洁,按钮工作正常				
		手动、自动功能切换是否有效	手动、自动功能之间正常切换				

表（续）

序号	项目	细则	标准	工具	记录	签名	备注
5	稳压电源检查	稳压电源输出电压是否在正常范围内	输出电压稳定，保持380 V	万用表			
		稳压电源内部清洁保养	内部清洁、整齐，无杂物				
6	设备上电	稳压电源输出端上电	输出电压稳定，保持380 V	万用表			
		柔性大门上电，设备系统启动	启动正常				
		摘取警示牌	警示牌复位				
7	安全装置	按系统安全操作规范对设备安全保护装置进行检查（各类门限位、各轴硬限位等）	工作正常，安全有效				

设备一级保养内容和要求

设备名称：全室除尘装置　　　　　　　　　　　　　　设备编号：＿＿＿＿＿＿＿＿

保养人员：＿＿＿＿＿＿＿＿　　　　　　　　　　　　保养日期：＿＿＿＿＿＿＿＿

序号	项目	细则	标准	工具	记录	签名	备注
1	滤筒	更换滤筒	8 小时工作制，原则上每 2 年更换 1 次	扳手			
2	气水分离三联件	拆卸清洗空气过滤器	表面无尘土	压缩空气			
		拆卸清洗空气油雾器	表面无油污	专用清洗涤			
3	管路内沙尘清理	拆卸管路，对内部沙尘清理	每年清洁 1 次，清理后管路内无沙尘积聚	登高工具、扳手、清扫工具			
4	设备及周围场地"5S"	清扫周围工作场地	场地无垃圾	扫帚、清洁工具			
		擦拭设备表面	无尘土	清洁工具			
5	落灰阀	对轴承润滑点加注润滑脂	润滑良好	黄油枪			
6	电气	擦拭电动机及电气箱，检查有无异常	内外清洁，无异常	清洁工具			
		检查限位装置与接地是否安全可靠	无松动，接地电阻符合要求	接地摇表			

设备二级保养(机械)内容和要求

设备名称:全室除尘装置 　　　　　　　　　　设备编号:＿＿＿＿＿＿＿＿

保养人员:＿＿＿＿＿＿＿＿ 　　　　　　　　　保养日期:＿＿＿＿＿＿＿＿

序号	项目	细则	标准	工具	记录	签名	备注
1	清理场地	对工作场地进行整理清扫,用红白旗隔离工作区域,做好各项安全防护措施	场地清洁,安全防护措施到位	红白旗、清扫工具			
2	电机传动皮带	根据检测结果与设备标准对比后更换松弛皮带	皮带工况良好	张力仪			
3	反吹控制电磁阀	清洁反吹控制电磁阀	电磁阀启闭无卡阻	扳手			
4	滤筒	滤筒更换	滤筒表面无堆积灰堆	扳手			
5	螺旋输送机	轴承加注润滑脂	轴承盖油脂刚溢出	黄油枪			
		调节螺旋动平衡	运行过程螺旋与室体不接触	扳手			

设备二级保养（电气）内容和要求

设备名称:全室除尘装置　　　　　　　　　　　　　设备编号:＿＿＿＿＿＿＿＿

保养人员:＿＿＿＿＿＿＿＿　　　　　　　　　　　　保养日期:＿＿＿＿＿＿＿＿

序号	项目	细则	标准	工具	记录	签名	备注
1	设备断电	全室除尘断电	设备电压为"0",有警示牌	万用表			
		稳压电源输出端断电					
		悬挂警示牌					
2	电机	对防水等级在 IP44 以下(含 IP44)电机检查绝缘	绝缘电阻: ≥3.8 MΩ,绝缘良好; ≥1.5 MΩ,绝缘可用; ≥0.38 MΩ,绝缘堪用; <0.38 MΩ,绝缘不良。 绝缘不良的,绝缘处理或更新	兆欧表、塞尺			断开电机回路再进行测量
		对电机冷却回路(含冷却风扇)进行保养,更换进风口滤网	无油污、覆盖物等,冷却回路畅通				
3	电箱、操纵箱	电箱、操纵箱内部清洁保养	内部清洁、整齐,无杂物	吸尘器、刷子等			
		电箱、操纵箱内接插件接触检查	接触良好	万用表			
		电箱、操纵箱内主回路接线端子紧固检查	接触良好,紧固	螺丝刀			
		电箱上仪表检查	仪表工作是否正常	目测			
4	稳压电源检查	外观、按钮功能保养	外观清洁,按钮工作正常				
		检查手动、自动功能切换是否有效	手动、自动功能之间正常切换				
		检查稳压电源输出电压是否在正常范围之内	输出电压稳定,保持380 V	万用表			
		对变压器的炭刷进行保养	炭刷磨损不超过2/3(否则更换)				

表(续)

序号	项目	细则	标准	工具	记录	签名	备注
4	稳压电源检查	稳压电源内部清洁保养	内部清洁、整齐,无杂物				
5	设备上电	稳压电源输出端上电	输出电压稳定,保持380V	万用表			
		全式除尘上电,设备系统启动	启动正常				
		摘取警示牌	警示牌复位				
6	设备调整	全式除尘电气传感器调整	动作正常,反馈信号正常	万用表等			
		各类电气控制元件调整	动作正常,反馈信号正常				
		全式除尘外围辅助设备检查、调整	工作正常				
		各类手持单元功能检测	工作正常				
7	安全装置	按系统安全操作规范对设备安全保护装置进行检查(各类门限位、各轴硬限位等)	工作正常,安全有效				

设备一级保养内容和要求

设备名称:喷砂机　　　　　　　　　　　　　设备编号:＿＿＿＿＿＿＿＿＿

保养人员:＿＿＿＿＿＿＿＿＿　　　　　　　保养日期:＿＿＿＿＿＿＿＿＿

序号	项目	细则	标准	工具	记录	签名	备注
1	油杯润滑油	检查油杯润滑油液面,按需补充	补充油位达到规定液位	加油杯			
2	设备表面	清理设备表面积灰、油污、锈蚀	机床表面清洁	压缩空气、抹布			
3	设备上螺丝、螺帽及固定件	检查拧紧螺丝、螺帽及其固定件	螺丝、螺帽及其固定件锁紧	螺丝刀、扳手			
4	喷嘴和喷砂管	检查喷嘴和喷砂管老化磨损程度,按需更换	无明显磨损、老化	拆卸安装工具			
5	排气阀	清理排气过滤器滤芯,按需更换	排气正常,滤芯无堵塞	压缩空气、抹布			
6	压力表	检查压力表灵敏度,检查检定合格有效期	压力表灵敏可靠,且在合格有效期内	抹布			
7	磨料阀	检查磨料阀有无堵塞,开闭工况	阀无堵塞,开闭良好	扳手			
8	管道、阀门和连接法兰	检查有无泄漏	密封良好,无泄漏	螺丝刀、扳手			
9	进气阀	进气阀上旋塞加油润滑	进气阀旋塞动作良好,无咬死	润滑油			
10	排气过滤器	清理排气过滤器内滤芯1次,按需更换	过滤器无堵塞	压缩空气、抹布			
11	电气设备	清洁电气箱、遥控装置	无油污积灰	压缩空气、抹布			
12	传感器及接地	检查传感器及接地是否安全可靠	传感器安装牢固、接地可靠	润滑油、抹布			
13	电气控制线路	检查电器控制线路及元件是否完好	控制线路及元件完好,无老化	压缩空气、螺丝刀			

设备二级保养(机械)内容和要求

设备名称:喷砂机　　　　　　　　　　　　　　设备编号:＿＿＿＿＿＿＿＿

保养人员:＿＿＿＿＿＿＿＿　　　　　　　　　保养日期:＿＿＿＿＿＿＿＿

序号	项目	细则	标准	工具	记录	签名	备注
1	设备外表	清洁缸体、各阀件	外表清洁,无油污积灰	抹布			
2	进气阀	检查进气阀是否正常	进气阀正常,无堵塞、泄漏	螺丝刀、扳手			
3	排气阀	检查排气阀是否正常,更换排气阀膜片、过滤芯	排气阀正常,无泄漏,滤芯无堵塞	螺丝刀、扳手			
4	磨料阀	检查蘑菇头是否完好,密封圈是否老化	无锈死,无漏气	螺丝刀、扳手			
5	管路及风阀门	检查管路及风阀门是否泄漏	管路风阀门密封好,无泄漏	螺丝刀、扳手			
6	油路管道	检查油路管道有无泄漏	无漏油,无堵塞	扳手、抹布			
7	油孔、油杯	检查油孔、油杯,按需添加润滑油脂	润滑良好,油位满足要求	螺丝刀、抹布			
8	压力表	检查压力表灵敏度,检查检定合格有效期	压力表灵敏可靠,在合格有效期内	螺丝刀			
9	载荷阀	检查载荷阀有无堵塞和泄漏	无堵塞,无泄漏	螺丝刀、扳手			

设备二级保养(电气)内容和要求

设备名称:喷砂机　　　　　　　　　　　　　设备编号:＿＿＿＿＿＿＿＿

保养人员:＿＿＿＿＿＿＿＿　　　　　　　　　保养日期:＿＿＿＿＿＿＿＿

序号	项目	细则	标准	工具	记录	签名	备注
1	料位仪	检查料位仪信号是否正常	测量准确,信号稳定	螺丝刀、万用表			
2	电气设备	清洁电气箱、遥控装置	无油污积灰	压缩空气、抹布			
3	传感器及接地	检查传感器及接地是否安全可靠	传感器安装牢固,接地可靠	万用表			
4	电气控制线路	检查电器控制线路及元件是否完好	控制线路及元件完好无老化	万用表			

设备一级保养内容和要求

设备名称:真空吸砂机　　　　　　　　　　设备编号:＿＿＿＿＿＿＿＿

保养人员:＿＿＿＿＿＿＿＿　　　　　　　　保养日期:＿＿＿＿＿＿＿＿

序号	项目	细则	标准	工具	记录	签名	备注
1	设备及周围场地"5S"	清扫周围工作场地	场地无垃圾	扫帚、清洁工具			
		擦拭设备外表	无油污、尘土	清洁工具			
2	电机传动皮带	根据检测结果与设备标准对比后更换松弛皮带	皮带工况良好	测量工具、扳手			
3	真空泵	外观清洁,润滑	无灰尘、油污,运转正常	清洁工具、黄油枪			
4	除尘系统	检查滤筒、脉冲阀,拆卸管路,清除积灰	滤筒无积灰,脉冲阀动作正常,管路内无积灰	清洁工具、扳手、登高工具			
5	易耗件	更换喷砂皮带、快速接头、喷砂嘴等易耗部件	易耗件换新	扳手			
6	吸砂机底座固定螺栓	吸砂机底座固定螺栓紧固	弹性垫片拎平	扳手			

设备二级保养(机械)内容和要求

设备名称:真空吸砂机　　　　　　　　　　　　　　设备编号:＿＿＿＿＿＿＿

保养人员:＿＿＿＿＿＿＿＿　　　　　　　　　　　保养日期:＿＿＿＿＿＿＿

序号	项目	细则	标准	工具	记录	签名	备注
1	清理场地	对工作场地进行整理清扫,用红白旗隔离工作区域,做好各项安全防护措施	场地清洁,安全防护措施到位	红白旗、清扫工具			
2	容积分离器	调节电动蝶阀启闭度	阀门闭合,开启角度180°、90°	扳手			
		测试料位仪工作情况,视情况调节或更换零部件	试验5次,料位仪传感灵敏、可靠	扳手			
		修补或更换已磨损耐磨衬板	磨损厚度不超过5 mm。	切割炬、焊机			
3	旋风除尘器	清除旋风除尘器内部垃圾、积灰	内部无垃圾、积灰	清洁用具			
		紧固下部放灰口各零部件,更换损坏密封件	运行过程不漏灰	美工刀、扳手			
		测试料位仪工作情况,视情况调节或更换	试验5次,料位仪传感灵敏、可靠	扳手			
4	滤筒除尘器	检查滤桶端盖密封情况,更换漏灰端盖密封件或端盖	运行过程不漏灰	美工刀			
		对滤桶除尘器内部进行清洁	内部无垃圾、积灰	清洁用具			
		拆卸清洁反吹装置控制阀件	运行过程无卡阻	扳手			
		检查油水分离器过滤芯,视情况更换滤芯	滤芯表面,无堆积污着物	扳手			
5	真空吸砂机组本体	常检查真空泵机油,视情况更换或添加	油质、油位正常	注油泵			
		根据检测结果与设备标准对比后,更换松弛皮带	皮带工况良好	张力仪			
		检查减震器,更换损坏件	减震器工况良好	扳手			
6	真空吸砂软管	检查真空吸砂软管,更换破损件	空吸砂软管工况良好	螺丝刀			

设备二级保养(电气)内容和要求

设备名称:真空吸砂机　　　　　　　　　　　　设备编号:＿＿＿＿＿＿＿＿

保养人员:＿＿＿＿＿＿＿＿　　　　　　　　　　保养日期:＿＿＿＿＿＿＿＿

序号	项目	细则	标准	工具	记录	签名	备注
1	设备断电	真空吸砂机断电	设备电压为"0",有警示牌	万用表			
		稳压电源输出端断电					
		悬挂警示牌					
2	电机	对防水等级在 IP44 以下(含 IP44)电机检查绝缘	绝缘电阻: ≥3.8 MΩ,绝缘良好; ≥1.5 MΩ,绝缘可用; ≥0.38 MΩ,绝缘堪用; <0.38 MΩ,绝缘不良。 绝缘不良的,绝缘处理或更新	兆欧表			断开电机回路再进行测量
		对电机冷却回路(含冷却风扇)进行保养,更换进风口滤网	无油污、覆盖物等;冷却回路畅通				
3	电箱、操纵	电箱、操纵箱内部清洁保养	内部清洁、整齐,无杂物	吸尘器、刷子等			
		电箱、操纵箱内接插件接触检查	接触良好	万用表			
		电箱、操纵箱内主回路接线端子紧固检查	接触良好,紧固	螺丝刀			
4	稳压电源检查	外观、按钮功能保养	外观清洁,按钮工作正常				
		检查手动、自动功能切换是否有效	手动、自动功能之间正常切换				
		检查稳压电源输出电压是否在正常范围内	输出电压稳定,保持380 V	万用表			
		稳压电源内部清洁保养	内部清洁、整齐,无杂物				

表（续）

序号	项目	细则	标准	工具	记录	签名	备注
5	设备上电	稳压电源输出端上电	输出电压稳定，保持380 V	万用表			
		真空吸砂机上电，设备系统启动	启动正常				
		摘取警示牌	警示牌复位				
6	设备调整	真空吸砂机电气传感器调整	真空吸砂机动作正常，反馈信号正常	万用表等			
		各类电气控制元件调整	真空吸砂机动作正常，反馈信号正常				
		各类手持单元功能检测	正常工作				
		真空吸砂机各类参数调整（反向间隙、定位、速度等）	真空吸砂机运动正常、平稳，定位准确				
7	安全装置	按系统安全操作规范对设备安全保护装置进行检查（各类门限位、各轴硬限位等）	工作正常，安全有效				

设备一级保养内容和要求

设备名称:除湿机 　　　　　　　　　　　　　　设备编号:＿＿＿＿＿＿＿＿＿

保养人员:＿＿＿＿＿＿＿＿＿＿　　　　　　　　保养日期:＿＿＿＿＿＿＿＿＿

序号	项目	细则	标准	工具	记录	签名	备注
1	设备及周围场地"5S"	清扫周围工作场地	场地无垃圾	扫帚、清洁工具			
		擦拭设备内外	无油污、尘土	清洁工具			
2	润滑	对传动轴承润滑点加注润滑油	润滑良好	黄油枪			
		更换压缩机液压油,原则5年更换1次,如发现油质乳化,即时更换	液压油工况良好	注油机			
3	滤网	滤网清洁	滤网上无积灰	压缩空气			
4	排水槽(如有)	清除排水槽内垃圾	排水槽内无垃圾	扫帚、清洁工具			
5	矽胶转轮	检查矽胶转轮转动有无晃动现象,联轴装置有无震动情况,若发现异常,调整安装间隙	矽胶转轮转动无晃动	扳手			
6	仪器仪表	仪器仪表显示与对应功能校验	显示正常、准确	检验仪器			
7	风管系统	清洁喷房内地面风管表面垃圾	表面无明显垃圾	抹布			
		清洁风口滤网,如滤网30%滤孔封堵,更换滤网	滤网清洁	抹布、螺丝刀、登高工具			

设备二级保养(机械)内容和要求

设备名称:除湿机　　　　　　　　　　　　　设备编号:＿＿＿＿＿＿＿＿

保养人员:＿＿＿＿＿＿＿＿　　　　　　　　保养日期:＿＿＿＿＿＿＿＿

序号	项目	细则	标准	工具	记录	签名	备注
1	清理场地	对工作场地进行整理清扫,用红白旗隔离工作区域,做好各项安全防护措施	场地清洁,安全防护措施到位	红白旗、清扫工具			
2	蒸发器	清洁蒸发器	表面无尘、油污	吸尘器、抹布等			
3	滤网	清洁各类滤网	表面无尘、油污	吸尘器、抹布等			
4	矽胶转轮传动机构	轴承润滑	拆卸清洁、轴承,补注新润滑脂	扳手、内六角扳手、油枪等			
5	冷凝风扇	调整动平衡	无晃动、卡阻、异响	目测			
6	风机马达	检测马达运转噪声	≤85 dB	测声仪			
7	压缩机	压缩机润滑油更换	润滑良好	扳手、真空泵等			
8	冷媒筒管	修补渗漏点,补充冷媒	无明显泄漏点	扳手、真空泵、风焊枪等			
9	送风管	修复送风管损坏保温层	风管保温层全覆盖	美工刀、螺丝刀			

设备二级保养(电气)内容和要求

设备名称:除湿机 　　　　　　　　　　　　　　设备编号:_____

保养人员:_____ 　　　　　　　　保养日期:_____

序号	项目	细则	标准	工具	记录	签名	备注
1	设备断电	除湿机断电	设备电压为"0",有警示牌	万用表			
		稳压电源输出端断电					
		悬挂警示牌					
2	电机	对防水等级在 IP44 以下(含 IP44)电机检查绝缘	绝缘电阻: ≥3.8 MΩ,绝缘良好; ≥1.5 MΩ,绝缘可用; ≥0.38 MΩ,绝缘堪用; <0.38 MΩ,绝缘不良。 绝缘不良的,绝缘处理或更新	兆欧表			断开电机回路再进行测量
		对防水等级在 IP44 以上电机(不含伺服电机)抽取检查绝缘					
		对电机冷却回路(含冷却风扇)进行保养,更换进风口滤网	无油污、覆盖物等;冷却回路畅通				
3	电箱、操纵箱	电箱、操纵箱内部清洁保养	内部清洁、整齐,无杂物	吸尘器、刷子等			
		电箱、操纵箱内接插件接触检查	接触良好	万用表			
		电箱、操纵箱内主回路接线端子紧固检查	接触良好,紧固	螺丝刀			
4	稳压电源检查	外观、按钮功能保养	外观清洁,按钮工作正常				
		检查手动、自动功能切换是否有效	手动、自动功能之间正常切换				
		检查稳压电源输出电压是否在正常范围内	输出电压稳定,保持380 V	万用表			
		稳压电源内部清洁保养	内部清洁、整齐,无杂物				

表(续)

序号	项目	细则	标准	工具	记录	签名	备注
5	设备上电	稳压电源输出端上电	输出电压稳定,保持380 V	万用表			
		机床上电,设备系统启动	启动正常				
		摘取警示牌	警示牌复位				
6	设备调整	除湿机电气传感器调整	除湿机动作正常,反馈信号正常	万用表等			
		各类电气控制元件调整	除湿机动作正常,反馈信号正常				
		各类手持单元功能检测	工作正常				
		除湿机各类参数调整(反向间隙、定位、速度等)	除湿机运动正常、平稳,定位准确				
7	安全装置	按系统安全操作规范对设备安全保护装置进行检查(各类门限位、各轴硬限位等)	工作正常,安全有效				

设备一级保养内容和要求

设备名称:喷漆泵　　　　　　　　　　　　　　　　设备编号:＿＿＿＿＿＿＿＿

保养人员:＿＿＿＿＿＿＿＿　　　　　　　　　　　　保养日期:＿＿＿＿＿＿＿＿

序号	项目	细则	标准	工具	记录	签名	备注
1	外表	擦拭机器外表及罩、盖,保持内外清洁	清洁,无油漆覆盖物等	清洁工具			
		检查所有紧固件是否松动	无松动	扳手			
2	压缩空气系统	检查滤网、气管及调压阀等	滤网清洁,气管无破损,调压阀正常	扳手、清洁工具			
3	气缸活塞	检查气缸活塞	活塞运动正常,无阻滞				
4	润滑系统	清洁油管接口及油路	接口清洁,油路畅通	清洁工具			
5	喷涂系统	检查涂料缸、球阀等	缸体、进口等清洁,球阀启闭正常	清洁工具、扳手			

设备二级保养(机械)内容和要求

设备名称:喷漆泵 设备编号:＿＿＿＿＿＿＿＿

保养人员:＿＿＿＿＿＿＿＿ 保养日期:＿＿＿＿＿＿＿＿

序号	项目	细则	标准	工具	记录	签名	备注
1	作业环境	对工作场地进行整理清扫,用红白旗隔离工作区域,做好各项安全防护措施	场地清洁,安全防护措施到位	红白旗、清扫工具			
2	供气系统	检查调压阀、气管等	稳压缸正常,进气阀、调压阀、泄压阀完好,气管无破损	目测			
3	气缸活塞	检查气缸、活塞等	活塞地气缸内活动灵活,密封良好,转向划块等完好	扳手、内六角扳手等			
4	涂料缸	清洁缸体,检查阀体	缸体及油漆进口等干净,球阀等完好,滤网无堵塞	清洁工具、扳手等			
5	润滑	检查油路、油管	油管完好,油路畅通	扳手等			

设备一级保养内容和要求

设备名称:超高压水除锈设备　　　　　　　　　设备编号:＿＿＿＿＿＿＿＿＿

保养人员:＿＿＿＿＿＿＿＿＿　　　　　　　　　保养日期:＿＿＿＿＿＿＿＿＿

序号	项目	细则	标准	工具	记录	签名	备注
1	外表	擦拭机器外表及罩、盖,保持内外清洁,无锈蚀	清洁,无油污覆盖物等	清洁工具			
		检查所有紧固件,有否松动	无松动	扳手			
2	高压系统	外观保养	高压水泵、阀件、管路等无油污、覆盖物	清洁工具			
		检查高压仪表	压力表、数显表等完好、清洁	目测、清洁工具			
		检查高压水枪	水枪整体清洁,扳机、喷嘴及保险完好	布、扳手			
3	润滑系统	清洁油嘴及油路	油嘴完好,油路畅通	清洁工具			
4	电箱	外观保养	无油污、覆盖物	清洁工具			

设备二级保养(机械)内容和要求

设备名称:超高压水除锈设备　　　　　　　　　设备编号:＿＿＿＿＿＿＿＿

保养人员:＿＿＿＿＿＿＿＿　　　　　　　　　　保养日期:＿＿＿＿＿＿＿＿

序号	项目	细则	标准	工具	记录	签名	备注
1	作业环境	对工作场地进行整理清扫,用红白旗隔离工作区域,做好各项安全防护措施	场地清洁,安全防护措施到位	红白旗、清扫工具			
2	设备附件	检查水泵基座、连接法兰、罩壳等	连接牢固	目测			
3	高压系统	检修高压水枪	水枪内管路畅通,无杂物;扳手及保险装置完好有效	扳手、内六角扳手等			
4		检修管路阀件、连接件	阀件完好,连接紧固	扳手等			
5		检修高压水泵	高压设施有效,无渗漏	扳手等			
6		检修高压水管路	水路畅通,无泄漏	目测,扳手等			
7	润滑	常用部件注油	部件润滑顺畅	油枪、扳手等			

设备二级保养(电气)内容和要求

设备名称:超高压水除锈设备   设备编号:＿＿＿＿＿＿＿＿＿

保养人员:＿＿＿＿＿＿＿＿＿   保养日期:＿＿＿＿＿＿＿＿＿

序号	项目	细则	标准	工具	记录	签名	备注
1	数据备份	按系统标准操作规范,对设备系统数据全部或分项进行数据备份工作	完成备份(二级保养保险备份)	电脑、存储卡			
2	设备断电	机器断电 悬挂标示牌	设备电压为"0",有警示牌	万用表			
3	电机	擦拭电动机外表	外表清洁	布			断开电机回路再进行测量
		电机绝缘检查	≥3.8 MΩ	兆欧表			
		对电机冷却风机进行保养,更换进风口滤网	无油污、覆盖物等;冷却回路畅通	扳手、螺丝刀、清洁工具			
4	电箱操纵箱	电箱、操纵箱内部清洁保养	内部清洁、整齐,无杂物	吸尘器、刷子等			
		电箱、操纵箱内部插接件接触检查	接触良好	万用表			
		电箱、操纵箱内主回路接线端子紧固检查	接触良好,紧固	螺丝刀			
5	设备上电	机器上电,设备系统启动	输出电压稳定	万用表			
		摘取警示牌	警示牌复位				
6	设备调整	各类参数调整(压力、流速等)	压力、流速等平稳、准确	压力等检测工具			
7	安全装置	按设备安全操作规范对设备安全保护装置进行检查(各类泄压、保险、应急按钮等)	工作正常,安全有效	目测			

设备一级保养内容和要求

设备名称:水雾喷砂机 　　　　　　　　　　　　　设备编号:＿＿＿＿＿＿＿＿

保养人员:＿＿＿＿＿＿＿＿ 　　　　　　　　　　保养日期:＿＿＿＿＿＿＿＿

序号	项目	细则	标准	工具	记录	签名	备注
1	设备表面	清理设备表面积灰、油污、锈蚀	表面清洁	压缩空气、抹布			
2	喷嘴和喷砂管	检查喷嘴和喷砂管老化磨损程度,按需更换	无明显磨损、老化	拆卸安装工具			
3	排气阀	清理排气过滤器内滤芯,按需更换	排气正常,滤芯无堵塞	压缩空气、抹布			
4	压力表	检查压力表灵敏度,检查检定合格有效期	压力表灵敏可靠,在合格有效期内	抹布			
5	磨料阀	检查磨料阀有无堵塞,开闭是否良好	阀无堵塞,开闭良好	扳手			
6	各管道、阀门、法兰	检查有无泄漏	密封良好,无泄漏	螺丝刀、扳手			
7	进气阀检查	进气阀上旋塞加油润滑	进气阀旋塞动作良好,无咬死	润滑油			
8	排气过滤器清理	清理排气过滤器内滤芯1次,按需更换	过滤器无堵塞	压缩空气、抹布			
9	高压水泵	外表及润滑检查	外表无油污、覆盖物;注油嘴完好,油路畅通	清洁工具、油枪			
10	电气设备	清洁电气箱、遥控装置	无油污、积灰	压缩空气、抹布			
11	传感器及接地	检查传感器及接地是否安全可靠	传感器安装牢固、接地可靠	润滑油、抹布			
12	电气控制线路	检查电器控制线路及元件是否完好	控制线路及元件完好,无老化	压缩空气、螺丝刀			

设备二级保养(机械)内容和要求

设备名称:水雾喷砂机　　　　　　　　　　　设备编号:＿＿＿＿＿＿＿＿＿

保养人员:＿＿＿＿＿＿＿＿＿　　　　　　　　保养日期:＿＿＿＿＿＿＿＿＿

序号	项目	细则	标准	工具	记录	签名	备注
1	清理场地	对工作场地进行整理清扫,用红白旗隔离工作区域,做好各项安全防护措施	场地清洁,有效隔离,安全防护措施到位	红白旗、清扫工具			
2	进气阀	检查进气阀是否正常	进气阀正常,无堵塞、泄漏	螺丝刀、扳手			
3	排气阀	检查排气阀是否正常,更换排气阀膜片、过滤芯	排气阀正常,无泄漏,滤芯无堵塞	螺丝刀、扳手			
4	磨料阀	检查蘑菇头是否完好、密封圈是否老化	无锈死,无漏气	螺丝刀、扳手			
5	管路及风阀门	检查管路及风阀门是否泄漏	管路风阀门密封好,无泄漏	螺丝刀、扳手			
6	高压系统	检修高压水泵、管路、阀件、连接件	高压设施有效,无渗漏;阀件完好,连接紧固	目测,扳手等			
7	高压水管道	检查水管道有无破损、泄漏	无破损,无泄漏	扳手、抹布			
8	润滑系统	检查油孔、油杯,按需添加润滑油脂	润滑良好	螺丝刀、抹布			
9	压力表	检查压力表灵敏度,检查检定合格有效期	压力表灵敏可靠,在合格有效期内	螺丝刀			
10	载荷阀	检查载荷阀有无堵塞和泄漏	无堵塞,无泄漏	螺丝刀、扳手			

设备二级保养(电气)内容和要求

设备名称:水雾喷砂机　　　　　　　　　　设备编号:＿＿＿＿＿＿＿＿＿

保养人员:＿＿＿＿＿＿＿＿＿　　　　　　　保养日期:＿＿＿＿＿＿＿＿＿

序号	项目	细则	标准	工具	记录	签名	备注
1	设备断电	机器断电	设备电压为"0",有警示牌	万用表			
		悬挂标示牌					
2	电机	擦拭电动机外表	外表清洁	布			
		电机绝缘检查	绝缘电阻≥3.8 MΩ	兆欧表			
3	电箱操纵箱	电箱、操纵箱内部清洁保养	内部清洁、整齐、无杂物	吸尘器、刷子等			
		电箱、操纵箱内部插接件接触检查	接触良好	万用表			
		电箱、操纵箱内主回路接线端子紧固检查	接触良好,紧固	螺丝刀			
4	设备上电	机器上电,设备系统启动	输出电压稳定	万用表			
		摘取警示牌	警示牌复位				
5	设备调整	各类参数调整(压力、流速等)	压力、流速等平稳、准确	压力等检测工具			
6	安全装置	按设备安全操作规范对设备安全保护装置进行检查	工作正常,安全有效	目测			

设备一级保养内容和要求

设备名称:干燥机 　　　　　　　　　　　　设备编号:_____

保养人员:_____ 　　　　　　　保养日期:_____

序号	项目	细则	标准	工具	记录	签名	备注
1	外观	擦拭设备外表	无积灰,无锈蚀,无油污	清洁工具			
2	压缩机	检查压缩机运行是否正常	压缩机无异响	目测			
3	排水器	检查排水器排水是否畅通	排水畅通	目测			
4	入口温度、压力	检查干燥机入口温度、压力是否正常	温度、压力正常	目测			
5	冷媒	检查干燥机冷煤压力是否正常;露点温度是否正常	排气正常,滤芯无堵塞	目测			
6	出口温度	检查吸干机出口空气露点温度是否正常	出口温度正常	目测			
7	电控箱	电气部分清扫吹灰	电控柜清洁	清洁工具			

设备二级保养(机械)内容和要求

设备名称:干燥机　　　　　　　　　　　　　　设备编号:＿＿＿＿＿＿＿＿

保养人员:＿＿＿＿＿＿＿＿　　　　　　　　　　保养日期:＿＿＿＿＿＿＿＿

序号	项目	细则	标准	工具	记录	签名	备注
1	设备外表	擦拭设备外表	外表清洁,无油污、积灰	清洁工具			
2	压缩机	检查压缩机运行是否正常,补充冷煤	运行无异响,冷媒充足	螺丝刀、扳手			
3	排水器	检查排水器排水是否畅通,必要时更换	排水正常	目测			
4	管路、阀门	检查管路、阀门是否正常,必要时更换	无泄漏,无锈蚀	螺丝刀、扳手			
5	过滤器、冷凝器	检查过滤器是否堵塞,清除冷凝器表面积灰	无堵塞,清洁	螺丝刀、扳手			
6	吸干机	检查吸干机易损件,必要时更换	功能完好	扳手、备件			
7	干燥剂	检查吸干机干燥剂(活性氧化铝)是否达标,必要时更换	干燥剂充足、有效	扳手、备件			
8	温度	检查露点温度是否正常;	温度正常	温度计			

设备二级保养(电气)内容和要求

设备名称:干燥机　　　　　　　　　　　　　设备编号:＿＿＿＿＿＿＿＿＿

保养人员:＿＿＿＿＿＿＿＿＿　　　　　　　　保养日期:＿＿＿＿＿＿＿＿＿

序号	项目	细则	标准	工具	记录	签名	备注
1	电控柜	清洁电控柜,更换老化元器件	清洁,器件无老化	螺丝刀、万用表			
2	电气接线	检查设备上电气接线,更换老化接线	接线可靠、安全	压缩空气、抹布			
3	传感器及接地	检查传感器及接地是否安全可靠	传感器安装牢固,接地可靠	万用表			
4	控制按钮	检查按钮是否有效	按钮齐全、灵敏	万用表			
5	压缩机电磁阀	检查电磁阀是否灵敏,按需更换	电磁阀灵敏可靠	万用表、备件			

设备保养内容和要求

设备名称:高压高温清洗机　　　　　　　　　　　　设备编号:＿＿＿＿＿＿＿＿

保养人员:＿＿＿＿＿＿＿＿　　　　　　　　　　　　保养日期:＿＿＿＿＿＿＿＿

序号	项目	细则	标准	工具	记录	签名	备注
1	外部清洁	外部擦洗,内部用压缩空气吹扫	外部无油渍、飞溅物	清洁工具、风管			
2	加温系统	解体检修高压水泵	柱塞、水泵等无磨损	扳手、螺丝刀			
		检查机油油质,加注齿轮箱高压高温油脂	油质油位正常,润滑良好	油枪			
		清洗柴油箱,重新添加柴油	柴油箱清洁,油质油位正常	清洁工具			
		检查燃烧室耐火材料	固定完好,无脱落	扳手,目测			
		检查锅炉水管,清洗管内水垢	管内无油脂结垢,管外无严重积炭	扳手,清扫工具			
		检修燃烧室柴油喷嘴	工况良好	目测			
3	管路、滤器、水箱	检查紧固管道卡扣,固定螺丝等	无松动,工作时不漏水	扳手,目测			
		检修高压管连接、高压枪喷头固定情况,视情况更换O形圈	高压管连接可靠,喷头连接可靠	扳手,目测			
		检查高低水位报警,检查清洗滤器,必要时更换	工况良好,无堵塞	扳手、清洁工具			
4	电气	检查温控器,如不准确,调整温控器静态补偿或传感器修正值	温控器工况良好	目测			
		检查加热装置	工况正常	万用表			
		检查各电气元件工况,检查各个接线端子是否牢固	连接可靠,无松脱	螺丝刀			
		测定绝缘	符合检验标准	绝缘表			

设备一级保养内容和要求

设备名称:压缩热吸附式干燥机　　　　　　　　设备编号:＿＿＿＿＿＿＿＿＿

保养人员:＿＿＿＿＿＿＿＿＿＿　　　　　　　　保养日期:＿＿＿＿＿＿＿＿＿

序号	项目	细则	标准	工具	记录	签名	备注
1	外表	清扫设备主体	表面整齐、整洁	清扫工具			
2	设备制动部分元件	检查阀位反馈器是否正位	开关显示不偏移	专业工具			
		检查气缸动作情况	按下电磁阀测试键,反应灵敏	专业工具			
		检查固定阀体螺栓	阀门紧固件不松动	扳手			
		检查电磁阀动作情况	线圈和阀体完好,得电正常动作	专业工具、万用表			
		检查减压阀	内部干净不含水,调节阀有反应				
		检查排水器	排水功能正常				
3	过滤系统	定期更换滤芯,清洁排水器;正常情况下压降不高于 0.7 kgf/cm^2,否则更换;正常寿命 7000 h 左右,到期更换	系统工况良好	专业工具			
4	安全装置	检查急停装置	灵敏可靠	专业测试工具			
5	空气系统	检查管道连接部分是否有漏气	无泄漏	查漏工具			
6	水路系统保养	检查水路阀门动作;检查水温、水质及水压	达到规定要求	测试工具			
7	压力显示	检查压力表显示是否正常,定期校验	达到规定要求	测试工具			

设备二级保养（机械）内容和要求

设备名称：压缩热吸附式干燥机 　　　　　　设备编号：_____

保养人员：_____ 　　　　　　　　　保养日期：_____

序号	项目	细则	标准	工具	记录	签名	备注
1	作业环境	对工作场地进行整理清扫,用红白旗隔离工作区域,做好各项安全防护措施	场地清洁,有效隔离,安全防护措施到位	红白旗、清扫工具			
2	结构件	检查金属结构件及焊缝等	无裂缝、变形、脱焊	目测			
3	阀门部分	检查气缸和阀体动作情况	按下电磁阀测试键,反应灵敏	专业工具			
4	阀位反馈器	检查显示是否有移位现象	OPEN/CLOSE 显示应正位	扳手			
5	电磁阀	检查电磁阀动作情况	线圈和阀体完好,得电正常动作	专业工具、万用表			
6	减压阀	检查减压阀	内部干净不含水,调节阀有反应	目测			
7	排水系统	检查排水器是否正常排水	排水正常	专业工具			
8	过滤器	定期更换滤芯,清洁排水器,正常情况下压降不高于 0.7 kgf/cm^2,否则更换;正常寿命7000 h左右,到期更换	系统工况良好	专业工具			
9	安全装置	检查急停装置	灵敏可靠	测试			
10	水路系统	检查水路阀门是否动作灵敏,检查水温、水压及清洁水冷凝器	达到规定要求	测试			
11	吸附系统	定期检查更换吸附剂及相关易耗件(消声器)	达到规定要求	测试			

设备二级保养(电气)内容和要求

设备名称:压缩热吸附式干燥机　　　　　　　　　设备编号:＿＿＿＿＿＿＿＿

保养人员:＿＿＿＿＿＿＿＿　　　　　　　　　　　保养日期:＿＿＿＿＿＿＿＿

序号	项目	细则	标准	工具	记录	签名	备注
1	设备断电	机器断电	设备电压为"0",有警示牌	万用表			
		悬挂警示牌					
2	电箱	电箱内部清洁保养	内部清洁、整齐,无杂物	清洁器			
		内部电气元件接触情况检查	接触良好	万用表、专业工具			
		主回路控制线接线端子紧固检查	接触良好,紧固	专业工具			
3	设备上电	设备上电启动设备,摘除警示牌	电压正常,启动正常,警示牌复位	万用表			
4	干燥机调整	温度传感器调整	设备温度显示正常	万用表			
		各类电气元件调整	设备运行正常	专业工具、万用表			
		各类电气元件调整	信号反馈正常	万用表			
		干燥机各参数调整	设备运行正常				

设备一级保养内容和要求

设备名称:高压无气喷涂机   设备编号:＿＿＿＿＿＿＿＿＿

保养人员:＿＿＿＿＿＿＿＿＿   保养日期:＿＿＿＿＿＿＿＿＿

序号	项目	细则	标准	工具	记录	签名	备注
1	主泵	检查泵体密封件是否完好,是否漏气	达到主泵使用要求	调整工具			
2	过滤器	检查滤网,是否有杂物、沉淀,清洁滤芯	滤网、滤芯达到使用要求	清洁工具			
3	气缸	清洁上下先导阀组件、油雾器、限压调压阀等气路零部件,清洁后,安装时切忌进入铁锈、砂粒、尘埃等杂物	作业有标准,过程有记录	清洁工具			
		清洁橡胶密封件(只能用汽油或非溶剂型清洁剂),喷涂结束后,及时清洁设备	密封良好,设备清洁	清洁工具			
4	车架	检查车架是否变形	车架达到使用要求	调整工具			
5	电气	检查接地装置,防静电	安全可靠,使用正常	调整工具			

设备二级保养内容和要求

设备名称:高压无气喷涂机   设备编号:＿＿＿＿＿＿＿＿

保养人员:＿＿＿＿＿＿＿＿   保养日期:＿＿＿＿＿＿＿＿

序号	项目	细则	标准	工具	记录	签名	备注
1	主泵	检查泵体密封件是否完好,是否漏气	达到主泵使用要求	调整工具			
		检查各阀体是否完好	达到主泵使用要求	调整工具			
		按要求添加润滑油,保持活塞杆正常运作	达到主泵使用要求	调整工具			
2	过滤器	检查滤网,是否有杂物、沉淀,清洁滤芯	滤网、滤芯达到使用要求	清洁工具			
3	气缸	清洁上下先导阀组件、油雾器、限压调压阀等气路零部件,清洁后,安装切忌进入铁锈、砂粒、尘埃等脏物	作业有标准,过程有记录	清洁工具			
		清洁橡胶密封件(只能用汽油或非溶剂型清洁剂),喷涂结束后,及时清洁设备	密封良好,设备清洁	清洁工具			
4	高压软管	检查高压软管是否破损,漏气	达到高压软管使用要求				
5	车架	检查车架是否变形	车架达到使用要求	调整工具			
6	电气	检查接地装置,防静电	确保安全可靠,使用正常	调整工具			

八、木工铸造设备

设备一级保养内容和要求

设备名称:木工数控加工中心　　　　　　　　设备编号:＿＿＿＿＿＿＿

保养人员:＿＿＿＿＿＿＿　　　　　　　　　　保养日期:＿＿＿＿＿＿＿

序号	项目	细则	标准	工具	记录	签名	备注
1	帘栅	检查帘栅完好程度,必要时更换	无破损帘栅	扳手、螺丝刀			
2	自动换刀组刀库	润滑自动换刀组刀库	自动换刀组刀库运行顺畅	润滑油			
3	润滑泵	润滑泵加注润滑油	润滑泵运行顺畅	润滑油			
4	导轨和托架	清洁导轨和托架上的灰尘	导轨和托架表面清洁干净	清洁工具			
5	橡胶连接器	检查橡胶连接器磨损情况,按需进行更换	无破损橡胶连接器	扳手、螺丝刀			
6	钻削和铣削单元、刀具松开装置	清洁和润滑钻削和铣削单元、润滑刀具松开装置,用油泵向轴加油孔加润滑油	各装置润滑良好	润滑油			
7	电机轴、刀具夹头	润滑和清洁电机轴、刀具夹头	电机轴、刀具夹头运行顺畅	润滑油			
8	空气处理单元	检查和清洁空气处理单元	空气处理单元无杂物	润滑油、扳手、螺丝刀			
9	真空泵	清洁真空泵,更换堵塞或有油污的过滤器	真空泵运行顺畅	扳手、螺丝刀			
10	真空泵叶片	检查真空泵叶片,按需进行更换	真空泵运行正常	扳手、螺丝刀			

设备二级保养(机械)内容和要求

设备名称:木工数控加工中心   设备编号:＿＿＿＿＿＿＿＿

保养人员:＿＿＿＿＿＿＿＿   保养日期:＿＿＿＿＿＿＿＿

序号	项目	细则	标准	工具	记录	签名	备注
1	帘栅	检查帘栅完好情况	无破损帘栅	扳手、螺丝刀			
2	自动换刀组刀库	自动换刀组刀库保养	自动换刀组刀库运行顺畅	润滑油			
3	润滑泵	润滑泵保养	润滑泵运行顺畅	润滑油			
4	导轨和托架	导轨和托架清洁	导轨和托架表面清洁、干净	清洁工具			
5	橡胶连接器	橡胶连接器检查	无破损橡胶连接器	扳手、螺丝刀			
6	钻削和铣削单元、刀具松开装置	清洁和润滑钻削和铣削单元、润滑刀具松开装置,轴加油孔加油润滑	各装置润滑良好	润滑油			
7	电机轴、刀具夹头	电机轴、刀具夹头保养	电机轴、刀具夹头运行顺畅	润滑油			
8	空气处理单元	检查空气处理单元,按需更换	空气处理单元无杂物	润滑油、扳手、螺丝刀			
9	真空泵	检查清理真空泵	真空泵运行顺畅	扳手、螺丝刀			
10	真空泵叶片	更换磨损真空泵叶片	真空泵叶片满足设备要求	扳手、螺丝刀			
11	气缸	气缸保养	气缸运行顺畅	润滑油、抹布			
12	管线	检查管线破损情况,按需更换	各管线无破损	备件管线、更换工具			
13	紧固螺丝	检查各机构紧固螺丝	各机构紧固螺丝无缺失,无松动	螺丝刀、扳手			
14	润滑油	检查并补充各油杯润滑油	补充油位达到规定液位	加油杯			

设备二级保养(电气)内容和要求

设备名称:木工数控加工中心   设备编号:_____

保养人员:_____   保养日期:_____

序号	项目	细则	标准	工具	记录	签名	备注
1	设备断电	机器断电	设备电压为"0",有警示牌	万用表			数控设备 PLC 设备
		稳压电源输出端断电					
		悬挂警示牌					
2	电机	对防水等级在 IP44 以下(含 IP44)电机检查绝缘	绝缘电阻: ≥3.8 MΩ,绝缘良好; ≥1.5 MΩ,绝缘可用; ≥0.38 MΩ,绝缘堪用; <0.38 MΩ,绝缘不良。 绝缘不良的,绝缘处理或更新	兆欧表			断开电机回路再进行测量
		对防水等级 IP44 以上电机(不含伺服电机)抽查绝缘					
		对防水等级在 IP67 以上(含 IP67)电机不需要检查绝缘					
		保养电机冷却回路(含冷却风扇),更换进风口滤网	无油污、覆盖物等;冷却回路畅通	目测			
		保养有炭刷的直流电机(有直流电机机床做此项),按需更换炭刷	滑环无积炭,无打火痕迹,无明显磨损,炭刷磨损不超过2/3	螺丝刀			
		保养测速电机		扳手			
3	电箱、操纵箱、手持单元	电箱、操纵箱内部清洁保养,手持单元外部清洁保养	清洁、整齐,无杂物	清洁工具			
		手持单元、电箱、操纵箱内接插件接触检查	接触良好	万用表			
		电箱、操纵箱内主回路接线端子紧固检查	接触良好,紧固	螺丝刀			

表(续)

序号	项目	细则	标准	工具	记录	签名	备注
4	稳压电源	外观、按钮功能检查	外观清洁,按钮工作正常	目测			
		检查手动、自动功能切换是否有效	手动、自动功能之间正常切换	试车			
		检查稳压电源输出电压	输出电压稳定	万用表			
		对变压器炭刷进行保养	炭刷磨损不超过2/3	目测			
		稳压电源内部清洁保养	内部清洁、整齐,无杂物	目测			
5	油冷机、机箱散热器	油冷机、机箱散热器滤网清扫	清洁、整齐,无杂物	吸尘器、刷子等			
		油冷机、机箱空调制冷效果检查	制冷效果良好	目测			
6	设备上电	稳压电源输出端上电	输出电压稳定	万用表			
		机床上电,设备系统启动	启动正常	试车			
		摘取警示牌	警示牌复位	目测			
7	设备调整	机床电气传感器调整	机床动作正常,反馈信号正常	万用表			根据反应精度结合机械选择调整
		各类电气控制元件调整	机床动作正常,反馈信号正常	万用表			
		机床外围辅助设备检查、调整(油冷机等)	正常工作	扳手			
		各类手持单元功能检测	正常工作	目测			
		机床各类参数调整(反向间隙、定位、速度等)	机床运动正常、平稳,定位准确	机械精度检测工具			
8	PLC、变频器	紧固PLC、变频器,备份程序参数	保存最新备份	电脑			
9	安全装置	按系统安全操作规范,检查设备安全保护装置(各类门限位、各轴硬限位等)	工作正常,安全有效	试车			

设备一级保养内容和要求

设备名称:其他(木工)设备　　　　　　　　　设备编号:_____

保养人员:_____　　　　　　　　保养日期:_____

序号	项目	细则	标准	工具	记录	签名	备注
1	机床清洁	擦拭机床外表及罩盖和周围环境	内外清洁,无锈蚀,无积屑杂物,无黄袍	清洁工具			
		清洁工作台(面)升降装置	确保升降装置灵活可靠	清洁工具			
		擦拭、固定电动机、电气箱、电气装置	内外清洁,内部整齐、固定可靠	清洁工具、螺丝刀			
2	零部件	按润滑图表进行加注油(脂),畅通油路	润滑到位,油路畅通	油枪、扳手			
3	制动装置	检查各制动装置	灵活可靠	目测,试车			
4	压紧装置、调节系统	清洁检查各压紧装置、导板等调解系统	灵活可靠	清洁工具、扳手			
5	调整紧固件	检查、调整各紧固件	无松动,完整无缺	扳手			
6	传动装置	检查、调整各传动装置	传动平稳正常,无窜动,无异响	扳手			
7	安全装置	检查限位与接地装置	安全可靠,反应灵敏	万用表			

设备二级保养(机械)内容和要求

设备名称:其他(木工)设备　　　　　　　　　　　设备编号:＿＿＿＿＿＿＿

保养人员:＿＿＿＿＿＿＿＿＿　　　　　　　　　　保养日期:＿＿＿＿＿＿＿

序号	项目	细则	标准	工具	记录	签名	备注
1	刀轴轴承	拆检刀轴轴承,检查轴承间隙与磨损	轴承间隙与磨损在规定范围内,无窜动,无异响	扳手、测量工具等			
2	传动零部件	检修各传动零部件磨损与间隙	各传动零部件磨损与间隙在规定范围内	扳手、测量工具等			
3	各导轨面	检修各导轨面,清除各导轨面毛刺、伤痕,检查间隙	导轨面无毛刺,间隙在规定范围内	扳手、锉刀等			
4	润滑	清洁润滑液压装置,加注润滑油(脂)	液压装置工作顺畅可靠,无污物	油枪等			
5	工作台、丝杆螺母及升降装置	拆检工作台、丝杆螺母及升降装置	传动顺畅,间隙在规定范围	扳手、测量工具等			
6	上下刀轴	检查上下刀轴(滚轴、锯轮等)	运行顺畅,间隙在规定范围	扳手、测量工具			
7	送料结构	检查、调整送料结构	运行正确灵活,安全可靠	试车,目测			
8	制动装置	检查制动效果	制动安全可靠	试车,目测			

设备二级保养(电气)内容和要求

设备名称:其他(木工)设备　　　　　　　　　　设备编号:_____

保养人员:_____　　　　　　　　　　保养日期:_____

序号	项目	细则	标准	工具	记录	签名	备注
1	送料结构	检查、调整送料结构	正确灵活,安全可靠	试车,目测			
2	紧停装置	验证紧停装置作用	紧停装置有效	试车			
3	操作系统	检查各按钮及控制部件	按钮正常,控制准确	试车			
4	其他安全装置	检查并验证安全光幕等安装装置作用	安全装置有效	试车			
5	电机、电气箱	检修电机、电气箱及控制系统,内外清洁	电机绝缘符合设备使用要求,内外清洁,电气柜内元件接触良好	螺丝刀、清洁工具			
6	检查限位装置	检查限位装置是否有效	安全可靠,动作灵敏	试车、万用表			
7	接地	检查设备接地	设备接地安全可靠	万用表			

设备一级保养内容和要求

设备名称:离心浇铸机　　　　　　　　　　　　设备编号:＿＿＿＿＿＿＿＿＿

保养人员:＿＿＿＿＿＿＿＿＿　　　　　　　　保养日期:＿＿＿＿＿＿＿＿＿

序号	项目	细则	标准	工具	记录	签名	备注
1	电箱	电箱外观保养	无油污、覆盖物等	清洁工具			
2	操作按钮	操作按钮外观保养	按钮无油污、覆盖物等	清洁工具			
3	机床外观	擦拭机床外表面、罩盖及附件	内外清洁,无锈蚀,无黄袍	清洁工具			

设备二级保养(机械)内容和要求

设备名称:离心浇铸机　　　　　　　　　　设备编号:＿＿＿＿＿＿＿＿

保养人员:＿＿＿＿＿＿＿＿　　　　　　　　保养日期:＿＿＿＿＿＿＿＿

序号	项目	细则	标准	工具	记录	签名	备注
1	清理场地	对工作场地进行整理清扫,用红白旗隔离工作区域,做好各项安全防护措施	场地清洁,有效隔离,安全防护措施到位	红白旗、清扫工具			
2	托轮、轴承	检查磨损情况,磨损严重则进行修复或更换;检查、调整各传动零部件,及时更换损坏的易损件	部件完好,无缺损	扳手等			
3		调整托轮间距,去除轮沿毛刺,修复伤痕	托轮工况良好	油石、回丝、吸油毡			
4	滚筒	校正滚筒平面	运转正常	内六角扳手等			
5	底板	校正底板水平,紧固螺栓	底板水平,牢固	扳手等			
6	液压及润滑系统	检查各液压件动作是否灵敏,添加轴承润滑脂	液压件工作正常,无泄漏	目测			

设备二级保养(电气)内容和要求

设备名称:离心浇铸机   设备编号:_____

保养人员:_____   保养日期:_____

序号	项目	细则	标准	工具	记录	签名	备注
1	设备断电	机器断电	设备电压为"0",有警示牌	万用表			
		悬挂警示牌					
2	电机	主轴马达绝缘检查	绝缘电阻:≥3.8 MΩ,绝缘良好;≥1.5 MΩ,绝缘可用;≥0.38 MΩ,绝缘堪用;<0.38 MΩ,绝缘不良。绝缘不良的,绝缘处理或更新	兆欧表			断开电机回路再进行测量
		摇臂升降马达绝缘检查					
		立柱夹紧放松马达绝缘检查					
		冷却水马达绝缘检查					
		对电机冷却回路(含冷却风扇)进行保养,更换进风口滤网	无油污、覆盖物等;冷却回路畅通				
3	电箱、操纵箱、手持单元	电箱、操纵箱内部清洁保养	清洁、整齐,无杂物	吸尘器、刷子等			
		电箱、操纵箱内接插件接触检查	接触良好	万用表			
		电箱、操纵箱内主回路接线端子紧固检查	接触良好,紧固	螺丝刀			
4	设备上电	机床上电,设备系统启动	启动正常				
		摘取警示牌	警示牌复位				
5	设备动作及安全检查	电气控制系统应工作正常	动作正常				
		零位保护、夹紧放松及各限位的功能	工作正常,安全有效				

九、专用设备

设备一级保养内容和要求

设备名称:炼钢炼铁熔炼设备 　　　　　　　　设备编号:_____

保养人员:_____ 　　　　　　　　保养日期:_____

序号	项目	细则	标准	工具	记录	签名	备注
1	电源开关柜	外观清洁整理,必要时进行微调整(按钮等);对设备完好情况和安全状况进行检查(电流表、电压表、指示灯等);补充润滑油或油脂等	整洁、完好,无隐患	扫帚、抹布、螺丝刀、扳手,目测			
2	变压器	外观清洁整理,必要时进行微调整;对设备完好情况和安全状况进行检查;补充冷却油等	整洁、完好,无隐患	刷子、抹布、扳手、螺丝刀,目测			
3	高压电排、电缆	外观清洁整理,必要时进行微调整:连接螺丝、高压瓷瓶等;对设备完好情况和安全状况进行检查	整洁、完好,无隐患	刷子、抹布、扳手、螺丝刀,目测			
4	控制电气柜	外观清洁整理,必要时进行微调整;对设备完好情况和安全状况进行检查(指示灯等)	整洁、完好,无隐患	扫帚、抹布、螺丝刀、扳手,目测			
5	工控机、控制台	外观清洁整理,必要时进行微调整(显示屏、按钮等);对设备完好情况和安全状况进行检查(指示灯等)	整洁、完好,无隐患	刷子、抹布、酒精,目测			
6	炉体	外观清洁整理,必要时进行微调整;补充润滑油或油脂等;对设备完好情况和安全状况进行检查	整洁、完好,无隐患	扫帚、抹布、螺丝刀、扳手,目测			
7	液压站	外观清洁整理,必要时进行微调整;补充液压油;对设备完好情况和安全状况进行检查	整洁、完好,无隐患	扫帚、抹布、螺丝刀、扳手,目测			

表（续）

序号	项目	细则	标准	工具	记录	签名	备注
8	液压执行系统	外观清洁整理,必要时进行微调整;对设备完好情况和安全状况进行检查;补充冷却油等	整洁、完好,无隐患	扫帚、抹布、螺丝刀、扳手、油壶,目测			
9	冷却塔	外观清洁整理,必要时进行微调整;补充冷却水、润滑油脂等;清理水垢;对设备完好情况和安全状况进行检查	整洁、完好,无隐患	扫帚、抹布、螺丝刀、扳手、油枪,目测			
10	冷却水循环系统	外观清洁整理,必要时进行微调整;补充冷却水;对设备完好情况和安全状况进行检查	整洁、完好,无隐患	扫帚、抹布、螺丝刀、扳手,目测			
11	除尘器	外观清洁整理,必要时进行微调整;补充润滑油或油脂等;对设备完好情况和安全状况进行检查	整洁、完好,无隐患	扫帚、抹布、螺丝刀、扳手、油枪、肥皂水,目测			
12	压缩空气系统	外观清洁整理,必要时进行微调整;放空管路中的积水;对设备完好情况和安全状况进行检查	整洁、完好,无隐患	扫帚、抹布、螺丝刀、扳手,目测			
13	应急柴油发电机	外观清洁整理,必要时进行微调整;补充柴油、冷却水、润滑油或油脂等;对设备完好情况和安全状况进行检查	整洁、完好,无隐患	扫帚、抹布、螺丝刀、扳手、油枪、肥皂水,目测			

设备二级保养(机械)内容和要求

设备名称:炼钢炼铁熔炼设备 　　　　　　　　　设备编号:＿＿＿＿＿＿＿＿

保养人员:＿＿＿＿＿＿＿＿ 　　　　　　　　　保养日期:＿＿＿＿＿＿＿＿

序号	项目	细则	标准	工具	记录	签名	备注
1	炉体	内部清洁整理:修理更换磨损老化件(冷却水管等),检修各机构元件(减速机等),紧固各连接件,清洁更换加注润滑油脂等,结构件局部修复补漆	整洁,运转可靠,无异响,无松动	螺丝刀、扳手、管子钳、刷子等			
2	液压站	内部清洁整理:修理更换磨损老化件(滤芯、液压油管等),检修各机构执行元件(电磁阀等),紧固各连接件,清洁更换加注液压油等,结构件局部修复补漆	整洁,运转可靠,无异响,无松动	螺丝刀、扳手、管子钳、刷子等			
3	液压执行系统	内部清洁整理:修理更换磨损老化件(密封圈、油管等),检修各机构元件(油缸等),紧固各连接件,流量计、温度传感器、压力传感器等检修,结构件局部修复补漆	整洁,运转可靠,无异响,无松动	螺丝刀、扳手、管子钳、刷子等			
4	冷却塔	内部清洁整理:修理更换磨损老化件(皮带、风叶等),检修各机构元件(电机、水泵等),清洁更换加注润滑油脂,紧固各连接件(接线螺丝等),结构件局部修复油漆	整洁,运转可靠,无异响,无松动	螺丝刀、扳手、万用表、管子钳、刷子等			

表(续)

序号	项目	细则	标准	工具	记录	签名	备注
5	冷却水循环系统	内部清洁整理:修理更换磨损老化件(水管等),检修各机构元件(水泵等),清洁更换加注润滑油脂,对水池水箱进行清洁清理,紧固各连接件(接线螺丝等),检修流量、温度压力仪表,结构件局部修复油漆	整洁,运转可靠,无异响,无松动	螺丝刀、扳手、万用表、管子钳、刷子等			
6	除尘器	内部清洁整理:修理更换磨损老化件(除尘布袋等),检修各机构元件(电机、减速机、电磁阀等),清洁更换加注润滑油脂,紧固各连接件(螺丝等),结构件局部修复油漆	整洁,运转可靠,无异响,无松动	螺丝刀、扳手、管子钳、刷子等			
7	压缩空气管路系统	内部清洁整理:修理更换磨损老化件(输气管等),检修各机构元件(油水分离器等),紧固各连接件,结构件局部修复油漆	整洁,运转可靠,无异响,无松动	螺丝刀、扳手、管子钳、刷子等			
8	应急柴油发电机	内部清洁整理:修理更换磨损老化件(滤芯等),检修各机构元件,紧固各连接件,清洁更换加注柴油、冷却水、机油等,结构件局部修复油漆	整洁,运转可靠,无异响,无松动	螺丝刀、扳手、抹布、专用工具、刷子等			

设备二级保养(电气)内容和要求

设备名称:炼钢炼铁熔炼设备

保养人员:＿＿＿＿＿＿＿＿＿＿＿＿

设备编号:＿＿＿＿＿＿＿＿＿＿＿＿

保养日期:＿＿＿＿＿＿＿＿＿＿＿＿

序号	项目	细则	标准	工具	记录	签名	备注
1	电气柜、控制台、工控机	整理、清洁电气柜内部和外部,清除不必要的物品;修理、更换损坏的门锁、换气散热风扇等;清洁、更换电气柜换气过滤网;紧固连接螺丝(电气柜的固定螺丝等);修理、更换电气柜密封设施(密封条、线路进出密封等);修理、更换电气柜接地线路;检查更换灭火器材,确保完好	完好、可靠,无松动	螺丝刀、扳手、万用表、刷子、吸尘器、冷吹风机			
2	控制电气元件	整理、清洁各电气元件(变频器、接触器、互感器、变压器、电容等);修理、更换老化的电气元件(指示灯、电流表、电压表、互感器、蜂鸣器、隔离变压器等);修理、更换老化打火的接触器桩头;对 PLC 等系统程序文件进行备份;测量、更换程序文件存储用维持电池;完善、更换老化的接线桩头隔离片或隔离罩;测试、修复双供电自动切换装置;清除更换导热膏等;修理、更换冷却风扇、变频器等	完好、可靠,无异响,无松动	螺丝刀、扳手、万用表、刷子、吸尘器、冷吹风机			
3	线路线缆	整理、清洁线路中的异物(垃圾、灰尘等);修理、更换老化的线缆或进行完善、包扎;更换、紧固接线桩头和连接螺丝;完善、更换老化的线缆隔离片、绝缘子等;修理、更换损坏的走线槽、线路固定设施、拉线走轮、拉线钢丝等;修理、更换走线槽接地线等;更换脱落损坏的线路桩头	完好、可靠,无异响,无松动	螺丝刀、扳手、万用表、刷子、吸尘器、冷吹风机			

表（续）

序号	项目	细则	标准	工具	记录	签名	备注
4	电气执行元件	整理、清洁各执行元件（电机、传感器、脉冲阀等）；修理更换损坏的电气元件；修理更换损坏的电机，加注或更换润滑油、轴承等；调整、更换电动机电刷等；调整、更换、紧固执行电气元件的固定设施等；修理、更换执行电气元件的接地线路	完好、可靠，无异响，无松动	螺丝刀、扳手、万用表、刷子、吸尘器、冷吹风机、油枪			
5	整机接地	检查设备全网接地，应安全可靠	完好、可靠，无异响，无松动	螺丝刀、扳手、万用表、刷子、吸尘器、冷吹风机			

设备一级保养内容和要求

设备名称:钢板/型钢预处理流水线   设备编号:＿＿＿＿＿＿＿＿

保养人员:＿＿＿＿＿＿＿＿   保养日期:＿＿＿＿＿＿＿＿

序号	项目	细则	标准	工具	记录	签名	备注
1	设备及周围场地	清扫工作场地	场地无垃圾	扫帚、清洁工具			
		擦拭设备外表	无油污、尘土				
2	链轮传动装置	调节链轮张紧度	链轮上平行链条处于收紧状态	扳手			
		链节加注润滑油	链节表面涂敷黄油即可	毛刷			
3	刮板装置	清洁刮板装置下部垃圾	场地无垃圾	扫帚、清洁工具			
		提升链条加注润滑油	链节表面涂敷黄油即可	毛刷			
4	预热装置	清除内部积灰和积垢	内部无积灰、积垢、锈块	毛刷、铁铲			
		更换冷却水	冷却水清洁	水泵			
5	供丸系统	供丸闸气路清洁	管路内无垃圾	冷风			
		弹性垫圈拎平,螺栓紧固	螺栓紧固	扳手			
6	抛丸室体内护板	对厚度磨损超过 1/3 护板进行更换	护板工况良好	焊机、撬棒			
7	提升机	更换橡胶皮,发现开口尺寸超过 1 cm 时,对整根皮带进行更换,小于 1 cm 时切割圆口过渡	橡胶皮工况良好	切割机、起重设备、扳手、照明工具			
		发现料口磨损 1/3 尺寸长度时进行料斗更换	料斗工况良好	扳手、照明工具			
8	喷漆机构	全面清扫喷漆机内污物	表面无污垢	铲刀、毛刷			
		清洁喷枪	表面无污垢				
9	烘箱	内部积灰清洁	表面无积灰	毛刷、清洁工具			
		控制系统测试	开关、按键功能有效				

表(续)

序号	项目	细则	标准	工具	记录	签名	备注
10	除尘系统	清除除尘管道内部积灰	内部无油漆、积灰	扳手、铲刀、起重设备、清洁工具			
11	润滑	所有润滑点加注润滑脂	润滑良好	黄油枪			

设备二级保养(机械)内容和要求

设备名称:钢板/型钢预处理流水线　　　　　　　　设备编号:＿＿＿＿＿＿＿＿

保养人员:＿＿＿＿＿＿＿＿　　　　　　　　　　保养日期:＿＿＿＿＿＿＿＿

序号	项目	细则	标准	工具	记录	签名	备注
1	场地清理	对工作场地进行整理清扫,用红白旗隔离工作区域,做好各项安全防护措施	场地清洁,有效隔离,安全防护措施到位	红白旗、清扫工具			
2	输入输出辊道	拆检、清洁轴承座,加注新的润滑脂	无明显油污	煤油、扳手、黄油枪			
		清洁或更换传动链,调整间隙	表面无油污,间隙1.5 cm	榔头、凿子			
		更换减速箱内润滑油,原则上2年更换1次,具体根据检验情况	根据检测结果执行	注油泵			
		检修摆线型电机及减速机,校正各辊道速度	每段辊道速差≤链条半扣接头长度	扳手、榔头、凿子			
3	清扫装置	更换扫板	1年更换1次	扳手、美工刀			
4	预热工位	更换热损火焰喷头	喷火正常	扳手			
		清洁冷却水管	管内无杂物	扳手			
5	抛丸室工位	修补室体内部耐磨护板,磨损厚度≥5 mm时,须更换	护板工况良好	手工割炬、电焊机			
		检修落砂管磨损情况,发现管壁厚度小于50%时,须更换	落砂管工况良好	扳手、手工割炬、起重设备			
6	滚扫装置	更换滚扫刷毛磨损情况	刷毛磨损量≥5 cm	扳手、起重设备			
		提升装置更换减速箱内液压油,周期2年	根据检测结果执行	注油泵			
7	提升机	检修提升皮带,皮带端面开口度大于1 cm时,须更换	皮带工况良好	起重设备			

表(续)

序号	项目	细则	标准	工具	记录	签名	备注
7	提升机	传动轴承拆卸清洁,加油润滑	清洁,润滑良好	黄油枪			
		调整皮带松紧	运转平稳	扳手、撬棒			
		更换损坏的提升小斗	表面无裂纹	扳手			
8	螺旋器动力机构	对润滑点,加注润滑油	轴承刚有油脂溢出	黄油枪			
		更换齿轮箱体内液压油	油质、油位符合标准	注油泵			原则上每2年更换1次
9	除尘系统	更换除尘滤筒	除尘滤筒工况良好	扳手			每6个月更换
		清除除尘风管内垃圾	内部无油,无灰尘堆积	扳手、起重设备、清洁工具			
10	喷漆工位	更换漆雾过滤网	漆雾过滤网工况良好	扳手			每月更换
		调整小车车轮与轨道间隙	间隙小于0.1 mm	扳手、塞尺			
		调整轨道直线度	精度要求±1 mm	扳手、水平仪			

设备二级保养(电气)内容和要求

设备名称:钢板/型钢预处理流水线　　　　　　　设备编号:＿＿＿＿＿＿＿＿＿＿

保养人员:＿＿＿＿＿＿＿＿　　　　　　　　　　保养日期:＿＿＿＿＿＿＿＿＿＿

序号	项目	细则	标准	工具	记录	签名	备注
1	设备断电	设备断电	设备电压为"0",有警示牌	万用表			
		稳压电源输出端断电					
		悬挂警示牌					
2	电机	对防水等级在IP44以下(含IP44)电机检查绝缘	绝缘电阻: ≥3.8 MΩ,绝缘良好; ≥1.5 MΩ,绝缘可用; ≥0.38 MΩ,绝缘堪用; <0.38 MΩ,绝缘不良。 绝缘不良的,绝缘处理或更新	兆欧表			断开电机回路再进行测量
		对防水等级在IP44以上电机(不含伺服电机)抽取检查绝缘					
		对防水等级在IP67以上(含IP67)电机不需要检查绝缘					
		对电机冷却回路(含冷却风扇)进行保养,更换进风口滤网	无油污、覆盖物等,冷却回路畅通				
		对有炭刷的直流电机进行保养(有直流电机机床做此项)	滑环无积炭,无打火痕迹,无明显磨损(否则修复);炭刷磨损不超过2/3(否则更换)				
		对测速电机进行保养					
3	电箱、操纵箱	电箱、操纵箱内部清洁保养	内部清洁、整齐,无杂物	吸尘器、刷子等			
		电箱、操纵箱内接插件接触检查	接触良好	万用表			
		电箱、操纵箱内主回路接线端子紧固检查	接触良好,紧固	螺丝刀			
4	设备上电	稳压电源输出端上电	输出电压稳定,保持380 V	万用表			
		设备上电,设备系统启动	启动正常				
		摘取警示牌	警示牌复位				

表（续）

序号	项目	细则	标准	工具	记录	签名	备注
5	设备调整	设备电气传感器调整	设备动作正常,反馈信号正常	万用表等			
		各类电气控制元件调整	设备动作正常,反馈信号正常				
		各类手持单元功能检测	正常工作				
		设备各类参数调整(反向间隙、定位、速度等)	设备运动正常、平稳,定位准确				
6	安全装置	按系统安全操作规范,对设备安全保护装置进行检查(各类门限位、各轴硬限位等)	工作正常,安全有效				

设备一级保养内容和要求

设备名称:型钢加工流水线 　　　　　　　　设备编号:_____

保养人员:_____ 　　　　　　　保养日期:_____

序号	项目	细则	标准	工具	记录	签名	备注
1	外表	擦拭机器外表及罩、盖	内外清洁,无锈蚀,无黄袍	清洁工具			
2	驱动、输送部件	检查、调整传动链松紧度	松紧度合适	目测			
		检查输送滚筒是否正常滚动	运转灵活	目测			
		检测传送带上的齿是否损坏	咬合可靠	目测			
		加注润滑油脂	润滑良好	加油枪			
3	切割推动车和轨道	检查传动链上小齿是否摇动,必要时重新调整	传动灵活	试验			
		检查夹钳的销钉,有必要更换	钉销完整,无磨损	目测			
		检查夹钳顶部轴承磨损情况	无磨损	目测			
4	夹具单元	检测夹钳滚筒是否可以平稳运转	传动灵活	目测			
		检测长、短冲程夹钳是否平稳运行	传动灵活	目测			
		检测垂直夹钳是否平稳运行	传动灵活	目测			
		检查防护挡板磨损与老化情况	无磨损	目测			
5	等离子单元	清洁等离子电源箱内、外	清洁无灰尘	清洁工具			
		检查等离子切割头和电缆	符合使用要求	清洁工具			
		检查冷却水水位	水量符合要求	加水壶			
		检测空气压力	气压符合机器使用要求	清洁工具			
		当空气压力≤6 kgf/cm^2 时,应检查供气软管、阀门,对泄漏部件调换并拧紧和清洁滤网	无泄漏	清洁工具			
6	除尘单元	检查尘雾处理系统运行是否正常	管子无裂纹,接头无松动	紧固工具			

表(续)

序号	项目	细则	标准	工具	记录	签名	备注
6	除尘单元	检测管路连接头是否泄漏	无泄漏	目测			
		清洁除尘室	清洁	清洁工具			
		检查给水调整阀是否泄漏	无泄漏	目测			
		检查除尘室门垫片是否完好	无腐蚀老化	目测			
7	数控电气部分	清洁控制柜空调装置或热交换器,包括冷却风扇,检查柜内热报警系统、柜内温度	内外清洁,无异常	清洁工具、温度计			
		清洁和检查所有外部插头座,如发现松动,应拧紧	无松动	紧固工具、清洁工具			
		清洁键盘和显示屏	无灰尘	干燥的棉花球、清洁工具			
		检查各行程限位开关、感应器工作是否正常	运行准确、可靠	目测			
		检查坦克链行走是否平滑运动,坦克链内管缆是否有龟裂和死弯	行走灵活	目测			
8	机械手	清洁机械手外表	无铁屑灰尘	清洁工具			
9	喷印单元	清洁喷印头	无铁屑灰尘	清洁工具			
		检查喷印机电缆	无松动	紧固工具			
10	机器周边	机器周边铁屑杂物清理	周边无铁屑、杂物覆盖	扫帚、铁铲			

设备二级保养(机械)内容和要求

设备名称:型钢加工流水线　　　　　　　　　　设备编号:＿＿＿＿＿＿＿＿＿

保养人员:＿＿＿＿＿＿＿＿＿　　　　　　　　　保养日期:＿＿＿＿＿＿＿＿＿

序号	项目	细则	标准	工具	记录	签名	备注
1	准备工作	对工作场地进行整理清扫,用红白旗隔离工作区域,做好各项安全防护措施	场地清洁,有效隔离,安全防护措施到位	红白旗、清扫工具			
2	减速箱	检查减速箱	无振动、杂音	目测、耳听			
3	导轨	检查和调整导轨直线性和平行度	在允许调整范围内	扳手、内六角扳手、尺子			
4	齿轮	检查和调整驱动齿轮及其间歇磨损,严重的应调换;检查其他齿轮的间隙以及所有离合器弹性联轴器性能	间隙合适	塞尺			
5	氧化物刮除装置	检查导轨上氧化物刮除装置,如有损坏应调换	完好	目测			
6	传动链	检查每个传动链松紧度,有必要的情况下进行调整	无卡阻,运行灵活	目测			
7	推动装置	检查输出推动装置与传送带相关的推杆队列	无铁屑、异物,升降灵活,平稳	目测,清洁工具			
8	夹钳	检查夹钳的销钉情况,有必要更换	无磨损	目测			
9	机械手	检测机械手中的油位	低于最低油位时,应及时加注	目测			
10	管路	检查所有供气、供冷却液软管,对已老化、有裂缝软管进行调换	无泄漏	目测			
11	阀件	检查所有气阀、水阀,应无泄漏,流量正常,如有必要,应调换	无泄漏	目测			

表(续)

序号	项目	细则	标准	工具	记录	签名	备注
12	仪表	检查所有压力计、流量计,如有指示不准或损坏,进行修理或调换	显示准确	目测			
13	除尘系统过滤元器件	检查除尘系统过滤元器件,预防性更换过滤元器件	滤网清洁,完好	清洁工具			
14	集尘器	检查集尘器和平台	无腐蚀和损坏	目测			
15	切割室门	检查切割室门的密封	密封条应完好,无泄漏	目测			
16	齿轮箱	检查驱动齿轮箱内油质、油位、油量是否符合要求	油路畅通,油窗清晰	目测,油尺			
17	润滑	将驱动齿轮、导向轮轴承、电机轴承擦干净后,加油脂润滑	润滑良好	加油枪			
18	精度	按精度单检查、调整修复精度间隙	精度符合标准	百分表等			

设备二级保养(电气)内容和要求

设备名称:型钢加工流水线　　　　　　　　　　设备编号:＿＿＿＿＿＿＿＿＿

保养人员:＿＿＿＿＿＿＿＿＿　　　　　　　　　保养日期:＿＿＿＿＿＿＿＿＿

序号	项目	细则	标准	工具	记录	签名	备注
1	设备断电	机器断电	设备电压为"0",有警示牌	万用表			
		悬挂标示牌					
2	数控部分	检查和清洁数控柜内各接插件和连接件、各熔丝	接触良好,紧固	螺丝刀			
		检查数控柜内冷却风扇	冷却系统工作正常	目测			
		检查PLC和各伺服驱动板工作是否正常	PLC模块、伺服板工作正常	目测			
		检查传感器、通信系统工作是否正常	传感器数据检测准确,通信系统工作正常	目测,万用表			
		测量和调整直流稳压电源电压	允许误差±5%	万用表			
3	电箱、操纵箱、等离子电源箱	电箱、操纵箱内部清洁保养	内部清洁、整齐,无杂物	吸尘器、刷子等			
		电箱、操纵箱内部插接件接触检查	接触良好	万用表			
		检查和清洁所有接触器和继电器触点,拧紧松动的电气接线螺丝	接触良好	万用表			
		电箱、操纵箱内主回路接线端子紧固检查	接触良好,紧固	螺丝刀			
		打开等离子电源箱,用干的压缩空气吹可控硅桥及其散热装置,应无积灰	清洁,无积灰	压缩空气			
		检查等离子电源冷却装置	工作正常,冷却效果良好	目测			

表（续）

序号	项目	细则	标准	工具	记录	签名	备注
4	设备上电	机器上电，设备系统启动	输出电压稳定	万用表			
		摘取警示牌	警示牌复位	手动			
5	设备调整	电气传感器调整	动作正常，反馈信号正常	万用表			
		各类电气控制元件调整	动作正常，反馈信号正常				
		机器外围辅助设备检查、调整	正常工作	目测			
6	安全装置	按设备安全操作规范，对设备安全保护装置进行检查（各类门限位、应急按钮等）	工作正常，安全有效	目测			

设备一级保养内容和要求

设备名称:平面分段流水线　　　　　　　　　　设备编号:＿＿＿＿＿＿＿＿

保养人员:＿＿＿＿＿＿＿＿＿　　　　　　　　　保养日期:＿＿＿＿＿＿＿＿

序号	项目	细则	标准	工具	记录	签名	备注
1	拼板工位	擦拭设备各工作部分	无油污,无焊渣,无锈蚀,无黄袍	手动,清扫工具			
2		100T输送链条检查	螺丝紧固,链条张紧合适	目测,扳手			
3		输送滚轮检查	旋转正常,表面无异物	目测、耳听,扳手			
4		平面差异装置齿轮箱、减速器检查	平面差异装置齿轮箱、减速器无异常音或振动,若调整中心偏移,则紧固螺丝	目测、耳听,扳手			
5		平面差异装置起重器检查	起重器无振动,无异常音,温度上升在规定范围内	目测、耳听,扳手			
6		100T输送链从动部滑动面检查	表面无异物黏附,无损坏	目测			
7		制动器检查	制动器完好,灵活动作	目测,扳手			
8		平面差异装置齿轮箱、减速器、起重器的润滑检查	润滑油加注到位	目测、耳听,扳手			
9		擦拭操作控制盘	表面无油污、覆盖物等	手动,清扫工具			
10		擦拭链条驱动电机及升降驱动电机	表面无油污、覆盖物等	手动、耳听			
11		限位装置检查	灵敏、可靠	手动,扳手			
12	单面焊接工位	擦拭设备外表	表面无积灰,无焊渣	手动,清扫工具			
13		焊渣流动回收装置清理	装置内部无积灰,无焊渣等	手动,清扫工具			

表（续1）

序号	项目	细则	标准	工具	记录	签名	备注
14	单面焊接工位	搬送滚轮旋转情况检查	旋转正常,驱动链条松紧度合适,润滑油加注到位	手动,扳手			
15		铜衬垫升降装置齿轮箱、减速器、螺旋丝杆顶杆检查	润滑油加注到位	手动,扳手			
16		门架走行驱动电机检查	无振动或异常音,驱动链条张力合适	手动,扳手			
17		底面焊药台车驱动链条检查	链条张力合适	手动,扳手			
18		压缩空气软管检查	无破损、老化软管	手动,扳手			
19		焊枪微调部调整手柄检查	无打滑	手动,扳手			
20		焊枪升降用齿轮检查	轮齿无损坏,润滑油加注到位	手动,扳手			
21		各检出器安装螺丝检查	安装螺丝松紧合适,行程正常	手动,扳手			
22		焊丝卷绕盘检查	焊丝卷绕盘运行正常,润滑油加注到位	手动,扳手			
23		擦拭焊接台车上的焊接控制台	无油污、覆盖物等	手动,清扫工具			
24		电磁吸铁圆盘检查	表面无破损、无毛刺	目测,扳手			
25		焊接操作面板检查	操作面板电压表、电流表、显示灯完好,无异常	手动,测量工具			
26		擦拭各部分驱动电机	表面无积灰	手动,清扫工具			
27	纵骨装配工位	擦拭设备外表	表面无灰尘及飞溅焊渣,无锈蚀,无黄袍	手动,清扫工具			
28		160T 传送链条检查	无松动,张紧度合适	手动,扳手			
29		辊道输送链条检查	无打滑,张紧度合适	手动,扳手			
30		各检出器螺丝检查	螺丝松紧合适,行程正常	手动,扳手			
31		链条驱动及从动用轴台检查	链条驱动及从动用轴台无偏移,润滑油加注到位	手动,扳手			

表(续2)

序号	项目	细则	标准	工具	记录	签名	备注
32	纵骨装配工位	门架走行用驱动电机减速器保养	润滑油加注到位,链条张紧度合适	手动,扳手			
33		横行台车螺旋丝杆检查	螺旋丝杆表面无异物粘连,螺旋纹上无损伤	手动,扳手			
34		直线导轨检查	表面无异物粘连,无损伤	手动,扳手			
35		气动压紧装置检查	无泄漏	手动,扳手			
36		传送链条检查	传送链条无磨损,润滑油加注到位	手动,扳手			
37		直线导轨润滑	润滑油加注到位	手动,扳手			
38		调整限位装置检查	调整限位装置灵敏、可靠	手动,扳手			
39		电磁吸铁装置工作面检查	无破损,无毛刺	手动,扳手			
40		电气控制箱检查,内外清洁	电气控制箱内元件无异常,控制箱表面及元件外观清洁,无油污	手动,测量、清扫工具			
41		设备接地检查	设备接地完好	手动			
42	纵骨焊接工位	擦拭设备外表	外表整洁,无积灰,无锈蚀,无黄袍	手动,清扫工具			
43		门架走行驱动电机检查	驱动电机无振动,无异常音,安装螺丝紧固到位,润滑油到位	耳听,扳手			
44		门架驱动链条检查	门架驱动链条正常运行,紧固到位	手动,扳手			
45		横行台车行走驱动电机检查	电机运行正常,无异常音,同步皮带松紧合适	耳听,扳手			
46		焊机台车行走直线导轨检查	导轨完好,无损伤	手动,扳手			
47		焊机升降及左右移动梯形螺杆检查,润滑	螺杆完好,无裂纹,润滑油加注到位	手动,扳手			
48		焊枪检查	焊枪旋转手柄无损坏或打滑	手动,扳手			

表(续3)

序号	项目	细则	标准	工具	记录	签名	备注
49	纵骨焊接工位	焊丝矫正器旋转手柄及矫正轮检查	手柄及矫正轮完好,无打滑,无异常磨损	手动,扳手			
50		烟尘回收装置过滤网清洁,吸尘器料斗检查	滤网清洁无堵塞,吸尘器料斗无漏气	手动,清扫工具			
51		压缩空气、CO_2气管检查	压缩空气、CO_2气管无损坏	手动,扳手			
52		各限位器安装螺丝检查	螺丝紧固到位,行程正常	手动,扳手			
53		电气控制箱擦拭,控制箱表面电压表、电流表检查	电气控制箱表面无油污、覆盖物等;电压表、电流表完好	手动,清扫工具			
54		仿形器检查	仿形器工作正常	目测,扳手			
55	横向移出工位	擦拭设备外表	无油污、覆盖物等	手动,清扫工具			
56		顶升气缸检查	顶升气缸无漏气	手动,扳手			
57		横移台车台轴检查	无异常磨损,润滑油加注到位	手动,扳手			
58		液压管路检查	液压管路无漏油	手动,扳手			
59		检查横移台车驱动电源电缆、电缆卷筒,加注润滑油	电源电缆无磨损或破裂,电缆卷筒卷绕正常,润滑油加注到位	手动,扳手			
60		各限位装置检查	各限位装置灵敏、可靠	手动,扳手			

设备二级保养(机械)内容和要求

设备名称:平面分段流水线　　　　　　　　　　设备编号:＿＿＿＿＿＿＿＿

保养人员:＿＿＿＿＿＿＿＿　　　　　　　　　　保养日期:＿＿＿＿＿＿＿＿

序号	项目	细则	标准	工具	记录	签名	备注
1	拼板工位	辊道滚轮检查、轴承座检查	滚轮、轴承座无变形	目测,扳手			
2		板链检查	板链无变形,板链松紧正常	目测,扳手			
3		链轮检查,轴承座检查,联轴器检查,动齿轮箱油位、油质检查	链轮、轴承座无变形、破损,联轴器螺丝张紧合适,传动齿轮箱油位超过最低标准线,油质合格,啮合正常	目测,扳手			
4		平面差异装置检查、联轴器检查	丝杆、滑令表面清洁无污物,螺丝张紧合适,联轴器无变形、损坏	目测,扳手			
5		检查各紧固件	各紧固件无松动,紧固到位	检验锤、扳手			
6		连杆配合检查	连杆等部位弯曲配合符合要求	目测			
7		钢结构检查	钢结构无裂纹、弯曲、变形	目测			
8	单面焊接工位	铜衬垫升降装置、联轴器检查	升降运行正常,丝杆、滑令表面无油污、覆盖物,联轴器无变形、磨损	目测,检验锤、扳手			
9		铜衬垫、压缩空气软管接头检查	铜衬垫充气正常,压缩空气软管接头牢固、无漏气	手动,扳手			
10		药粉、焊渣清洁装置检查,传动链、齿轮箱检查	清洁板无弯曲、变形,传动链无破损	目测,扳手			

表(续1)

序号	项目	细则	标准	工具	记录	签名	备注
11	单面焊接工位	药粉小车、传动链条、链轮检查	药粉小车运行正常,传动链条、链轮无磨损	目测,扳手			
12		传动齿轮箱、坦克链检查	传动齿轮箱润滑到位,坦克链在槽内运行正常	目测,扳手			
13		焊接支架升降装置检查	焊接支架升降无故障,丝杆、滑令清洁、加油润滑,直线轴承润滑到位	目测,扳手			
14		药粉回收装置检查	药粉吸量正常,传动皮带完好,松紧合适	目测,扳手			
15	纵骨装配工位	各紧固件检查	紧固件无松动	目测,扳手			
16		导轨检查	弯曲配合符合要求	目测			
17		钢结构检查	钢结构无裂纹、弯曲、变形	目测			
18		电动葫芦齿轮箱油脂检查	润滑脂到位,油质符合标准	目测			
19		钢丝绳磨损检查	无断股、断丝,压板螺丝及钢丝绳夹头螺丝紧固到位	目测,扳手			
20		绳筒检查	无磨损情况	目测			
21		起升刹车检查与调整	刹车片无磨损,螺丝紧固到位	目测,扳手			
22		吊钩、滑轮片、轴承检查	吊钩钩头无磨损,滑轮片、轴承润滑到位,螺丝紧固	目测,扳手			
23		导轨检查	升降同步,导轨运动表面光滑,靠轮无磨损,润滑到位	目测,扳手			
24		大车走轮、传动链轮、链条检查	行驶正常,润滑到位	目测,扳手			
25		坦克链检查	导轨运动表面光滑,坦克链在槽内运行正常	目测,扳手			
26		吸铁装置检查	垂直度正常,螺丝紧固到位	目测,扳手			

表(续2)

序号	项目	细则	标准	工具	记录	签名	备注
27	纵骨装配工位	气动装置检查	气压正常,无漏气	目测,扳手			
28		气管连接部位检查	压缩空气、CO_2气管连接部位、管接头等处无漏气	目测,扳手			
29	纵骨焊接工位	机组升降检查,导轨检查,加油	丝杆、滑令表面无油污、覆盖物,润滑良好	目测,扳手			
30		机组移动,齿轮、齿条检查	机组移动无故障,齿轮齿条无磨损	目测,扳手			
31		焊接架检查,丝杆、滑令、直线轴承清洁加油润滑	焊接支架升降无故障,润滑良好	目测,扳手			
32		循环冷系统检查	冷却液液位、液质正常,冷却有效	目测,扳手			
33		除尘装置检查	表面无油污、覆盖物等	目测,扳手			
34		大车、小车走轮检查	大车、小车走轮无变形、磨损	目测,扳手			
35		大车、小车传动齿轮箱、链轮、链条检查	大车传动齿轮箱、链轮、链条无破损,链条张紧合适,小车同步带无磨损	目测,扳手			
36		坦克链检查	坦克链运行正常,无变形、破损	目测,扳手			
37		辊道滚轮检查	辊道滚轮无缺失,无变形	目测,扳手			
38		板链检查	板链无弯曲、变形,板链松紧正常	目测,扳手			
39		链轮检查,轴承座检查,联轴器检查,动齿轮箱油位、油质检查	链轮、轴承座无变形、破损,联轴器螺丝张紧合适,传动齿轮箱油位超过最低标准线,油质合格,啮合正常	目测,扳手			
40		气管连接部位检查	压缩空气、CO_2气管连接部位、管接头等处无漏气	目测,扳手			

表(续3)

序号	项目	细则	标准	工具	记录	签名	备注
41	纵骨装配工位	紧固件检查	无松动,螺丝紧固到位	目测,扳手			
42		钢结构检查	钢结构无裂纹、弯曲、变形	目测,扳手			
43		小车走轮检查,齿轮箱油位、油质检查	小车走轮无裂纹、变形,齿轮箱油位达到标准	目测,扳手			
44		卷缆机构检查	运行正常,无卡死				
45		气动元件检查	气泵运行正常,气压正常,汽缸正常,气动元件无漏气				
46		抬轴检查	旋转正常				
47		泵组检查	液压油充足,油质符合要求,泵组运行正常				
48		压力、流量检查	压力、流量在规定范围内	目测			
49	横向移出工位	电磁阀等阀件检查	电磁阀等阀件动作到位,无卡阻、漏油	目测,扳手			
50		冷却器等辅件清洁	功能达到要求,油温在要求范围内	目测,测温表			
51		油管及油管接头检查	无渗漏、破损				
52		油缸检查	运行正常,无漏油				
53		辊道滚轮、轴承座检查,加油润滑	辊道滚轮、轴承座工况良好				
54		链轮检查,轴承座检查,联轴器检查,动齿轮箱油位、油质检查	链轮、轴承座无变形、破损,联轴器螺丝张紧合适,传动齿轮箱油位超过最低标准线、油质合格,啮合正常	目测,扳手			
55	其他	紧固件检查	紧固件紧固到位				
56		钢结构检查	钢结构无裂纹、弯曲、变形				

设备二级保养(电气)内容和要求

设备名称:平面分段流水线　　　　　　　　　　设备编号:＿＿＿＿＿＿＿＿

保养人员:＿＿＿＿＿＿＿＿　　　　　　　　　　保养日期:＿＿＿＿＿＿＿＿

序号	项目	细则	标准	工具	记录	签名	备注
1	设备断电	各工位设备断电 悬挂警示牌	设备电压为"0",有警示牌	万用表			
2	电机 (链条驱动电机、升降驱动电机、门架行走驱动电机、横行台车行走驱动电机)	电机检查绝缘	绝缘电阻: ≥3.8 MΩ,绝缘良好; ≥1.5 MΩ,绝缘可用; ≥0.38 MΩ,绝缘堪用; <0.38 MΩ,绝缘不良。 绝缘不良的,绝缘处理或更新	兆欧表			断开电机回路再进行测量
		对电机冷却回路(含冷却风扇)进行保养,更换进风口滤网	无油污、覆盖物等;冷却回路畅通				
		对有炭刷的直流电机进行保养	滑环无积炭,无打火痕迹,无明显磨损(否则修复);炭刷磨损不超过2/3(否则更换)				
		对测速电机、编码器进行保养	测速电机、编码器工况良好				
		运行震动测试	运行无明显震动及抖动				
4	电箱	电箱内部清洁保养	内部清洁、整齐,无杂物	吸尘器、刷子等			
		电箱内接插件接触检查	接触良好	万用表			
		电箱内主回路接线端子紧固检查	接触良好,紧固	螺丝刀			

表（续）

序号	项目	细则	标准	工具	记录	签名	备注
5	稳压电源	外观、按钮功能保养	外观清洁，按钮工作正常				
		手动、自动功能切换是否有效	手动、自动功能之间正常切换				
		检查稳压电源输出电压是否在正常范围内	输出电压稳定，保持380 V	万用表			
		对变压器炭刷进行保养	炭刷磨损不超过2/3（否则更换）				
		稳压电源内部清洁保养	内部清洁、整齐，无杂物				
6	设备上电	稳压电源输出端上电	输出电压稳定，保持380 V	万用表			
		流水线上电，设备系统启动	启动正常				
		摘取警示牌	警示牌复位				
7	设备调整	门架电气传感器调整	门架动作正常，反馈信号正常	万用表			
		各类电气控制元件调整	门架动作正常，反馈信号正常				
8	安全装置	按系统安全操作规范，对设备安全保护装置进行检查（各类门限位、各轴硬限位等）	工作正常，安全有效				

设备一级保养内容和要求

设备名称:平面分段及立体分段流水线　　　　　　　设备编号:＿＿＿＿＿＿＿＿

保养人员:＿＿＿＿＿＿＿＿　　　　　　　　　　　保养日期:＿＿＿＿＿＿＿＿

序号	项目	细则	标准	工具	记录	签名	备注
1	拼板工位	擦拭设备各工作部分	无油污,无焊渣,无锈蚀,无黄袍	手动,清扫工具			
2		100T 输送链条检查	螺丝紧固,链条张紧合适	目测,扳手			
3		输送滚轮检查	旋转正常,表面无异物	目测、耳听,扳手			
4		平面差异装置齿轮箱、减速器检查,调整中心偏移,紧固螺丝	平面差异装置齿轮箱、减速器无异常音或振动	目测、耳听,扳手			
5		平面差异装置起重器检查	起重器无振动,无异常音,温度上升在规定范围内	目测、耳听,扳手			
6		100T 输送链从动部滑动面检查	表面无异物黏附,无损坏	目测			
7		制动器检查	制动器完好,动作灵活	目测,扳手			
8		平面差异装置齿轮箱、减速器、起重器的润滑检查	润滑油加注到位	目测、耳听,扳手			
9		擦拭操作控制盘	表面无油污、覆盖物等	手动,清扫工具			
10		擦拭链条驱动电机及升降驱动电机	表面无油污、覆盖物等	手动、耳听			
11		限位装置检查	灵敏、可靠	手动,扳手			
12	单面焊接工位	擦拭设备外表	表面无积灰,无焊渣	手动,清扫工具			
13		焊渣流动回收装置清理	装置内部无积灰,无焊渣等	手动,清扫工具			

表(续1)

序号	项目	细则	标准	工具	记录	签名	备注
14		搬送滚轮旋转情况检查	旋转正常,驱动链条松紧度合适,润滑油加注到位	手动,扳手			
15		铜衬垫升降装置齿轮箱、减速器、螺旋丝杆顶杆检查	润滑油加注到位	手动,扳手			
16		门架走行驱动电机检查	无振动或异常音,驱动链条张力合适	手动,扳手			
17		底面焊药台车驱动链条检查	链条张力合适	手动,扳手			
18		压缩空气软管检查	无破损、老化软管	手动,扳手			
19	单面焊接工位	焊枪微调部调整手柄检查	无打滑	手动,扳手			
20		焊枪升降用齿轮检查	轮齿无损坏,润滑油加注到位	手动,扳手			
21		各检出器安装螺丝检查	安装螺丝的松紧合适,行程正常	手动,扳手			
22		焊丝卷绕盘检查	焊丝卷绕盘运行正常,润滑油加注到位	手动,扳手			
23		擦拭焊接台车上的焊接控制台	无油污、覆盖物等	手动,清扫工具			
24		电磁吸铁圆盘检查	表面无破损,无毛刺	目测,扳手			
25		焊接操作面板检查	操作面板电压表、电流表、显示灯完好,无异常	手动,测量工具			
26		擦拭各部分驱动电机	表面无积灰	手动,清扫工具			
27		擦拭设备外表	表面无灰尘及飞溅焊渣,无锈蚀,无黄袍	手动,清扫工具			
28		160T 传送链条检查	无松动,张紧度合适	手动,扳手			
29	纵骨装配工位	辊道输送链条检查	无打滑,张紧度合适	手动,扳手			
30		各检出器螺丝检查	螺丝松紧合适,行程正常	手动,扳手			
31		链条驱动及从动用轴台检查	链条驱动及从动用轴台无偏移,润滑油加注到位	手动,扳手			

表(续2)

序号	项目	细则	标准	工具	记录	签名	备注
32	纵骨装配工位	门架走行用驱动电机减速器保养	润滑油加注到位,链条张紧度合适	手动,扳手			
33		横行台车螺旋丝杆检查	螺旋丝杆表面无异物粘连,螺旋纹上无损伤	手动,扳手			
34		直线导轨检查	表面无异物粘连,无损伤	手动,扳手			
35		气动压紧装置检查	无泄漏	手动,扳手			
36		传送链条检查	传送链条无磨损,润滑油加注到位	手动,扳手			
37		直线导轨润滑	润滑油加注到位	手动,扳手			
38		调整限位装置检查	限位装置灵敏、可靠	手动,扳手			
39		电磁吸铁装置工作面检查	工作面无破损,无毛刺	手动,扳手			
40		电气控制箱检查,内外清洁	电气控制箱内元件无异常,控制箱表面及元件外观清洁,无油污	手动,测量、清扫工具			
41		设备接地检查	设备接地完好	手动			
42	纵骨焊接工位	擦拭设备外表	外表整洁,无积灰,无锈蚀,无黄袍	手动,清扫工具			
43		门架走行驱动电机检查	驱动电机无振动,无异常音,安装螺丝紧固到位,润滑油到位	耳听,扳手			
44		门架驱动链条检查	门架驱动链条正常运行,紧固到位	手动,扳手			
45		横行台车行走驱动电机检查	电机运行正常,无异常音,同步皮带松紧合适	耳听,扳手			
46		焊机台车行走直线导轨检查	导轨完好,无损伤	手动,扳手			
47		焊机升降及左右移动梯形螺杆检查,润滑	螺杆完好,无裂纹,润滑油加注到位	手动,扳手			
48		焊枪检查	焊枪旋转手柄无损坏或打滑	手动,扳手			

表(续3)

序号	项目	细则	标准	工具	记录	签名	备注
49	纵骨焊接工位	焊丝矫正器旋转手柄及矫正轮检查	手柄及矫正轮完好,无打滑,无异常磨损	手动,扳手			
50		烟尘回收装置过滤网清洁,吸尘器料斗检查	滤网清洁无堵塞,吸尘器料斗无漏气	手动,清扫工具			
51		压缩空气、CO_2 气管检查	无损坏、老化的压缩空气、CO_2 气管	手动,扳手			
52		各限位器安装螺丝检查	螺丝紧固到位,行程正常	手动,扳手			
53		电气控制箱擦拭,控制箱表面电压表、电流表检查	电气控制箱表面无油污、覆盖物等;电压表、电流表完好	手动,清扫工具			
54		仿形器检查	仿形器工作正常	目测,扳手			
55	横向移出工位	擦拭设备外表	无油污、覆盖物等	手动,清扫工具			
56		顶升气缸检查	顶升气缸无漏气	手动,扳手			
57		横移台车台轴检查	无异常磨损,润滑油加注到位	手动,扳手			
58		液压管路检查	液压管路无漏油	手动,扳手			
59		检查横移台车驱动电源电缆、电缆卷筒,加注润滑油	电源电缆无磨损或破裂,电缆卷筒卷绕正常,润滑油加注到位	手动,扳手			
60		各限位装置检查	各限位装置灵敏、可靠	手动,扳手			

设备二级保养(机械)内容和要求

设备名称:平面分段及立体分段流水线　　　　　　　　设备编号:＿＿＿＿＿＿＿＿

保养人员:＿＿＿＿＿＿＿＿　　　　　　　　　　　　保养日期:＿＿＿＿＿＿＿＿

序号	项目	细则	标准	工具	记录	签名	备注
1	拼板工位	辊道滚轮检查、轴承座检查	滚轮、轴承座无变形	目测,扳手			
2		板链检查	板链无变形,板链松紧正常	目测,扳手			
3		链轮检查,轴承座检查,联轴器检查,动齿轮箱油位、油质检查	链轮、轴承座无变形、破损,联轴器螺丝张紧合适,传动齿轮箱油位超过最低标准线,油质合格,啮合正常	目测,扳手			
4		平面差异装置检查、联轴器检查	丝杆、滑令表面清洁无污物,螺丝张紧合适,联轴器无变形、损坏	目测,扳手			
5		检查各紧固件	各紧固件无松动,紧固到位	检验锤、扳手			
6		连杆配合检查	连杆等部位弯曲配合符合要求	目测			
7		钢结构检查	钢结构无裂纹、弯曲、变形	目测			
8	单面焊接工位	铜衬垫升降装置、联轴器检查	升降运行正常,丝杆、滑令表面无油污、覆盖物,联轴器无变形、磨损	目测,检验锤、扳手			
9		铜衬垫、压缩空气软管接头检查	铜衬垫充气正常,压缩空气软管接头牢固,无漏气	手动,扳手			
10		药粉、焊渣清洁装置检查,传动链检查、齿轮箱检查	清洁板无弯曲、变形,传动链无破损	目测,扳手			

表(续1)

序号	项目	细则	标准	工具	记录	签名	备注
11	单面焊接工位	药粉小车、传动链条、链轮检查	药粉小车运行正常,传动链条、链轮无磨损	目测,扳手			
12		传动齿轮箱、坦克链检查	传动齿轮箱润滑到位,坦克链在槽内运行正常	目测,扳手			
13		焊接支架升降装置检查	焊接支架升降无故障,丝杆、滑令清洁,加油润滑,直线轴承润滑到位	目测,扳手			
14		药粉回收装置检查	药粉吸量正常,传动皮带完好,松紧合适	目测,扳手			
15	纵骨装配工位	各紧固件检查	紧固件无松动	目测,扳手			
16		导轨检查	弯曲配合符合要求	目测			
17		钢结构检查	钢结构无裂纹、弯曲、变形	目测			
18		电动葫芦齿轮箱油脂检查	润滑脂到位,油质符合标准	目测			
19		钢丝绳磨损检查	无断股、断丝,压板螺丝及钢丝绳夹头螺丝紧固到位	目测,扳手			
20		绳筒检查	无磨损情况	目测			
21		起升刹车检查与调整	刹车片无磨损,螺丝紧固到位	目测,扳手			
22		吊钩、滑轮片、轴承检查	吊钩钩头无磨损,滑轮片、轴承润滑到位,螺丝紧固	目测,扳手			
23		导轨检查	升降同步,导轨运动表面光滑,靠轮无磨损,润滑到位	目测,扳手			
24		大车走轮、传动链轮、链条检查	行驶正常,润滑到位	目测,扳手			
25		坦克链检查	导轨运动表面光滑,坦克链在槽内运行正常	目测,扳手			
26		吸铁装置检查	垂直度正常,螺丝紧固到位	目测,扳手			

表（续2）

序号	项目	细则	标准	工具	记录	签名	备注
27	纵骨装配工位	气动装置检查	气压正常,无漏气	目测,扳手			
28		气管连接部位检查	压缩空气、CO_2 气管连接部位、管接头等处无漏气	目测,扳手			
29	纵骨焊接工位	机组升降检查,导轨检查,加油	丝杆、滑令表面无油污、覆盖物,润滑良好	目测,扳手			
30		机组移动、齿轮、齿条检查	机组移动无故障,齿轮齿条无磨损	目测,扳手			
31		焊接架检查,丝杆、滑令、直线轴承清洁加油润滑	焊接支架升降无故障,润滑良好	目测,扳手			
32		循环冷系统检查	冷却液液位、液质正常,冷却有效	目测,扳手			
33		除尘装置检查	表面无油污、覆盖物等	目测,扳手			
34		大车、小车走轮检查	大车、小车走轮无变形,磨损	目测,扳手			
35		大车、小车传动齿轮箱、链轮、链条检查	大车传动齿轮箱、链轮、链条无破损,链条张紧合适,小车同步带无磨损	目测,扳手			
36		坦克链检查	坦克链运行正常,无变形、破损	目测,扳手			
37		辊道滚轮检查	辊道滚轮无缺失,无变形	目测,扳手			
38		板链检查	板链无弯曲、变形,板链松紧正常	目测,扳手			
39		链轮检查,轴承座检查,联轴器检查,动齿轮箱油位、油质检查	链轮、轴承座无变形、破损,联轴器螺丝张紧合适,传动齿轮箱油位超过最低标准线,油质合格,啮合正常	目测,扳手			
40		气管连接部位检查	压缩空气、CO_2 气管连接部位、管接头等无漏气	目测,扳手			

表(续3)

序号	项目	细则	标准	工具	记录	签名	备注
41	纵骨装配工位	紧固件检查	无松动,螺丝紧固到位	目测,扳手			
42		钢结构检查	钢结构无裂纹、弯曲、变形	目测,扳手			
43	横向移出工位	小车走轮检查,齿轮箱油位、油质检查	小车走轮无裂纹、变形,齿轮箱油位达到标准	目测,扳手			
44		卷缆机构检查	运行正常,无卡死				
45		气动元件检查	气泵运行正常,气压正常,汽缸正常,气动元件无漏气				
46		抬轴检查	旋转正常				
47		泵组检查	液压油充足,油质符合要求,泵组运行正常				
48		压力、流量检查	压力、流量在规定范围内	目测			
49		电磁阀等阀件检查	电磁阀等阀件动作到位,无卡阻、漏油	目测,扳手			
50		冷却器等辅件清洁	功能达到要求,油温在要求范围内	目测,测温表			
51		油管及油管接头检查	无渗漏、破损	目测,扳手			
52		油缸检查	运行正常,无漏油				
53		辊道滚轮、轴承座检查,加油润滑	辊道滚轮、轴承座工况良好				
54		链轮检查,轴承座检查,联轴器检查,动齿轮箱油位、油质检查	链轮、轴承座无变形、破损,联轴器螺丝张紧合适,传动齿轮箱油位超过最低标准线、油质合格,啮合正常				
55	其他	紧固件检查	紧固件紧固到位				
56		钢结构检查	钢结构无裂纹、弯曲、变形				

设备二级保养(电气)内容和要求

设备名称:平面分段及立体分段流水线　　　　　　　设备编号:＿＿＿＿＿＿＿＿

保养人员:＿＿＿＿＿＿＿＿　　　　　　　　　　　保养日期:＿＿＿＿＿＿＿＿

序号	项目	细则	标准	工具	记录	签名	备注
1	设备断电	各工位设备断电,悬挂警示牌	设备电压为"0",有警示牌	万用表			
2	电机(链条驱动电机、升降驱动电机、门架行走驱动电机、横行台车行走驱动电机)	电机检查绝缘	绝缘电阻: ≥3.8 MΩ,绝缘良好; ≥1.5 MΩ,绝缘可用; ≥0.38 MΩ,绝缘堪用; <0.38 MΩ,绝缘不良。 绝缘不良的,绝缘处理或更新	兆欧表			断开电机回路再进行测量
		对电机冷却回路(含冷却风扇)进行保养,更换进风口滤网	无油污、覆盖物等;冷却回路畅通				
		对有炭刷的直流电机进行保养	滑环无积炭,无打火痕迹,无明显磨损(否则修复);炭刷磨损不超过2/3(否则更换)				
		对测速电机、编码器进行保养	测速电机、编码器工况良好				
		运行震动测试	运行无明显震动及抖动				
3	电箱	电箱内部清洁保养	内部清洁、整齐,无杂物	吸尘器、刷子等			
		电箱内接插件接触检查	接触良好	万用表			
		电箱内主回路接线端子紧固检查	接触良好,紧固	螺丝刀			

表(续)

序号	项目	细则	标准	工具	记录	签名	备注
4	稳压电源	外观、按钮功能保养	外观清洁,按钮工作正常				
		检查手动、自动功能切换是否有效	手动、自动功能之间正常切换				
		检查稳压电源输出电压是否在正常范围内	输出电压稳定,保持380 V	万用表			
		对变压器炭刷进行保养	炭刷磨损不超过2/3(否则更换)				
		稳压电源内部清洁保养	内部清洁、整齐,无杂物				
5	设备上电	稳压电源输出端上电	输出电压稳定,保持380 V	万用表			
		流水线上电,设备系统启动	启动正常				
		摘取警示牌	警示牌复位				
6	设备调整	门架电气传感器调整	门架动作正常,反馈信号正常	万用表			
		各类电气控制元件调整	门架动作正常,反馈信号正常				
7	安全装置	按系统安全操作规范,对设备安全保护装置进行检查(各类门限位、各轴硬限位等)	工作正常,安全有效				

设备一级保养内容和要求

设备名称:干船坞及闸门泵房　　　　　　　　　设备编号:＿＿＿＿＿＿＿＿

保养人员:＿＿＿＿＿＿＿＿　　　　　　　　　保养日期:＿＿＿＿＿＿＿＿

序号	项目	细则	标准	工具	记录	签名	备注
1	设备	检查设备运行是否正常	运行正常	目测			
2	水泵	清洁、擦拭所有水泵泵体外表面	表面干净、整洁	目测			
3		检查电机及水泵螺栓是否锈蚀、松动,螺栓做防腐处理或更换	螺栓无松动、锈蚀	目测,扳手			
4		检查水泵有无漏水情况	无漏水	目测			
5		检查水泵密封环磨损情况	密封良好	目测			
6		检查水泵有无异常震动和响声	无震动和异响	目测、耳听、手动			
7	阀门	清洁、擦拭所有阀门外表面	表面干净、整洁	目测			
8		检查阀门有无漏水情况	无漏水	目测			
9		检查各种阀门开关是否正常,传动螺杆部位润滑	转动灵活、正常,润滑良好	手动			
10		检查各阀门开关位置是否正常	各阀门开关位置正常	目测、手动			
11	润滑部位	检查各加油润滑部位油杯、加油嘴是否齐全	油杯、加油嘴齐全	目测			
12	电机	检查各电机运行是否正常,轴承部位加油润滑	电机运行正常,润滑良好	目测、耳听			
13	水管	检查各进出水管有无破损	各管路畅通,无泄漏	目测			
14	压力表	检查各压力表及真空表是否正常	各压力表和真空表指数正常	目测			

表（续）

序号	项目	细则	标准	工具	记录	签名	备注
15	电气柜	检查电气柜信号灯、按钮及转换开关是否正常	各指示灯、按钮及转换开关工作正常	目测、手动			
16	管路线路	检查泵房内各管路、线路有无异常状况	各管路、线路畅通，工作正常	目测			
17	电压电流表	检查各电压、电流表等读数是否正常	各项仪表读数正常	目测			
18	辅助设备	泵房内其他辅助设备清洁保养	干净、整洁，无杂物	清扫工具、吸尘器			

设备二级保养(机械)内容和要求

设备名称:干船坞及闸门泵房　　　　　　　　设备编号:_____

保养人员:_____　　　　　　　　保养日期:_____

序号	项目	细则	标准	工具	记录	签名	备注
1	水泵	检查水泵有无漏水情况	无漏水	目测			
2		检查水泵密封环,磨损严重的更换	密封环密封良好	目测			
3		检查水泵有无异常震动和响声	无震动和异响	目测、耳听、手动			
4		检查各泵轴承运转情况(是否超温),加油润滑	运转正常,润滑良好	目测、耳听、手动			
5		检查各联轴器及轴是否磨损,磨损严重的更换	各联轴器及轴工况良好	目测			
6	压力表	检查各压力表及真空表是否正常	各压力表和真空表指数正常	目测			
7	阀门	检查阀门有无漏水情况	无漏水	目测			
8	润滑部位	检查各加油润滑部位油杯、加油嘴是否齐全	油杯、加油嘴齐全	目测			

设备二级保养(电气)内容和要求

设备名称:干船坞及闸门泵房   设备编号:_____

保养人员:_____   保养日期:_____

序号	项目	细则	标准	工具	记录	签名	备注
1	水泵	检查电机及水泵螺栓,锈蚀螺栓做防腐处理或更换	螺栓无松动、锈蚀	目测,扳手			
2	阀门	检查各阀门开关位置是否正常	各阀门开关位置正常	目测、手动			
3		检查各种阀门开关,传动螺杆部位加油润滑	转动灵活,润滑良好	手动			
4	电机	检查各电机运行情况,轴承部位加油润滑	电机运行正常,润滑良好	目测、耳听			
5	电气柜	检查电气柜信号灯、按钮及转换开关是否正常	各指示灯、按钮及转换开关工作正常	目测、手动			
		检查电气柜内部元器件接线柱部分是否松动	各接线柱连接紧固,接触良好	目测,扳手、螺丝刀			
6	管路线路	检查泵房内各管路、线路有无异常状况	各管路、线路畅通,工作正常	目测			
7	电控箱	打扫各种电控箱等控制设备	干净、整洁,无杂物	清扫工具、吸尘器			

设备一级保养内容和要求

设备名称:浮船坞　　　　　　　　　　　　　　设备编号:_____

保养人员:_____　　　　　　　　　保养日期:_____

序号	项目	细则	标准	工具	记录	签名	备注
1	中控室操作系统	擦拭操作台、仪表、显示屏	外观清洁,无积灰、油污	清洁工具			
		检查按钮、仪表、控制元件	各种动作运转正常	目测			
2	主副配电板	清洁外表及附件	无油污、覆盖物	清洁工具			
		检查信号、仪表指示	正常完好	目测			
		检查接线头是否牢固	无熔化、过热	目测			
3	电箱	擦拭外表、附件	无油污、积灰	清洁工具			
		检查刀排、接线桩	合闸正常,接线可靠	目测			
		检查保护装置	灵敏、可靠	目测			
4	应急发电机	保养发电机外观	无油污、覆盖物	清洁工具			
		检查传动机构	运转正常	目测			
		检查燃油系统	运转正常,无泄漏	目测			
		检查润滑系统	润滑良好	目测			
		检查电控箱	外箱、按钮无油污、覆盖物,仪表正常	清洁工具			
5	变频机组	擦拭外表、附件	无油污、积灰	清洁工具			
		检查按钮、元件、仪表	按钮、元件、仪表正常	目测			
		检查地脚螺栓、联轴器	无松动,工作正常	扳手等			
6	绞车	保养外观	无油污、积灰	清洁工具			
		检查传动系统	运行正常	目测			
		检查润滑系统	润滑良好	油枪			
		检查电气	限位、接地可靠	目测			
7	水泵	擦拭泵体、电动机外表	无油污、积灰	布、刷子			
		检查各部螺栓、联轴节	无松动、工作正常	扳手等			
		检查阀门、法兰	无泄漏	目测			
		检查电动机接线及接地线	安全可靠	目测			

表（续）

序号	项目	细则	标准	工具	记录	签名	备注
8	高压水泵	擦拭泵体、电动机外表	无油污、积灰	布、刷子			
		检查各部螺栓、联轴节	无松动,工作正常	目测			
		检查压力表	指示正确	目测			
		检查阀门、法兰	无泄漏	目测			
		检查电动机接线及接地线	安全可靠	目测			
9	热水压力柜、淡水压力柜	擦拭压力柜外表	外观清洁,无积灰、油污	清洁工具			
		检查按钮、仪表、控制元件	各种动作运转正常	目测			
10	泵舱蝶阀	擦拭阀头外表	无积灰、油污	清洁工具			
		检查开关指示	显示正确	目测			
		检查控制箱	指示器、指示灯完好	目测			
11	坞吊	清洁驾驶室、操纵台、机房	无油污、积灰	清洁工具			
		检查运行机构	运行正常	目测			
		检查润滑系统	润滑良好	目测			
		检查电气	元件无损坏,安全装置可靠	目测			

设备二级保养(机械)内容和要求

设备名称:浮船坞　　　　　　　　　　　　　　设备编号:_____

保养人员:_____　　　　　　　　保养日期:_____

序号	项目	细则	标准	工具	记录	签名	备注
1	外观	清洁设备外表	无积灰、无油污	清洁工具			
2	仪表	检修水泵	泵体、叶轮、轴承、机械密封完好	扳手、螺丝刀、游标卡尺等			
		检查联轴器	联轴器完好	扳手等			
		检查压力表、真空表	压力表、真空表显示正确	目测			
3	高压水泵	高压水泵检修	曲轴、轴瓦、轴承油封完好	扳手、螺丝刀、游标卡尺等			
		检查滑块、柱塞密封件	滑块、柱塞密封件完好	扳手、螺丝刀等			
		检查进出水阀、溢流阀	进出水阀、溢流阀完好	扳手、螺丝刀等			
		校验压力表	指示正常	扳手等			
4	绞车	检查驱动装置	驱动装置零部件完好	扳手、螺丝刀等			
		检查缠绕系统及钢丝绳	缠绕系统及钢丝绳完好	扳手、螺丝刀、游标卡尺等			
		检查制动装置	制动装置灵敏、可靠	扳手、螺丝刀等			
		检查导向滑轮、轴承	导向滑轮、轴承完好	扳手、螺丝刀等			
5	应急发电机	检查传动机构	传动机构完好	扳手、螺丝刀等			
		检查燃油系统	燃油系统运行正常,无泄漏	扳手、螺丝刀等			
		检查配气机构及启动系统	配气机构及启动系统正常	扳手、螺丝刀等			

表(续)

序号	项目	细则	标准	工具	记录	签名	备注
6	泵舱蝶阀	检查电动头、变速机构	工况良好	扳手、螺丝刀等			
		检查阀板	阀板开关正常,橡皮圈完好	扳手、螺丝刀等			
7	减速箱	检查清洁各类设备减速箱	轴、齿轮、轴承完好,箱内清洁	扳手、清洁工具			
8	润滑系统	检查润滑系统及润滑部件,滑油换新	润滑点润滑良好	油枪、扳手等			
9	坞吊						见门座式起重机

设备二级保养(电气)内容和要求

设备名称:浮船坞   设备编号:_____

保养人员:_____   保养日期:_____

序号	项目	细则	标准	工具	记录	签名	备注
1	中控室	操作台清洁	无积灰	吸尘器、刷子等			
		检查、调整紧固元件、配件	完好,工作正常	螺丝刀、扳手等			
		检查仪表显示	显示正确				
2	主、副配电板、电控箱	配电板、操作箱外表、内部清洁	无积灰,整齐、清洁,无杂物	吸尘器、刷子等			
		按钮、仪表、元件检查保养	接触良好				
		操纵机构检查	运行可靠				
		接线端子紧固检查	紧固、连接可靠	螺丝刀、扳手等			
3	变频机组	绝缘电阻测量	绝缘正常	兆欧表			
		设备外表清洁	清洁,无积灰油污	布、刷子			
		检修电刷架	滑环无积炭,无打火痕迹,无明显磨损	螺丝刀、扳手等			
		检修控制器电气元件	工作可靠	螺丝刀、扳手等			
4	电机	电机绝缘检测	绝缘正常	兆欧表			
		电机轴承、转子、定子检查保养	轴承无明显磨损,转子灵活、清洁;轴承润滑良好	螺丝刀、扳手等			
		检查有炭刷电机	滑环无积炭,无打火痕迹,无明显磨损	螺丝刀、扳手等			
5	安全装置	检查传动部件	灵活,无卡滞				
		检查显示或功能	正常工作,安全有效				

设备一级保养内容和要求

设备名称:坞壁车　　　　　　　　　　　　　设备编号:＿＿＿＿＿＿＿＿

保养人员:＿＿＿＿＿＿＿＿　　　　　　　　　保养日期:＿＿＿＿＿＿＿＿

序号	项目	细则	标准	工具	记录	签名	备注
1	液压系统	外观保养	液压马达、阀件、管路等无油污、覆盖物	清洁工具			
		滤网清扫	滤网清洁,无堵塞	清洁工具			
2	工作作业平台	检查、紧固、焊接修补工作作业平台框架及底板	框架及底板牢固,无破裂,连接紧固可靠	目测			
		检查更换司机室控制箱操作手柄及开关	正常工作,反应灵敏	目测,试车			
3	检查、紧固连接件	检查紧固变幅、平衡、旋转等油缸支撑销	连接可靠无松动	扳手、榔头等			
		检查紧固方向拉杆支撑销和球节	连接可靠无松动	扳手、榔头等			
4	电箱	外观保养	无油污、覆盖物	清洁工具			
5	司机室	操作台保养	外箱、按钮无油污、覆盖物,指示信号正常	清洁工具			
		空调制冷效果检查	制冷效果好				
6	附件	喇叭、照明等检查	附件完好				
7	安全装置	检查各限位、报警系统	工况良好	目测,试车			

设备二级保养(机械)内容和要求

设备名称:坞壁车　　　　　　　　　　　　　　　设备编号:_____

保养人员:_____　　　　　　　　　　保养日期:_____

序号	项目	细则	标准	工具	记录	签名	备注
1	作业前准备	对工作场地进行整理、清扫,用红白旗隔离工作区域,做好各项安全防护措施	场地清洁,有效隔离,安全防护措施到位	红白旗、清扫工具			
2	液压及润滑	检查液压油油质和油量	液压油油质和油量符合标准	目测			
		检查液压油滤清器	液压油无堵塞,流动顺畅	扳手、清洁工具			
		检查并紧固或更换液压软、硬管及接头	各软、硬管及接头无渗漏	扳手、接头等			
		检查并润滑臂杆主销及定位装置	润滑适当,磨损程度在规定范围	油枪、扳手等			
		检查并润滑全车各油缸支承销及油封	润滑适当,磨损程度在规定范围	油枪、扳手等			
3	旋转、变幅机构	紧固并润滑旋转、变幅马达油封、回转齿轮、回转销及衬套	无松动,无渗漏,磨损程度在规定范围	油枪、润滑油、扳手等			
4	机身	检修并矫正各支架、防护罩、防尘装置、盖板、门搭扣、铰链、工作斗栏杆	各零件正常,无变形与损坏	榔头等			
5	工作载荷测试、液压系统检测	检查各仪器仪表	仪器仪表工作正常,指示正确清晰,无遮盖物	试车、清洁工具			

设备二级保养(电气)内容和要求

设备名称:坞壁车   设备编号:＿＿＿＿＿＿＿＿

保养人员:＿＿＿＿＿＿＿＿   保养日期:＿＿＿＿＿＿＿＿

序号	项目	细则	标准	工具	记录	签名	备注
1	设备断电	各设备断电	设备电压为"0"	万用表			
		悬挂警示牌	有警示牌				
2	电机	电机绝缘检测	绝缘电阻: ≥3.8 MΩ,绝缘良好; ≥1.5 MΩ,绝缘可用	兆欧表			断开电机回路再进行测试
		电机风扇进行保养,风口滤网有损换新	无油污、覆盖物等				
		有炭刷电机检查	滑环无积炭,无打火痕迹,无明显磨损				
3	电控柜、操纵台	电控柜、操作箱内部保养	内部清洁、整齐,无杂物	吸尘器,刷子等			
		电控柜、操作箱内接插件接触检查	接触良好	万用表			
		接线端子紧固检查	接触良好,紧固	螺丝刀			
4	设备上电	摘取警示牌	警示牌复位				
		设备上电,启动	启动正常	万用表			
5	设备调整	各类电气控制元件调整	设备动作正常,反馈信号正常				
		辅助设施检查、调整	正常工作				
6	安全装置	按操作规范检查设备安全保护装置工作过程(各类门限位、机械限位等)	正常工作,安全有效				

设备一级保养内容和要求

设备名称:轴舵系安装平台　　　　　　　　　　　设备编号:＿＿＿＿＿＿＿＿

保养人员:＿＿＿＿＿＿＿＿　　　　　　　　　　　保养日期:＿＿＿＿＿＿＿＿

序号	项目	细则	标准	工具	记录	签名	备注
1	开关、仪表	检查开关操作、切换以及仪表是否完好	开关完好,仪表显示正常	目测、手动			
2	电源指示灯	检查电源指示灯亮灭	指示灯显示正常	目测			
3	螺栓	检查螺栓是否紧固	螺栓紧固	目测,扳手			
4	通电运行	通电时,是否有异响及振动	机器无异响	耳听			
5	外壳	检查外壳及其他紧固件有无松动	紧固件紧固	目测,扳手			
6	泵	检查泵运行是否正常	泵运转无异响	耳听			
7	滤器	检查滤器是否堵塞	滤器工况良好	耳听			
8	油位	检查油位是否正常	油位位于油箱液位计下限值以上	目测			
9	润滑	检查滑动部分润滑是否充分	润滑充分,动作时无异响	目测			
10	压力表	工作前压力表是否回零位	压力表位于零位	目测			
11	油管接头、油缸	检查油管接头、油缸是否漏油	油管接头处、油缸密封处无油迹	目测			
12	紧急操作	检查紧急操作是否正常	键位功能正常	手动			

设备二级保养(机械)内容和要求

设备名称:轴舵系安装平台   设备编号:_____

保养人员:_____   保养日期:_____

序号	项目	细则	标准	工具	记录	签名	备注
1	外表	擦拭机器本体、外表、罩、盖及附件,保持内外清洁,无积灰	机器本体内外清洁,无积灰	目测、手动			
2	工作架	检查工作架是否变形、锈蚀	工作架整体无变形、锈蚀	目测			
		检查工作架各连接部位是否可靠	连接处螺栓紧固,无变形	目测			
3	液压系统	检查螺栓是否紧固	螺栓紧固,无松动	目测、手动			
		检查油缸密封是否完好	密封间隙正常,无渗油、漏油	目测、手动			
		检查油箱是否有杂质	油箱底部无杂质、污物	目测、手动			
		检查油质是否符合要求	黏度、颜色、中和度正常	目测			
		检查油管是否有杂质、堵塞	管道内无杂物	手动			
		检查各油缸动作是否正常	各油缸动作正常	手动			
		检查泵是否有异常噪音	泵体运行无异响	目测			
		检查泵组输出压力是否正常	泵组压力输出正常	压力表			
		检查各阀组动作是否正常	各阀组动作正常	手动			
4	行走系统	检查行走钢轨是否变形	钢轨无变形,直线度符合要求	目测、手动			
		检查行走车轮转动是否正常	车轮组可 180° 正常旋转	目测、手动			

设备二级保养(电气)内容和要求

设备名称:轴舵系安装平台 设备编号:_____

保养人员:_____ 保养日期:_____

序号	项目	细则	标准	工具	记录	签名	备注
1	外表	检查设备外部电缆管线,限位装置等	电缆管线完好无损坏	目测、手动			
2	电气系统	检查所有安全限位装置	安装牢固,无松动,功能正常	目测、手动			
		检查所有指示灯功能情况	指示正常	目测、手动			
		紧急停止按钮检测	按钮功能正常	目测、手动			
		检查内部接触器、断路器	工况良好	目测,热成像仪			
		检查电控箱内接线	接线规范	手动,扭力扳手			
		检查各油缸动作是否正常	各油缸动作正常	手动			
		检查泵是否有异常噪音	泵体运行无异响	目测			
		检查泵组输出压力是否正常	泵组压力输出正常	压力表			
		检查各个保护装置	工况良好	手动			
		检查压力检测传感器	工况良好	目测、手动,万用表			
		检查位置检测传感器	工况良好	目测、手动,万用表			

设备一级保养内容和要求

设备名称:升船机　　　　　　　　　　　　设备编号:_____

保养人员:_____　　　　　　　保养日期:_____

序号	项目	细则	标准	工具	记录	签名	备注
1	减速器及滑轮组	减速器外观保养,擦拭渗漏油处	无油污、覆盖物等	清洁工具			
		地脚螺栓与联轴器检查	无松动,无异响,传动平稳	目测			
		检查加注更换润滑油	油位和油质达到润滑要求	润滑油、漏斗等			
2	钢丝绳卷绕系统	零部件检查	各零部件连接可靠、牢固,没有缺失	目测			
3	制动装置	刹车瓦(片)间隙调整	制动灵敏,不干扰运行	扳手等			
		刹车瓦(片)、刹车盘(滚筒)检查	刹车瓦(片)厚度符合要求,刹车盘无划痕、咬伤	目测			
4	机电传动连接处	机电传动连接处保养	表面清洁,无油污,无缠绕物,连接螺栓无松动	目测			
		防护装置检查	防护装置固定牢靠,无损坏	目测			

设备二级保养(机械)内容和要求

设备名称:升船机　　　　　　　　　　　　　　设备编号:＿＿＿＿＿＿＿＿＿

保养人员:＿＿＿＿＿＿＿＿＿　　　　　　　　保养日期:＿＿＿＿＿＿＿＿＿

序号	项目	细则	标准	工具	记录	签名	备注
1	清理场地	对工作场地进行整理清扫,用红白旗隔离工作区域,做好各项安全防护措施	场地清洁,有效隔离,安全防护措施到位	红白旗、清扫工具			
2	防护罩壳	检查防护罩壳外观,视情况整形	外观无明显变形	榔头等			
3	齿轮箱	检查各齿轮箱联轴器运行状况	无异常窜动和异响	目测,试车			
4	润滑	检查、更换润滑油及油封	油质油量良好,基本无漏油	漏斗、扳手等			
5	卷筒	检查卷筒各部位及钢丝绳情况	钢丝绳磨损情况符合标准	目测			
		检查钢丝绳压板	钢丝绳压板紧固,无松动	扳手等			
6	制动装置	检查并调整制动装置	制动灵敏、可靠	扳手等			
		检查刹车瓦(片)	刹车瓦(片)磨损在规定范围内	目测			
		检查刹车盘、滚筒	刹车盘、滚筒无咬伤、划痕	目测			
7	传动	检查并消除机电传动处窜动和异响	机电传动运转顺畅	扳手、撬棒等			
8	滑轮组和轴承	检查滑轮组和轴承运转情况	磨损量在规定范围内,无异响和窜动	目测,试车			
9	钢丝绳	给钢丝绳涂专用润滑油脂	钢丝绳润滑充足	润滑脂、刷子等			

设备二级保养(电气)内容和要求

设备名称:升船机　　　　　　　　　　　　　设备编号:＿＿＿＿＿＿＿＿

保养人员:＿＿＿＿＿＿＿＿＿　　　　　　　　保养日期:＿＿＿＿＿＿＿＿

序号	项目	细则	标准	工具	记录	签名	备注
1	设备断电	设备总电源断电	设备电压为"0",有警示牌	万用表			
		变频器及工控机电源断电					
		悬挂警示牌					
2	电机	检查电机绝缘	电机绝缘良好	万用表			
		对电机冷却系统和反馈系统(冷却风扇、光电编码器)进行保养	无油污、覆盖物等;滤网无破损,光电编码器安装牢靠	清洁工具等			
3	电箱、操纵(台)箱	电箱、变频器和工控机及操纵(台)箱内部清洁保养	内部清洁、整齐,无杂物	吸尘器、刷子等			
		检查电箱、操纵(台)箱内各电器部件及操作按钮开关工况	接触良好	万用表			
		电箱、操纵(台)箱内线缆和接线端子紧固检查	接触良好,紧固	螺丝刀			
4	设备上电	总电源上电	输出电压稳定,保持380 V	万用表			
		变频器和工控机上电,设备系统启动	各个数值显示正常				
		摘取警示牌	警示牌复位				
5	设备调整	各类电气控制和显示的相应调整	设备动作正常	万用表等			
		各类操纵杆、按钮开关等功能及运行状态显示检测	动作正确顺畅,工作正常				
6	安全装置	按操作规范对设备安全保护装置进行检查(各级限位、状态显示等)	工作正常,安全有效	目测,试车			

设备一级保养内容和要求

设备名称:顶升小车 　　　　　　　　　　　　　设备编号:_____

保养人员:_____ 　　　　　　　　　　保养日期:_____

序号	项目	细则	标准	工具	记录	签名	备注
1		垂直调整油缸检查	表面无油污,无锈蚀	手动,清扫工具			
2		水平调整油缸检查	表面无油污、覆盖物等	手动,清扫工具			
3		垂直调整油缸滑动面检查	表面无油污、覆盖物等	手动,清扫工具			
4		金属门锁、铰链检查	门锁无损坏,铰链活络	目测、耳听,扳手			
5		行走控制手柄及按钮检查	控制手柄摇动灵活,按钮表面清洁	目测、耳听,扳手			
6	设备外部部件	机架表面检查	表面无油污、覆盖物等	手动,清扫工具			
7		水平油缸保护架检查	立柱和花纹板面无扭曲变形,无锈斑和杂物	目测,扳手			
8		机器表面各液压表和电气按钮检查	表面无油污、覆盖物等	手动,清扫工具			
9		水平油缸和垂直油缸移动检查	移动过程无卡顿杂声,无漏油	手动、耳听、目测			
10		行动车轮和液压马达检查	表面无油污、覆盖物等	手动、耳听			
11		行走移动检查	移动过程无卡顿、杂声	手动,扳手、耳听、目测			
12	设备内置部件	手提式卷线盘检查	表面无积灰、油污,卷线灵活,无卡线	手动,清扫工具、扳手			
13		电气箱检查	表面清洁,无积灰油污等	手动,清扫工具			

表(续)

序号	项目	细则	标准	工具	记录	签名	备注
14	设备内置部件	电气箱内电气元件和排线检查	各元器件表面和排线表面无积灰,排线整洁有序,箱内无垃圾	手动、目测,清扫工具			
15		液压泵站外表检查	油箱和各液压元件表面无油污、覆盖物等	手动、目测,清扫工具			
16		液压阀件和管路接口检查	无漏油	手动、目测,扳手			
17		检查油泵电机,安装螺丝紧固到位,润滑油到位	电机无振动,无异常音,紧固到位,润滑良好	耳听,扳手			
18		全部内部指示灯、操作按钮检查	表面无破损,无遮盖物等,动作和指示等功能正常	手动,扳手			
19	顶升试验动作	水平动作检查	水平调整油缸极限位置时移动顺畅,无漏油等	手动、目测			
20		垂直动作检查	垂直调整油缸到达顶点过程无卡顿,压力表正常	手动、目测			
21		行走动作检查	行走轮移动时顺畅	手动,扳手			
22		行走轮升降检查	行走轮升降时动作一致,无异声	手动、目测			

设备二级保养内容和要求

设备名称:顶升小车 　　　　　　　　　　　　　　设备编号:＿＿＿＿＿＿＿＿

保养人员:＿＿＿＿＿＿＿＿　　　　　　　　　　　保养日期:＿＿＿＿＿＿＿＿

序号	项目	细则	标准	工具	记录	签名	备注
1	设备外部部件	垂直调整油缸检查	表面无油污,无锈蚀	手动,清扫工具			
2		水平调整油缸检查	表面无油污、覆盖物等	手动,清扫工具			
3		垂直调整油缸滑动面检查	表面无油污、覆盖物等	手动,清扫工具			
4		金属门锁、铰链检查	门锁无损坏,铰链活络	目测、耳听、扳手			
5		行走控制手柄及按钮检查	手柄摇动灵活,按钮表面清洁	目测、耳听、扳手			
6		机架表面检查	表面无油污、覆盖物等	手动,清扫工具			
7		水平油缸保护架检查	立柱和花纹板面无变形,无锈斑	目测,扳手			
8		机器表面液压表和电气按钮检查	表面无油污、覆盖物等	手动,清扫工具			
9		水平油缸和垂直油缸移动检查	移动过程无卡顿杂声,无漏油	手动、耳听、目测			
10		行动车轮和液压马达检查	表面无油污、覆盖物等	手动、耳听、目测,扳手			
11		行走移动检查	移动过程无卡顿、杂声				
12	设备内置部件	手提式卷线盘检查	表面无积灰、油污,卷线灵活	手动,清扫工具、扳手			
13		电气箱检查	表面清洁,无积灰油污等				

表(续)

序号	项目	细则	标准	工具	记录	签名	备注
14	设备内置部件	电气箱内电气元件和排线检查	各元器件无积灰,排线整洁有序,箱内无垃圾	手动、目测,清扫工具			
15		电气元件的检测	电气元件功能正常	手动,拆卸工具、电流电压表、检测工具			
16		检查电气电线、控制线,老化更换	电线、控制线工况良好	手动,拆卸工具			
17		液压泵站外表检查	油箱和各液压元件表面无油、污覆盖物等	手动、目测,清扫工具			
18		检查油箱油位和油质,液压小车用油为 N46 抗磨液压油;新液压油加入小车油箱前,进行过滤,油箱需清洁,注油高度应达到油标指示位置	油质、油位符合标准	手动,清扫工具、加油工具			
19		液压阀件和管路接口检查	无漏油	手动、目测,扳手			
20		油泵电机、紧固螺丝检查,添加润滑油	电机无振动,无异常音,润滑油到位	耳听,扳手			
21		全部内部指示灯、操作按钮检查	表面无破损,无遮盖物等,动作和指示等功能正常	手动,扳手			
22	顶升试验动作	拆下所有液压阀件,并清洁检查	阀件功能正常	手动,拆卸和检测工具			
23		润滑系统检查,更新润滑脂	润滑良好	手动,扳手、加油工具			
24		水平动作检查	水平调整油缸极限位置时移动顺畅,无漏油等	手动、目测			
25		垂直动作检查	垂直调整油缸到达顶点过程无卡顿,压力表正常	手动、目测			
26		行走动作检查	行走轮移动时顺畅	手动,扳手			
27		行走轮升降检查	行走轮升降时动作一致,无异声	手动、目测			

设备一级保养内容和要求

设备名称:对中小车 　　　　　　　　　　　设备编号:_____

保养人员:_____ 　　　　　　　保养日期:_____

序号	项目	细则	标准	工具	记录	签名	备注
1	钢结构机械部分	检查车轮行走	行走平稳、可靠	清扫工具			
2		检查各连接螺栓紧固情况	无松动	目测,扳手			
3		检查开式齿轮啮合间隙,清除油污垃圾等,加润滑牛油	间隙正常,表面清洁,润滑良好	目测,扳手			
4		检查开式齿轮磨损情况	工况良好	目测,扳手、锉刀			
5		检查离合器是否灵活	离合器脱开后,小车车轮人力可顺利推动	目测、耳听,扳手			
6		检查小车车架整体外形	表面无异物黏附,无损坏	目测			
7		减速器托架检查	表面无异物黏附,无损坏	目测			
8		检查小车车架整体外形及减速器托架是否有外力致变形	不影响小车正常使用,必要时火工矫正	目测,扳手、榔头、火工工具			
9	液压部分	检查油箱及油管	外表清洁,无油渍及其他垃圾	手动,清扫工具			
10		检查液压系统各零部件	无泄漏,液压动作正常、可靠	手动,清扫工具、扳手			
11		检查所有液压软管、不锈钢金属软管和接头	无破损、老化软管	手动,扳手			
12		检查主辅油缸以及进出油管道	外表清洁,无油渍及其他垃圾	手动、目测,清扫工具			

表（续）

序号	项目	细则	标准	工具	记录	签名	备注
13	液压部分	检查小车上试验架	检查油缸活塞顶升至试验要求压力时，支持性能试验保持时间约 10 min	手动，扳手、试验用专用工具			
14	润滑系统	清洁齿轮减速器，调换润滑油达到润滑要求	齿轮减速器工况良好	手动，清扫工具、加油工具			
15		检查工程塑料制品和大齿轮等，更新润滑脂	润滑良好	手动，扳手、加油工具			
16	电气部分	检查电器箱及电气控制系统	整洁,安全可靠	手动,清扫工具			
17		检查行走电动机和油泵电机	电机无振动,无异常音,安装螺丝紧固到位,润滑油到位	耳听,扳手			

设备二级保养内容和要求

设备名称:对中小车 设备编号:＿＿＿＿＿＿＿＿

保养人员:＿＿＿＿＿＿＿＿ 保养日期:＿＿＿＿＿＿＿＿

序号	项目	细则	标准	工具	记录	签名	备注
1	钢结构机械部分	检查车轮行走	行走平稳、可靠	手动,清扫工具			
2		检查各连接螺栓紧固情况	无松动	目测,扳手			
3		检查开式齿轮啮合间隙,清除油污等,加润滑油	间隙正常,表面清洁,润滑良好	目测,扳手			
4		检查开式齿轮磨损情况	工况良好	目测,扳手、锉刀			
5		检查离合器是否灵活	离合器脱开后,小车车轮可人力顺利推动	目测、耳听、扳手			
6		检查小车车架整体外形	表面无异物黏附,无损坏	目测			
7		检查减速器托架	表面无异物黏附,无损坏	目测			
8		检查工程塑料合金轴承座	轴承和主被动轮间隙配合符合图纸要求	千分尺、内径千分尺			
9		检查主动被动轮组	主被动轴直线度、圆周度符合标准	上车床检测			
10		检查小车车架整体外形及减速器托架是否有外力致变形	不影响小车正常使用,必要时火工矫正	目测,扳手、榔头、火工工具			
11	液压部分	检查油箱油位和油质。液压小车用油为 N46 抗磨液压油;新液压油加入小车油箱前,进行过滤,油箱须清洁,注油高度应达到油标指示位置	油质、油位符合标准	手动,清扫工具、加油工具			

表（续）

序号	项目	细则	标准	工具	记录	签名	备注
12	液压部分	检查液压系统各零部件	消除泄漏,保证液压动作正常可靠	手动,清扫工具、扳手			
13		检查所有液压软管、不锈钢金属软管和接头	无破损、老化软管	手动,扳手			
14		检查垂直主油缸以及进出油管道	外表清洁,无油渍及其他垃圾	手动、目测,清扫工具			
15		检查水平油缸以及进出油管路	外表清洁,无油渍及其他垃圾	手动、目测,清扫工具			
16		拆下所有液压阀件并清洁	阀件功能正常	手动,拆卸工具、检测工具			
17		检查小车上试验架	检查油缸活塞顶升至试验要求压力时,支持性能试验保持时间约 10 min	手动,扳手、试验用专用工具			
18	润滑系统	清洁齿轮减速器,调换润滑油达到润滑要求	齿轮减速器工况良好	手动,清扫和加油工具			
19		检查工程塑料制品和大齿轮等,更新润滑脂	润滑良好	手动,扳手、加油工具			
20	电气部分	检查电器箱及电气控制系统	整洁,安全可靠	手动,清扫工具			
21		检查电气电线、控制线,老化则更换	电线、控制线工况良好	手动,拆卸工具			
22		检测电气元件	所有电器元器件功能正常	手动,拆卸工具、电流电压表、检测工具			
23		检查行走电动机和油泵电机	电机无振动,无异常音,安装螺丝紧固到位,润滑油到位	耳听,扳手			

设备一级保养内容和要求

设备名称:舵部作业平台　　　　　　　　　　设备编号:＿＿＿＿＿＿＿＿

保养人员:＿＿＿＿＿＿＿＿　　　　　　　　　保养日期:＿＿＿＿＿＿＿＿

序号	项目	细则	标准	工具	记录	签名	备注
1	主平台	清洁设备	无油污,无锈蚀	目测			
2		擦拭操作控制盘	无油污、覆盖物	目测,扳手			
3		限位检查	灵敏、可靠	手动,扳手			
4		擦拭设备外表	表面无积灰,无焊渣,无杂物	手动			
5		行走机构检查	减速机无漏油、液压	目测,扳手			
6		丝杆检查	无积灰,无杂物	目测,扳手			
7		主顶升缸保压阀块检查	接头无漏油,钢管无变形	目测,扳手			
8	舵叶支架	传动链条检查	链条无明显磨损,接头稳固,无生锈	目测,扳手			
9		导杆检查	无灰尘,无锈迹,润滑良好	目测			
10		液压管路检查	无漏油,无变形	目测			
11		钢结构检查	无变形,无生锈	目测,扳手			
12	螺旋支架	擦拭设备外表	无变形,无生锈	目测			
13		液压管路检查	无漏油,无变形	目测			

设备二级保养内容和要求

设备名称:艉部作业平台 　　　　　　　　　　　　　设备编号:＿＿＿＿＿＿＿

保养人员:＿＿＿＿＿＿＿ 　　　　　　　　　　　　　保养日期:＿＿＿＿＿＿＿

序号	项目	细则	标准	工具	记录	签名	备注
1	主平台	漆面检查	油漆无明显剥落,无锈迹	目测			
2		各紧固件检查	各紧固件无松动,无缺失,无变形	目测,扳手			
3		油管检查	无漏油,无变形	手动,扳手			
4		液压泵站检查	无异常噪音,无异响,无漏油	目测,扳手			
5		液压油位检查	油箱液位在液位计的2/3以上	目测			
6		电气元件外观检查	电气元件无明显破损、烧焦	目测			
7		电气元件功能检查	电气元件运行正常	目测			
8	舵叶支架	液压缸检查	无漏油,无变形	目测			
9		钢结构检查	无变形,无生锈	目测			
10		管路检查	无漏油,无变形	目测			
11		各紧固件检查	无变形,无生锈	目测,扳手			
12		护栏检查	无损坏	目测			
13	螺旋支架	钢结构检查	无变形,无生锈	目测			
14		液压管路检查	无漏油,无变形	目测			
15		各紧固件检查	无变形,无生锈	目测,扳手			
16		护栏检查	无损坏	目测			

设备一级保养内容和要求

设备名称:环氧树脂涂胶机　　　　　　　　　　　　设备编号:＿＿＿＿＿＿＿

保养人员:＿＿＿＿＿＿＿＿＿　　　　　　　　　　　保养日期:＿＿＿＿＿＿＿＿

序号	项目	细则	标准	工具	记录	签名	备注
1	供料站	检查供料泵表面是否有物料泄漏,清除供料泵表面的物料	供料泵表面清洁,无漏料	清洁工具			
		检查压盘上是否有物料泄漏,清除压盘表面的物料	压盘表面清洁,无漏料	清洁工具			
		检查供料泵运行情况	运行顺畅,无异响	目测			
2	液压站	清洁液压站表面	液压站表面清洁,无油渍	清洁工具			
		检查液压站油位是否正常	油位表指示在正常范围内	目测			
		检查各电器接头和接线是否脱落	各电器接头连接牢固,接线固定可靠	目测			
		检查散热器是否工作	开机后,散热器正常工作	目测			
		检查油压表	油压表无破损	目测			
		检查电机运转情况	电机运转无异响,无明显震动	目测			
3	涂布机器人	检查 X、Y、Z 轴导轨	表面清洁,运行顺畅,无明显噪音	清洁工具、润滑油			
		检查 X、Y、Z 轴丝杆	表面清洁,运行顺畅,无明显噪音				
		清理混合管	混合管内无物料残留	清洁工具、清洁剂			
		清理喷嘴	喷嘴内无物料残留	清洁工具、清洁剂			

表（续）

序号	项目	细则	标准	工具	记录	签名	备注
4	流水线	检查清洁度	无杂物,无漏料	清洁工具			
		检查辊道	运行平稳,无明显异响	目测,润滑油			
		检查挡板	挡板紧固,无松动	扳手			
		检查夹紧机构	运行无抖动,无松动	扳手			
5	输料管	清洁输料管表面	表面清洁,无破损	清洁工具			
		检查输料管形态	输料管无挤压,无缠绕	目测			
6	电气柜	清洁电气柜	电气柜上无杂物,无污渍	清洁工具			
		检查航空插头	航空插头连接紧固,无松动	螺丝刀			
		检查通信电缆、供电电缆	电缆无破皮	目测			

设备二级保养(机械)内容和要求

设备名称:环氧树脂涂胶机　　　　　　　　　设备编号:＿＿＿＿＿＿＿＿＿

保养人员:＿＿＿＿＿＿＿＿＿　　　　　　　　保养日期:＿＿＿＿＿＿＿＿＿

序号	项目	细则	标准	工具	记录	签名	备注
1	供料站	检查压盘密封圈,更换磨损严重的密封圈	密封良好,无漏料	密封圈			
		检查供料泵内部密封圈,更换磨损严重的密封圈	密封良好,无漏料	扳手、密封圈			
		检查泵的运行情况	运行正常,变向时无明显抖动	目测			
		检查气路、油路各连接点	无漏气、漏油	目测,扳手			
2	液压站	清洁散热器	内部无积灰,运转平稳	螺丝刀、无纺布			
		检查油压表	油压表无破损,指示正常	目测			
		清洁或更换油过滤器	油过滤器无杂质	扳手、油过滤器			
		检查液压油,更换变质的液压油	液压油状态正常,未乳化变质	液压油			
		检查油路各连接点	无漏油	目测,扳手			
3	流水线	检查辊筒、齿轮,加润滑油	辊筒运行无明显抖动	润滑油			
		检查气缸运行情况	气缸运行顺畅	润滑油、无纺布			
		检查安全防护栏	固定牢靠,各机构螺丝无松动掉落	螺丝刀、扳手			
4	涂布机器人	检查 X、Y、Z 轴导轨	运行顺畅,无明显磨损	无纺布、润滑油			
		检查 X、Y、Z 轴丝杆	运行顺畅,无明显磨损	无纺布、润滑油			
		检查涂布精度	涂布精度满足技术要求	游标卡尺			

设备二级保养（电气）内容和要求

设备名称：环氧树脂涂胶机　　　　　　　　设备编号：＿＿＿＿＿＿＿＿＿

保养人员：＿＿＿＿＿＿＿＿＿　　　　　　　保养日期：＿＿＿＿＿＿＿＿＿

序号	项目	细则	标准	工具	记录	签名	备注
1	电机	检查流水线辊筒驱动电机	电源线、控制线紧固，接地良好	绝缘表、万用表			
		检查涂布机器人伺服电机	电源线、控制线紧固，接地良好	绝缘表、万用表			
		检查泵站电机	电源线、控制线紧固，接地良好	绝缘表、万用表			
2	供料泵站	检查供料泵站供电电缆及通信电缆	无破皮，无缠绕	目测			
		检查泵站供电电缆及通信电缆	无破皮，无缠绕	目测			
		检查流水线上供电电缆及通信电缆	无破皮，无缠绕	目测			
		检查电缆快速接头	连接牢靠，无松动	目测，螺丝刀			
3	电气控制柜	电气柜清灰	内外清洁，各电气元件上无灰尘	清洁工具			
		电气柜内线路整理	线路走线规范、整齐，电气柜接地正常	螺丝刀			
		检查PLC电池	每2年更换	备件			
4	安全元件	测试紧停开关是否有效果	紧停开关有效	螺丝刀、万用表			
		测试声光报警是否有效	声光报警正常，外表无损坏	目测			
5	人机控制装置	检查各控制按钮是否正常，更换损坏的部件	控制按钮灵敏，无异常	螺丝刀、备件			
		检查工控屏	清洁，无损坏，触摸屏控制正常	目测			
6	传感器、限位	检查各光电传感器、限位开关	安装牢靠、灵敏，无卡顿	螺丝刀			

设备一级保养内容和要求

设备名称:冷风机　　　　　　　　　　　　　设备编号:＿＿＿＿＿＿＿＿

保养人员:＿＿＿＿＿＿＿＿＿　　　　　　　　保养日期:＿＿＿＿＿＿＿＿

序号	项目	细则	标准	工具	记录	签名	备注
1	设备外表	擦拭设备内外	无油污、尘土	清洁工具			
2	润滑	对传动轴承润滑点加注润滑油	润滑良好	黄油枪			
3	滤网	检查清洁进风口滤网	滤网无积灰	压缩空气			
4	排水槽	清除排水槽内垃圾	无垃圾	扫帚、清洁工具			
5	矽胶转轮	检查矽胶转轮转动有无晃动现象,联轴装置有无震动情况,发现异常,则调整安装间隙	转动无晃动,联轴无震动等异常	扳手			
6	仪器仪表	仪器仪表显示与对应功能校验	仪表显示准确,正常	检验仪器			

设备二级保养(机械)内容和要求

设备名称:冷风机 　　　　　　　　　　　　　　设备编号:＿＿＿＿＿＿＿＿

保养人员:＿＿＿＿＿＿＿＿　　　　　　　　　　保养日期:＿＿＿＿＿＿＿＿

序号	项目	细则	标准	工具	记录	签名	备注
1	清理场地	对工作场地进行整理、清扫,用红白旗隔离工作区域,做好各项安全防护措施	场地清洁,有效隔离,安全防护措施到位	红白旗、清扫工具			
2	蒸发器	清洁蒸发器	表面无尘、油污	目测,吸尘器、抹布等			
3	各类滤网	清洁各类滤网	表面无尘、油污	目测,吸尘器、抹布等			
4	矽胶转轮传动机构	轴承润滑	拆卸轴承,清洁、补注新润滑脂	扳手、内六角扳手、油枪等			
5	冷凝风扇	调整动平衡	无晃动、卡阻、异响	目测			
6	风机马达	检测马达运转噪声	噪声≤85 dB	测声仪			
7	压缩机	压缩机润滑油更换	运转正常,无异响	扳手、真空泵等			
8	冷媒铜管	修补渗漏点,补充冷媒	外表无明显泄漏点	扳手、真空泵、风焊枪等			

设备二级保养(电气)内容和要求

设备名称:冷风机 　　　　　　　　　　　　　设备编号:＿＿＿＿＿＿＿＿

保养人员:＿＿＿＿＿＿＿＿＿ 　　　　　　　　保养日期:＿＿＿＿＿＿＿＿

序号	项目	细则	标准	工具	记录	签名	备注
1	设备断电	除湿机断电	设备电压为"0",有警示牌	万用表			
		稳压电源输出端断电					
		悬挂警示牌					
2	电机	检查电机绝缘	绝缘电阻:≥3.8 MΩ,绝缘良好;≥1.5 MΩ,绝缘可用	兆欧表			断开电机回路再进行测量
		对电机冷却回路(含冷却风扇)进行保养,更换进风口滤网	无油污、覆盖物等;冷却回路畅通				
3	电箱、操纵箱	电箱、操纵箱内部清洁保养	内部清洁、整齐,无杂物	吸尘器、刷子等			
		电箱、操纵箱内接插件接触检查	接触良好	万用表			
		电箱、操纵箱内主回路接线端子紧固检查	接触良好,紧固	螺丝刀			
4	设备上电	稳压电源输出端上电	输出电压稳定,保持380 V	万用表			
		机床上电,设备系统启动	启动正常				
		摘取警示牌	警示牌复位				
5	设备调整	冷风机电气传感器调整	动作正常,反馈信号正常	万用表等			
		各类电气控制元件调整	除湿机动作正常,反馈信号正常				
		冷风机各类参数调整	运转正常、平稳				
6	安全装置	按系统安全操作规范,对设备安全保护装置进行检查	工作正常,安全有效				

设备一级保养内容和要求

设备名称:高杆灯塔   设备编号:_____

保养人员:_____   保养日期:_____

序号	项目	细则	标准	工具	记录	签名	备注
1	外观	检查外表有无油漆脱落、锈蚀	无锈蚀	目测			
2	升降机构	检查电机、减速器、滑轮、钢丝绳等情况	减速器无泄漏,滑轮运转灵活,无卡滞,钢丝绳无断丝	扳手、螺丝刀、抹布、油枪、润滑油脂			
3	灯具	检查灯具及罩壳是否完好	罩壳完好,灯具照度正常	目测,照度仪			
4	电控	检查电器箱及电气电线、控制线	电器箱内外整洁,电线外表完整无破损	手动,清扫工具			

设备二级保养内容和要求

设备名称:高杆灯塔　　　　　　　　　　　　设备编号:＿＿＿＿＿＿＿＿

保养人员:＿＿＿＿＿＿＿＿　　　　　　　　保养日期:＿＿＿＿＿＿＿＿

序号	项目	细则	标准	工具	记录	签名	备注
1	清理场地	对工作场地进行整理、清扫,用红白旗隔离工作区域,做好各项安全防护措施	场地清洁,有效隔离,安全防护措施到位	红白旗、清扫工具			
2	结构件	检查外观油漆破损、结构件锈蚀情况	无破损、锈蚀	目测			
3	升降装置	检查升降装置,滑轮、钢丝绳等零部件	减速器完好无泄漏,滑轮组完好,运转无卡滞;钢丝绳完好无断丝、破折	螺丝刀、扳手,目测			
4	电气控制柜	清洁电气控制柜;检查线路有无老化	内外清洁,线路无老化	抹布、万用表			
5	灯塔升降限位	检查限位开关有无变形,有无卡死	限位开关无卡死,无变形	螺丝刀、万用表			
6	照明系统	检查灯具、罩壳	灯具、罩壳完好,照度适宜	目测,照度仪			
7	灯塔接地	检查接地线是否连接牢固	接地良好可靠	螺丝刀、万用表			

设备保养内容和要求

设备名称:离心风机　　　　　　　　　　　　　设备编号:＿＿＿＿＿＿＿＿＿

保养人员:＿＿＿＿＿＿＿＿＿　　　　　　　　　保养日期:＿＿＿＿＿＿＿＿＿

序号	项目	细则	标准	工具	记录	签名	备注
1	外部检查	用干燥压缩空气吹去机内灰尘	外部无油渍、灰尘,无异物	清洁工具			
		检查外表出风口、防护网、固定支架等	出风口、固定支架无变形	铁锤、扳手			
		检查起重吊耳的完好性	无变形、脱焊	铁锤			有需要时做着色探伤检查
2	传动系统	检查电动机轴、键销与风叶的装配间隙	符合安装标准,噪声和震动较大时做动平衡试验	噪音检测仪			
		检查风叶是否完好,紧固螺帽是否拧紧	紧固度正常	扳手			
		检查底脚减震块	外观完好,无破损、硬化	铁锤、扳手			
3	电气系统	检查按钮、缺相断路器、熔断器、电源插座是否完好	各电气元件功能无异常	电笔、万能表等			
		对所有接线端进行紧固,检查各接线端有无线缆裸露及磨损,若有则及时消除	各电气元件固定可靠,接线柱紧固正常	扳手、螺丝刀等			
		检查接地是否安全可靠	连接可靠,绝缘电阻不大于4 Ω	绝缘检测工具			
		检查各接线端有无线缆裸露及磨损	电线布置合理,不杂乱,无破皮露铜现象	目测			

设备保养内容和要求

设备名称:防爆风机　　　　　　　　　　　设备编号:＿＿＿＿＿＿＿＿

保养人员:＿＿＿＿＿＿＿＿　　　　　　　　保养日期:＿＿＿＿＿＿＿＿

序号	项目	细则	标准	工具	记录	签名	备注
1	外部检查	用干燥压缩空气吹去机内灰尘	外部无油渍、灰尘,无异物	清洁工具			
		检查外表出风口、防护网、固定支架等	出风口、固定支架无变形	目测			
		检查起重吊耳的完好性	无变形、脱焊	目测			有需要时做着色探伤检查
2	传动系统	检查电动机轴、键销与风叶的装配间隙	符合安装标准,噪音和震动较大时做动平衡试验	游标卡尺			
		检查风叶是否完好,紧固螺帽是否拧紧	紧固度正常	扳手、手锤等工具			
		检查底部减震块	外观完好,无破损硬化	目测			
3	电器系统	检查按钮、缺相断路器、熔断器、电源插座是否完好	各电气元件功能无异常	目测和试验检查			
		对所有接线端进行紧固,检查各接线端有无线缆裸露及磨损现象,若有则及时消除	各电气元件固定可靠,接线柱紧固正常	扳手、螺丝刀,目测			
		外壳、控制箱、接地是否安全可靠	连接可靠,绝缘电阻不大于4Ω	电笔、万能表和常规工具			
		检查各接线端有无线缆裸露及磨损现象,及时消除	电线布置合理,不杂乱,无破皮露铜现象	目测			

设备一级保养内容和要求

设备名称:汽车衡(地磅)　　　　　　　　　　　设备编号:＿＿＿＿＿＿＿＿＿＿

保养人员:＿＿＿＿＿＿＿＿＿＿　　　　　　　　保养日期:＿＿＿＿＿＿＿＿＿＿

序号	项目	细则	标准	工具	记录	签名	备注
1	设备及周围场地"5S"	清扫周围工作场地	场地无垃圾	扫帚、清洁工具			
		擦拭显示器外表面	无尘土	清洁工具			
		清除秤台四周间隙内杂物	不得有任何杂物				
2	秤台表面	清洁秤台表面	无污物附着	扫帚			
3	电脑机箱	清洁电脑机箱散热口积灰	散热口无积灰	软毛刷			

设备二级保养(机械)内容和要求

设备名称:汽车衡(地磅)　　　　　　　　　设备编号:＿＿＿＿＿＿＿＿

保养人员:＿＿＿＿＿＿＿＿　　　　　　　　　保养日期:＿＿＿＿＿＿＿＿

序号	项目	细则	标准	工具	记录	签名	备注
1	限位器	检查、调整限位器	间隙 3~5 mm	塞尺			
2	各部位螺栓	紧固各部位螺栓	螺栓无松动	套筒扳手			
3	秤台	测量秤台有无沉降	整个秤台 8 个角点位高低允许误差 1 cm	水平仪			

设备二级保养(电气)内容和要求

设备名称:汽车衡(地磅)　　　　　　　　　　设备编号:_____

保养人员:_____　　　　　　　　保养日期:_____

序号	项目	细则	标准	工具	记录	签名	备注
1	设备断电	设备断电 悬挂警示牌	设备电压为"0",有警示牌	万用表			
2	传感器、接线盒	紧固各接线端子	线头不松动	螺丝刀、千斤顶			
3	蓄电池	紧固蓄电池插头	插头不松动				
4	防雷检查	检查避雷器端子板	避雷器各连接器无腐蚀脱落,端子板螺栓紧固	扳手、电焊机			
5	接地	检查接地线	连接牢固,接地电阻≤4 Ω	电阻计			
6	测试	标准砝码标定	误差值为 ±20 kg	铲车			
7	修复损坏件	修复、更换损坏零部件	零部件齐全	螺丝刀、扳手等			
8	设备上电	设备输入电源上电	输电压稳定,保持380 V ± 10%	万用表			
9	仪器仪表校对	仪器仪表校对	显示正确、灵敏				

设备一级保养内容和要求

设备名称:绝缘箱安装机械手　　　　　　　　　设备编号:_____

保养人员:_____　　　　　　　　　保养日期:_____

序号	项目	细则	标准	工具	记录	签名	备注
1	外表保养	清扫主体	整齐、整洁	清扫工具			
2	传动机构	检查传动系统零部件,消除缺陷	达到机械手机械安全规程要求	调整工具			
		检查起升、下降、旋转、前倾、后仰等机构减速装置及驱动装置,调整间隙,消除松动	传动平稳,运转正常	调整工具			
		检查行走轮装置,调整间隙	行走平稳可靠	调整工具			
		检查龙门架调整各部分间隙	传动平稳,运转正常	调整工具			
		检查并调整制动装置	制动灵敏、可靠	调整工具			
		检查各行程限位	安全可靠	测试			
3	润滑系统	检查齿轮减速器润滑油的油量,油质	达到润滑要求	注油工具			
		对轴承、制动架、滑轮组、旋转轴轴承副等润滑脂润滑的滑动副加注润滑脂	达到润滑要求	注油工具			
4	电气	擦拭电动机及电器箱	内外清洁,使用正常	清洁工具			
		检查限位装置与接地	安全可靠,使用正常	调整工具			
		检查蓄电池健康度	蓄电池工况良好	万用表			

设备二级保养（机械）内容和要求

设备名称:绝缘箱安装机械手　　　　　　　　　　设备编号:＿＿＿＿＿＿＿＿

保养人员:＿＿＿＿＿＿＿＿　　　　　　　　　　保养日期:＿＿＿＿＿＿＿＿

序号	项目	细则	标准	工具	记录	签名	备注
1	作业环境	对工作场地进行整理清扫,用红白旗隔离工作区域,做好各项安全防护措施	场地清洁,有效隔离,安全防护措施到位	红白旗、清扫工具			
2	结构件	检查金属结构件及焊缝等	无裂缝、变形、脱焊	目测			
3	传动机构	检查各减速箱、传动件、轴承等	无异常磨损	目测			
4	支撑装置	检查、整修设备支撑装置	支撑装置间隙正常,使用可靠	常规工具			
5	机械机构	检查、清洁润滑各机械部件,确保完整,按润滑图表加注油(脂)	各机械部件及行走轮运转润滑顺畅	目测,清洁工具、油枪			
6	旋转机构	清洁齿轮,检查啮合及磨损情况	啮合良好,运转平稳无冲击,无明显磨损	清洁工具,目测			
7	起升机构	检查、整修龙门架、滑轮	无明显缺陷,无异常磨损	目测			
8	润滑系统	检查、清洁、更换各油罐油质及油封	油质正常,无漏油	常规工具			

设备二级保养(电气)内容和要求

设备名称:绝缘箱安装机械手　　　　　　　　设备编号:＿＿＿＿＿＿＿＿

保养人员:＿＿＿＿＿＿＿＿　　　　　　　　保养日期:＿＿＿＿＿＿＿＿

序号	项目	细则	标准	工具	记录	签名	备注
1	设备断电	设备断电	设备电压为"0",有警示牌	万用表			
		稳压电源输出端断电					
		悬挂警示牌					
2	电机、冷却系统、液压系统	对液压缸、动力单元进行保养	无油污,工作状态正常	常规工具			断开电机回路再进行测量
		对电机冷却回路(含冷却风扇)进行保养,更换进风口滤网	无油污、覆盖物等;冷却回路畅通	螺丝刀、布、刷子等			
		对有炭刷的直流电机进行保养	炭刷磨损不超过2/3(否则更换)	螺丝刀、布、刷子等			
3	电箱操纵箱	电箱、操纵箱内部清洁保养	内部清洁、整齐,无杂物	吸尘器、刷子等			
		电箱、操纵箱内部插接件接触检查	接触良好	万用表			
		电箱、操纵箱内主回路接线端子紧固检查	接触良好,紧固	螺丝刀			
4	稳压电源	外观、按钮功能保养	外观清洁,按钮工作正常				
		检查有线遥控器、无线遥控器功能是否有效	遥控器工作正常				
		检查稳压电源输出电压是否在正常范围内	输出电压稳定,保持380 V	万用表			
		稳压电源内部清洁保养	内部清洁、整齐,无杂物				
5	设备上电	稳压电源输出端上电	输出电压稳定,保持380 V	万用表			
		机械手上电,设备系统启动					
		摘取警示牌	警示牌复位				

表（续）

序号	项目	细则	标准	工具	记录	签名	备注
6	设备调整	机械手电气传感器调整	机械手动作正常、反馈信号正常	万用表			
		各类电气控制元件调整	机械手动作正常、反馈信号正常				
		机械手外围辅助设备检查、调整	正常工作				
		各类手持工具功能检测	正常工作				
		机械手各类参数调整（速度等）	机械手运动正常、平稳	机械精度检测工具			
7	安全装置	按系统安全操作规范，对设备安全保护装置进行检查（各类门限位、保护硬限位等）	工作正常，安全有效	螺丝刀、扳手等			
		检查行程限制器	校正行程限制，工作正确、可靠	螺丝刀			
		检查急停保护装置	急停保护有效，动作灵敏、可靠				
		检查外挂电缆、信号线、坦克链	工作正常，安全有效	螺丝刀、扳手等			
8	供电系统	检查充电器、蓄电池	充电器工作正常，蓄电池电量健康	万用表			

设备一级保养内容和要求

设备名称:压肩机　　　　　　　　　　　　　设备编号:＿＿＿＿＿＿＿＿

保养人员:＿＿＿＿＿＿＿＿　　　　　　　　　保养日期:＿＿＿＿＿＿＿＿

序号	项目	细则	标准	工具	记录	签名	备注
1	外表	清扫主体、工作台	整齐、整洁	清扫工具			
2	传动机构	检查液压缸传动机构零部件,消除缺陷	符合压肩机安全规程要求	调整工具			
		检查起升、下降等机构,调整间隙,消除松动	升降平稳运转正常	调整工具			
		检查行走轮装置,调整间隙	行走平稳、可靠	调整工具			
		检查电机系统,调整各部分间隙	电机平稳,运转正常	调整工具			
		检查并调整主体制动装置	制动平稳、可靠	调整工具			
3	安全装置	检查急停装置	灵敏、可靠	测试			
4	油路系统	检查液压油油量、油质	符合规定要求	注油工具			
		检查油管与接口处	达到润滑要求	目测			
5	电气	擦拭电动机及电器箱	内外清洁,使用正常	清洁工具			
		检查急停装置与接地	安全可靠,使用正常	调整工具			

设备二级保养(机械)内容和要求

设备名称:压肩机

设备编号:＿＿＿＿＿＿＿＿＿

保养人员:＿＿＿＿＿＿＿＿＿

保养日期:＿＿＿＿＿＿＿＿＿

序号	项目	细则	标准	工具	记录	签名	备注
1	作业环境	对工作场地进行整理清扫,用红白旗隔离工作区域,做好各项安全防护措施	场地清洁,有效隔离,安全防护措施到位	红白旗、清扫工具			
2	结构件	检查金属结构件及焊缝等	无裂缝、变形、脱焊	目测			
3	传动机构	检查各电机传动件等	无异常磨损	目测			
4	制动装置	检查、整修各制动器间隙及灵活性	制动器间隙正常,使用可靠	常规工具			
5	液压装置	检查液压系统,确保畅通完整,并按油箱油量标尺,加注油	液压系统运转正常,油量充足	目测,注油工具			
6	外接控制器	检查控制器是否正常工作	无明显缺陷,运转平稳可靠	测试			
7	密封系统	检查油路、油箱、油缸密封件及油封	工作正常,无漏油	常规工具			

设备二级保养(电气)内容和要求

设备名称:压肩机 　　　　　　　　　　　设备编号:＿＿＿＿＿＿＿＿

保养人员:＿＿＿＿＿＿＿＿　　　　　　　保养日期:＿＿＿＿＿＿＿＿

序号	项目	细则	标准	工具	记录	签名	备注
1	设备断电	设备断电	设备电压为"0",有警示牌	万用表			
		稳压电源输出端断电					
		悬挂警示牌					
2	电箱操纵箱	电箱、操纵箱内部清洁保养	内部清洁、整齐,无杂物	吸尘器、刷子等			
		检查电箱、操纵箱内部插接件接触	接触良好	万用表			
		检查主回路接线端子	接触良好,紧固	螺丝刀			
3	稳压电源检查	外观、按钮功能保养	外观清洁,按钮工作正常				
		检查手动、脚踏功能切换是否有效	手动、脚踏功能之间正常切换				
		检查稳压电源输出电压	输出电压稳定,保持380 V	万用表			
		稳压电源内部清洁保养	内部清洁、整齐,无杂物				
4	设备上电	稳压电源输出端上电	输出电压稳定,保持380 V	万用表			
		压肩机上电,设备系统启动	启动正常				
		摘取警示牌	警示牌复位				
5	设备调整	压肩机电气传感器调整	压肩机动作正常,反馈信号正常	万用表			
		各类电气控制元件调整	压肩机动作正常,反馈信号正常				
		压肩机工作台检查、调整	正常工作				
		压肩机各类参数调整(速度等)	压肩机运动正常,平稳	精度检测设备			
6	安全装置	检查安全保护装置(限位、保护限位急停限位等)	工作正常,安全有效	常规工具			

设备一级保养内容和要求

设备名称:数控划线机　　　　　　　　　　　设备编号:＿＿＿＿＿＿＿＿

保养人员:＿＿＿＿＿＿＿＿　　　　　　　　　保养日期:＿＿＿＿＿＿＿＿

序号	项目	细则	标准	工具	记录	签名	备注
1	外表	擦拭机器外表及罩、盖	内外清洁,无锈蚀,无黄袍	清洁工具			
2	纵、横向运动部位	清除导轨、齿条、导向轮和驱动轮上的氧化铁粉末,去毛刺	清洁,无毛刺	毛刷、清洁工具			
		检查纵向、横向拖链是否平滑运动,拖链内管缆是否有龟裂和死弯	行走灵活	目测			
		检查轨道刮屑板是否完好,刮屑板应与轨道贴合	完整无损	目测			
		纵向齿条、横向导轨、划矩升降导轨加注润滑油脂	润滑良好	加油枪			
		听齿轮箱是否有异响	正常	耳听			
3	供气系统	检查所有供气软管和软管接头,对有裂缝软管进行调换,拧紧接头	管子无裂纹,接头无松动	紧固工具			
		检查所有阀门和阀门上的密封环,若有必要应调换并拧紧	无泄漏	目测			
4	电气部分	清洁电气控制柜	外部清洁	清洁工具			
		清洁直流稳压电源外表	外部清洁				
		清洁操作箱外表	外表、按钮、屏幕无油污、覆盖物				
5	机器周边	机器周边铁屑杂物清理	周边无铁屑杂物覆盖	扫帚、铁铲			

设备二级保养(机械)内容和要求

设备名称:数控划线机　　　　　　　　　　　设备编号:_____

保养人员:_____　　　　　　　　保养日期:_____

序号	项目	细则	标准	工具	记录	签名	备注
1	作业环境	清扫工作场地,用红白旗隔离工作区,做好防护	场地清洁,有效隔离,安全防护措施到位	红白旗、清扫工具			
2	减速箱	检查减速箱	无振动、杂音	目测、耳听			
3	导轨	调整导轨的直线性和平行度	在允许调整范围内	扳手、内六角扳手、尺子			
4	齿轮及联轴器	检查驱动齿轮及所有离合器弹性联轴器性能及其间隙,磨损严重的应调换	间隙合适	塞尺			
5	氧化物刮除装置	检查导轨上氧化物刮除装置,如有损坏应调换	完好	目测			
6	驱动轮等	调整驱动轮、导向轮、传动钢带	运转灵活	调整工具			
7	坦克链	清除坦克链内杂物	无铁屑、异物,运行灵活、平稳	目测,清洁工具			
8	气管	更换老化破损的气管	无泄漏	目测			
9	气阀	更换有泄漏的气阀	无泄漏	目测			
10	滤芯	清洁或更换滤芯	无阻塞损坏	清洁工具			
11	油质、油位	检查驱动齿轮箱内油质、油位	油路畅通,油窗清晰	目测,油尺			
12	润滑	驱动齿轮、导向轮轴承,电机轴承、横向导轨、划矩升降导轨擦干净后加油脂	润滑良好	加油枪			
13	精度	按精度单检查、调整修复间隙精度	精度符合标准	百分表等			

设备二级保养(电气)内容和要求

设备名称:数控划线机 设备编号:_____

保养人员:_____ 保养日期:_____

序号	项目	细则	标准	工具	记录	签名	备注
1	设备断电	机器断电	设备电压为"0",有警示牌	万用表			
		悬挂警示牌					
2	数控部分	清洁数控柜内部灰尘,紧固插接件	清洁,紧固	清洁工具、螺丝刀			
		检查数控柜内冷却风扇工作是否正常	冷却系统工作正常	目测			
		检查PLC和各伺服驱动板工作是否正常	PLC模块、伺服板工作正常	目测			
		检查传感器	传感器数据检测准确	目测,万用表			
		测量和调整直流稳压电源电压	允许误差±5%	万用表			
3	电箱、操纵箱	电箱、操纵箱内部清洁保养	内部清洁、整齐,无杂物	吸尘器、刷子等			
		电箱、操纵箱内部插接件紧固	接触良好	螺丝刀			
		更换损坏的接触器和继电器	元件完好无损	螺丝刀			
		电箱、操纵箱内主回路接线端子紧固	接触良好,紧固	螺丝刀			
4	设备上电	机器上电,设备系统启动	输出电压稳定	万用表			
		摘取警示牌	警示牌复位				
5	设备调整	电气传感器调整	动作正常,反馈信号正常	万用表			
		各类电气控制元件调整	动作正常,反馈信号正常				

表（续）

序号	项目	细则	标准	工具	记录	签名	备注
5	设备调整	机器外围辅助设备检查调整	正常工作	目测			
		对 Ver.2 两边驱动同步系统进行检查和调整。编一个 3 m×6 m 的矩形程序,在钢板上画矩形,测量两对角线误差应在 ±2 mm 内	两对角线误差为 ±2 mm	钢卷尺			
6	安全装置	测试设备安全装置(各类门限位、应急按钮、防碰装置等)	工作正常,安全有效	目测			

设备一级保养内容和要求

设备名称:小螺柱拉力仪　　　　　　　　　　　设备编号:＿＿＿＿＿＿＿＿＿

保养人员:＿＿＿＿＿＿＿＿＿　　　　　　　　　保养日期:＿＿＿＿＿＿＿＿＿

序号	项目	细则	标准	工具	记录	签名	备注
1	外观	清理油缸及油泵表面	无残留油渍、金属碎屑、灰尘等	抹布			
2	液压机构	检查液压油缸零部件,消除故障	达到油缸行程及载荷	测试			
		检查油泵剩余油量	达到正常顶升及载荷	测试			
		检查压力管道	外表没有破损,接头没有松动泄漏	测试			
3	压力表	检查指针是否正常指示	灵敏可靠	测试			

设备二级保养内容和要求

设备名称:小螺柱拉力仪   设备编号:＿＿＿＿＿＿＿＿

保养人员:＿＿＿＿＿＿＿＿   保养日期:＿＿＿＿＿＿＿＿

序号	项目	细则	标准	工具	记录	签名	备注
1	作业环境	对工作场地进行整理、清扫,用红白旗隔离工作区域,做好各项安全防护措施	场地清洁,有效隔离,安全防护措施到位	红白旗、清扫工具			
2	油压件	检查油压件是否漏油	油缸、油泵无泄漏,载荷达到使用要求	测试			
3	管道	检查各管道状态	无破损、老化	测试			
4	接头	检查管道及油缸、油泵接头是否良好	接头稳定可靠,无泄漏	测试			
5	工装	检查工装表面是否破损	工装正常使用	测试			

设备一级保养内容和要求

设备名称:拼板压力架

设备编号:＿＿＿＿＿＿＿＿＿

保养人员:＿＿＿＿＿＿＿＿＿

保养日期:＿＿＿＿＿＿＿＿＿

序号	项目	细则	标准	工具	记录	签名	备注
1	外表	清扫主体	整齐、整洁,无油污,无黄袍	清扫工具			
2	输送机构	检查清扫输送机构有无裂纹,紧固件是否牢靠	传动平稳运转正常	调整工具			
		检查输送机构链条	行走平稳可靠	调整工具			
		检查横向、纵向磁性调节装置	灵敏可靠	调整工具			
		检查各行程限位	安全可靠	测试			
3	焊接机架	对小车行走齿条、齿轮进行清洁	行走平稳可靠	清扫工具			
		检查压力架铜衬垫	达到使用要求	调整工具			
		检查各行程限位	安全可靠	测试			
4	润滑系统	检查齿轮减速器润滑油油量、油质	达到润滑要求	注油工具			
5	电气	擦拭电机、操作台、控制箱	内外清洁,使用正常	清洁工具			
		检查限位装置与接地	安全可靠,使用正常	调整工具			

设备二级保养(机械)内容和要求

设备名称:拼板压力架 　　　　　　　　　　　　　设备编号:＿＿＿＿＿＿＿＿

保养人员:＿＿＿＿＿＿＿＿　　　　　　　　　　　保养日期:＿＿＿＿＿＿＿＿

序号	项目	细则	标准	工具	记录	签名	备注
1	作业环境	清扫工作场地进行整理,用红白旗隔离工作区域,做好安全防护措施	场地清洁,有效隔离,安全防护措施到位	红白旗、清扫工具			
2	输送机构	检查清扫输送机构有无裂纹,紧固件是否牢靠	传动平稳运转正常	调整工具			
		检查输送机构链条	行走平稳可靠	调整工具			
		检查横向、纵向磁性调节装置	灵敏可靠	调整工具			
		检查输送机构滚动轴承	灵敏可靠	调整工具			
		检查各行程限位	安全可靠	测试			
3	焊接机架	清洁小车行走齿条、齿轮	行走平稳可靠	清扫工具			
		检查压力架铜衬垫是否损坏开裂	达到使用要求	调整工具			
		检查药粉回收桶,清洁过滤网,检测回收桶管道压力	回收桶循环正常,满足使用要求	清扫工具			
4	液压部分	检修液压管路及液压阀门、电磁阀	达到使用要求,无漏油现象	调整工具			
		检查工件夹紧液压缸	达到使用要求,无漏油现象	调整工具			
		检查工件提升油缸	达到使用要求,无漏油现象	调整工具			
		检查工件定位装置油缸	达到使用要求,无漏油现象	调整工具			
5	润滑系统	检查输送机构、小车行走、顶升减速箱及减速箱油位	达到润滑要求	注油工具			
		检查油箱油面高度	达到使用要求,加注液压油	注油工具			

设备二级保养(电气)内容和要求

设备名称:拼板压力架　　　　　　　　　　　　设备编号:＿＿＿＿＿＿＿＿

保养人员:＿＿＿＿＿＿＿＿　　　　　　　　　保养日期:＿＿＿＿＿＿＿＿

序号	项目	细则	标准	工具	记录	签名	备注
1	设备断电	设备断电	设备电压为"0",有警示牌	万用表			
		悬挂警示牌					
2	数控部分	电箱、操纵箱内部清洁保养	内部清洁、整齐,无杂物	吸尘器、刷子等			
		电箱、操纵箱内部插接件接触检查	接触良好	万用表			
		主回路接线端子紧固检查	接触良好,紧固	螺丝刀			
3	设备上电	稳压电源输出端上电	输出电压稳定,保持380 V	万用表			
		摘取警示牌	警示牌复位				
4	设备调整	电气传感器调整	动作正常,反馈信号正常	万用表			
		各类电气控制元件调整	机械手动作正常,反馈信号正常				
		外围辅助设备检查、调整	正常工作				
		各类手持工具功能检测	正常工作				
		各类参数调整(速度等)	机械手运动正常、平稳	机械精度检测工具			
5	安全装置	按系统安全操作规范检查设备安全保护装置(各类门限位、保护硬限位等)	工作正常,安全有效	螺丝刀、扳手等			
		检查行程限制器	校正行程限制,工作正确可靠	螺丝刀			
		检查急停保护装置	急停保护有效,动作灵敏、可靠				

设备一级保养内容和要求

设备名称:串油泵　　　　　　　　　　　　设备编号:＿＿＿＿＿＿＿＿＿

保养人员:＿＿＿＿＿＿＿　　　　　　　　　保养日期:＿＿＿＿＿＿＿＿

序号	项目	细则	标准	工具	记录	签名	备注
1	部件、管路、液压系统	串油泵箱体检查	表面无油污,无积油	清洁工具			
		串油泵保护罩及移门检查	表面无油,门槽内无积油	清洁工具			
2	电控箱检查	电控箱、按钮、电流表、电压表、温控仪等外观保养	无油污,无覆盖物	清洁工具			
		内部电气元件清洁	无灰尘	吹风机、清洁工具			
3	泵、阀件检查清洁	螺杆泵、螺杆蝶阀等表面清油、清灰、紧固	无油灰,阀盘无松动	清洁工具、扳手			
4	电气线路检查	电源线、控制线表面清除油、除灰	无油灰附着	清洁工具			
5	串油泵油箱内部检查	检查内部积炭、金属颗粒、积油情况	无积炭和残油、金属颗粒等杂物	清洁工具			
6	粗滤、精滤检查	检查粗、精滤器内部垃圾附着情况	滤芯表面无明显金属杂质和絮状物	冷风枪、清洁工具			

设备二级保养(机械)内容和要求

设备名称:串油泵　　　　　　　　　　　　　　　设备编号:_____

保养人员:_____　　　　　　　　　保养日期:_____

序号	项目	细则	标准	工具	记录	签名	备注
1	作业场所	清理工作场地,做好安全防护措施	工作场地整洁,有安全标示	红白旗、清扫工具			
2	结构检查	检查串油泵移门、保护罩、道门盖等	移门插销牢固,保护罩齐全无变形,道门盖螺栓齐全,密封垫完好	目测			
		串油泵箱体检查保养	无变形和渗漏	清洁工具			
		串油泵箱内腔检查保养	无金属颗粒残留、积炭和渗漏	清洁布、扳手、内六角扳手等			
3	液压泵检查	螺杆泵检查保养	螺杆轴向串动不超过60丝,铜套磨损不超过10丝	百分表、扳手等			
		检查主、副泵电机轴承磨损情况	电动机运行应无异响和异常抖动	扳手、内六角扳手			
		联轴器及弹性联轴节检查保养	搭扣无磨损,无卡阻,弹性联轴节无破损	扳手、撬棒等			
4	液压系统检查、清洁	所有阀件检查保养	各阀件密封垫密封良好,动作正常	活络扳手等			
		溢流阀检查保养	安全调压阀阀芯良好,无泄漏	扳手等			
		粗、精滤器检查保养	清洁,无垃圾堵塞	扳手、冷风枪等			
		过滤U形滤器检查保养	清洁,无垃圾堵塞	扳手、内六角扳手等			
		串油泵各液压管路、管夹、紧固螺栓检查	管路无破裂和渗漏,管夹、螺栓无松动	扳手			
5	其他	油窗液位计检查保养	视窗清晰,液位计标识指示清晰	清洁工具			

设备二级保养(电气)内容和要求

设备名称:串油泵   设备编号:_____

保养人员:_____   保养日期:_____

序号	项目	细则	标准	工具	记录	签名	备注
1	设备断电	串油泵断电	设备电压为"0",有警示牌	万用表			
		悬挂警示牌					
2	电机	主泵电机检查绝缘	电阻≥3.8 MΩ	兆欧表			
		副泵电机检查绝缘					
3	电箱、操纵箱	电气控制内部清洁保养	清洁、整齐,无杂物	吸尘器、刷子等			
		电控箱内接触器、开关、继电器、接插件接触检查	接触良好,无松动	万用表			
		电控箱内走线槽、盖板和接线端子紧固检查	接触良好,紧固	螺丝刀			
4	加热系统检查	加热棒绝缘电阻测量	电阻≥5 MΩ	万用表			
		加热棒阻值测量	加热棒阻值应在9.8 Ω	万用表			
		加热棒外观检查	无加热变形情况	目测			
		加热棒接线端子、绝缘盖检查	接线端子无松动,绝缘盖无破裂	目测			
5	电源线及控制线缆检查	检查电源线和控制线破损和绝缘情况	无破损和老化,外表无油,绝缘良好	目测万用表			
6	设备上电	总电源输出端上电	输出电压稳定,保持380 V				
		检查电源指示灯、电压表	电源指示灯亮起,电压指针指示为380 V	万用表			
		摘取警示牌	警示牌复位				
7	整机运行调试	串油泵上电,主泵启动	运行平稳,无异响,三相电流平衡	钳形表			
		副泵检查、调整	运行平稳,无异响,三相电流平衡	钳形表			
		检查温控器	温度指示表和温控仪显示误差≤3°				
		加热管加热测试	检查三相电流平衡	钳形表			

设备一级保养内容和要求

设备名称:液压投油管路清洗泵站　　　　　　　　设备编号:＿＿＿＿＿＿＿＿

保养人员:＿＿＿＿＿＿＿＿　　　　　　　　　　　保养日期:＿＿＿＿＿＿＿＿

序号	项目	细则	标准	工具	记录	签名	备注
1	外表	清扫主体	整齐、整洁	清洁工具			
2	油路系统	检查管路连接法兰螺栓是否拧紧	达到安全规程的要求	调整工具			
		检查各阀件是否有漏油现象	无泄漏	调整工具			
		检查冷却风扇响声	平稳可靠	调整工具			
		检查管路阀门开启是否正常	安全可靠	调整工具			
		检查油液、温度、方向正常	安全可靠	调整工具			
		检查各控制限位	安全可靠	测试			
3	润滑系统	检查各处润滑油油量、油质	达到润滑要求	注油工具			
4	电气	擦拭电动机及电器箱	内外清洁,使用正常	清洁工具			
		检查限位装置与接地	安全可靠,使用正常	调整工具			
		检查电气控制箱	内外清洁,使用正常	清洁工具			

设备二级保养(机械)内容和要求

设备名称:液压投油管路清洗泵站　　　　　　　　设备编号:_____

保养人员:_____　　　　　　　　　　保养日期:_____

序号	项目	细则	标准	工具	记录	签名	备注
1	作业环境	对工作场地进行整理、清扫,用红白旗隔离工作区域,做好各项安全防护措施	场地清洁,有效隔离,安全防护措施到位	红白旗、清扫工具			
2	结构件	检查金属结构件及焊缝等	无裂缝、变形、脱焊	目测			
3	传动机构	检查各减速箱、传动件、轴承等	无异常磨损	目测			
4	支撑装置	检查、整修设备支撑装置	支撑装置间隙正常,使用可靠	常规工具			
5	机械机构	检查、清洁、润滑各机械部件,确保完整,按润滑图表进行加注油(脂)	各机械部件及行走轮运转润滑、顺畅	目测,清洁工具、油枪			
6	投油管路系统	检查油管投油效果及管路上各阀件	阀件动作正常,油温正常,无漏油	测量工具,目测			
7	滤油系统	检查粗滤油、精滤油系统	无杂质,达到滤油效果	目测			
8	润滑系统	检查清洁更换各油罐油质及油封	油质正常,无漏油	常规工具			

设备二级保养(电气)内容和要求

设备名称:液压投油管路清洗泵站 　　　　　　　设备编号:＿＿＿＿＿＿＿＿

保养人员:＿＿＿＿＿＿＿＿ 　　　　　　　　　保养日期:＿＿＿＿＿＿＿＿

序号	项目	细则	标准	工具	记录	签名	备注
1	设备断电	泵站断电	设备电压为"0",有警示牌	万用表			
		稳压电源输出端断电					
		悬挂警示牌					
2	电机、冷却系统、液压系统	对液压缸、动力单元进行保养	无油污,工况正常	常规工具			断开电机回路再进行测量
		对冷却风扇进行保养,更换进风口滤网	无油污、覆盖物等;冷却回路畅通	螺丝刀、布、刷子等			
		对有炭刷的直流电机进行保养	炭刷磨损不超过2/3(否则更换)	螺丝刀、布、刷子			
3	电箱操纵箱	对电箱、操纵箱内部清洁保养	内部清洁、整齐,无杂物	吸尘器、刷子等			
		对电箱、操纵箱内部插接件接触检查	接触良好	万用表			
		对电箱、操纵箱内主回路接线端子紧固检查	接触良好,紧固	螺丝刀			
4	稳压电源	对外观、按钮功能保养	外观清洁,按钮工作正常				
		对有线遥控器、无线遥控器功能检查	遥控器工作正常				
		检查稳压电源输出电压是否在正常范围内	输出电压稳定,保持380 V	万用表			
		对稳压电源内部清洁保养	内部清洁、整齐,无杂物				
5	设备上电	稳压电源输出端上电	输出电压稳定,保持380 V	万用表			
		泵站上电,设备系统启动	启动正常				
		摘取警示牌	警示牌复位				

表（续）

序号	项目	细则	标准	工具	记录	签名	备注
6	设备调整、安全装置	各类电气元件调整	压力、油温、油路方向正常				
		各类电气控制元件调整	电机阀件动作正常，反馈信号正常				
		检查油温冷却系统	冷却功能正常				
		检查急停保护装置	急停保护有效，动作灵敏、可靠				

设备一级保养内容和要求

设备名称:薄板型材立库　　　　　　　　　　　设备编号:＿＿＿＿＿＿＿＿

保养人员:＿＿＿＿＿＿＿＿＿　　　　　　　　保养日期:＿＿＿＿＿＿＿＿

序号	项目	细则	标准	工具	记录	签名	备注
1	链条线、拉板模组、升降线	擦拭设备外表	表面无积灰,无焊渣	手动,清扫工具			
2		清除链条线上异物	无异物,无卡顿	手动,清扫工具			
3		检查传感器	指示灯正确	目测,扳手			
4		检查紧固件	螺丝无松动				
5		检查易损件磨损情况	无明显磨损,不影响使用				
6		检查链条张紧情况	链条张紧合适,无过松、过紧				
7		检查轴承情况	无异响	耳听			
8		检查气缸	气缸完好,动作灵活	目测,扳手			
9		检查电推杆运行	无异响,正常	目测、耳听			
10		检查直线导轨	表面无异物粘连,无损伤	目测			
11		擦拭操作台	表面无油污、覆盖物等	手动,清扫工具			
12		擦拭链条驱动电机及升降驱动电机	表面无油污、覆盖物等	手动、耳听			
13	滚筒线	擦拭设备外表	无积灰,无焊渣	手动,清扫工具			
14		清除滚筒线上异物	无异物,无卡顿				
15		检查传感器	指示灯正确	手动,扳手			
16		检查紧固件	螺丝无松动				
17		检查易损件磨损情况	无明显磨损,不影响使用				
18		检查链条张紧情况	链条张紧合适,无过松、过紧				
19		检查轴承情况	无异响	耳听			

表(续)

序号	项目	细则	标准	工具	记录	签名	备注
20	滚筒线	检查气缸	气缸完好,动作灵活	目测,扳手			
21		擦拭链条驱动电机及升降驱动电机	表面无油污、覆盖物等	手动,扳手			
22		检查气动压紧装置	无泄漏	手动,扳手			
23		三联件气压监测	气压正常	目测			
24	立体库	擦拭设备外表	表面无灰尘	手动,清扫工具			
25		检查螺栓	无松动	手动,扳手			
26		检查角铁	无变形	目测			
27		检查安全门	安全门锁紧	目测、手动			
28		设备接地检查	设备接地完好	手动			
29	堆垛机	擦拭设备外表	外表整洁,无积灰,无锈蚀,无黄袍	手动,清扫工具			
30		检查吊牌运行	无歪斜,运行平稳	耳听、目测			
31		检查走形轨道磨损情况和接缝处直线度	工况良好	目测			
32		检查限位、端部阻挡器有无破损	限位工况良好	目测			
33		检查导向轮	转动灵活,无异音,无磨损	目测、耳听			
34		检查货叉部分	链条工况良好,无变形、损伤	目测、耳听			
35		检查各限位器安装螺丝	紧固到位,行程正常	手动,扳手			
36		擦拭电气控制箱	电气控制箱表面无油污、覆盖物等,电压表、电流表完好	手动,清扫工具			

设备二级保养(机械)内容和要求

设备名称:薄板型材立库

设备编号:＿＿＿＿＿＿＿＿

保养人员:＿＿＿＿＿＿＿＿

保养日期:＿＿＿＿＿＿＿＿

序号	项目	细则	标准	工具	记录	签名	备注
1	链条线、拉板模组、升降线	辊道滚轮检查、轴承座检查	滚轮、轴承座无变形	目测,扳手			
2		板链检查	板链无变形,板链松紧正常				
3		链轮检查,轴承座检查,联轴器检查	链轮、轴承座无变形、破损,联轴器螺丝张紧合适				
4		检查光电开关	信号灯正常				
5		检查各紧固件	各紧固件无松动,紧固到位	检验锤、扳手			
6		翻转检查	翻转等部位配合符合要求	目测			
7		润滑检查,对链条、轴承座、直线滑轨定期上油润滑	润滑良好	目测、手动			
8		钢结构检查	无裂纹、弯曲、变形	目测			
9	滚筒线	辊道滚轮检查、轴承座检查	滚轮、轴承座无变形	目测,扳手			
10		电缆检查	无明显破损				
11		检查电机运转	无异响,无发热	目测、耳听			
12		链条检查	张紧合适,无破损	目测,扳手			
13		润滑检查,对链条、轴承座、直线滑轨定期上油润滑	润滑良好	目测、手动			
14		各紧固件检查	无松动				
15	堆垛机	各紧固件检查	无松动				
16		电动机检查	无异音、发热,减速机油量正常	目测、耳听			

表(续)

序号	项目	细则	标准	工具	记录	签名	备注
17	堆垛机	钢结构检查	无裂纹、弯曲、变形	目测			
18		链条检查	工况良好	目测,尺子			
19		润滑检查,对链条、轴承座、直线滑轨定期上油润滑	润滑良好	目测、手动			
20		检查轴承座	无变形、裂纹,工况良好	目测,扳手			
21		检查滑触线	无磨损情况	目测			

设备二级保养(电气)内容和要求

设备名称:薄板型材立库　　　　　　　　　　设备编号:＿＿＿＿＿＿＿＿＿

保养人员:＿＿＿＿＿＿＿＿＿　　　　　　　　保养日期:＿＿＿＿＿＿＿＿＿

序号	项目	细则	标准	工具	记录	签名	备注
1	设备断电	各工位断电	设备电压为"0",有警示牌	万用表			
		悬挂警示牌					
2	电机 (链条驱动电机、升降电缸、翻转电缸)	电机检查绝缘	绝缘电阻: ≥3.8 MΩ,绝缘良好; ≥1.5 MΩ,绝缘可用; ≥0.38 MΩ,绝缘堪用; <0.38 MΩ,绝缘不良。 绝缘不良的,绝缘处理或更新	兆欧表			断开电机回路再进行测量
		对电气控制柜进行保养(含冷却风扇),更换进风口滤网	无油污、覆盖物等,冷却功能正常				
		启动电机、电缸和气缸,进行运行测试	运行正常				
3	电箱	电箱内部清洁保养	内部清洁、整齐,无杂物	吸尘器、刷子等			
		电箱内接插件接触检查	接触良好	万用表			
		电箱内主回路接线端子紧固检查	接触良好,紧固	螺丝刀			
4	稳压电源	外观、按钮功能保养	外观清洁,按钮工作正常				
		检查手动、自动功能切换是否有效	手动、自动功能之间正常切换				
		检查稳压电源输出电压是否在正常范围内	输出电压稳定,保持380 V	万用表			

表(续)

序号	项目	细则	标准	工具	记录	签名	备注
5	设备上电	稳压电源输出端上电	输出电压稳定,保持380 V	万用表			
		流水线上电,设备系统启动	启动正常				
		摘取警示牌	警示牌复位				
6	设备调整	检查光电传感器	功能正常	磁铁和铁质物品			
		检查气缸磁性开关、接近开关	工况良好				
7	安全装置	按系统安全操作规范,对设备安全保护装置进行检查(急停、安全门)	工作正常,安全有效				

十、节能环保设备

设备一级保养内容和要求

设备名称:污水监测站 　　　　　　　　　　　设备编号:＿＿＿＿＿＿＿＿

保养人员:＿＿＿＿＿＿＿＿ 　　　　　　　　保养日期:＿＿＿＿＿＿＿＿

序号	项目	细则	标准	工具	记录	签名	备注
1	污水监测站日常运维	站房清扫	干净,无杂物	手动,清扫工具			
2		COD 监测设备检查	设备动作正常	目测、手动			
3		氨氮设备检查	设备动作正常	目测、手动			
4		pH 计检查	设备动作正常	目测、手动			
5		采样泵检查	设备动作正常	目测、手动			
6		自来水龙头检查	正常出水	目测、手动			
7		空调检查	正常出风	目测、手动			
8		废液桶情况检查	有足够的存放空间	目测、手动			

设备二级保养内容和要求

设备名称:污水监测站 　　　　　　　　　　　　　设备编号:＿＿＿＿＿＿＿＿

保养人员:＿＿＿＿＿＿＿＿ 　　　　　　　　　　保养日期:＿＿＿＿＿＿＿＿

序号	项目	细则	标准	工具	记录	签名	备注
1	污水监测站日常运维	COD 监测设备检查	数据准确	目测、手动			
2		氨氮设备检查					
3		pH 计检查					
4		电磁流量计检查					

设备一级保养内容和要求

设备名称:VOCs 设备(沸石转轮 + RTO)　　　　　　　　设备编号:＿＿＿＿＿＿＿＿＿

保养人员:＿＿＿＿＿＿＿＿＿　　　　　　　　　　　　　保养日期:＿＿＿＿＿＿＿＿＿

序号	项目	细则	标准	工具	记录	签名	备注
1	外表	擦拭设备外表,清扫周围工作场地	整洁,无积灰	目测、手动			
2	预过滤器装置	检查压差计	压差计进气口无堵塞	目测、手动			
3		检查滤袋有无脱落、松动,并根据压差值对滤袋进行更换	滤袋工况良好	目测、手动			
4		检查电机,对电机等运动部件螺栓进行紧固	电机工况良好	目测、手动			
5	沸石转轮装置	检查密封条,对破损、老化密封条进行更换	密封条工况良好	目测、手动			
6		检查模块,对模块进行紧固,对损坏模块进行更换	模块工况良好	目测、手动			
7		检查电机、齿轮箱油位,不足时加注齿轮油	电机、齿轮箱油位、油质正常	目测、手动			
8	RTO	检查燃烧器	燃烧器和燃烧陶瓷体工况良好	目测、手动			
9		检查运动部件,对所有运动部件螺栓进行紧固	运动部件无松动,工况良好	目测、手动			
10		检查阀门,对压缩空气、天然气总阀加油,并开关一次	阀门工况良好	目测、手动			
11		检查风机,清除风机叶轮污垢	风机工况良好	目测、手动			
12		检查调节阀门,检查调节阀,保持调节叶片转动灵活	调节阀门工况良好	目测、手动			

表(续1)

序号	项目	细则	标准	工具	记录	签名	备注
13	RTO	检查控制系统	控制系统设定值正常	目测、手动			
14		检查电磁阀动作是否正常,必要时进行更换	电磁阀工况良好	目测、手动			
15		检查气动阀门三联件,及时排水、注油,并根据需要调整或更换密封件	气动阀门工况良好	目测、手动			
16		检查提升阀阀杆螺丝紧固情况,并对阀杆涂润滑油	提升阀工况良好	目测、手动			
17		检查接近开关状态、设置和安装情况	开关工况良好	目测、手动			
18		检查各类传感器电气接头	传感器接头连接牢固,工况良好	目测、手动			
19		检查风机减震器和管道补偿器	工况良好	目测、手动			
20		检查接地装置	各接地装置可靠	目测、手动			
21	CO	检查催化燃烧室	无泄漏	目测			
22		检查风机	风叶及外壳无油污、灰尘	清洁工具			
23		检查电加热器	触头、端子、接头等无虚接过热	扳手、螺丝刀,目测			
24		检查气动阀	气动阀门三联件正常,无积水、泄漏,加注润滑油	目测、手动,油枪			
25		检查阻火器	阻火芯子无堵塞、变形、腐蚀等	目测			
26	在线监测	检查、更换备件,根据需要添加纯净水	变色硅胶正常,工况良好	目测、手动			
27		检查压缩空气过滤器,对压缩空气过滤器进行排水、排污	压缩空气过滤器工况良好	目测、手动			
28		检查第三方检测	通知专业维保单位按照在线监测设备保养、标定要求维保检测	目测、手动			

表(续 2)

序号	项目	细则	标准	工具	记录	签名	备注
29	电器柜	检查外表,清除电器柜外表及内部元件灰尘和油迹	外表清洁,无灰尘、油污	目测、手动			
30		检查电气元件,对连接端子及电气元件螺栓进行紧固	电气元件连接紧固,工况良好	目测、手动			

设备二级保养内容和要求

设备名称:VOCs 设备(沸石转轮 + RTO)　　　　　　　设备编号:＿＿＿＿＿＿＿＿

保养人员:＿＿＿＿＿＿＿＿　　　　　　　　　　　　　保养日期:＿＿＿＿＿＿＿＿

序号	项目	细则	标准	工具	记录	签名	备注
1	外表	对锈蚀严重部位进行打磨、油漆	外表清洁,无锈蚀	目测、手动			
2	预过滤器装置	对电机等运动部件加注润滑脂	电机润滑良好	目测、手动			
3		检查过滤器,清除内壁附着涂料,保持内壁清洁	过滤器清洁	目测、手动			
4	沸石转轮装置	对转筒加注耐高温润滑脂,对其他运动部件加注润滑油	转筒润滑良好	目测、手动			
5		根据实际情况更换密封条和沸石填料模块	沸石工况良好	目测、手动			5 年一次
6	RTO	根据需要对风机、阀门密封件、轴承进行更换,并检查机械结构无异常	风机、阀门工况良好	目测、手动			
7		检查风机联轴器,对风机、阀门加注润滑脂	联轴器工况良好	目测、手动			
8		更换风机轴承箱润滑油	轴承箱工况良好	目测、手动			
9		调整风机皮带,必要时更换	风机皮带工况良好	目测、手动			
10		对老化风机进出口软接头进行更换	出口软接头工况良好	目测、手动			
11		检查、清洁火焰检测器和燃烧器,根据需要更换电离电极和点火电极(委托厂家)	火焰检测器、燃烧器工况良好	目测、手动			

表（续）

序号	项目	细则	标准	工具	记录	签名	备注
12	RTO	检查热电偶、热电阻，必要时更换	热电偶工况良好	目测、手动			
13		根据需要更换压缩空气过滤元件	压缩空气过滤元件工况良好	目测、手动			1 年一次
14		仪器仪表检验校正	仪表指示灵敏、准确	目测、手动			1 年一次
15		检查燃烧室及蓄热体是否积垢，保温层是否有裂纹	燃烧室、蓄热体工况良好	目测、手动			
16	CO	风机加注润滑油，三角带调整或更换	风机工况良好	目测，扳手、油枪			
17		检查电加热器，校测与核对电气参数；校验热传感器和温度调节仪表量值是否准确	电加热器工况良好	测试			专业单位
18		检查催化燃烧室	保温层完好，无破损，无泄漏	目测			
19		检查换热器外观，进行运行换热效率分析	换热器工况良好	换热器			
20		对催化剂进行性能测试、更换	催化剂工况良好	测试			专业单位
21	在线监测	通知维保单位检查零气发生器活性炭和 NO 氧化剂，并按需更换	发生器工况良好	目测、手动			
22		第三方检测	对测量数据进行定期标校（委托厂家）	目测、手动			
23	电器柜	使用专用仪器测量熔断器、电容器及电器柜接地状态	接地规范	目测、手动			
24		对过压保护、欠流保护、投切门限位值进行调整	限位工况良好	目测、手动			

设备一级保养内容和要求

设备名称:有机废气净化装置　　　　　　　　　设备编号:_____

保养人员:_____　　　　　　　　　保养日期:_____

序号	项目	细则	标准	工具	记录	签名	备注
1	温度传感器	检查和比对数据是否准确,是否损坏,接头是否异常	各级温度显示正常、准确	测温枪			
2	风机软连接	查验是否损坏,是否漏气	无破损,无漏气	防爆灯			
3	风机轴承	清除空气过滤器内的杂物。风机运行1 500小时后,应及时清洁和更换轴承座内润滑油脂;以后最长三个月定期补给适量油脂	运行无异响,润滑正常	润滑油、清洁工具			
4	温控系统	校准全部仪器	各项数据准确,无误	校准仪、万用表			
5	冷却风机	用适当的熔剂清洁滤网,容许滤网彻底干燥,检查水箱冷却液是否有缺失	过滤网清洁,无杂物,风机无异响,液位正常	清洁工具、螺丝刀、冷却液			
6	电控柜和滤网	检查并清洁	线路无松动,无灰尘、油污	清洁工具、螺丝刀			

设备二级保养(机械)内容和要求

设备名称:有机废气净化装置　　　　　　　　设备编号:＿＿＿＿＿＿＿＿

保养人员:＿＿＿＿＿＿＿　　　　　　　　　　保养日期:＿＿＿＿＿＿＿

序号	项目	细则	标准	工具	记录	签名	备注
1	过滤材料	检查过滤材料是否堵塞,结构是否变形	过滤材料无堵塞,无杂物,无锈,无变形	防爆灯、螺丝刀、扳手			
2	检查压差计	查看压差表数据,是否符合更换滤材	压差在允许范围内,各表显示正常	压差表、过滤网、螺丝刀			
3	轴承	为风机、风门和减震器轴承上润滑油	按照产品要求添加润滑油	润滑油、清洁工具			
4	风门	清洁轴承部位;检查设备是否有不恰当磨损与老化;检查轴承和阀杆上的润滑油;检查启动机构是否有漏气,漏气则及时修补	轴承无磨损,润滑正常;启动机构无漏气	润滑油、清洁工具、螺丝刀			
5	风机驱动系统、耦合系统	检查连接皮带张力是否正确,及时调整	皮带张力正常,无磨损	皮带、螺丝刀、扳手			
6	风机驱动系统（皮带、皮带轮）	检查皮带是否磨损,磨损则及时更换,皮带正常使用时间为 15 000 h,在到达此时间时,即使皮带表面无磨损也必须更换;皮带轮正常使用时间为 25 000 h,在到达此时间时,即使皮带轮表面无磨损也必须更换	皮带无磨损,皮带轮无磨损	皮带、皮带轮、螺丝刀、扳手			
7	螺钉	检查并确认螺钉已经被正确紧固	螺栓无松动,无锈蚀	螺丝刀、扳手			

表(续)

序号	项目	细则	标准	工具	记录	签名	备注
8	各油路系统和油点位	所有机械传动机构是否按需要注入润滑脂(油),用手转动电机主轴,检查有无机械梗阻	各机构润滑较好,无磨损,无渗油;油位正常,主轴无异响	润滑油、螺丝刀、扳手			
9	人孔	检查维修人孔密封是否严实,是否漏气,是否有过热现象	人孔密封良好,螺栓无锈蚀,无过热痕	螺丝刀、扳手			

设备二级保养(电气)内容和要求

设备名称:有机废气净化装置 设备编号:_____

保养人员:_____ 保养日期:_____

序号	项目	细则	标准	工具	记录	签名	备注
1	风机	检查并紧固各电机,检查绝缘电阻	各电机电源线、控制线紧固良好,接地、绝缘良好	螺丝刀、万用表			
2	PLC、变频器	检查PLC电池,备份PLC程序,备份变频器参数	电池电压正常,程序备份为最新版本	螺丝刀、清洁工具			
3	电控柜、接线盒	查看是否有损坏、松动,是否有虚接;清洁检查电气控制柜、接线箱	线头无松动,无热痕,无脱焊;内外清洁,接地良好	螺丝刀、万用表、清洁工具			
4	继电器、接触器	检查接触是否良好,有无磨损,动作是否灵敏可靠,有无过载情况	接触无异响、正常;无热痕	万用表、螺丝刀			
5	加热组、隔热	查验是否有过热或漏热现象,是否有烧焦油漆及变黑现象	绝缘正常、温度正常;表面无烧焦变黑	绝缘表、红外仪、螺丝刀、扳手			

后　记

党的十八大以来,我国船舶工业迈入建设海洋强国新时代,船舶企业设备自动化、智能化进程持续加快。我国向世界承诺的"碳达峰碳中和"目标,对我国船舶企业节能减排、绿色造船提出了新要求。上海船舶系统设备管理战线员工全面贯彻落实新发展理念,坚持"学、思、用"贯通,"知、信、行"统一,以大数据运用为抓手,以推进智能化管理为契机,努力向管理精细化、流程闭环化、员工知识化、维修高效化、管理信息化等要求稳步迈进。

企业设备越先进,维护工作难度越大,对人员的技术和管理水平要求亦越高,建设海洋强国的历史使命,又赋予了企业设备管理领域各级从业人员更大、更重的责任。为进一步做好船舶企业各类设备维护保养工作,持续提升专业化管理水平,将设备一、二级维护保养质量做实、做细,为生产经营有序推进创造更好的条件,几家骨干船舶企业设备管理部门负责同志提议把编制设备两级保养指导手册的工作做好。为此,上海市设备管理协会船舶工作委员会在各相关企业大力支持下,策划、组织了这项意义重大、任务艰巨的编写工作。自2019年起,经上海地区船舶企业设备管理领域有关专家和各级管理者多次专题研讨,数易其稿,今天《船舶企业设备两级保养指导手册》(以下简称《指导手册》)终于成形。

《指导手册》涵盖10个大类、187项设备,对船舶行业的大部分设备的两级保养工作进行了系统划分;将两级保养主要内容与程序,保养过程中隐患、异常现象排除,以及保养精度与性能等要求进行了比较具体的规定。《指导手册》的编制,将有助于各类设备在一级保养项目完成的基础上,使润滑部位清洗更彻底,保养精度和性能更高,保障设备无漏油、漏水、漏气、漏电等现象,声响、震动、压力、温升等相关指数达标,确保设备安全运行。

《指导手册》根据设备命脉管理要求,以降低设备修理成本为出发点,较好地满足了预防性维护工作要求。《指导手册》的推出,旨在进一步减少现场管理中维护缺失、维护过度、重复劳动占用过多工时等问题,降低设备维护成本和设备停机率,不断提升设备使用效率,助力船舶高质量制造。

《指导手册》集成了上海地区船舶企业的设备管理工作经验和先进做法,是设备管理者的智慧结晶。《指导手册》的编写得到了各级领导的关心和支持。船舶工业在我国的装备制造业中占有十分重要的地位,上海市经济和信息化委员会高度重视本书的出版工作,要求协会组织力量编写好本书,以提高本市相关行业设备运维水平。上海市设备管理协会方琦平秘书长对《指导手册》的编写提出了指导意见;许多长期从事设备管理工作的老专家,以丰富的实践经验为《指导手册》的编辑出谋献计;广大设备管理者、工程技术人员,牢记使命、勇于担当,落实了编写分工;上海市老科学技术工作者协会赵延平同志为《指导手册》设计了封面;上海新轫设备技术工程有限公司、上海船厂技工学校为《指导手册》的出版提供了资助。

《指导手册》的容量、跨度大,编写难度很大。囿于编者水平所限,书中一定有许多不足,恳请读者提出宝贵意见,以便以后逐步完善。

编　者

2021 年 7 月